헨리크 입센(1828~1906)

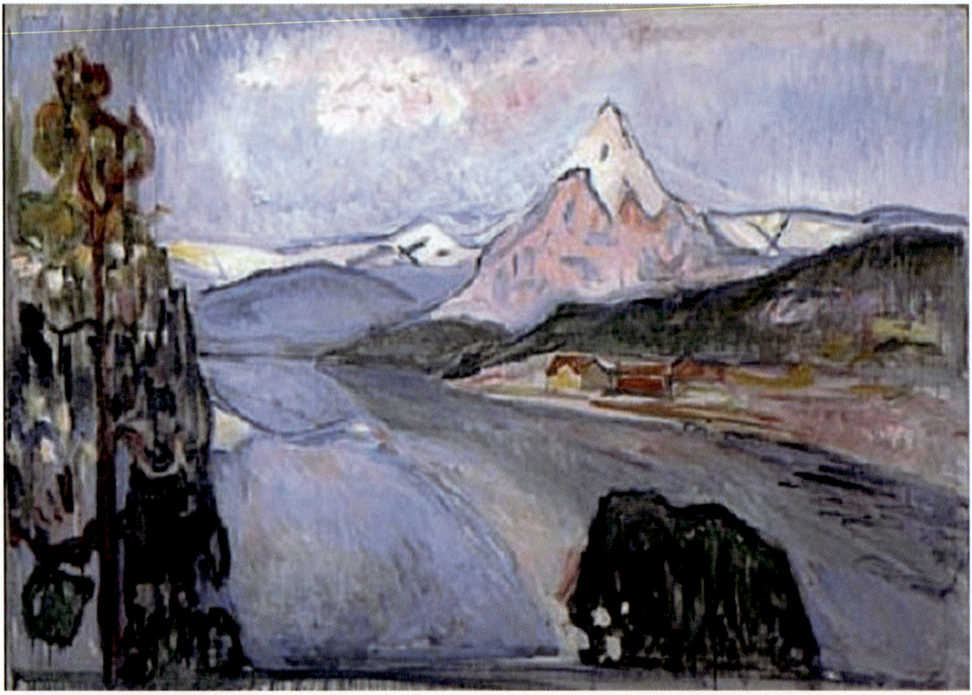

《유령》의 3막 마지막 장면 배경 초안 E. 뭉크. 1906.

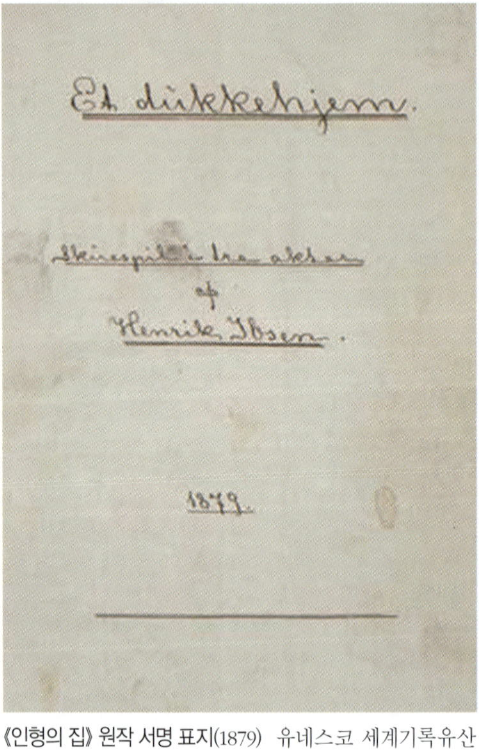

Et dukkehjem.

Skuespil i tre akter
af
Henrik Ibsen.

1879.

《인형의 집》 원작 서명 표지(1879) 유네스코 세계기록유산 등재(2001). 오슬로 국립중앙도서관.

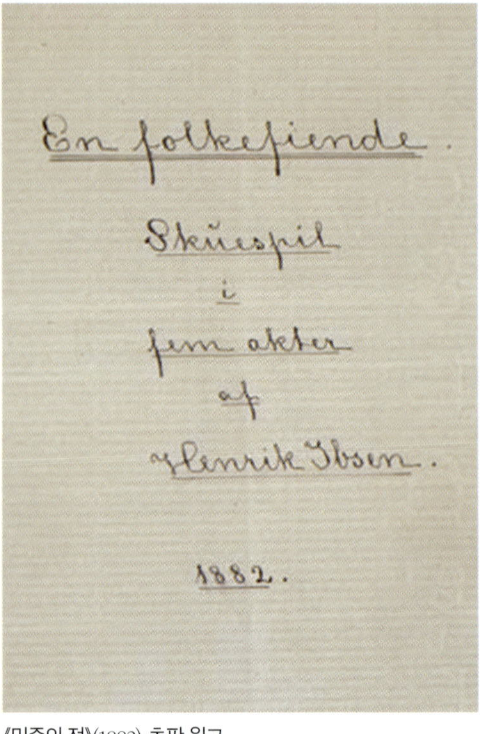

En folkefiende.

Skuespil
i
fem akter
af
Henrik Ibsen.

1882.

《민중의 적》(1882) 초판 원고

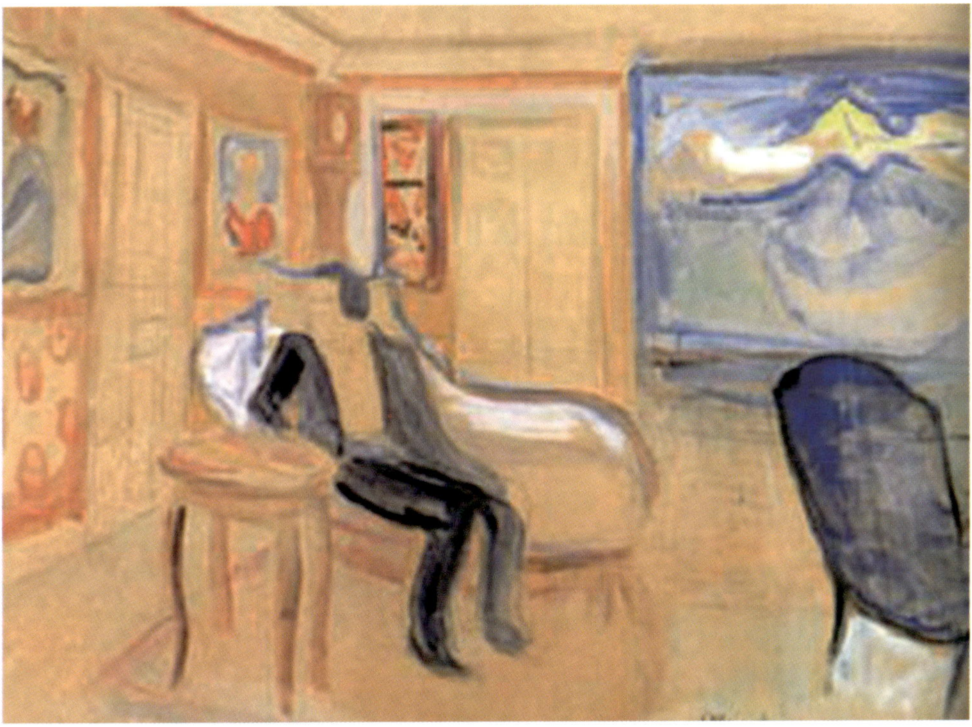

《유령》 무대 디자인 E. 뭉크. 1906.

《들오리》 이미지 오슬로 국립중앙도서관

VILDANDEN.

SKUESPIL I FEM AKTER

AF

HENRIK IBSEN.

KØBENHAVN.

1884.

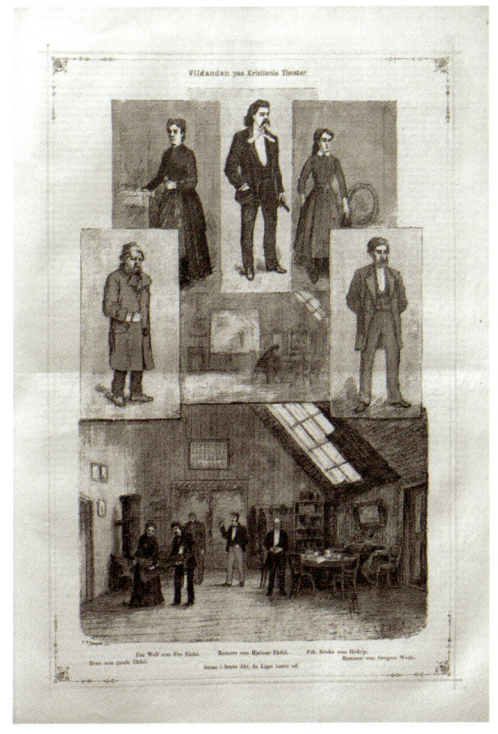

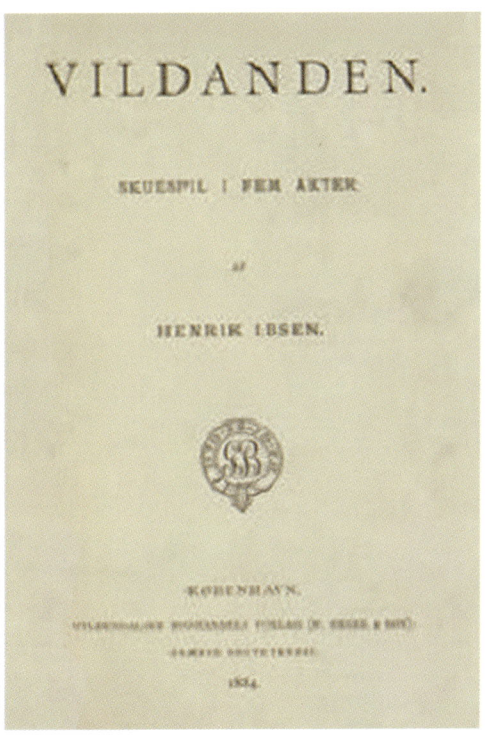

《들오리》(1884) 초판 속표지

헨리크 입센 동상 노르웨이 스키엔 공원

영화 〈인형의 집〉 패트릭 가랜드 감독, 클래어 블룸·안소니 홉킨스·랄프 리처드슨 주연. 1973.

연극 〈유령〉 리차드 이어 연출, 레슬리 맨빌·잭 로우든 주연. 2014.

영화 〈민중의 적〉 조지 쉐퍼 감독, 스티브 맥퀸·비비 안데르손·찰스 더닝 주연. 1978.

영화 〈들오리〉 탕그레드 입센 감독, 헨키 콜스타·벤체 포스 주연. 1963.

World Book 203

Henrik Ibsen
ET DUKKEHJEM/GENGANGERE
EN FOLKEFIENDE/VILDANDEN
인형의 집/유령/민중의 적/들오리
헨리크 입센/소두영 옮김

동서문화사

디자인 : 동서랑 미술팀

인형의 집/유령/민중의 적/들오리
차례

인형의 집
등장인물
제1막 … 11
제2막 … 44
제3막 … 70

유령
등장인물
제1막 … 99
제2막 … 128
제3막 … 155

민중의 적
등장인물
제1막 … 173
제2막 … 187
제3막 … 200
제4막 … 210
제5막 … 220

들오리
등장인물
제1막 … 241
제2막 … 261
제3막 … 284
제4막 … 308
제5막 … 330

바다에서 온 여인
등장인물
제1막 … 353
제2막 … 375
제3막 … 392
제4막 … 408
제5막 … 428

입센의 생애와 문학
입센의 생애와 문학 … 449
입센 연보 … 476

Et dukkehjem
인형의 집

등장인물

토르발 헬메르 변호사
노라 헬메르의 아내
랑크 박사 의사
린데 부인 노라의 친구
닐스 크로그스타 법률대리인
헬메르 부부의 세 아이
안네 마리 유모
헬레네 하녀
짐꾼

무대는 헬메르의 집

제1막

　고상하나 사치스럽지 않은 가구들이 놓인 쾌적한 방. 무대 배경의 오른쪽에는 현관으로 통하는 문이 있다. 배경 왼쪽에는 헬메르의 서재로 통하는 문이 있다. 두 문 사이에 피아노가 놓여 있다. 왼쪽 벽 중간에 문이 있고, 그 너머로 창문이 있다. 창문 근처에 둥근 탁자와 안락의자 두세 개, 그리고 작은 소파가 있다. 오른쪽 벽 안쪽에도 문이 있다. 같은 벽 객석 쪽에 도자기로 만든 난로가 있고, 그 앞에 안락의자 한 쌍과 흔들의자 하나가 놓여 있다. 난로와 문 사이에 작은 탁자가 있다. 이곳저곳 벽에 동판화가 걸려 있다. 장식장에는 도자기와 작은 장식품들이 놓여 있고, 책장에는 아름답게 장정한 책들이 꽂혀 있다. 마룻바닥에는 융단이 깔려 있고 난로에서는 불길이 타오르고 있다. 겨울.

　현관에서 초인종이 울린다. 곧이어 문 열리는 소리. 노라가 유쾌하게 콧노래를 흥얼거리며 방으로 들어온다. 모자를 쓰고 망토를 입은 채 수많은 꾸러미를 안고 들어와, 오른편에 있는 탁자에 올려놓는다. 지금 들어온 현관 쪽 문은 계속 열린 채이다. 그 문밖으로 어린 짐꾼이 크리스마스트리와 바구니를 들고 서 있는 것이 보인다. 문을 열어 온 하녀에게 짐꾼이 그 짐들을 건네준다.

노라 헬레네, 크리스마스트리를 잘 감춰. 밤에 장식을 다 달기 전까지는 아이들이 보면 안 되니까. (지갑을 꺼내며 짐꾼에게) 얼마지……?
짐꾼 50외레*요.
노라 자, 여기 1크로네다. 거스름돈은 필요 없어.

＊노르웨이 화폐 단위. 1외레는 1크로네의 100분의 1이다.

짐꾼, 감사를 표하고 퇴장한다. 노라, 문을 닫는다. 모자와 망토를 벗으며 즐겁게 혼자서 방실방실 웃는다.

노라 (주머니에서 마카롱이 가득 든 봉지를 꺼내 한두 개 입에 집어넣고는, 남편 방 앞으로 살금살금 다가가 귀를 기울인다) 역시 집에 있구나. (다시 콧노래를 부르면서 오른쪽 탁자로 간다)

헬메르 (방 안에서) 거기서 지저귀는 게 나의 종달새인가?

노라 (꾸러미들을 하나둘 끄르며) 그래요.

헬메르 거기서 뛰노는 게 나의 다람쥐인가?

노라 맞아요!

헬메르 내 귀여운 다람쥐, 언제 돌아왔소?

노라 방금요. (주머니에 마카롱 봉지를 넣고 입 주위를 닦는다) 이리 나와 봐요. 내가 뭘 사왔는지 좀 봐요.

헬메르 방해하지 말라니깐! (잠시 뒤 문을 열고 펜을 쥔 채 내다본다) 뭘 사왔길래? 이걸 다 샀어? 우리 귀여운 낭비가께서 또 돈을 쓰고 오셨군?

노라 그래요. 하지만 올해는 조금쯤 즐겨도 괜찮잖아요. 돈 걱정을 하지 않아도 되는 크리스마스는 이번이 처음이니까.

헬메르 그렇다고 돈을 물 쓰듯 쓰면 안 되지.

노라 알아요. 하지만 이쯤이야 뭐 어때요? 아주, 아주 조금밖에 안 되는걸요. 이제부터는 불룩한 봉급 봉투를 받을 테고, 그러면 돈이 뭉텅이로 쑥쑥 들어올 텐데.

헬메르 해가 바뀌어야 그렇게 되지. 그래도 봉급이 들어오려면 석 달이나 더 기다려야 해.

노라 어머, 그동안에는 빌려 쓰면 되잖아요.

헬메르 노라! (그녀에게 다가가 장난스럽게 귀를 잡아당기며) 또 경솔한 짓을 하려고? 만일 오늘 내가 1천 크로네를 빌렸는데 당신이 그 돈을 성탄절 기간에 다 써 버렸다고 치자. 그런데 올해 마지막 날에 내 머리 위로 벽돌이 떨어져 내가 쓰러진다면……

노라 (남편의 입을 손으로 막으며) 싫어요. 그렇게 무서운 말은 하지 마세요.

헬메르 가정을 해보잔 얘기야. 그러면 어떻게 될까?

노라 그렇게 무서운 일이 벌어진다면, 빚이 있든 없든 나한텐 똑같이 슬픈 일이 되겠죠.

헬메르 나에게 돈을 빌려 준 사람들은?

노라 그 사람들? 그들이 나랑 무슨 상관이에요! 어차피 남인데.

헬메르 노라, 노라! 여자들이란 도대체! 진지하게 말하지만, 이런 일에 대해 내가 어떻게 생각하는지 당신도 알 거야. 빚은 안 돼! 절대로 남에게 돈을 빌리지 마! 빚이 있는 집은 그 빚 때문에 자유를 잃고, 결국은 즐거움도 잃게 돼. 지금까지 우리 두 사람은 용감하게 견뎌 왔어. 이제 얼마 안 남았다고. 그때까지 참아 주지 않겠어?

노라 (난로 쪽으로 걸어가면서) 알았어요. 당신 말대로 할게요.

헬메르 (노라를 쫓아가며) 이런, 이런. 우리 귀여운 종달새가 왜 그렇게 날개를 접어 버리시나? 왜 우리 다람쥐께서 골이 나셨지? (지갑을 꺼내며) 노라, 이 안에 뭐가 들어 있게?

노라 (재빨리 돌아서며) 돈!

헬메르 자, 받아. (지폐 몇 장을 건넨다) 성탄절에 돈 쓸 일이 많다는 것 정도는 나도 잘 알아.

노라 (돈을 세며) 십, 이십, 삼십, 사십. 와, 고마워요. 정말 고마워요. 이만큼이면 오랫동안 쓸 수 있어요.

헬메르 응. 그러지 않으면 곤란하지.

노라 알았어요, 꼭 그렇게 할게요. 이리 좀 와 보세요. 내가 뭘 샀는지 보여 줄게요. 아주 싸구려예요! 봐요, 이건 이바르에게 줄 새 옷과 장난감 칼이에요. 이건 봅에게 줄 장난감 말과 트럼펫이고요. 이 인형과 인형 침대는 에미 거예요. 이건 진짜 싸구려지만, 그 애는 뭐든 금방 망가뜨리니까요. 그리고 이건 하녀들에게 줄 옷감과 손수건이에요. 할멈한테는 더 많은 걸 주고 싶지만.

헬메르 그 포장지에 싼 건 뭐야?

노라 (비명을 지르며) 안 돼요. 밤까지는 보여 줄 수 없어요.

헬메르 그래? 그런데 우리 낭비가 님, 자기 걸로는 뭘 사셨지?

노라 내 거요? 난 아무것도 필요 없어요.

헬메르 그럴 수는 없지. 갖고 싶은 것 중에서 적당한 걸 말해 봐.

노라 정말 없어요. 하지만······.

헬메르 뭔데?

노라 (남편의 옷 단추를 만지작거리며, 그의 얼굴은 보지 않은 채) 나에게 주고 싶은 게 있다면, 그렇다면······ 저······.

헬메르 그래, 말해 봐.

노라 (재빨리) 돈을 줘요. 당신이 주고 싶은 만큼만 줘도 돼요. 그럼 그 돈으로 나중에 원하는 걸 살게요.

헬메르 하지만, 노라······.

노라 그렇게 해주세요, 여보. 부탁이에요. 그러면 그 돈을 예쁜 금박지에 싸서 크리스마스트리에 걸어 둘게요. 어때요, 멋진 생각 아니에요?

헬메르 늘 돈 쓸 궁리만 하는 새를 뭐라고 부르더라?

노라 그래요, 흥청망청 새죠. 내가 낭비가 심하다는 건 나도 알아요. 하지만 내 제안을 잘 생각해 봐요, 토르발. 그렇게 하면, 가장 필요한 물건이 뭔지 천천히 생각할 시간이 생기는 셈이에요. 그편이 훨씬 현명하지 않아요? 네?

헬메르 (방긋 웃으며) 음, 그건 그렇군. 정말로 내가 준 돈을 잘 갖고 있다가, 당신한테 필요한 물건을 산다면 말이야. 그렇지만 그 돈은 집안 살림이나 그 밖에 잡동사니를 사는 데 쓰일 게 분명해. 그럼 나는 다시 주머니를 털어야 한다고.

노라 하지만, 여보······.

헬메르 내 말이 틀리다고는 할 수 없을걸. (팔로 노라의 허리를 감싼다) 우리 흥청망청 새는 귀엽긴 하지만, 돈을 무섭게 써댄단 말이야. 이렇게 작은 새를 기르는 데 얼마나 돈이 드는지 당신은 상상도 못 할 거야.

노라 너무해요. 어떻게 그런 심한 말을 할 수가 있어요? 이래 봬도 난 최대한 절약하고 있다고요.

헬메르 (웃으며) 그래, 사실이야. 당신이 할 수 있는 한에서는. 하지만 사실은 전혀 절약이 되지 않아.

노라 (즐겁게 콧노래 하며 웃는 얼굴로) 흥, 우리 종달새와 다람쥐들이 얼마나 돈 쓸 데가 많은지 당신은 몰라요.

헬메르 당신은 이상한 여자야. 돌아가신 장인어른이랑 똑같아. 돈을 얻기 위해서는 수단을 가리지 않지. 그렇지만 그렇게 손에 쥔 돈은 곧 손가락 사이로 빠져나가고 말아. 어디서 어떻게 돈을 썼는지 자기 자신도 전혀 기억이 없지. 당신 같은 사람은 고치기도 어려워. 핏줄은 속일 수 없으니까. 그 기질은 부모한테 물려받은 거야.

노라 아버지한테 다른 기질도 물려받았으면 좋았을 텐데.

헬메르 하지만 난 당신이 지금처럼 노래하는 귀여운 종달새로 있는 게 좋은걸. 그런데 지금 막 눈치챈 게 있어. 오늘 당신, 왠지…… 뭐라고 해야 할까? ……왠지 수상쩍은데…….

노라 내가요?

헬메르 그렇다니까. 내 눈을 똑바로 바라봐.

노라 (그를 바라보며) 이렇게요?

헬메르 (손가락을 좌우로 흔들며) 우리 먹보가 오늘 시내에 가서 군것질을 안 했을 리 없지. 안 그래?

노라 아니에요. 왜 그렇게 생각해요?

헬메르 정말 제과점에 들르지 않았다는 거야, 먹보님?

노라 그럼요, 맹세해요…….

헬메르 달콤한 과자를 맛보지도 않았다고?

노라 절대로 그런 일 없어요.

헬메르 마카롱 한두 개를 먹지도 않았고?

노라 안 먹었어요, 진짜라니까요…….

헬메르 괜찮아, 괜찮아, 농담으로 한 말이야…….

노라 (오른쪽에 있는 탁자로 간다) 당신이 싫어하는 짓을 하다니, 그런 일은 생각도 안 해봤어요.

헬메르 물론 그렇겠지. 게다가 약속까지 했으니……. (그녀에게 다가가며) 좋아, 당신의 그 귀여운 성탄절 비밀은 당신 혼자 간직하고 있어. 오늘 저녁 크리스마스트리에 불이 들어오면 어차피 밝혀질 테니.

노라 당신, 랑크 박사님 초대하는 걸 잊은 건 아니겠죠?

헬메르 그럼. 하지만 초대할 필요도 없어. 박사님은 해마다 우리와 함께 식사를 하시니까. 그래도 오전 중에 우리 집에 들르시면 내가 정식으로 초대하지. 아, 그리고 최고급 포도주를 주문해 놨어. 노라, 내가 오늘 밤을 얼마나 기대하는지 당신은 상상조차 못할 거야.

노라 나도 그래요. 아이들도 얼마나 좋아할까!

헬메르 아, 안정적인 일자리와 충분한 수입이 보장된다는 게 정말 얼마나 황홀한 일인지 생각만 해도 즐겁지 않아?

노라 그럼요, 대단한 일이죠!

헬메르 작년 크리스마스를 기억해? 당신은 우리를 놀래주려고 3주 전부터 밤마다 새벽까지 방 안에 틀어박혀 크리스마스트리에 꽂으며 여러 장식을 달았지. 이제껏 살아오면서 그때만큼 지루했던 적은 없었어.

노라 나는 전혀 지루하지 않았어요.

헬메르 (싱긋 웃으며) 그런데도 결과는 아주 형편없었지.

노라 또 그 얘기로 날 놀리려고요? 갑자기 고양이가 들어와 몽땅 물어뜯는 바람에 엉망이 된 거잖아요. 나도 어쩔 수 없었다고요.

헬메르 그랬지. 노라, 그건 당신 탓이 아니었어. 당신은 어디까지나 우리를 기쁘게 하려고 애썼지. 그 마음이 중요한 거야. 하지만 그 어려웠던 시절도 옛날 얘기가 되다니, 정말 감개무량하지 않아?

노라 그래요, 정말 감회가 새로워요.

헬메르 이젠 나도 여기 혼자 우두커니 앉아 지루해하지 않아도 되고, 당신도 그 사랑스러운 눈과 그 작고 가냘픈 손을 혹사하지 않아도 되지…….

노라 (손뼉을 치며) 맞아요, 토르발. 이제 그럴 필요는 없겠죠? 아, 이런 이야기를 하자니 기뻐서 어쩔 줄을 모르겠어요! (남편의 팔짱을 끼며) 여보, 성탄절이 지나면, 앞으로 생활을 어떻게 꾸려갈지 내가 생각한 걸 얘기해 줄게요. (현관에서 초인종이 울린다) 앗, 초인종이 울리네. (방을 대충 치운다) 누가 온 모양이에요. 하필 이런 때!

헬메르 손님들에게 난 집에 없는 사람이야. 잊으면 안 돼.

하녀 (문간에서) 마님, 낯선 부인이 찾아오셨는데요…….

노라 들어오시게 해.

하녀 (헬메르에게) 랑크 박사님도 오셨어요.

헬메르 내 방으로 곧장 가셨나?

하녀 네, 그러셨어요.

헬메르, 자기 방으로 사라진다. 하녀, 여행 복장을 한 린데 부인을 안내하고, 린데 부인이 방으로 들어오자 뒤쪽에서 문을 닫는다.

린데 부인 (쭈뼛거리면서 소극적으로) 안녕, 노라.
노라 (어정쩡하게) 안녕…….
린데 부인 날 알아보지 못하는구나.
노라 잘 모르겠는데……. 앗, 혹시……. (환호하며) 세상에! 크리스티네! 정말 크리스티네 맞니?
린데 부인 그래, 나야.
노라 크리스티네! 널 몰라보다니! 그래 맞다, 내가 왜 몰라봤을까……. (목소리를 낮추어) 크리스티네, 너 변했다!
린데 부인 그래, 맞아. 9년, 아니 10년이란 긴 세월이 흘렀으니…….
노라 못 본 지 벌써 그렇게 됐나? 그래, 그렇게 된 것 같네. 지난 8년 동안은 정말 행복했단다. 그런데 너 지금 도시로 나온 거니? 이 추운 겨울에 긴 여행을 하다니, 대단하다.
린데 부인 증기선을 타고 오늘 아침에 도착했어.
노라 물론 성탄절을 즐기러 왔겠지. 정말 멋져! 그래, 우리 정말 재미있게 보내자. 아, 먼저 외투를 벗으렴. 춥지는 않지? (그녀를 도우며) 자, 이제 앉자. 여기 난로 앞에. 아니, 넌 거기 안락의자에 앉아. 나는 여기 흔들의자에 앉을게. (그녀의 두 손을 잡으며) 그래. 다시 보니 예전 모습 그대로구나. 처음 봤을 땐 몰랐는데……. 크리스티네, 그런데 너 얼굴빛이 조금 안 좋다. 게다가 좀 마른 것 같은데?
린데 부인 나이도 많이 들어 보이지, 노라?
노라 그래, 조금 늙어 보인다. 하지만 아주 약간이야. 그렇게 나쁘진 않아. (갑자기 말을 멈췄다가 심각하게) 세상에, 내 정신 좀 봐! 태평하게 앉아서 수다나 떨고 있다니! 크리스티네, 정말 미안해. 용서해 줘!
린데 부인 노라, 왜 그래?
노라 (작은 목소리로) 남편이 죽었다면서. 힘들었지?
린데 부인 그래, 벌써 3년 전이지.
노라 알아. 신문에서 읽었거든. 크리스티네, 정말로 그때 너에게 편지를 쓰려고 했어. 그런데 그럴 때마다 일이 생겨서 계속 미루다 보니까…….

린데 부인 노라, 다 이해해.

노라 아냐, 크리스티네. 너무 미안해. 얼마나 힘들었니. 고생 많았지? 그 사람이 너에게 아무것도 남기지 않았다면서?

린데 부인 그래, 아무것도.

노라 아이도 없어?

린데 부인 응.

노라 그럼 정말 아무것도 안 남긴 거네?

린데 부인 걱정거리조차 남기지 않았지.

노라 (믿을 수 없다는 듯이 바라보며) 그렇구나. 하지만, 어떻게 그럴 수 있지?

린데 부인 (우울하게 웃으며 노라의 머리칼을 쓰다듬는다) 때로는 그런 일도 생겨, 노라.

노라 그럼 완전히 혼자만 남았구나. 세상에, 얼마나 힘드니. 난 귀여운 아이가 셋이나 있어. 지금 유모랑 잠깐 외출해서 인사시킬 수는 없지만. 그건 그렇고, 네 이야기 좀 자세히 들려줘…….

린데 부인 아냐. 난 오히려 네 얘길 듣고 싶은걸.

노라 아냐, 네가 먼저 얘기해. 오늘은 이기적으로 굴지 않을 거야. 오늘은 너만 생각할 거야. 그렇지만 딱 하나만 얘기할게. 최근에 우리에게 커다란 행운이 굴러들어왔어. 혹시 이미 들었니?

린데 부인 아니, 그게 뭔데?

노라 응, 우리 남편이 은행장이 됐어!

린데 부인 남편이? 정말 잘됐다……!

노라 응, 엄청난 행운이지! 변호사는 아주 불안정한 직업이잖아. 특히 고상하고 정직한 일만 할 생각이라면. 물론 그이는 그런 일밖에 하지 않았고, 나도 그 점은 남편에게 동의해 왔어. 그러니 생각해 봐, 우리가 얼마나 기쁘겠니! 이제 새해가 밝으면 그이는 은행에 나가기 시작할 거야. 엄청난 월급을 받고, 수당도 듬뿍 받을 거야. 이제 우린 지금까지와는 아주 다른 삶을 살겠지. 우린 원하는 것을 다 얻을 수 있을 거야. 아, 크리스티네, 난 날아갈 듯이 행복해! 그렇잖아? 돈은 많고 걱정거리는 하나도 없는 것만큼 멋진 일이 어디 있니!

린데 부인 그래, 부족한 게 없다면 그것만큼 좋은 것도 없지.

노라 부족한 게 없는 정도가 아니야. 돈이 아주 넘쳐난다니까!

린데 부인 (미소 지으며) 노라, 너 아직도 정신 못 차렸구나? 넌 학교 때도 헤프게 써댔잖아.

노라 (웃으며) 그래, 지금도 남편한테 그런 소릴 들어. (토르발처럼 손가락을 좌우로 흔들며) 하지만 이 '노라'도 남편이랑 네가 생각하는 것만큼 바보는 아니라고. 사실 지금까지는 돈을 펑펑 써댈 만한 처지가 아니었어. 우리 둘이 열심히 일해야 했거든.

린데 부인 너도 일했어?

노라 응, 그냥 허드렛일. 바느질, 뜨개질, 자수, 뭐 그런 거. (애써 밝게) 그 밖에도 많아. 너도 알겠지만, 우리가 결혼하고 얼마 안 돼서 남편이 일을 그만뒀잖아. 거기 있어 봐야 승진할 가망성은 안 보이는데, 전보다 돈을 더 많이 벌어야 하는 상황이었으니까. 관직을 떠난 뒤 첫해에는 정말 뼈가 빠지게 일만 했어. 밤낮으로 가정교사 일을 했지. 그러다가 그이 몸이 견디질 못한 거야. 결국, 큰병에 걸려 죽을 뻔했어. 의사 말로는 따뜻한 남쪽 지방에서 무조건 요양해야만 살 수 있다는 거야.

린데 부인 맞아, 꼬박 1년을 이탈리아에 가 있었다고 했지?

노라 그래. 하지만 떠난다는 게 생각처럼 쉬운 일은 아니었어. 이바르가 갓 태어났을 때니까. 그래도 떠나지 않을 순 없었지. 그런데 막상 가 보니 정말 멋진 여행이었어. 남편도 병이 나았고. 그 대신 엄청난 비용이 들었지만.

린데 부인 그랬겠지.

노라 1천2백 탈레르가 들었어. 4천8백 크로네가 든 셈이지. 정말 엄청난 돈이지?

린데 부인 그래도 위급할 때 그만한 돈이 있었으니 얼마나 다행이니!

노라 너니까 얘기하는데, 실은 아빠가 도와주셨어.

린데 부인 그래? 아버지가 돌아가신 게 꼭 그 무렵 아니던가?

노라 그래, 크리스티네. 바로 그 무렵이야. 그런데도 난 아빠를 돌봐 드리지 못했어. 이제나저제나 이바르가 태어나기만을 기다릴 때였거든. 죽어가는 남편도 간호해야 했고. 다정하고 착한 아빠! 그렇지만 결국 난 아빠의 임종을 지키지 못했어, 크리스티네. 아, 그때가 결혼 이후 가장 힘든 시기였지.

린데 부인 네가 아버지를 얼마나 사랑했는지는 나도 잘 알지. 그럼 이탈리아로 떠난 건 그 이후구나?

노라 응. 그 무렵엔 돈도 구했고, 무엇보다 의사가 재촉했으니까. 그래서 한 달 뒤에 떠났지.

린데 부인 남편은 병이 완전히 나아서 돌아온 거야?

노라 물론 씻은 듯이 나았지!

린데 부인 그럼 그 의사는 왜 온 거야?

노라 무슨 의사?

린데 부인 아까 나랑 같이 도착한 사람을 하녀가 '의사 선생님'이라고 부르는 것 같던데.

노라 아, 랑크 박사님? 그분은 진찰하러 오신 게 아니야. 우리의 절친한 벗으로서 하루에 한 번은 꼭 들르시지. 어쨌든, 그 뒤로 남편은 단 한 시간도 다시 아팠던 적이 없어. 아이들도 건강하고, 나도 보다시피……. (깡충깡충 뛰면서 손뼉을 친다) 아, 크리스티네, 행복하게 산다는 건 이루 말할 수 없이 멋진 일이야! 어머, 이 주책……. 또 내 얘기만 늘어놓았네! (발판에 앉아 부인에게 몸을 딱 붙이고 두 손을 부인 무릎에 올린다) 기분 나빠하지 말고 말해 봐! 남편을 사랑하지 않았다는 게 사실이야? 그렇다면 왜 그 남자랑 결혼했어?

린데 부인 당시엔 어머니가 아직 살아 계셨는데, 몸져누워 거동을 못 하셨어. 더구나 난 남동생을 둘이나 책임져야 했지. 그 사람의 제안을 물리칠 뾰쪽한 수가 없었어.

노라 그래, 이해해. 그럴 만하지. 그럼 남편은 그 당시엔 큰 부자였나 보구나?

린데 부인 꽤 그랬던 것 같아. 하지만 사업이란 게 그렇게 평탄하지만은 않잖니, 노라. 그이가 죽자 모든 것이 덩달아 사라져 버리고, 남은 것은 하나도 없었어.

노라 그래서 어떻게 됐는데……?

린데 부인 그 뒤로는 작은 가게를 열기도 하고, 작은 학원을 운영하기도 했어. 그 밖에도 안 해 본 게 없어. 3년을 하루같이 쉬지 않고 일했지. 하지만 이젠 그 생활도 끝났어. 어머닌 이제 내 도움이 필요 없게 되셨거든. 돌아가셨으니까. 동생들도 이젠 저마다 일을 하며 제 몸을 건사하게 되었고.

노라 홀가분하겠구나……

린데 부인 그렇지 않아. 오히려 뭐라 말할 수 없을 정도로 공허한 기분이야. 누구를 위해 살아가겠다는 목표가 없어졌으니까. (불안한 듯 일어서면서) 더는 그 벽지에 틀어박혀 있을 수 없었어. 여기 도시로 나오면 뭔가 열중할 수 있는 일도 쉽게 찾을 것 같았지. 사무 보는 안정적인 일을 구한다면 정말 좋겠는데……

노라 하지만 크리스티네, 일이라는 게 얼마나 힘든데. 안 그래도 넌 이미 지쳐 보이는걸. 온천에라도 다녀오면 틀림없이 좋아질 텐데.

린데 부인 (창문 쪽으로 가면서) 나한텐 여행 경비를 마련해 줄 아버지가 없어, 노라.

노라 (일어서면서) 미안해, 언짢아하지 마!

린데 부인 (노라에게 다가오며) 노라, 너야말로 언짢아하지 마. 나 같은 처지에 있는 사람들은 성격이 엇나가기 쉬워. 일자리도 없는데 끊임없이 아등바등해야 하지. 어쨌든 살아야 하니까. 그러다 보면 어쩔 수 없이 이기적이 돼. 아까 네가 사정이 나아졌다는 말을 들었을 때, 사실 난 네가 아니라 나 때문에 기뻤어.

노라 무슨 뜻이야? 아, 알겠다. 토르발이 널 위해 뭔가 해줄 수 있겠다는 생각이 든 거지?

린데 부인 그래, 그렇게 생각했어.

노라 꼭 그렇게 되게 할게, 크리스티네. 나한테 맡겨 둬. 내가 잘 설득할게. 그이 마음에 들 만한 것을 생각해 봐야지. 아, 너한테 도움이 될 수 있다면 얼마나 기쁠까.

린데 부인 나한테 이렇게까지 신경 써 주다니, 정말 고맙다. 고생을 모르고 살아온 너라서 더 고맙게 느껴져.

노라 내가……? 내가 고생을 모른다고……?

린데 부인 (미소 지으며) 그래. 일을 했다고는 하지만, 고작해야 바느질 정도잖아······. 넌 아직 어린애야.

노라 (머리를 꼿꼿이 들고 방 안을 거닐며) 그렇게 단정지을 수는 없을걸.

린데 부인 그래?

노라 너도 다른 사람들과 똑같아. 모두들 날 조금이라도 어려운 일에는 도움이 안 되는 사람이라고 생각하지······.

린데 부인 내 말은······.

노라 날 이 험한 세상에서 손가락 하나 까딱 안 해본 여자인 줄 알아.

린데 부인 하지만 노라, 네 고생담은 아까 한 얘기가 다잖아?

노라 흥, 그건 새 발의 피도 안 돼! (은밀하게) 더 중요한 건 아직 얘기하지 않았다고.

린데 부인 중요한 거라니?

노라 크리스티네, 넌 날 얕잡아 보는데, 그런 생각은 버리는 게 좋아. 넌 오랫동안 어머니를 위해 뼈 빠지게 일했다고 자랑했지?

린데 부인 난 누구도 얕잡아 보지 않아. 하지만 어머니가 숨을 거둘 때까지 걱정 하나 끼쳐 드리지 않고 내 힘으로 해낸 걸 자랑스럽고 뿌듯하게 생각하는 건 사실이야.

노라 동생들 뒷바라지한 것도 자랑스럽고?

린데 부인 그럴 만하다고 생각해.

노라 나도 그렇게 생각해. 자, 그럼 이번엔 내 말을 들어 봐. 나도 자랑스럽고 뿌듯하게 생각하는 일이 있단다.

린데 부인 그렇겠지. 그런데 무슨 일을 했다는 거야?

노라 목소리를 조금 낮추자. 남편이 들으면 큰일 나! 그 사람은 절대로 알면 안 되거든······. 크리스티네, 아무한테도 말하면 안 돼.

린데 부인 도대체 뭔데?

노라 이쪽으로 와봐. (린데 부인을 소파로 끌어당겨 옆에 앉힌다) 그래, 나도 자랑스럽고 뿌듯한 일을 했어. 바로 남편의 목숨을 구했다는 거야.

린데 부인 구해······? 어떻게?

노라 이탈리아에 여행 갔던 얘기는 아까 했지? 만약 그때 가지 않았더라면, 그이는 죽었을 거야.

린데 부인 그래, 그래서 아버지가 여행 경비를 주셨고······.

노라 (빙그레 웃으며) 그래. 남편을 비롯한 모든 사람이 그렇게 알고 있지. 하지만······.

린데 부인 하지만······?

노라 사실 아빠는 한 푼도 주시지 않았어. 돈을 마련한 건 바로 나야.

린데 부인 네가? 그렇게 큰돈을 다?

노라 1천2백 탈레르. 4천8백 크로네야. 어때?

린데 부인 하지만 노라, 그게 가능한 일이니? 복권에라도 당첨된 거야?

노라 (거들먹거리면서) 복권? (콧방귀를 끼며) 그런 게 자랑거리가 되니?

린데 부인 그럼 도대체 어디서 구했어?

노라 (콧노래를 부르며 비밀스러운 미소를 짓는다) 흐응, 랄라라라!

린데 부인 빌리지는 못했을 거 아냐?

노라 그래? 어째서?

린데 부인 아내는 남편 허락 없이는 돈을 빌려 쓸 수 없으니까.

노라 (머리를 꼿꼿이 세우며) 과연 그럴까? 하지만 부인이 수완 좋고 사리에 밝은 여자라면······.

린데 부인 노라, 난 전혀 이해가 안 돼······.

노라 이해할 필요 없어. 난 돈을 빌린 게 아니니까. 실은 다른 방법으로 얻었을지도 모르지. (소파에 등을 기대며) 날 흠모하는 누군가가 줬는지도 몰라. 나만큼 매력적이라면······.

린데 부인 너 미쳤구나.

노라 크리스티네, 듣고 싶어 못 살겠지?

린데 부인 그래. 하지만 노라, 너 어리석은 짓을 한 건 아니겠지?

노라 (몸을 일으켜 고쳐 앉으며) 남편 목숨을 구하는 게 어리석은 짓이야?

린데 부인 남편 모르게 했다는 게 어리석은 짓이지······.

노라 하지만 그이한텐 아무것도 알릴 수 없었어! 맙소사, 그걸 모르겠니? 얼마나 위독한 상태였는지조차 알릴 수 없었다고. 의사가 나에게 와서, 그이 목숨이 위험하니 남쪽 지방으로 여행을 떠나는 길만이 살길이라고 했어. 처음에는 어떻게든 위기를 넘기려고 머리를 썼지. 무슨 말인지 알겠어? 그이에게 나도 다른 젊은 아내들처럼 외국 여행을 하고 싶다고 말했어. 울고불고 떼를 썼지. 내 건강 상태가 어떤지 생각한다면 내 말을 순순히 따라 줘도 좋지 않으냐고 말이야. 그리고 여행하려면 돈을 빌려야 한다고 말을 꺼냈지. 그런데 크리스티네, 그랬더니 그이가 펄펄 뛰는 거야. 나한테 경솔한 여자라고 하면서, 아내의 이기심과 변덕…… 뭐 그런 말들이 있었을 거야…… 그런 걸 자제시키는 게 남편의 의무라고 말했지. 하지만 난 어떻게 해서든 남편의 목숨을 구해야겠다고 생각했어. 그래서 이런 수단을 쓴 거야…….

린데 부인 남편은 그 돈이 네 아버지 돈이 아니라는 사실을 네 아버지한테서 못 들은 거야?

노라 응, 전혀. 아빠는 곧바로 돌아가셨으니까. 사실 난 그 사실을 아빠한테 털어놓고, 남편한테는 절대 비밀로 해달라고 부탁할 셈이었어. 하지만 아빠도 그렇게 위독한 병으로 앓아누우셨잖아……. 슬프게도 곧 부탁할 필요도 없어졌지.

린데 부인 그래서 남편한테 여태껏 털어놓지 않았어?

노라 그럼, 어떻게 털어놓니! 그이가 이런 일에 얼마나 엄격한데! 게다가 남자답게 자존심이 센 사람인걸. 조금이라도 내 덕을 본 줄 알면 더없는 치욕으로 여길 거야. 그러면 우리 두 사람의 관계도 엉망진창이 되고, 지금처럼 행복하고 화목한 가정도 끝장나 버리겠지.

린데 부인 그래서 끝까지 털어놓지 않을 작정이야?

노라 (생각에 잠긴 듯이, 살며시 미소 지으며) 말해야지…… 언젠가는. 몇 년쯤 지나 내가 지금의 미모를 잃었을 때. 웃지 마! 그이가 지금처럼 나를 애지중지해 주지 않게 되었을 때를 말하는 거야. 내가 그이 앞에서 춤추고 옷을 차려입고 연극 대사를 읊어도 조금도 즐거워하지 않게 되었을 때 말이야. 그럴 때 뭔가 자극제가 있으면 좋잖니……. (말을 끊고) 어머나, 이놈의 입방정! 그런 때는 절대 오지 않을 거야. 그런데 크리스티네, 이 엄청난 비밀을 어떻게 생각해? 이래도 내가 아무것도 할 줄 모르는 사람 같니? 아무튼, 난 그것 때문에 엄청난 고생을 했어. 제때 돈을 갚는다는 게 쉬운 일은 아니잖아. 넌 모르겠지만, 이자 반기 납부와 원금은 분할 납부라는 게 있어. 그 돈을 마련하는 게 보통 일이 아니었지. 여기서 줄이고 저기서 줄여서 최대한 아껴야 했어. 그렇다고 살림에 필요한 돈을 줄일 수는 없잖아. 남편한테는 쾌적한 환경을 마련해 주어야 하고, 아이들에게도 다 떨어진 옷을 입게 할 순 없으니까. 아이들 양육비 명목으로 받은 돈은 그런 데에 다 써 버렸지. 눈에 넣어도 아프지 않을 내 자식인걸!

린데 부인 불쌍한 노라! 그럼 네 용돈까지 써 버린 거구나.

노라 물론이지. 아무래도 빚을 청산하는 게 먼저였으니까. 남편이 새 옷이든 뭐든 사라고 돈을 주면 반드시 절반 이상은 떼어 놨지. 언제나 가장 소박하고 싼 옷만 샀어. 하지만 다행히도 난 아무 옷이나 잘 어울려서 남편은 전혀 눈치채지 못했지. 그래도 가끔은 슬퍼졌어, 크리스티네. 좋은 옷을 입고 다니고 싶은 게 사람 마음 아니겠니?

린데 부인 그렇지.

노라 난 다른 방법으로도 돈을 모았어. 지난겨울에는 다른 사람의 글을 그대로 베껴 쓰는 일이 많았어. 난 방문을 걸어 잠그고 밤마다 늦은 시간까지 남의 글을 베껴 썼지. 아, 그땐 정말 녹초가 되도록 지쳤어. 그래도 그렇게 일하고 돈을 번다는 게 무척 뿌듯하고 즐거웠어. 남자가 된 것 같은 기분이었지.

린데 부인 그렇게 해서 얼마나 갚았는데?

노라 글쎄. 정확히 모르겠어. 대개 이런 금전 관계는 정확히 계산하기가 어렵거든. 분명한 건, 긁어모을 수 있는 만큼 최대한 긁어모아서 갚았다는 사실이야. 막막할 때도 많았어. (방긋 웃으며) 그럴 때면 여기에 멍하니 앉아서, 어떤 돈 많은 늙은이가 나를 사랑하게 되는 상상을 했어…….

린데 부인 맙소사! 어떤 남자가?

노라 지어낸 얘길 갖고 호들갑은! 그런데 그 남자가 죽는 거야. 사람들이 유언장을 펴 보니, 큰 글씨로 이렇게 쓰여 있는 거지. "나의 모든 재산을 사랑하는 노라 헬메르 부인에게 현금으로 즉시 지급하라."

린데 부인 노라, 그 사람이 대체 누구니?

노라 맙소사, 아직도 모르겠니? 그런 사람은 없어. 그냥 상상이라니까. 어떻게든 돈을 마련할 방법이 없어지면, 멍하니 앉아서 그런 사람을 상상해 보는 거야. 하지만 이제 그런 건 아무래도 좋아. 그런 따분한 늙은이 따위가 어디서 뭘 하든 내 알 바 아니야. 그런 사람도, 그런 유언장도 필요 없어. 내 문제는 이제 해결됐으니까. (벌떡 일어나) 아, 크리스티네, 생각만 해도 너무 멋져! 이제 걱정거리가 없어! 모든 걱정이 깨끗이 사라졌어!

아이들과 함께 뛰놀고 장난칠 수도 있어! 그이 취향대로 집 안을 예쁘게 꾸밀 수도 있어! 곧 드넓은 파란 하늘과 함께 봄이 찾아오겠지. 그 무렵이면 짧은 여행쯤은 할 수 있을 거야. 그럼 분명 다시 바다를 볼 수 있겠지. 아, 삶의 행복이란 정말 멋진 거야!

현관에서 초인종 소리가 들린다.

린데 부인 (일어서며) 초인종이 울리네. 난 이제 가는 게 좋겠다.
노라 아냐. 그냥 있어. 날 찾아올 사람은 없어. 분명히 남편 손님일 거야……
하녀 (현관으로 통하는 문에서) 저, 마님. 어떤 남자분이 오셨는데요. 변호사님께 드릴 말씀이 있다고 하십니다…….
노라 은행장님을 뵙자는 거겠지.
하녀 앗, 그렇지요. 하지만 안에 의사 선생님이 계셔서 어찌해야 좋을지……
노라 어떤 분이시래?
크로그스타 (현관으로 통하는 문에서) 접니다, 부인.
린데 부인 (흠칫 놀라며 창문 쪽으로 몸을 돌린다)
노라 (크로그스타 쪽으로 한 발짝 다가가, 긴장한 듯 작은 목소리로) 당신이군요? 무슨 일이죠? 남편한테 무슨 볼일이에요?
크로그스타 은행 일입니다. 전 그 은행의 말단 직원인데, 듣자하니 남편분이 은행장이 되셨다기에…….
노라 그래서요……?
크로그스타 사소한 볼일입니다, 부인. 그게 다예요.
노라 그래요? 그럼 서재로 가 보세요. (현관으로 통하는 문을 닫으며 차갑게 인사한다. 그러고는 난로 앞으로 와 불을 들여다본다)
린데 부인 노라, 지금 그 남자는 누구야?
노라 크로그스타라는 이름의 법률대리인이야.
린데 부인 그래, 역시 그 사람이었구나.
노라 그를 알아?

린데 부인 알지. 예전에. 내가 살던 지역에서 잠깐 변호사대리로 일했거든.

노라 맞아. 그랬지.

린데 부인 정말 많이 변했네.

노라 결혼생활이 몹시 불행했다던데.

린데 부인 지금은 혼자야?

노라 아이가 많대. 됐다, 겨우 불이 붙었네. (난로 문을 닫고 흔들의자를 옆으로 조금 민다)

린데 부인 여러 일에 손을 대고 있다는 소문이던데.

노라 그래? 응, 그럴지도 모르지. 사실 난 아무것도 몰라……. 일 얘기는 그만두자. 지루해.

랑크 박사, 헬메르의 방에서 나온다.

랑크 (아직 방 안에서) 아니야, 더는 방해하고 싶지 않아. 부인과 잠깐 얘기를 나누고 곧 갈 거야. (문을 닫고 나서야 린데 부인이 있음을 알아챈다) 어이쿠, 죄송합니다. 여기서도 방해가 됐군요.

노라 그런 말씀 마세요. (소개한다) 이쪽은 랑크 박사님, 이쪽은 린데 부인이에요.

랑크 아하! 이 집에서 성함은 여러 번 들었습니다. 아까 계단에서 제가 먼저 올라왔던 것 같은데요.

린데 부인 네. 전 천천히 올라왔어요. 계단을 오르기가 힘들거든요.

랑크 아, 어디 불편하신가요?

린데 부인 과로 때문일 거예요.

랑크 다른 증세는 없고요? 그럼 친구들도 만날 겸 휴양하러 오셨나 보군요.

린데 부인 전 일자리를 찾으러 왔어요.

랑크 그게 과로에 적합한 치료 방법일까요?

린데 부인 목숨이 붙어 있는 한 어쩔 수 없죠.

랑크 네. 다들 먹고사는 게 가장 중요하다고 생각하죠.

노라 어머, 박사님은 살고 싶지 않으세요?

랑크 살고 싶죠. 아무리 비참하게라도 역시 가능한 한 오래 이 고통을 짊어지고 가기를 원한답니다. 절 찾아오는 환자도 다 똑같아요. 도덕적으로 문제가 있는 환자도 마찬가지고요. 바로 지금, 도덕성에 문제가 생긴 그런 불치병 환자가 헬메르의 서재에 와 있습니다…….

린데 부인 (낮게) 아……!

노라 누구 말씀이신지?

랑크 크로그스타라는 법률대리인이죠. 부인은 모르는 사람일 겁니다. 정신 상태가 썩어 빠진 사람이지요. 아무리 그런 사람이라도, 사는 게 아주 중요하다는 듯이 말한다니까요.

노라 그렇군요. 그런데 남편에게 무슨 말을 하고 있죠?

랑크 저는 전혀 모르겠습니다. 뭔가 은행과 관련한 얘기인 것 같았는데.

노라 전 크로그…… 그러니까 저 법률대리인이 은행과 관련이 있는 사람인 줄은 몰랐어요.

랑크 은행에서 말단 직원으로 일하고 있죠. (린데 부인에게) 부인이 살던 곳에도 이런 인간이 있습니까? 도덕적으로 부패한 사람을 찾아내려고 바삐 뛰어다니다가 마침내 그런 환자를 발견하면 그 사람을 번듯한 자리에 앉혀 자기 감시 아래 두는 사람 말입니다. 정신이 건강하고 선량한 사람은 수수방관하는 수밖에 도리가 없지요.

린데 부인 그런 사람이야말로 가둬 두고 치료해야 할 환자인데 말이죠?

랑크 (어깨를 으쓱하며) 바로 그렇습니다. 그들의 그런 썩은 생각이 이 사회를 병원으로 만들어 버리죠.

노라 (혼자 생각에 빠졌다가 쿡쿡 웃으며 손뼉을 친다)

랑크 왜 웃죠? 사회가 실제로 어떤 곳인지 부인은 아세요?

노라 재미도 없는 사회에는 관심 없어요. 난 다른 생각이 나서 웃었어요. 아주 우스운 일이요. 박사님, 이제 은행에서 일하는 사람은 모두 토르발이 쥐락펴락하게 되는 건가요?

랑크 그게 그렇게 우스워요?

노라 (웃으며 콧노래를 부른다) 신경 쓰지 마세요! (방 안을 거닐며) 그래요, 무척 재미있어요. 우리가…… 토르발이 그렇게 많은 사람을 마음대로 조종할 수 있다는 게. (주머니에서 봉지를 꺼내며) 랑크 박사님, 마카롱 드실래요?

랑크 마카롱이라! 이 집에선 금지된 걸로 아는데.
노라 맞아요. 하지만 이건 크리스티네가 준 거예요.
린데 부인 응? 내가……?
노라 그래그래, 놀라지 마. 넌 토르발이 이걸 금지한 줄 몰랐잖아? 그이는 내가 이걸 먹고 이가 썩을까 봐 걱정이란다. 하지만 어쩌다 한 번쯤이야 뭐 어떠니……! 그렇죠, 랑크 박사님? 자요! (마카롱을 의사의 입에 집어넣는다) 크리스티네, 너도 먹어. 나도 먹어야지. 작은 걸로 딱 하나만…… 아니 두 개만. (다시 방 안을 거닐면서) 아, 정말 행복해. 지금 하고 싶은 게 딱 한 가지 있어요.
랑크 오, 그게 뭐죠?
노라 토르발 앞에서 말하고 싶은 게 있어요.
랑크 말하면 되잖아요.
노라 엄두가 나지 않아요. 너무 심한 말이거든요.
린데 부인 심하다니?
랑크 그럼 말하지 않는 게 좋겠지요. 하지만 우리 앞에서라면 괜찮을 테죠. 헬메르 앞에서 그렇게 말하고 싶은 게 대체 뭡니까?
노라 난 이렇게 말하고 싶어요. "지옥으로 꺼져 버려!"
랑크 제정신으로 하는 말인가요?
린데 부인 맙소사, 노라……!
랑크 다시 한 번 말해 봐요. 마침 토르발이 오는군요.
노라 (마카롱 봉지를 감추며) 쉿, 쉿!

헬메르가 외투를 팔에 걸치고 모자를 든 채 방에서 나온다.

노라 (그에게 다가가) 여보, 손님하고 얘기는 끝났어요?
헬메르 응, 방금 가셨어.
노라 소개할게요. 이쪽은 크리스티네. 오늘 도착했어요.
헬메르 크리스티네라……. 죄송하지만 기억이 잘…….
노라 린데 부인이에요, 토르발. 크리스티네 린데 부인.

헬메르 아하! 집사람의 학교 때 친구죠?
린데 부인 네, 우린 오래전부터 알고 지냈죠.
노라 크리스티네는 당신에게 할 얘기가 있어서 아주 먼 길을 왔어요.
헬메르 무슨 얘기죠?
린데 부인 저, 그게…….
노라 크리스티네는 사무 보는 일에 아주 뛰어나답니다. 어느 능력 있는 사람 밑에서 일하고 싶어 하죠. 그러면 더 많은 것을 배울 수 있을 테고요…….
헬메르 훌륭한 생각이네요, 린데 부인.
노라 그래서 신문에 당신이 은행장이 됐다는 기사가 난 걸 보고 한달음에 달려온 거랍니다……. 토르발, 나를 봐서라도 크리스티네에게 뭔가 해줄 거죠?
헬메르 아주 불가능한 일은 아니지. 부인은 혼자가 되셨다고 들었는데…….?
린데 부인 네.
헬메르 서재에서 일해 보신 경험은 있나요?
린데 부인 네.
헬메르 그렇다면 자리를 만들어 드릴 수도 있을 것 같군요…….
노라 (손뼉을 치면서) 내 말이 맞지? 거봐!
헬메르 때마침 잘 오셨습니다, 린데 부인…….
린데 부인 어떻게 감사를 드려야 할지…….
헬메르 당치 않습니다. (코트를 걸치며) 하지만 오늘은 일이 있어서 먼저 실례하겠습니다…….
랑크 잠깐, 나도 같이 가세. (현관에서 털가죽 코트를 가지고 와 난롯불을 쬔다)
노라 일찍 돌아오세요, 여보.
헬메르 한 시간 정도면 될 거야.
노라 크리스티네, 너도 갈 거니?
린데 부인 (코트를 입으며) 응, 가서 방을 구해야지.
헬메르 그럼 아래 큰길까지 모셔다 드리죠.
노라 (크리스티네를 도와주면서) 여긴 너와 같이 지내기에는 너무 좁아서…….

린데 부인 무슨 그런 걱정을 다 해! 잘 있어, 노라. 여러 가지로 고마워.
노라 그래, 또 보자. 오늘 밤에 다시 올 거지? 랑크 박사님도요. 뭐라고요? 컨디션이 좋으면? 당연히 좋을 거예요. 따뜻하게 하고 다니세요.

모두 이야기하며 현관 쪽으로 나간다. 바깥 계단에서 아이들의 목소리가 들린다.

노라 애들이 왔네! 애들아!

달려가 문을 연다. 유모 안네 마리가 아이들과 함께 들어온다.

노라 어서들 오렴! (무릎을 굽혀 아이들에게 입을 맞춘다) 귀여운 내 새끼들……! 봐, 크리스티네. 사랑스럽지?
랑크 이렇게 바람이 부는 곳에서는 얘기하지 맙시다!
헬메르 가시죠, 린데 부인. 엄마가 아니라면 이 자리를 어서 뜨는 게 좋아요.

랑크, 헬메르, 린데는 계단을 내려간다. 유모가 아이들을 방으로 데려간다. 노라도 복도로 난 문을 닫고 들어온다.

노라 모두들 씩씩해 보이는구나. 어머나, 저 새빨간 뺨 좀 봐! 사과나 장미꽃 같구나. (다음 대사를 하기 전까지 아이들도 그녀에게 뭐라고 떠든다) 그렇게 재미있었어? 잘됐구나. 세상에, 에미와 봅을 썰매에 태우고 끌었어? 둘을 한꺼번에! 대단하구나, 이바르. 안네 마리, 내가 안게. 내 작고 귀여운 인형 같은 아가! (유모에게서 막내 아이를 받아 안고는 아이와 함께 춤춘다) 그래 그래, 너하고도 춤출게, 봅. 응? 눈싸움을 했다고? 오, 엄마도 같이했으면 좋았을걸. 아냐, 됐어, 안네 마리. 내가 벗길게. 직접 하고 싶어. 애들 옷 벗기는 건 아주 재미있거든. 유모는 가서 쉬어요. 온몸이 꽁꽁 얼었잖아. 난로 위에 따뜻한 커피가 있으니 마시고.

유모는 왼쪽에 있는 방으로 사라진다. 노라는 아이들의 외출복을 벗겨 주변에 던져 놓는다. 그사이 아이들은 동시에 계속 떠든다.

노라 그랬어? 그렇게 큰 개가 쫓아왔어? 물진 않았지? 그래, 개는 작고 귀여운 인형을 물지 않으니까. 그 꾸러미를 건드리지 마라, 이바르! 그게 뭘까? 가르쳐 줬으면 좋겠지? 안 돼, 안 돼. 그건 무서운 거야! 응? 놀이를 하고 싶어? 무슨 놀이를 할까? 숨바꼭질? 그래, 숨바꼭질하자. 밥이 먼저 숨어. 엄마가 먼저? 좋아, 엄마가 먼저 숨는다.

아이들과 웃고 소리 지르며 이 방과 오른쪽에 있는 방에서 숨바꼭질 놀이를 한다. 노라가 탁자 아래에 숨는다. 아이들이 몰려나와 그녀를 찾지만, 찾지 못한다. 그러다가 키득거리는 노라의 웃음소리를 듣고 탁자로 달려가 테이블보를 들춰 그녀를 찾아낸다. 커다란 환호성. 노라가 겁주려는 척하며 기어 나온다. 또다시 환호성. 그 사이 현관문을 두드리는 소리가 들리지만, 아무도 듣지 못한다. 이윽고 문이 반쯤 열리고 크로그스타가 나타난다. 숨바꼭질 놀이가 계속되는 동안 그는 잠깐 기다린다.

크로그스타 실례합니다. 헬메르 부인······.
노라 (낮게 비명을 지르며 돌아보다가 흠칫 놀라며) 앗! 여기서 뭐 하세요?
크로그스타 죄송합니다. 현관문이 열려 있어서요. 누군가 잠그는 걸 잊어버렸나 봐요······.
노라 (일어서며) 남편은 지금 안 계시는데요, 크로그스타 씨.
크로그스타 압니다.
노라 그럼 왜 오셨죠?
크로그스타 부인께 드릴 말씀이 있어서······.
노라 저에게요······? (아이들에게 조용히) 할머니한테 가 보렴. 응? 아냐. 이 낯선 아저씨는 엄마를 해치지 않아. 이분이 가시면 다시 함께 놀자.

노라, 아이들을 왼쪽에 있는 방으로 데려다 주고 문을 닫는다.

노라 (불안스레, 긴장하며) 제게 할 말이 있다고요?

크로그스타 그렇습니다.

노라 오늘요……? 하지만 아직 초하루가 아니잖아요…….

크로그스타 네, 오늘은 크리스마스이브죠. 성탄절이 즐거울지 아닐지는 부인한테 달렸지만.

노라 뭘 원하시는 거죠? 오늘은 어떻게 해드릴 수가…….

크로그스타 그 문제를 말씀드리려는 게 아닙니다. 다른 문제예요. 잠깐 시간 좀 내주시죠.

노라 알았어요. 하지만…….

크로그스타 좋습니다. 올센의 레스토랑에 앉아 있다가, 남편분이 큰길을 지나가시는 걸 봤습니다.

노라 그랬군요.

크로그스타 어떤 부인과 함께요.

노라 그래서요?

크로그스타 단도직입적으로 묻겠습니다만, 그분 혹시 린데 부인 아니신지요?

노라 맞아요.

크로그스타 오늘 여기 도착했나요?

노라 그래요. 오늘.

크로그스타 부인하고는 친한 친구죠?

노라 그래요. 그런데 왜 그런 걸…….

크로그스타 저도 그분을 예전부터 알고 지냈습니다.

노라 그렇다더군요.

크로그스타 알고 계십니까? 부인은 뭐든 아시는군요. 그럴 줄 알았어요. 그러면 본론으로 들어가죠. 린데 부인이 은행에서 일하기로 했나요?

노라 무례하군요. 지금 심문하시는 건가요, 크로그스타 씨? 당신은 내 남편의 부하잖아요? 하지만 질문하셨으니 가르쳐 드리죠. 그래요, 린데 부인은 취직했어요. 내가 그렇게 되도록 거들었죠. 크로그스타 씨, 이제 됐나요?

크로그스타 예상했던 대로군요.

노라 (방 안을 왔다 갔다 하면서) 사람이라면 누구나 자그마한 영향력은 지니고 있다고 생각해요. 내가 여자라고 해서 그러지 않으리라고는 생각하지 마세요. 크로그스타 씨, 남 밑에서 일하는 사람은 더 조심해야 하는 것 아닌가요? 그러니까 그…….

크로그스타 영향력 있는 사람을요?

노라 그래요.

크로그스타 (말투를 바꿔서) 헬메르 부인, 그 영향력을 저를 위해 써 주시면 안 되겠습니까?

노라 네? 그게 무슨 뜻이죠?

크로그스타 은행에서 제가 계속 남편분 밑에서 일할 수 있도록 힘 좀 써 주셨으면 합니다.

노라 무슨 소리예요? 누가 당신을 해고하겠다고 했나요?

크로그스타 모르는 척하지 마세요. 부인의 친구가 저와 원만하게 지낼 리 없다는 건 잘 아니까요. 내가 잘리면 부인의 친구가 누구한테 감사할지도요.

노라 하지만 맹세코…….

크로그스타 쉽게 말하죠. 아직 시간이 있으니, 부인의 영향력을 발휘해 그걸 미리 막아 주세요.

노라 그렇지만 크로그스타 씨, 난 그럴 만한 영향력이 없어요.

크로그스타 없다고요? 조금 전에는 있다고 말씀하셨던 것 같은데요…….

노라 그런 뜻으로 얘기한 게 아녜요. 어떻게 내가 남편한테 그런 영향력을 행사할 수 있다고 생각하시는 거죠?

크로그스타 난 부인의 남편을 학교 때부터 알고 지냈어요. 우리 은행장님은 다른 남자들보다 아내한테 물러터진 것 같은데요.

노라 남편을 깎아내릴 생각이라면 당장 나가 주세요.

크로그스타 기세등등하시군요, 부인.

노라 이젠 당신이 두렵지 않아요. 새해가 되면 곧 모든 걸 정리해 버릴 테니까.

크로그스타 (흥분을 가라앉히며) 헬메르 부인, 어쩔 수 없는 상황이 되면, 보잘것없는 자리지만 난 목숨을 걸고 싸울 겁니다.

노라 네. 그럴 것 같네요.

크로그스타 단순히 돈 때문만은 아닙니다. 은행에서 받는 돈은 대수롭지 않아요. 그보다는…… 그래요, 시원하게 말하죠. 저한텐 이런 사정이 있습니다. 몇 년 전에 제가 무모하게 사고를 쳤다는 소문은 물론 당신도 들어 아시겠죠?

노라 어디선가 그런 얘길 들은 것 같군요.

크로그스타 재판까지 가진 않았지만, 그 때문에 앞길이 꽉 막혀 버렸죠. 그래서 난 부인께서도 아시는 그 일에 손을 댔습니다. 어떻게 해서든 먹고살아야 했으니까요. 특별히 잘못했단 생각은 안 합니다. 하지만 이젠 그런 일에서 손을 씻고 싶어요. 아들들은 점점 커가는데, 그 애들을 위해서라도 가능한 한 신용을 되찾아야 하니까요. 은행 일은 그 길로 나아가기 위한 사다리의 첫 번째 단계와도 같은 것이죠. 그런데 이제 와서 부인의 남편이 나를 그 사다리에서 걷어차 다시 진흙 구덩이에 빠뜨리려고 해요.

노라 그렇지만 크로그스타 씨, 정말로 나한텐 당신을 도울 만한 힘이 없어요.

크로그스타 그럴 마음이 없으신 거겠죠. 하지만 나에겐 부인을 움직일 방법이 있습니다.

노라 설마 당신한테 돈을 빌렸다는 사실을 남편한테 고자질하려는 건 아니겠죠?

크로그스타 으흠……. 벌써 말씀드렸다면?

노라 정말 염치도 없지. (눈물을 참으려고 숨을 자꾸 삼키며) 그 비밀은 내 기쁨이자 긍지였어요. 그걸 그렇게 더럽고 비겁한 방식으로 그이에게 알리다니……. 그것도 당신 입으로! 우리 집을 이런 불화에 빠뜨리다니…….

크로그스타 불화뿐인가요?

노라 (사납게) 어디 해보세요! 그래 봤자 가장 큰 피해를 보는 건 당신이에요. 그렇게 하면 당신이 어떤 악당인지 남편도 알게 될 테니까. 그리고 그러면 당신은 은행에서 쫓겨나게 될 테니까.

크로그스타 난 그저 부인이 두려워하는 게 가정의 불화뿐인지 물은 겁니다.

노라 남편 귀에 들어가면, 그이가 그 즉시 나머지 빚을 갚아 줄 거예요. 그러면 이제 당신하고는 아무 상관도 없어지겠죠.

크로그스타 (한 발짝 다가가며) 부인, 기억력이 나쁜 겁니까, 금전 거래를 이해하지 못하는 겁니까? 당시 상황을 좀 더 정확히 설명해 드리죠.

노라 무슨 뜻이죠?

크로그스타 남편분이 병들었을 때 당신은 4천8백 크로네를 빌리러 날 찾아왔어요.

노라 달리 아는 사람이 없었으니까요.

크로그스타 전 빌려 드리겠다고 했고요.

노라 그 말대로 빌려 주셨죠.

크로그스타 난 돈을 빌려 주는 대신 몇 가지 조건을 분명히 했어요. 당시 당신은 병든 남편에게 온 신경을 쏟느라 여비를 마련하는 데만 정신이 팔려 부대조건을 꼼꼼히 살피지 않았나 봅니다. 그러니 그걸 다시 상기시켜 드리는 것도 나쁘지 않을 것 같군요. 떠올려 보죠. 난 당신 대신 내가 직접 작성한 차용증에 근거해서 당신에게 돈을 빌려 줬습니다.

노라 그래요. 나도 서명했잖아요.

크로그스타 그렇죠. 그리고 난 그 밑에 몇 줄을 더 보탰습니다. 당신 아버님을 보증인으로 삼겠노라는 것이죠. 거기에 당신 아버님께서 서명했어야 했고요.

노라 서명했어야 했다니요……? 아빠는 서명했어요.

크로그스타 난 날짜를 빈칸으로 남겨 뒀습니다. 당신 아버님께서 서명하실 때 날짜까지 기록하실 수 있도록 하려고요. 기억하십니까?

노라 그래요, 그런 것 같군요…….

크로그스타 그리고 난 차용증을 당신 아버님께 우편으로 보낼 수 있도록 당신한테 넘겨 드렸습니다. 그렇지요?

노라 그래요.

크로그스타 물론 당신은 곧장 그렇게 했죠. 닷샌가 엿새 정도 지나서 당신은 아버님의 서명이 들어간 차용증을 들고 절 다시 찾아왔어요. 그래서 난 약속한 돈을 빌려 드렸죠.

노라 그래서 꼬박꼬박 갚고 있잖아요?

크로그스타 네, 그렇죠. 그렇지만…… 아까 이야기로 되돌아가자면…… 당시는 당신에게 매우 어려운 시기였습니다. 그렇죠, 부인?

노라 네, 그래요.

크로그스타 내가 알기에는 아버님도 상당히 편찮으셨다던데.

노라 오늘내일 하셨죠.

크로그스타 실제로 곧 돌아가셨죠?

노라 네.

크로그스타 부인, 혹시 아버님께서 돌아가신 날을 기억하나요? 몇 월 며칠이었는지?

노라 아빠는 9월 29일에 돌아가셨어요.

크로그스타 그렇습니다. 저도 조사해 확인했죠. 그런데 아무래도 이상한 점이 있네요. (서류 한 장을 꺼낸다) 저로선 설명할 수 없지만…….

노라 이상한 점이라뇨? 무슨 말인지…….

크로그스타 뭐가 이상하냐 하면, 헬메르 부인, 당신 아버님께서 이 증서에 서명하신 것은 돌아가시고 사흘이 지난 뒤랍니다.

노라 뭐라고요? 그게 무슨 소리…….

크로그스타 당신 아버님은 9월 29일에 돌아가셨습니다. 그렇지만 여길 보십시오. 여기 아버님께서 서명하신 날짜는 10월 2일입니다. 이상하지 않은가요, 헬메르 부인?

노라 (침묵을 지킨다)

크로그스타 이걸 설명해 주시겠습니까?

노라 (계속 침묵을 지킨다)

크로그스타 더구나 이 날짜가 아버님께서 쓰신 게 아니라 내가 아는 필체로 쓰였다는 점도 이상하군요. 아, 이렇게 설명할 수 있겠군요. 당신 아버님께서는 서명한 뒤 날짜를 써넣는 것을 깜빡하셨고, 그래서 누군가가 적당히 써넣은 겁니다. 돌아가셨다는 소식을 전해 듣기 전에. 하지만 이건 중요한 문제가 아닙니다. 문제는 서명이죠. 이건 물론 진짜겠죠, 부인? 여기에 서명한 사람이 틀림없이 아버님 맞겠죠?

노라 (잠시 침묵을 지키다가 고개를 빳빳이 들고 당당하게 상대방을 쳐다보며) 아뇨, 그렇지 않아요. 내가 아빠의 이름으로 서명했어요.

크로그스타 헬메르 부인, 지금 그 발언이 위험한 고백이라는 걸 아시죠?

노라 왜죠? 돈은 거의 다 갚았는데요.

크로그스타 한 가지만 묻지요. 왜 차용증을 아버님께 보내지 않았던 거죠?
노라 그럴 수 없었어요. 아빠는 위독했으니까요. 서명을 부탁하면, 돈을 어디에 써야 하는지도 말해야 하잖아요. 하지만 중병에 걸린 아빠에게 남편의 목숨이 위태롭다는 말을 할 수는 없었어요. 정말 그럴 수 없었어요.
크로그스타 그렇다면 외국 여행을 포기했어야죠.
노라 그것도 불가능했어요. 남편의 목숨을 살리는 유일한 길인데 어떻게 포기하겠어요?
크로그스타 하지만 그렇게 하면 나를 속이는 거란 생각은 들지 않았나요?
노라 그런 건 문제가 아니었어요. 당신이야 어떻게 되든 무슨 상관이래요? 난 참을 수 없었어요. 남편이 얼마나 위험한 상태인지 잘 알면서 아무런 배려도 없이 고지식하게 절차만 고집했잖아요.
크로그스타 헬메르 부인, 당신은 자신이 저지른 죄가 얼마나 무거운지 전혀 모르고 있군요. 그렇다면 제 얘기를 들려 드리죠. 나도 한때 이것과 똑같은 죄를 저질러 내 평판을 망치고 말았답니다.
노라 당신이? 당신이 부인의 목숨을 구하기 위해 위험을 감수했다는 말인가요?
크로그스타 법은 어떤 동기든 상관하지 않죠.
노라 그렇다면 그건 몹시 나쁜 법이에요.
크로그스타 나쁘건 나쁘지 않건 내가 이 차용증을 법원에 제출하면, 당신은 법에 따라 처벌될 겁니다.
노라 그럴 리 없어요. 죽어 가는 늙은 아버지에게 걱정을 끼치지 않고 일을 처리할 권리가 딸에게 없단 말인가요? 아내에게 남편의 목숨을 구할 권리가 없다는 말인가요? 난 법을 잘 모르지만, 그런 경우는 문제없다고 어딘가에 쓰여 있을 거예요. 당신은 법률대리인이면서 그런 것도 몰라요? 유능한 법률가는 아니시네요, 크로그스타 씨.
크로그스타 그럴지도 모르죠. 하지만 우리 두 사람이 관련된 이 일에 관해서 만큼은 아주 잘 압니다. 아무튼, 좋습니다. 원하시는 대로 하세요. 하지만 분명히 말해 두죠. 만일 내가 쫓겨나는 날엔 당신을 물고 늘어질 겁니다.

크로그스타, 고개 숙여 인사하고 복도를 지나 밖으로 나간다.

노라 (잠시 생각에 잠겼다가 고개를 휙 쳐들고) 말도 안 돼! 이건 협박이야! 하지만 그렇게 만만하진 않을걸. (아이들의 외출복을 정리하다가 곧 멈춘다) 그렇지만……. 아냐, 그럴 리 없어! 사랑해서 한 일인걸.
아이들 (왼쪽 문에서) 엄마, 그 아저씨 대문으로 나갔어.
노라 그래, 알고 있어요. 저 아저씨 얘기는 아무에게도 하지 마. 알아들었지? 아빠한테도 하면 안 된다!
아이들 응, 엄마. 이제 다시 엄마랑 놀아도 돼?
노라 아니. 지금은 안 돼.
아이들 하지만 아까 약속했잖아.
노라 그래, 그런데 지금은 안 돼. 안으로 들어가라. 엄만 할 일이 아주 많아요. 자, 안으로 들어가. 착하지?

노라, 부드럽게 아이들을 옆방으로 들어가게 하고 문을 닫는다.

노라 (소파에 앉아 자수를 들고 수를 몇 땀 놓다가 이내 멈춘다) 아니야! (자수를 내던지고 일어나 현관문으로 가서 부른다) 헬레네! 크리스마스트리를 가져와. (왼쪽 탁자로 가서 서랍을 열다가 관두고) 아냐, 절대 그럴 리 없어!
하녀 (크리스마스트리를 가져와서) 어디에 놓을까요, 마님?
노라 저기……. 방 가운데.
하녀 가져올 게 더 있나요?
노라 없어, 고마워. 필요하면 부를게.

하녀, 나무를 가운데로 옮겨 놓고 밖으로 나간다.

노라 (분주하게 나무를 장식하면서) 촛불은 여기에…… 꽃은 여기에……. 끔찍한 인간! 다 꾸며낸 이야기야! 걱정할 것 없어. 뭐니 뭐니 해도 크리스마스트리는 아름다워야지. 토르발, 난 당신이 원한다면 어떤 일이라도 할 거예요. 노래도 부르고, 춤도 추고…….

헬메르가 서류 뭉치를 겨드랑이에 끼고 복도에서 들어온다.

노라 어머나…… 벌써 오셨어요?
헬메르 응. 누가 왔었어?
노라 여기? 아뇨.
헬메르 이상하군. 크로그스타가 나가는 걸 봤는데.
노라 그래요? 아참, 그랬지. 크로그스타가 잠깐 왔었어요.
헬메르 그럴 줄 알았지. 그 사람이 당신에게 잘 부탁한다는 말을 하러 왔다는 게 당신 얼굴에 다 쓰여 있어.
노라 네.
헬메르 그 부탁을 당신이 생각해낸 것처럼 말할 셈이었지? 그가 여기 왔던 사실도 숨길 생각이었어. 그러도록 부탁한 것도 그 사람일 테고?
노라 그래요, 토르발. 하지만…….
헬메르 노라, 어떻게 그런 짓을 꾸밀 생각을 한 거야? 그런 인간과 이야기하고 약속을 하다니! 더구나 날 속이고!
노라 속이다니요……?
헬메르 아무도 오지 않았다고 했잖아? (손가락을 흔들며) 내 귀여운 작은 새는 이제 다시는 그러면 안 돼요. 귀여운 작은 새는 티 없는 부리로 예쁘게 노래만 해야지, 절대로 거짓말하는 거 아니에요. (노라의 허리를 끌어안으며) 안 그래? 난 당연히 알고 있었다고. (노라를 풀어 주고) 이 얘기는 그만 하지. (난롯가에 앉으며) 아, 이 자리는 정말 아늑해. (서류를 훑어본다)
노라 (크리스마스트리를 부지런히 장식한다. 잠시 뒤) 토르발!
헬메르 응?
노라 내일모레 스텐보르그 씨 댁에서 열리는 가장무도회가 무척 기다려져요.
헬메르 나도 당신이 어떤 식으로 날 놀라게 할지 보고 싶어서 근질근질해.
노라 아, 그러지 못하게 됐어요.
헬메르 왜?
노라 좋은 생각이 나지 않아요. 다 촌스럽고 그냥 그래요.
헬메르 귀여운 노라도 드디어 우는소리 하는 거야?

노라 (토르발이 앉은 의자 뒤에서 등받이에 팔을 올리고) 당신, 많이 바빠요?

헬메르 응…….

노라 이 서류는 다 뭐예요?

헬메르 은행과 관련된 서류.

노라 벌써 일을 하는 거예요?

헬메르 퇴직하는 전임 은행장한테서 전권을 넘겨받았어. 인사이동을 해도 좋고, 업무 계획을 변경해도 좋지. 성탄절 기간에 그 일을 다 처리해야 해. 새해가 시작되기 전에 싹 정리해 두고 싶어.

노라 그래서 불쌍한 크로그스타가…….

헬메르 흠!

노라 (아직 의자 등받이에 기대어, 토르발의 머리카락을 손가락으로 천천히 빗으며) 당신이 그렇게 바쁘지 않다면, 한 가지 부탁할 게 있는데요.

헬메르 말해 봐, 뭔데?

노라 당신만큼 안목이 높은 사람은 아무도 없잖아요. 가장무도회에서 모두를 놀라게 하고 싶은데, 내가 어떤 의상을 입고 어떻게 변장하면 좋을지 조언 좀 해줄래요?

헬메르 하하, 우리 귀여운 고집쟁이께서 항복하고 도움을 요청하는 건가, 응?

노라 그래요, 토르발. 난 당신이 도와주지 않으면 아무것도 못해요.

헬메르 알았어. 생각해 보지. 뭔가 떠오르는 게 있을 거야.

노라 역시 당신은 다정해요. (다시 크리스마스트리 쪽으로 간다. 잠시 사이를 두고) 이 붉은 꽃은 정말 예쁘네요. 그런데 여보, 크로그스타가 저지른 짓이 정말 그렇게 나쁜 짓이었어요?

헬메르 다른 사람의 서명을 위조했어. 그게 어떤 의미인지 알아?

노라 그럴 만한 사정이 있어서 그랬겠죠.

헬메르 그랬겠지. 아니면 생각이 모자랐거나. 누구나 그럴 수 있어. 그리고 난 그런 짓을 했다고 해서 그것만으로 한 사람의 인생을 망칠 만큼 냉혹하지 않아.

노라 당연하죠, 토르발!

헬메르 자신의 죄를 솔직하게 인정하고 그 벌을 달게 받은 뒤 도덕적으로 재기한 사람은 얼마든지 있지.

노라 벌……?

헬메르 하지만 크로그스타는 그렇게 하지 않았어. 요리조리 핑계를 대고 술수를 써서 혐의에서 벗어났지. 그래서 그 사람의 도덕성을 아무도 믿지 않게 된 거야.

노라 당신도 그렇게 생각해요?

헬메르 그렇게 양심이 썩은 인간이 얼마나 거짓말을 밥 먹듯 하고 속임수를 쓰고 뻔뻔스럽게 사람들을 대할지 생각해 봐. 심지어 아주 가까운 사람들 앞에서도 가면을 쓰고 있어야 하지. 그래, 아내와 자식들에게까지. 자식들에게조차 그러다니, 그거야말로 정말 무서운 일이지.

노라 어째서요?

헬메르 그런 거짓말에서 나온 악취가 집안을 구석구석 오염시켜 병균을 퍼트리니까.

노라 (남편의 등 뒤로 다가가며) 정말 그렇게 생각해요?

헬메르 응. 변호사로 일하면서 수없이 경험해서 알지. 일찍부터 타락한 사람은 대개 그 어머니가 거짓말쟁이인 경우가 많아.

노라 왜 하필 어머니죠?

헬메르 어머니로부터 영향을 가장 많이 받는다는 거지. 물론 아버지도 영향을 미치기는 마찬가지야. 변호사라면 누구나 아는 사실이지. 크로그스타는 벌써 수년간 거짓과 속임수로 자기 아이들에게 나쁜 영향을 미쳐 왔어. 그래서 그를 도덕적으로 썩은 인간이라고 말하는 거야. (노라에게 두 손을 내민다) 그러니 내 귀여운 노라는 그런 자를 절대 변호하지 않겠다고 약속해야 해. 자, 손가락 걸고. 응? 왜 그래? 어서 손가락을 걸어야지. 좋아, 이제 약속했다. 진심으로 난 그와 같이 일하고 싶지 않아. 그런 인간이 주변에 있으면 말 그대로 구역질이 나거든.

노라 (손을 거두고 크리스마스트리 뒤로 돌아가며) 왜 이리 덥지! 해야 할 일도 산더미고.

헬메르 (일어서며 서류를 챙긴다) 그래, 나도 식사 전에 서류를 대충 훑어봐야겠어. 당신 옷차림을 어떻게 할지도 생각해 보고. 아, 금박지에 싸서 크리스마스트리에 매달아 놓을 것도 준비해야지. (노라 머리에 손을 얹으며) 내

작고 귀여운 노래하는 새.

헬메르, 자기 방으로 들어가 문을 닫는다.

노라 (잠시 침묵하다가 조용히) 설마! 그럴 리 없어. 그런 일은 절대 없어. 절대로 없어.
유모 (왼쪽 문에서) 아이들이 마님께 와도 좋은지 물어보는데요.
노라 아냐, 아냐. 데려오지 마! 유모가 아이들 옆에 있어 줘요.
유모 잘 알겠습니다, 마님.
노라 (공포에 질려) 아이들이 삐뚤어진다니……! 가정을 망친다니! (짧은 침묵. 곧 고개를 든다) 거짓말이야. 그럴 리 없어!

제2막

같은 방. 구석에 놓인 피아노 옆에 크리스마스트리가 서 있다. 트리의 장식은 다 떨어지고, 다 타버린 초가 헝클어진 가지에 매달려 있다. 노라의 코트가 소파 위에 놓여 있다.

노라, 혼자서 초조하게 방 안을 거닌다. 그러다가 소파 옆에 서서 코트를 집어 든다.

노라 (다시 코트를 놓으며) 누가 왔다! (문쪽으로 가서 엿듣는다) 뭐야, 아무도 없잖아. 당연하지. 오늘은 성탄절인데 누가 찾아오겠어. 내일도 오지 않을 거야. 그래도 어쩌면……. (문을 열고 바깥을 내다본다) 아니, 우편함엔 아무것도 없어. 텅 비어 있어. (무대 앞쪽으로 걸어 나오며) 말도 안 돼! 진짜로 그렇게 할 리 없어. 그런 일은 없을 거야. 불가능해. 나한텐 어린것이 셋이나 있는 걸.

유모가 큰 종이 상자를 들고 왼쪽 방에서 들어온다.

유모 가장무도회 의상들을 넣어 둔 상자를 드디어 찾았어요.
노라 고마워, 탁자 위에 놓아 줘.
유모 (그렇게 하면서) 하지만 멀쩡한 게 없을 텐데.
노라 아, 갈기갈기 찢어 버렸으면 좋겠어!
유모 맙소사, 금방 수선할 수 있어요. 조금만 참으세요.
노라 그래, 린데 부인을 불러서 도움을 구해야겠어.
유모 다시 나가시려고요? 날씨가 이렇게 궂은데? 마님, 감기 들어요.
노라 그깟 감기가 대수야? 애들은 뭐해?

유모 성탄절 선물을 가지고 놀고 있어요. 하지만 가엾게도…….
노라 날 많이 찾아?
유모 엄마랑 언제나 함께였으니까요.
노라 그래. 하지만 난 이제 전처럼 아이들과 함께 있을 수 없어, 안네 마리.
유모 아이들은 뭐든 금방 적응하니까 괜찮을 거예요.
노라 그렇게 생각해? 만약 엄마가 멀리 떠난다면 아이들이 엄마를 잊어버릴까?
유모 맙소사, 멀리 떠나시다니요!
노라 안네 마리, 정말 궁금한 게 있는데, 유모는 어떻게 자기 자식을 남에게 줄 수 있었어?
유모 제가 이 댁에 와서 귀여운 노라 아가씨에게 젖을 먹이려면 그러는 수밖에 없었으니까요.
노라 그래, 알아. 하지만 어떻게 그렇게 할 수 있었어?
유모 이렇게 좋은 일자리를 제가 또 어디서 구하겠어요? 자식을 낳고 고생하는 가난뱅이 엄마가 선택할 수 있는 최선의 길이었죠. 그 백수건달 놈은 허구한 날 빈둥대기만 하고, 일하는 꼴은 구경도 못 했으니까요.
노라 유모 딸은 유모를 완전히 잊어버렸겠네?
유모 아니에요. 절대 그렇지 않아요. 견진 성사를 받았을 때도 결혼했을 때도 그 앤 저에게 편지로 알려 줬죠.
노라 (유모의 목을 껴안으며) 유모, 유모는 내가 어렸을 때 정말 좋은 엄마였어.
유모 가엾게도, 그때 우리 귀여운 노라 아가씨에겐 저 말고 엄마가 안 계셨죠.
노라 우리 아이들에게도 유모만 남게 된다면, 분명 유모는……. 내가 무슨 바보 같은 소리를! (상자를 열면서) 아이들한테 가 봐요. 내가 얼마나 아름다운지 내일 보여 줄 준비를 해야 하니까.
유모 당연히 마님이 무도회에서 가장 아름다울 거예요.

유모, 왼쪽 방으로 나간다.

노라 (상자에서 의상을 꺼내다가 곧 내던진다) 아, 집을 뛰쳐나갈 용기가 있다면! 아무도 여기 찾아오지 않고 그사이 이 집에서 아무 일도 일어나지 않는다면 그렇게 할 텐데…… 쓸데없는 소리! 아무도 안 와. 그런 생각 말아야지. 토시에 솔질이나 해야겠다. 정말 예쁜 장갑이야, 정말 예쁘다. 생각하지 마! 잊어버려! 하나, 둘, 셋, 넷, 다섯, 여섯…… (소리를 지르며) 앗, 누가 온다! (문으로 가려다가 망설이며 멈춰 선다)

린데 부인이 현관에서 들어온다. 코트와 모자는 이미 벗어들고 있다.

노라 너였구나, 크리스티네. 밖에 다른 사람은 없어? 와 줘서 정말 고마워.

린데 부인 나를 찾아왔었다며?

노라 응, 지나다가 잠시 들렀었어. 너한테 도움을 청할 일이 있어서. 거기 소파에 좀 앉아. 이것 봐. 내일 저녁 이 위층의 스텐보르그 영사님 댁에서 열릴 가장무도회에 입고 갈 의상이야. 토르발은 나더러 나폴리의 물고기 잡는 소녀가 되어 타란텔라를 추는 게 좋겠대. 카프리에서 그 춤을 배웠거든.

린데 부인 세상에……. 주목받게 하고 싶은 거구나?

노라 응, 토르발이 그래야 한대. 이게 의상이야. 이탈리아에 있을 때 토르발이 주문해서 만든 거야. 하지만 이젠 다 찢어져서 어떻게 해야 할지 모르겠어…….

린데 부인 금방 고치겠는데, 뭐. 장식이 여기저기 떨어졌을 뿐이잖니. 바늘하고 실은? 아, 여기 있구나.

노라 정말 고마워.

린데 부인 (바느질하면서) 그럼 내일은 분장하겠구나, 노라? 그럼 여기 잠시 들러서 네가 변장한 모습을 봐야겠다. 아참, 어젯밤 너한테 고맙다고 얘기한다는 걸 깜빡했어. 어제는 정말 즐거웠어.

노라 (일어나 방 저쪽으로 걸어가며) 난 어제 왠지 평소와는 달리 즐겁지 않았어. 네가 이곳에 조금 더 일찍 왔더라면 얼마나 좋았을까. ……토르발은 집안을 유쾌하게 만들 줄 알지.

린데 부인 너도 그렇잖아. 역시 그 아버지에 그 딸이야. 그런데 랑크 박사는 언제나 어제처럼 언짢아 있니?

노라 아냐. 어제는 특히 저기압이었어. 박사님은 심각한 병을 앓고 있어. 결핵성 척추염이야. 불쌍하기도 하지. 아버지가 추잡한 사람이어서 첩들에게 둘러싸여 음탕한 짓만 했대. 그러니 그 아들이 어릴 때부터 병을 앓은 거지.

린데 부인 (바느질거리를 무릎에 내려놓으며) 노라, 넌 그걸 어떻게 알았니?

노라 (방 안을 거닐며) 흠, 아이를 셋이나 키우다 보면, 의학 지식이 상당히 풍부한 여자들이 찾아오곤 하지. 그 사람들이 이런저런 얘기를 해주는 거야.

린데 부인 (다시 바느질을 시작한다. 짧은 침묵) 랑크 박사는 날마다 여기 오니?

노라 하루도 빠짐없이 오시지. 그분은 토르발과 어린 시절부터 아주 가까운 친구였어. 이젠 내 친구이기도 하고. 식구나 마찬가지야.

린데 부인 근데 그분 솔직한 분이니? 입에 발린 소리만 하는 거 아니니?

노라 아니, 정반대인데. 어째서 그런 생각을 했니?

린데 부인 네가 어제 날 소개했을 때, 내 이름을 이 집에서 여러 번 들었다고 했거든. 그런데 나중에 생각해 보니, 네 남편은 내가 누군지 전혀 몰랐잖아. 그런데 어째서 랑크 박사가……

노라 그건 랑크 박사가 맞아, 크리스티네. 토르발은 날 독차지하고 싶다고 말할 정도로 나밖에 관심이 없어. 결혼하고 나서 처음 얼마간은 내가 시집 오기 전에 알던 친구의 이름을 들먹이기만 해도 질투할 정도였어. 그래서 나도 자연히 내 친구들에 관한 얘기를 하지 않게 됐지. 하지만 랑크 박사님하고는 그런 얘기를 자주 해. 재미있게 들어 주시니까.

린데 부인 내 말 잘 들어, 노라! 넌 아직 어린애야. 난 너보다 나이도 많고, 경험도 많아. 충고하는데, 랑크 박사하고는 그만 정리하도록 해.

노라 정리하다니, 뭘?

린데 부인 관계를 정리하란 말이야. 어제, 널 좋아하는 돈 많은 사람이 있다고 했지? 그 사람이 돈을 마련해 줬다고……

노라 애석하게도 그런 사람은 없다니까. 그런데 왜?

린데 부인 랑크 박사는 부자니?

노라 응.

린데 부인 가족은?

노라 없어. 그게 왜……?

린데 부인 날마다 여기 오고?

노라 그래.

린데 부인 배운 사람이 어떻게 그렇게 뻔뻔스러울 수가 있지?

노라 네가 무슨 말을 하는지 전혀 모르겠다.

린데 부인 시치미 떼지 마, 노라. 누가 너에게 4천8백 크로네를 빌려 줬는지 내가 모를 것 같아?

노라 너 미쳤니? 어떻게 그런 생각을! 박사님은 날마다 우릴 찾아오는 우리 부부의 친구야! 그게 사실이라면 어떻게 날마다 그러겠니!

린데 부인 그럼 정말 그 사람이 아니야?

노라 아냐. 맹세코. 그런 생각은 해본 적도 없어. 게다가 그 무렵 랑크 박사님은 누구한테 빌려 줄 돈도 없었어. 유산을 상속받은 건 훨씬 나중 일이니까.

린데 부인 너에게는 오히려 다행이었구나, 노라.

노라 아냐. 박사님한테 돈을 빌리다니, 그런 생각은 한 번도 한 적 없어……. 하지만 부탁한다면, 틀림없이 빌려 주시겠지만…….

린데 부인 물론 넌 그러지 않을 거고.

노라 물론 안 그러지. 그럴 필요도 없다고 생각해. 하지만 내가 부탁한다면, 랑크 박사님은 분명…….

린데 부인 남편 모르게?

노라 돈 문제 말고도 정리해야 할 일이 있어. 물론 그것도 비밀이지. 그걸 해결해야 해.

린데 부인 그래, 어제 내가 했던 얘기가 바로 그거야…….

노라 (왔다 갔다 하면서) 이런 일은 여자보다는 남자가 잘 처리할 텐데…….

린데 부인 그 여자의 남편이라면 더욱 그렇겠지.

노라 말도 안 돼. (멈춰 서며) 빌린 돈을 다 갚으면 차용증은 돌려받는 거지?

린데 부인 그렇지.

노라 그럼 그걸 갈기갈기 찢어서 불태울 수 있어……. 그 구역질 나는 더러운 종이쪽!

린데 부인 (그녀를 똑바로 쳐다본다. 바느질감을 내려놓고 천천히 일어선다) 노라, 너 나한테 숨기는 거 있지?

노라 어떻게 알았어?

린데 부인 어제 아침부터 무슨 일 있었지? 노라, 무슨 일이야?

노라 (그녀에게 다가오며) 크리스티네! (귀를 기울이며) 쉿! 토르발이 돌아왔어. 아이들 있는 곳으로 잠깐만 가 있어. 토르발은 바느질하는 모습을 보기 싫어하거든. 유모에게 거들어 달라고 해.

린데 부인 (흩어진 바느질감을 모아) 그래, 좋아. 하지만 나한테 다 털어놓기 전엔 돌아가지 않을 거야.

린데 부인, 왼쪽 방으로 들어간다. 동시에 헬메르가 복도에서 들어온다.

노라 (맞이하며) 늦었네요, 토르발.

헬메르 재봉사가 왔나?

노라 아뇨. 크리스티네예요. 의상 손질을 도와주고 있었어요. 아주 멋있을 것 같아요.

헬메르 어때, 내 생각이 꽤 괜찮지?

노라 멋진걸요! 하지만 당신의 제안에 따르는 나도 참 착하죠?

헬메르 (손으로 노라의 턱을 받치고) 남편 말에 따르니 착하다? 그래, 당신의 엉뚱한 말버릇이지. 별 뜻 없는 말이라는 건 알아. 어쨌든, 방해하지 말아야겠군. 의상을 입어 봐야 할 테니.

노라 당신도 일이 있죠?

헬메르 응. (서류 꾸러미를 보여 준다) 봐, 은행에서 가져온 거야. (자기 방으로 들어가려 한다)

노라 토르발.

헬메르 (멈춰 서서) 응.

노라 지금 당신의 귀여운 다람쥐가 정중히 부탁할 게 있다면……?

헬메르 그렇다면?

노라 들어주실 거예요?

헬메르 그전에 어떤 일인지 알아야겠는데.

노라 당신이 선뜻 제 부탁을 들어준다면, 당신의 다람쥐는 신이 나서 이리 저리 뛰어다니며 온갖 재주를 부릴 거예요.

헬메르 말해 봐.

노라 종달새는 온 집 안을 날아다니며 높고 낮은 소리로 노래할 거고요.

헬메르 음, 내 종달새는 늘 그러고 있는걸.

노라 요정이 되어 당신을 위해 달빛 아래에서 춤출 거예요, 토르발.

헬메르 노라, 설마 오늘 아침에 했던 그 부탁은 아니겠지?

노라 (가까이 다가가며) 맞아요, 토르발. 제발 들어줘요!

헬메르 용기도 가상하지. 또 그 이야기야?

노라 네. 내 말대로 해주세요. 크로그스타를 은행에서 내쫓지 마세요.

헬메르 하지만 노라, 난 그 자리를 린데 부인에게 넘겼어.

노라 정말 잘하셨어요! 하지만 크로그스타 대신 다른 사람을 해고하면 되잖아요.

헬메르 웬 말도 안 되는 고집을 부리는 거야! 나를 잘 설득해 주겠다는 경솔한 약속이나 하니까 이런…….

노라 그 사람 때문이 아니에요, 토르발. 당신을 위해서죠. 그 사람은 질 나쁜 신문에 자주 논설을 쓴다고 당신이 말했잖아요. 그가 당신한테 어떤 피해를 줄지 아무도 몰라요. 난 그 사람이 정말 두려워요…….

헬메르 아하, 알겠군. 당신은 옛날 일이 떠올라서 무서워하는 거야.

노라 그게 무슨 뜻이죠?

헬메르 당신 아버지가 떠올라서지?

노라 그래요. 당신도 기억하죠? 심술궂은 인간들이 어떤 기사를 써서 아빠를 헐뜯었는지. 정부에서 당신을 조사관으로 파견하지 않았더라면, 그래서 당신이 친절하게 아빠를 구해 주지 않았더라면 아빤 틀림없이 해고되었을 거예요.

헬메르 하지만 노라, 장인어른과 나는 사정이 달라. 장인어른은 공직자로서 꼭 청렴결백하지만은 않았지만, 나는 아니야. 지금 이 자리에 있는 한 앞으로도 그러고 싶고.

노라 하지만 사악한 사람들이 어떤 짓을 할지 모르잖아요. 내 말대로 하면 앞으로 안정된 평화로운 가정에서 즐겁고 행복하게 살 수 있어요. 당신과 나와 우리 아이들 모두가요, 토르발! 제발 부탁이에요, 네?

헬메르 이런 식으로 당신이 그 사람을 변호하니, 그 사람을 더더욱 놔둘 수 없소. 이미 은행에서는 내가 크로그스타를 해고할 거라는 걸 다 알아. 그런데 새 은행장이 아내 말에 결정을 번복했다는 소문이 퍼지면 어떻게 될까?

노라 그러면……?

헬메르 그래, 우리 귀여운 마누라가 주장을 굽히지 않는다면, 난 모든 부하 직원 앞에서 웃음거리가 되는 거야. 모두들 날 귀가 얇은 멍청이라고 생각할걸? 그 결과가 금세 어떤 식으로 되돌아올지 당신도 짐작하겠지! 이것 말고도, 내가 은행장으로 있는 한 크로그스타를 은행에 둘 수 없는 이유가 하나 더 있지.

노라 그게 뭔데요?

헬메르 사실 그 사람의 지난 잘못 정도는 너그럽게 봐줄 수도 있어.

노라 그래요, 그렇게 해줘요, 토르발.

헬메르 그가 꽤 유능하다는 것도 알아. 하지만 그는 내 학창시절 친구야. 후회만 남는 경솔한 만남이었지만. 분명히 말해 우리는 막역한 사이였어. 그런데 놈은 눈치도 없이 남들 앞에서 그 사실을 숨기지 않아. 오히려 나한테 같은 직급 대하듯 하는 걸 당연하게 여기지. "어이! 토르발. 나랑 얘기 좀 하지." 이런 식으로 말이야. 눈엣가시 같은 그런 놈이 있는데 내가 은행에서 어떻게 일을 하겠어?

노라 토르발, 설마 진심은 아니겠죠?

헬메르 왜 진심이 아니라는 거지?

노라 그건 아주 속 좁은 행동이잖아요.

헬메르 뭐? 속 좁은 행동? 나더러 속이 좁다고?

노라 그런 게 아니에요, 토르발. 그저…….

헬메르 됐어. 속 좁은 놈이라 이거지. 그렇다면 진짜 그렇게 행동하는 수밖에. 속이 좁다고! 좋아! 이제 확실히 마음먹었어. (현관으로 통하는 문을 열고 부른다) 헬레네!

노라 뭘 하려고요?

헬메르 (서류를 뒤적이며) 결정했어. (하녀가 들어온다) 이 편지 가지고 당장 내려가. 배달할 사람을 빨리 찾아서 이 편지를 보내. 서둘러. 주소는 봉투에 쓰여 있어. 자, 여기 돈.

하녀 알겠습니다. (편지를 들고 퇴장)

헬메르 (서류를 정리하면서) 두고 보라고, 귀여운 고집쟁이 마나님.

노라 (숨을 삼키며) 토르발, 도대체 어떤 편지예요?

헬메르 크로그스타에게 보내는 해고통지서.

노라 헬레네를 도로 불러요, 토르발! 아직 늦지 않았어요. 오, 토르발, 제발 도로 불러요! 나를 위해서, 당신을 위해서, 아이들을 위해서! 토르발, 내 말대로 해요! 그 편지가 우리에게 어떤 재앙을 부를지 당신은 몰라요.

헬메르 이미 늦었어.

노라 그래요, 너무 늦었군요.

헬메르 노라. 당신이 걱정하는 것도 이해는 가지만, 실제로 그 걱정은 날 모욕하는 거야. 그렇지 않아? 내가 그런 엉터리 변호사의 복수를 두려워할 거라 생각하다니, 그게 바로 모욕이지. 그래도 난 당신을 이해해. 그만큼 날 깊이 사랑한다는 증거니까. (노라를 안는다) 이제 어떻게 되는지 보자고, 사랑하는 노라. 될 대로 되라지. 어려운 일이 닥쳐도 나한텐 용기도 있고 힘도 있어. 사나이로서 어떤 결과든 받아들이겠어.

노라 (겁에 질려서) 그게 무슨 뜻이죠?

헬메르 말 그대로, 내가 모든 걸 책임진다고.

노라 (마음을 진정시키며) 절대로 그렇게 되도록 내버려 두지 않을 거예요. 절대로.

헬메르 좋아. 그렇다면 둘이서 나누지. 부부로서 말이야. 그게 좋겠군. (노라를 쓰다듬으며) 이제 만족해? 자, 자, 그런 겁에 질린 비둘기 같은 눈빛은 그만. 모두 공상에 불과하잖아. 자, 이제 타란텔라 춤에 탬버린이 어울릴지 연습해 보는 게 어떻겠소? 난 내 방으로 가서 문을 닫고 있을게. 그러면 아무 소리도 들리지 않을 테니, 마음껏 시끄럽게 해. (문쪽으로 몸을 돌리며) 그리고 랑크가 오면 내가 어디 있는지 말해 줘.

헬메르, 머리를 끄덕여 보이고는 서류를 들고 방으로 들어가 문을 닫는다.

노라 (두려움에 정신이 혼미해져 그 자리에 얼어붙은 듯이 선 채 중얼거린다) 그 사람은 반드시 그렇게 할 거야. 무슨 일이 있어도 그렇게 하고야 말 거야. 안 돼, 절대 그런 일이 생겨선 안 돼! 그것만큼은! 방법을 찾아야 해……! 이 위기에서 빠져나갈 방법을……. (현관에서 초인종이 울린다) 랑크 박사……! 그것만큼은! 그것만큼은 절대 안 돼!

손으로 얼굴을 문질러 정신을 차리고 현관으로 가서 문을 연다. 랑크 박사가 털가죽 외투를 걸치고 바깥에 서 있다. 다음 대화를 나누는 중에 조명이 어두워진다.

노라 어서오세요, 랑크 박사님. 초인종 소리를 들었어요. 하지만 토르발을 만나실 수는 없을 것 같아요. 지금 몹시 바쁘거든요.
랑크 당신은 어때요?
노라 (랑크가 방으로 들어오면 문을 닫는다) 당신에게는 언제나 시간을 내드리는 거 아시잖아요.
랑크 고맙습니다. 그럼 그 점을 최대한 이용해 볼까요?
노라 무슨 뜻이죠? 최대한 이용하다니요?
랑크 왜, 걱정스러우신가요?
노라 어쩐지 낯설게 느껴지는군요. 무슨 일 있으세요?
랑크 오래전부터 각오했던 일이죠. 하지만 이렇게 빨리 닥치리라고는 생각지 않았어요.
노라 (랑크의 팔을 잡으며) 무슨 일이 생긴 거예요? 랑크 박사님, 말해 주세요!
랑크 (난로 앞에 앉으며) 난 이제 틀렸어요. 손쓸 도리도 없답니다.
노라 (안도하며) 당신 말이군요……?
랑크 그럼 누구겠어요? 자신을 속여 봐야 별수 없죠. 내가 돌봐야 하는 환자들 가운데 가장 심각한 환자는 바로 나예요, 헬메르 부인. 그동안 난 내 몸 상태를 철저히 점검해 봤죠. 끝장이에요. 한 달 안에 난 무덤에 누워 썩어 있을 겁니다.

노라 끔찍한 말씀을 다 하시는군요.

랑크 이렇게 된 것 자체가 끔찍하죠. 하지만 가장 참을 수 없는 건 앞으로도 끔찍한 일들을 더 겪어야 한다는 거죠. 마지막으로 검사가 하나 남아 있는데, 그게 끝나면 이 몸뚱이가 언제부터 망가졌는지 분명해질 겁니다. 부탁이 있어요. 헬메르는 예민한 성격이라 끔찍한 걸 참아내지 못하죠. 내 병실에 헬메르가 들어오지 못하게 하세요.

노라 하지만 랑크 박사님······.

랑크 절대로 그를 병원으로 부르고 싶지 않아요. 병실 문을 걸어 잠그고 못 들어오게 할 겁니다. 내가 최악의 상태라는 게 분명해지면, 곧바로 당신에게 검은 십자가를 그려 넣은 명함을 보낼게요. 그러면 내 죽음이 가까워졌다는 사실을 알게 될 테니까.

노라 오늘은 정말 이상한 말씀만 하시는군요. 이젠 기분이 나아지면 좋겠네요.

랑크 이 두 팔에 죽음을 안고 있는데? 이렇게 남의 죄를 대신 갚는 게 정의라는 겁니까? 하긴 언젠가는 어떤 집이건 이런 잔혹한 복수에 고통스러워 하겠지만요.

노라 (귀를 막으며) 그만하세요! 기운을 내세요! 자, 즐거운 얘기를 할까요!

랑크 참 웃기죠. 죄 없는 내 척추가 아버지의 자유분방한 장교 시절에 대한 죗값을 치러야 한다니.

노라 (왼쪽 탁자 옆에서) 아버지께서 아스파라거스와 푸아그라 파이를 아주 좋아하셨다고 하셨죠?

랑크 네. 송로 요리도.

노라 그래요, 송로버섯도 좋아하셨다고 했죠. 굴 요리도 좋아하셨고?

랑크 아, 굴 요리. 그렇습니다.

노라 포트 포도주와 샴페인도 자주 즐기셨다면서요. 이 맛있는 음식들이 등뼈에 나쁜 영향을 주다니, 가혹하네요.

랑크 특히, 그런 음식을 즐기지 않는 불행한 사내의 척추가 공격받을 땐 더 가혹하죠.

노라 그래요. 그게 가장 가혹해요.

랑크 (의심스러운 눈초리로 노라를 살피며) 흠······.

노라 (조금 틈을 두고) 왜 웃으시죠?

랑크 아니, 웃은 건 당신이죠.

노라 아니요, 당신이 웃었어요, 랑크 박사님!

랑크 (일어서면서) 당신은 내가 생각했던 것보다 못됐군요.

노라 난 오늘 제정신이 아니에요.

랑크 그래 보여요.

노라 (두 손을 랑크의 어깨에 올리며) 랑크 박사님, 토르발과 나를 두고 돌아가시면 안 돼요.

랑크 슬픔도 잠깐입니다. 잊는 건 금방이죠.

노라 (걱정스럽게 바라보며) 그렇게 생각하세요?

랑크 새로운 사람도 만나고······.

노라 누가 새로운 사람을 만나요?

랑크 당신과 헬메르 두 사람이요. 내가 없어지면 말이에요. 이미 당신은 그렇게 하고 있잖아요? 지난밤 린데 부인이 여길 무슨 일로 찾아왔죠?

노라 맙소사, 설마 불쌍한 크리스티네를 질투하시는 건가요?

랑크 맞습니다. 그 사람이 이 집에서 내 후임이 될 테니까요. 내가 이 세상을 뜨고 나면 그 부인이······.

노라 쉿, 그렇게 큰 소리로 얘기하지 마세요. 저 안에서 듣겠어요.

랑크 오늘 또 왔군요! 그것 봐요.

노라 제 옷을 고쳐 주려고 왔을 뿐이에요. 오늘 정말 이상하시네. (소파에 앉는다) 이제 좀 기분을 푸세요. 내일이면 내가 얼마나 춤을 잘 추는지 보게 될 거예요. 그러면 당신을 위해 추는 거라고 상상해도 좋아요. 물론 토르발을 위해서도 추는 거지만. (상자에서 여러 가지를 꺼낸다) 랑크 박사님, 이쪽에 앉아 보세요. 좋은 걸 보여 드릴게요.

랑크 (앉으며) 뭔데요?

노라 짠!

랑크 실크 스타킹이군요.

노라 살색이에요. 예쁘지 않아요? 지금은 여기가 까맣지만, 내일은······.

어머, 안 돼요. 발만 보셔야 돼요. 아냐, 당신이니까 위쪽까지 보셔도 좋아요.

랑크 흠······.

노라 왜 그리 못마땅한 얼굴이죠? 나하고 안 어울린다고 생각하시는군요?

랑크 정확히 말하기 어려운데요. 어떤지 확인해 보질 않아서.

노라 (잠깐 그를 쳐다보고는) 망측해라! (스타킹으로 박사의 귀를 가볍게 치면서) 이건 벌이에요. (스타킹을 다시 상자에 넣는다)

랑크 이번에는 어떤 근사한 걸 보여 주시렵니까?

노라 이젠 아무것도 보여 주지 않겠어요. 점잖지 못하시니까요. (짧게 콧노래를 부르며 뭔가를 찾는다)

랑크 (잠시 침묵하다가) 이렇게 당신 가까이에 앉아 있으니, 만일 내가 이 집에 드나드는 일이 없었다면 도대체 어떻게 살았을지 상상조차 할 수 없어요.

노라 (방긋 웃으며) 그래요, 당신은 정말 우리와 잘 지냈어요.

랑크 (앞을 바라보며 낮은 목소리로) 그런데도 이 모든 것을 버리고 가야 한다니······.

노라 쓸데없는 소리. 당신은 떠나지 않아요.

랑크 (아까와 같이) 감사의 표시도 남기지 못하고······. 짧은 아쉬움조차······. 남는 것은 빈자리뿐, 그것마저도 금방 다음 사람한테 빼앗기겠죠.

노라 그럼 내가 지금 어떤 부탁을 한다면······? 아, 아니에요······.

랑크 뭐죠?

노라 당신의 깊은 우정을 증명하는 일이에요.

랑크 뭔데요?

노라 아, 그게······ 실은 엄청난 부탁이라······.

랑크 나 자신을 행복하게 할 기회를 딱 한 번 주시겠다 그거군요?

노라 어마, 어떤 일인지도 모르시잖아요.

랑크 뭐든 괜찮습니다. 말씀해 보세요.

노라 아니에요, 랑크 박사님. 너무 엄청난 얘기라서요. 충고도 듣고 싶고, 힘도 빌리고 싶고, 도움도 받고 싶은 그런 일이랍니다.

랑크 그렇다면 더 잘됐네요. 도대체 무슨 일인지 모르겠네요. 자, 말해 보세요. 날 믿지 못하나요?

노라 물론 그 누구보다 믿죠. 당신은 내 가장 친한 친구인걸요. 좋아요, 말하겠어요. 준비되셨나요, 랑크 박사님? 실은 박사님께서 막아 주셨으면 하는 일이 있어요. 토르발이 날 얼마나 사랑하는지는 잘 아시죠? 그이는 날 위해서라면 1초도 망설이지 않고 목숨을 걸 사람이에요.

랑크 (그녀 쪽으로 상체를 기울이며) 노라, 그런 사람이 남편뿐이라고 생각하세요?

노라 (다소 놀라면서) 그게 무슨……?

랑크 그러니까, 당신을 위해 기꺼이 목숨을 내놓을 사람이……?

노라 (괴로운 듯이) 아아!

랑크 죽기 전에 꼭 당신에게 고백해야겠다고 다짐했었죠. 그런데 지금처럼 좋은 기회는 두 번 다시 안 올 것 같군요. 노라, 이제 알겠죠? 그러니까 누구보다도 나를 믿어도 좋아요.

노라 (일어나면서 냉정하고 침착하게 말한다) 잠깐 실례하겠어요.

랑크 (그녀에게 길을 내주며 여전히 소파에 앉아서) 노라……

노라 (현관으로 통하는 문에서) 헬레네, 등을 가져와. (난로 쪽으로 가며) 랑크 박사님, 당신은 정말 지독한 분이군요.

랑크 (일어서면서) 누군가처럼 진심으로 당신을 사랑해서인가요? 그게 그렇게 싫으세요?

노라 아뇨. 그걸 말로 꺼내 버리셨으니까요. 그럴 필요는 전혀 없었는데……

랑크 무슨 뜻이죠? 그렇다면 이미 알고 있었습니까?

하녀가 등불을 들고 들어와 탁자 위에 놓고는 다시 나간다.

랑크 노라……. 헬메르 부인……. 말해 주세요. 알고 있었나요?

노라 알고 모르고가 뭐 그리 중요하죠? 그런 건 말할 수 없어요……. 왜 이렇게 어설프게 구세요, 랑크 박사님! 우린 잘 지내고 있었잖아요.

랑크 아무튼 내가 몸과 마음을 당신에게 다 바치고 있다는 사실은 아셨군요. 그러니 어서 말해 보세요.

노라 (그의 얼굴을 보면서) 이렇게 된 마당에요?

랑크 제발 무슨 일인지 말해 줘요.

노라 이젠 아무 말도 할 수 없어요.

랑크 할 수 있습니다. 이렇게 날 괴롭히지 마세요. 당신을 위해 인간으로서 할 수 있는 일이라면 뭐든 하게 해주세요.

노라 이제 당신이 날 위해 해줄 수 있는 일은 없어요. 사실 난 누군가의 도움이 필요했던 게 아니었어요. (흔들의자에 앉아 그를 바라보며 미소 짓는다) 네, 당신은 정말 좋은 분이에요, 랑크 박사님. 저기 등불이 놓이니, 조금 겸연쩍은 마음이 들지 않나요?

랑크 아뇨, 별로. 하지만 인제 그만 돌아가는 게 좋겠죠? 영원히.

노라 아뇨, 그러시면 안 돼요. 지금까지처럼 계속 오셔야 해요. 토르발이 당신 없이 지낼 수 없다는 걸 잘 아시잖아요.

랑크 당신은요?

노라 어머나, 난 당신이 오시는 게 언제나 즐거운걸요.

랑크 바로 그겁니다. 그래서 내가 착각에 빠지게 된 거죠. 당신은 수수께끼 같아요. 가끔은 당신이 헬메르와 있는 것보다 나와 함께 있는 것을 더 좋아한다고 느꼈지요.

노라 그래요. 세상에는 내가 좋아하는 사람도 있지만 같이 있고 싶은 사람이 있지요.

랑크 그럴 수도 있겠군요.

노라 어려서는 물론 아빠를 가장 사랑했어요. 하지만 하녀 방에서 몰래 노는 것도 무척 즐거웠죠. 하녀들은 나에게 뭔가 가르치려 들지 않으니까요. 게다가 언제나 즐겁게 수다를 떨었으니까.

랑크 아하, 내가 하녀들 대신이었군요.

노라 (벌떡 일어서며 그에게 다가간다) 어머, 랑크 박사님, 그런 뜻이 아니에요. 하지만 이해하실 거예요. 토르발과 있으면 꼭 아빠랑 있는 것 같아서……

하녀가 복도에서 들어온다.

하녀 마님! (귓속말하며 명함 한 장을 건넨다)

노라 (명함을 흘낏 보고는) 아! (주머니에 넣는다)

랑크 무슨 일인가요?

노라 아니에요, 아무것도. 그냥…… 새로 주문한 의상 때문에요.

랑크 새 의상? 당신 의상은 저기 있잖습니까.

노라 아, 저건…… 다른 옷이에요. 내가 토르발 몰래 주문했죠.

랑크 아하, 큰 비밀이란 게 그거였군요.

노라 네, 맞아요. 토르발을 만나 보세요. 저 방에 있으니 가능한 한 오래 붙들고 있어 주세요.

랑크 걱정하지 마세요. 빠져나가지 못하게 하겠습니다.

  랑크, 헬메르의 방으로 들어간다.

노라 (하녀에게) 부엌에서 기다린다고?

하녀 네, 뒤쪽 계단으로 올라와서…….

노라 손님이 있다고 말하지 그랬어?

하녀 말했죠. 그래도 아무 소용이 없었어요.

노라 안 가겠대?

하녀 네. 마님과 얘기하기 전에는 가지 않겠대요.

노라 그렇다면 조용히 들여보내. 헬레네, 다른 사람에게는 말하면 안 돼. 남편이 알면 깜짝 놀랄 거야.

하녀 네, 알겠습니다. (퇴장한다)

노라 드디어 두려워하던 일이 벌어지기 시작했어. 아냐. 아냐. 그런 일은 생기지 않아. 그렇게 놔두지 않을 거야.

  헬메르의 방 앞으로 가서 문을 걸어 잠근다. 하녀가 복도 쪽 문을 열고 크로그스타를 들여보낸 뒤 문을 닫는다. 크로그스타는 여행용 털가죽 외투 차림이다. 장화를 신고, 털가죽 모자를 썼다.

노라 (크로그스타에게 다가가면서) 목소리를 낮춰요. 남편이 집에 있어요.

크로그스타 그게 무슨 상관입니까?

노라 나한테 원하는 게 뭐예요?

크로그스타 몇 가지 답변이죠.

노라 그럼 빨리 질문하세요. 뭐죠?

크로그스타 당신도 아시겠지만, 난 해고통지서를 받았습니다.

노라 막을 수가 없었어요, 크로그스타 씨. 온 힘을 다해 당신을 변호했지만, 어쩔 수가 없었어요.

크로그스타 남편이 당신을 조금이라도 사랑하긴 하는 겁니까? 내가 당신에게 어떻게 할지 알면서도······.

노라 남편이 모든 걸 알고 있을 거라고 생각하세요?

크로그스타 아, 그렇게는 생각하지 않습니다. 알고 있었다면 그 물렁한 토르발 헬메르가 이런 용기를 보이지 않았겠죠.

노라 크로그스타 씨, 제 남편에게 예의를 지켜 주세요.

크로그스타 물론 그래야죠. 그래도 부인께서 이렇게 기를 쓰고 감추려는 걸 보니까, 부인도 자기가 저지른 죄가 어떤 건지 어제보다는 더 분명하게 아신 모양이네요.

노라 당신 설명을 들을 정도는 아니지요.

크로그스타 그렇죠, 난 저질 변호사니까.

노라 왜 오신 거죠?

크로그스타 부인이 어떻게 계신지 인사차 들렀죠. 난 종일 당신 생각만 했답니다. 미천한 대부업자에 엉터리 변호사란 소리나 듣지만, 이런 나도 약간의 동정심은 있거든요.

노라 그렇다면 그 동정심을 보여 주세요. 우리 어린 아이들을 생각해서라도.

크로그스타 당신이나 당신 남편은 내 아이들을 생각해 본 적이 있나요? 뭐, 지금은 그걸 문제 삼을 때가 아니죠. 내가 하고 싶은 말은, 이 문제를 지나치게 심각하게 생각하실 필요는 없다는 겁니다. 현재로서는 소송을 걸 마음이 없으니까.

노라 아, 역시······ 그렇죠? 그럴 줄 알았어요.

크로그스타 이 문제는 원만히 풀릴 겁니다. 굳이 만천하에 공개할 필요는 없어요. 우리 세 사람만의 문제니까.

노라 남편도 알면 안 돼요.

크로그스타 어떻게 모를 수 있나요? 부인 혼자서 잔금을 갚을 수 있어요?

노라 아뇨, 지금 당장은 갚을 수 없어요.

크로그스타 그럼 며칠 사이에 돈을 마련할 방법이라도 있나요?

노라 돈을 빌릴 데는 없어요.

크로그스타 하긴 용케 빌린다 해도 소용없을 겁니다. 현금을 트럭으로 싣고 온다 해도 차용증을 돌려줄 마음은 없으니까.

노라 그걸 어쩔 작정이죠?

크로그스타 그냥 내가 직접 쥐고 있을 겁니다. 아무도 모르게. 그러니까 혹시 괜한 짓을 하려거든…….

노라 그럴 생각인데요.

크로그스타 혹시 집이라도 나갈 생각이라면…….

노라 그럴 거예요!

크로그스타 아니면 더 끔찍한…….

노라 그걸 어떻게 알았죠?

크로그스타 그런 생각은 접으시지요.

노라 내가 그런 생각을 하는 줄 어떻게 안 거예요?

크로그스타 처음엔 누구나 그렇게 생각하니까요. 나 역시 그랬고. 하지만 그럴 용기가 없었어요.

노라 (힘없이) 나도 그래요.

크로그스타 (안심하고) 그렇죠? 당신도 그런 용기는 없죠?

노라 그래요, 없어요.

크로그스타 게다가 그런 건 어리석은 짓이에요. 처음엔 집안이 발칵 뒤집히겠지만, 지나고 나면 그뿐이죠……. 여기 내 주머니에 당신 남편에게 줄 편지가 있군요.

노라 모든 게 쓰여 있나요?

크로그스타 최대한 조심스럽게 돌려썼습니다.

노라 (재빨리) 남편이 그 편지를 보면 안 돼요. 찢어 버리세요. 돈은 어떻게 해서든 마련할게요.

크로그스타 죄송합니다만 부인, 조금 전에는 돈을 마련하기 어렵다고 하신 것 같은데…….

노라 당신한테 빚진 돈을 말하는 게 아니에요. 남편에게 얼마를 요구할 건지만 알려 주세요. 내가 그 돈을 마련할게요.

크로그스타 난 남편에게 돈을 요구하려는 게 아닙니다.

노라 그렇다면 뭐죠?

크로그스타 말씀드리죠. 난 발판을 다지고 싶습니다. 부인, 난 출세하고 싶어요. 당신 남편은 그걸 도와줄 수 있어요. 지난 1년 반 동안 난 성실히 일했어요. 정말 힘들었지만, 조금씩 길이 열리는 데에 만족했어요. 그런데 이렇게 쫓겨났죠. 이젠 이렇게 부탁해서 다시 채용되는 것으로는 만족하지 못합니다. 난 출세할 거예요. 은행으로 돌아가서 전보다 더 높은 자리에 앉을 겁니다. 당신 남편이 자리를 만들어 줄 거고요.

노라 그는 그렇게 하지 않을 거예요!

크로그스타 그렇게 할 겁니다. 난 그를 알아요. 두말없이 그렇게 할 겁니다. 그리고 일단 은행에서 그와 함께 일하게 되면…… 부인, 두고 보세요! 1년 안에 난 은행장의 오른팔이 되어 있을 테니. 그 은행을 움직이는 사람은 토르발 헬메르가 아니라 닐스 크로그스타가 될 겁니다.

노라 그렇게 되도록 놔두지 않겠어요!

크로그스타 어쩌실 건가요?

노라 이제야 용기가 나네요.

크로그스타 날 겁줘 봐야 소용없습니다. 당신 같이 응석받이로 자란 여자가 뭘 한다고…….

노라 두고 보세요. 두고 보라고요!

크로그스타 얼음장 밑에라도 들어가시게요? 차갑고 칠흑 같은 강물에라도 빠지시게요? 봄이 되어 떠올랐을 때는 흉하게 부풀어 오르고 머리카락은 다 빠져 얼굴은 알아볼 수도 없이…….

노라 협박해도 소용없어요.

크로그스타 당신이야말로 협박해도 소용없습니다. 그런 짓은 아무나 하는 게 아니에요, 부인. 게다가 그게 대체 어디에 도움이 될까요? 이러나저러나 당신 남편의 운명은 내 손에 달렸는데.

노라 언제까지요? 내가 세상에 없어도 그럴 것 같아요?

크로그스타 잊으셨어요? 그래도 당신 사후 평판은 나한테 달렸다는 걸.
노라 (말없이 서서 그를 노려본다)
크로그스타 이제 아시겠죠? 쓸데없는 짓은 하지 마세요. 헬메르에게 편지를 전하고 답변을 기다릴 겁니다. 내가 다시 이런 치졸한 방법을 쓰게 만든 사람이 당신 남편이라는 걸 명심하세요. 그래서 난 그를 용서할 수 없습니다. 안녕히 계세요, 헬메르 부인.

크로그스타, 현관을 통해 밖으로 나간다.

노라는 현관문으로 가서 문을 빼꼼 열고 귀를 기울인다.

노라 갔어. 편지도 남기지 않고. 아니지, 아니야. 그럴 리가 없지! (문을 점점 크게 연다) 뭐야? 밖에 서 있잖아. 계단 위에 그대로 있어. 혹시 마음이 바뀌었나……?

우편함에 편지 떨어지는 소리가 나고, 이윽고 계단을 내려가는 크로그스타의 발소리가 들린다. 소리가 점점 멀어진다.

노라 (숨죽여 비명을 지르며 소파 옆 탁자로 달려간다. 짧은 침묵) 우편함에 넣었어. (현관문으로 살금살금 걸어간다) 저기 있다고. 토르발, 토르발……. 우린 이제 끝났어!
린데 부인 (왼쪽 방에서 의상을 들고 들어온다) 다 됐어. 입어 볼래?
노라 (낮게 쉰 목소리로) 크리스티네, 이리 좀 와봐.
린데 부인 (옷을 소파 위에 던져 놓고) 무슨 일이야? 혼란스러워 보여!
노라 이리 와봐. 저 편지가 보여? 저기…… 우편함 유리로.
린데 부인 응, 보여.
노라 크로그스타의 편지야.
린데 부인 노라, 네게 돈을 빌려 준 사람이 크로그스타였구나!
노라 그래, 이제 토르발도 모든 걸 알게 될 거야.
린데 부인 괜찮아, 노라. 두 사람에겐 오히려 잘됐어.

노라 아직 네가 모르는 사실이 있어. 난 서명을 위조했어.

린데 부인 맙소사, 뭐라고……?

노라 내 말을 들어 줘, 크리스티네. 증인이 되어 줘.

린데 부인 증인이라니? 뭘 해야 하는데……?

노라 내가 만일 미치거나…… 정말이지 그럴지도 몰라…….

린데 부인 노라!

노라 아니면 나에게 무슨 일이 생겨서 내가 이 집에서 없어지면…….

린데 부인 노라, 노라! 너 지금 제정신이 아니구나!

노라 그리고 누군가가 이 모든 죄를 뒤집어쓰고 혼자서 대가를 치르려고 하면……. 무슨 말인지 알겠지?

린데 부인 그래, 그런데 왜 그런 생각을 하는데……?

노라 그건 진실이 아니라고 증언해. 증인이 되어 줘, 크리스티네. 난 제정신이야. 멀쩡하다고. 그래서 지금 너에게 말해 두는 거야. 모두 나 혼자서 한 일이고, 나 말곤 아무도 모르는 일이라고 꼭 말해 줘. 잊으면 안 돼.

린데 부인 그렇게 할게. 하지만 네가 왜 이러는지 난 이해할 수 없어.

노라 그래, 어떻게 이해하겠니. 곧 기적이 일어날 텐데.

린데 부인 기적?

노라 그래, 끔찍한 기적. 절대로 일어나서는 안 되는 일.

린데 부인 내가 당장 가서 크로그스타를 만나고 올게.

노라 가지마. 상처만 받을 거야.

린데 부인 그 사람, 한때는 나를 위해 뭐든 기꺼이 해줬어.

노라 그 사람이?

린데 부인 지금 어디 살지?

노라 나도 모르는데……. 아참, (주머니를 뒤진다) 여기 명함이 있어. 하지만 편지는…… 편지는 어떻게 하지?

헬메르 (서재에서 문을 두드리며) 노라!

노라 (깜짝 놀라 비명을 지른다) 무슨 일이에요? 왜 그러세요?

헬메르 그렇게 놀랄 것 없어. 아직 들어가지 않을 거야. 문이 잠겨 있어서. 의상을 입어 보는 중이야?

노라 그래요, 입어 보고 있어요. 아주 잘 어울려요, 토르발.

린데 부인 (명함을 훑어보고) 가까운 곳에 사는구나.

노라 응. 하지만 이제 틀렸어. 우린 끝이야. 편지가 우편함에 들어 있잖아.

린데 부인 남편이 우편함 열쇠를 가지고 있어?

노라 그래, 항상.

린데 부인 남편이 읽기 전에 뭔가 핑계를 대어 크로그스타한테 편지를 도로 가져가게 해야겠어……

노라 하지만 토르발은 늘 이 시간에 우편함을 열어 보는데……

린데 부인 붙들어 둬. 서재로 가서 남편과 함께 있어. 최대한 빨리 돌아올게.

린데 부인, 현관문으로 서둘러 나간다.

노라는 헬메르의 방으로 가서 문을 열고 안을 들여다본다.

노라 토르발!

헬메르 (서재 안에서) 이제야 내 집 거실에 들어갈 수 있는 거야? 랑크, 이리 와. 어디 한번 구경해 보세. …… (문간에 서서) 이게 뭐야?

노라 뭐가요, 여보?

헬메르 랑크가 의상이 아주 멋지다고 하기에 잔뜩 기대했는데.

랑크 (문턱에서) 나도 그렇게 생각했는데, 추측이 빗나갔군.

노라 네. 내일까지는 아무에게도 내 멋진 모습을 보여 주지 않을 거예요.

헬메르 그런데 노라, 많이 지쳐 보이는데. 연습을 너무 많이 한 거 아니야?

노라 아뇨. 아직 전혀 안 했어요.

헬메르 하지만 연습해야지…….

노라 그래요. 해야죠, 토르발. 하지만 당신이 도와줘야 할 수 있어요. 다 잊어버렸거든요.

헬메르 금방 기억이 되살아날 거야.

노라 그래요, 끝까지 날 도와줘야 해요, 토르발. 약속하죠? 아, 너무 걱정돼요. 많은 사람 앞에서……. 오늘 밤은 아무것도 하지 말고 나만 도와줘요. 일도 다 멈추고 펜도 잡지 마세요. 알았죠, 토르발?

헬메르 알았어. 오늘 밤은 철저하게 당신한테만 봉사하지요, 못 말리는 아가씨. 잠깐, 그전에 먼저…… (현관문 쪽으로 간다)

노라 밖에는 왜 나가세요?

헬메르 편지가 왔는지 봐야지.

노라 안 돼요. 그러지 마세요, 토르발!

헬메르 어째서?

노라 토르발, 제발. 저기엔 아무것도 없어요.

헬메르 어디 좀 보고. (나가려고 한다)

노라 (피아노로 가서 타란텔라의 첫머리를 연주한다)

헬메르 (문 앞에서 멈춘다) 허허!

노라 당신과 함께 연습하지 않으면 내일 춤을 출 수 없어요.

헬메르 (그녀에게 다가오면서) 노라, 그렇게 걱정돼?

노라 너무나 걱정돼요. 지금 당장 연습을 시작해요. 저녁 식사 시각까지는 아직 여유가 있으니까. 자, 여기 앉아 피아노를 쳐 줘요, 토르발. 제대로 추는지 보고 가르쳐 줘요, 늘 그랬던 것처럼.

헬메르 당신이 그렇게 말한다면 기꺼이 그러지. (피아노 앞에 앉는다)

노라 (상자에서 탬버린을 거칠게 꺼내 잡고, 길고 알록달록한 숄도 꺼내 재빨리 온몸에 휘감아 걸친다. 그러고는 가운데로 튀어나와 외친다) 자, 연주해 주세요! 춤을 추겠어요!

헬메르가 연주하고, 노라는 춤춘다. 랑크 박사는 헬메르 뒤에 서서 지켜본다.

헬메르 (연주하면서) 더 천천히. 천천히……

노라 잘 안 돼요.

헬메르 그렇게 거칠게 하는 게 아니야, 노라!

노라 이렇게 하는 게 맞아요.

헬메르 (연주를 멈추고) 아냐, 아냐. 다 틀렸어.

노라 (웃으며 탬버린을 흔든다) 그것 봐요. 내가 뭐랬어요?

랑크 내가 연주하지.

헬메르 (일어서며) 그래, 좋은 생각이야. 그렇게 하면 내가 더 잘 가르쳐 줄 수 있지.

랑크가 피아노 앞에 앉아 연주한다. 노라는 점점 거칠게 춤춘다. 헬메르는 난롯가에 서서 노라에게 계속해서 지시를 내린다. 노라는 그의 말을 귀담아 듣지 않는다. 머리가 풀어져 어깨 위로 흘러내리지만, 전혀 상관하지 않고 계속해서 춤춘다. 린데 부인이 들어온다.

린데 부인 (멍하니 문간에 서서) 아……!
노라 (여전히 춤추면서) 크리스티네, 정말 재미있어!
헬메르 노라, 당신은 춤에 목숨을 건 사람 같군.
노라 맞아요.
헬메르 랑크, 그만해. 정신 사나워서 못 봐 주겠군. 아, 그만하라니까!

랑크가 연주를 멈추자 노라도 갑자기 정지한다.

헬메르 (노라에게 다가가) 이 정도일 줄은 몰랐어. 모조리 잊어버렸군.
노라 (탬버린을 내던지면서) 그것 보세요.
헬메르 이 정도라면 정말로 더 가르쳐 줘야겠는걸.
노라 그래요, 이제 알겠죠? 끝까지 제대로 가르쳐 줘야 해요. 약속하죠, 토르발?
헬메르 알았어.
노라 오늘과 내일은 나만 생각하세요. 어떤 편지도 보지 마세요. 우편함은 건드리지도 마세요.
헬메르 그렇군! 당신은 아직도 그 남자가 걱정인 거야.
노라 그래요, 그런 이유도 있어요.
헬메르 그 남자의 편지가 벌써 와 있다고 당신 얼굴에 쓰여 있군.
노라 난 몰라요. 그럴 수도 있겠죠. 하지만 지금은 그런 편지를 읽으면 안 돼요. 모든 게 끝날 때까지 우리 사이에 불화가 끼어들게 하고 싶지 않아요.
랑크 (작은 목소리로 헬메르에게) 그렇게 해줘.

헬메르 (그녀를 안고) 우리 아가 좋을 대로 하지. 하지만 내일 밤 당신이 춤을 다 추고 나면…….

노라 그다음엔 당신 마음대로 하세요.

하녀 (오른쪽 문에서) 마님, 식사가 준비됐습니다.

노라 헬레네, 샴페인을 준비해.

하녀 알겠습니다. (나간다)

헬메르 오오, 이거 연회 같군그래?

노라 밤새도록 샴페인 파티를 벌여요! (큰 소리로 외친다) 헬레네, 마카롱도 조금 내. 아니, 많이. 이게 마지막일 테니까.

헬메르 (노라의 팔을 붙들며) 자, 자, 그렇게 흥분하지 말라고. 평소처럼 내 귀여운 종달새로 돌아와야지.

노라 네, 그럴게요. 자, 식당으로 가요. 랑크 박사님도 가세요. 크리스티네, 머리 만지는 것 좀 도와줘.

랑크 (식당으로 가며 나직하게) 무슨 일 있는 건 아니겠지? 왠지 부인이 허둥대는 것 같은데.

헬메르 말도 안 되는 소리. 고작해야 자네한테도 얘기했던 그 유치한 걱정이지.

둘 다 오른쪽으로 사라진다.

노라 어떻게 됐어?

린데 부인 시골에 갔대.

노라 네 얼굴을 보고 눈치챘어.

린데 부인 내일 밤에 돌아온대. 그에게 쪽지를 남겼어.

노라 그러지 않아도 됐는데. 이제 와서 막을 방법은 없으니까. 사실은 이렇게 기적을 기다리는 게 즐겁단다.

린데 부인 뭘 기다린다고?

노라 넌 말해도 모를 거야. 자, 너도 먼저 가 있어……. 나도 곧 갈게.

린데 부인, 식당으로 사라진다.

노라 (마음을 추스르려는 듯 잠시 그대로 서 있다가 회중시계를 본다) 5시구나. 자정까지 일곱 시간이 남았네. 내일 자정까지는 스물네 시간이 더 남았고. 그때는 타란텔라가 끝나 있겠지. 스물네 시간 더하기 일곱 시간……. 내 목숨이 서른한 시간 남았구나.
헬메르 (오른쪽 문에서) 우리 귀여운 종달새는 어디 갔을까?
노라 (팔을 벌리고 그에게 달려가면서) 종달새 여기 있죠!

제3막

같은 방. 원탁과 의자들은 방 한가운데로 옮겨졌다. 탁자 위에서 등불이 타고 있다. 복도로 향하는 문은 열려 있다. 위층에서 춤곡이 들린다.

린데 부인이 탁자 앞에 앉아서 건성으로 책장을 넘긴다. 책을 읽으려고 하지만 집중이 안 되는 것 같아 보인다. 몇 번쯤 긴장하며 문밖 소리에 귀 기울인다.

린데 부인 (회중시계를 보며) 왜 안 오지. 이제 시간이 얼마 없는데. 만일 안 오면……. (다시 귀 기울인다) 아, 왔다. (현관홀로 나가 조심스럽게 문을 연다. 계단을 올라오는 발소리가 조용히 들린다. 속삭인다) 들어오세요. 아무도 없어요.

크로그스타 (문간에서) 당신이 남긴 쪽지를 봤어요. 무슨 일이죠?

린데 부인 꼭 해야 할 말이 있어요.

크로그스타 그래요? 이 집에서?

린데 부인 우리 집은 출입문이 하나뿐이라서 안 돼요. 자, 이리 오세요. 아무도 없어요. 하녀는 잠들었고, 헬메르 가족은 위층 무도회에 참석했어요.

크로그스타 (방으로 들어서며) 그럼 오늘 밤 헬메르 부부는 정말로 춤을 추고 있겠군요?

린데 부인 춤을 추면 안 될 이유라도 있나요?

크로그스타 그럴 리가요!

린데 부인 닐스, 아무튼 얘기 좀 해요.

크로그스타 우리 둘 사이에 더 할 얘기가 남았던가요?

린데 부인 많이 남았죠.

크로그스타 난 그렇게 생각하지 않는데요.

린데 부인 그건 당신이 나를 한 번도 제대로 이해한 적이 없기 때문이지요.

크로그스타 한 매정한 여인이 좀 더 나은 상대가 나타나자 남자를 버렸다. 이 단순한 이야기에서 뭘 더 이해해야 합니까?

린데 부인 나를 그런 매정한 여자로 생각하시는군요? 우리가 그냥 헤어졌다고 생각하세요?

크로그스타 아닌가요?

린데 부인 정말 그렇게 생각해요, 닐스?

크로그스타 그렇지 않다면 왜 그때 그런 편지를 남겼죠?

린데 부인 다른 방법이 없었어요. 헤어져야 하는 이상, 당신이 나에게 느끼고 있던 감정을 정리하도록 하는 것도 내 의무였으니까요.

크로그스타 (주먹을 꽉 쥐면서) 의무였겠죠! 그것도 다⋯⋯ 그것도 단순히 돈을 위한!

린데 부인 내겐 돌봐야 할 어머니와 어린 남동생이 둘이나 있었다는 사실을 잊지 마세요, 닐스. 우린 미래가 불확실한 당신만 바라보고 있을 수는 없었어요.

크로그스타 그랬겠지. 하지만 다른 남자 때문에 날 버릴 권리는 없었소.

린데 부인 저도 정말 모르겠어요. 나도 몇 번이나 자문해 봤어요. 나한테 정말 그런 권리가 있었는지.

크로그스타 (더 낮은 목소리로) 당신이 날 떠났을 땐, 내 발아래가 무너지는 기분이었어. 지금의 날 보시오. 난파선 잔해에 매달려 허우적대고 있소.

린데 부인 누군가 도와줄 사람이 곧 나타날 거예요.

크로그스타 당신이 나타나기 전까지는 그랬지. 하지만 이젠 끝이야.

린데 부인 정말 몰랐어요, 닐스. 오늘에야 비로소 내가 당신 자리를 빼앗았다는 사실을 알게 됐다고요.

크로그스타 당신이 그렇게 말한다면 나도 믿어야겠지. 하지만 그 사실을 알았다고 해서 물러날 생각은 없는 것 같군.

린데 부인 그래요. 내가 그렇게 해도 당신에겐 조금도 득이 되진 않으니까요.

크로그스타 아하, 내게 득이 되지 않으니까 물러나지 않으시겠다? 나라면 무슨 일이 있어도 그렇게 했을 거야.

린데 부인 난 이성적으로 행동하는 법을 배웠어요. 인생과 고난이 그걸 가르쳐 줬죠.

크로그스타 인생은 내게 듣기 좋은 소리는 믿지 말라고 가르쳐 주던데.

린데 부인 아주 현명한 가르침을 받았군요. 하지만 사실은 분명 당신도 믿고 있겠죠?

크로그스타 무슨 뜻이지?

린데 부인 당신은 조난당해 배의 잔해에 매달려 허우적대고 있다고 말했어요.

크로그스타 그렇게 말할 충분한 근거가 있으니까.

린데 부인 나 역시 난파선에 매달려 허우적거리는 여자죠. 나를 동정해 줄 사람도, 돌봐줄 사람도 없어요.

크로그스타 자신이 선택한 길 아닌가?

린데 부인 그땐 선택의 여지가 없었어요.

크로그스타 그래서 어쩌자는 거요?

린데 부인 닐스, 이렇게 조난당한 두 사람이 힘을 합치면 어떻게 될까요?

크로그스타 뭐라고?

린데 부인 둘이서 판자 조각에 하나에 매달려 있는 편이 따로 떨어져 있는 것보다 낫지 않을까요?

크로그스타 크리스티네!

린데 부인 내가 왜 이 마을로 돌아왔을 것 같아요?

크로그스타 나를 생각해서 왔다는 거요?

린데 부인 일하지 않고는 먹고살 수 없었어요. 생각해 보니까, 지금까지 난 쭉 일해 왔고, 그게 내게는 유일하고도 가장 큰 기쁨이었죠. 하지만 세상에 완전히 혼자 남고 보니 허탈하고 쓸쓸해 도저히 견딜 수 없었어요. 오로지 자신을 위해 일한다면 아무 재미도 느낄 수 없을 거예요. 닐스, 내가 누군가를 위해 일할 수 있게 해주세요.

크로그스타 믿을 수 없어. 그런 건 감정이 격해진 여자의 일시적인 희생정신일 뿐이야.

린데 부인 내가 감정에 치우쳐 이성을 잃었던 적이 한 번이라도 있었던가요?

크로그스타 그럼 진심으로 하는 소리야? 내 과거를…… 내가 어떻게 살아

왔는지 다 알잖아?

린데 부인 그래요.

크로그스타 이곳 사람들이 날 어떻게 생각하는지도 알지?

린데 부인 당신, 조금 전에는 그때 나와 헤어지지 않았더라면 지금쯤 다른 인생을 살고 있을 거라는 식으로 말했잖아요.

크로그스타 틀림없이 그랬을 거야.

린데 부인 지금은 너무 늦었나요?

크로그스타 크리스티네……, 잘 생각하고 하는 말이야? 그래, 그런 것 같군. 얼굴을 보니까 알겠어. 그럼 정말 그럴 용기가……?

린데 부인 난 누군가의 어머니가 되고 싶고, 당신 아이들에게는 어머니가 필요해요. 우린 서로가 필요해요. 닐스, 난 당신의 장점을 알아요. 당신과 함께라면 어떤 것도 두렵지 않아요.

크로그스타 (린데 부인의 두 손을 움켜잡고) 고마워, 크리스티네. 고마워……. 그렇게 되면 사람들도 금방 나를 다시 보게 될 거야. 아, 잊고 있던 게……

린데 부인 (귀를 기울이며) 쉿! 타란텔라예요! 이제 가세요. 가요!

크로그스타 왜 그래?

린데 부인 위에서 춤추는 소리가 들리죠? 저게 끝나면 모두 내려올 거예요.

크로그스타 그래, 알았어, 갈게. 이제는 어떻게 할 방법도 없으니까. 헬메르 일가가 나한테 무슨 짓을 했는지 물론 당신은 모르겠지.

린데 부인 아뇨, 닐스, 난 다 알아요.

크로그스타 알면서도 나를…….

린데 부인 절망이 당신 같은 사람을 어떻게 몰아가는지도 잘 알죠.

크로그스타 아, 할 수만 있다면 되돌려 놔야 할 일이 있어!

린데 부인 할 수 있어요. 당신 편지는 아직 우편함에 있으니까.

크로그스타 정말?

린데 부인 정말이죠. 하지만…….

크로그스타 (부인을 뚫어져라 보며) 그렇게 된 거로군. 당신은 자신을 희생해서 친구를 구하려는 거야. 솔직하게 말해 줘. 내 말이 맞지?

린데 부인 닐스, 다른 사람을 위해 자신을 한 번 희생한 사람은 두 번 다시 그렇게 하지 않아요.

크로그스타 내 편지를 돌려 달라고 해야겠어.

린데 부인 그러지 마세요.

크로그스타 아냐, 그렇게 할 거야. 헬메르가 내려오기를 기다렸다가, 편지를 돌려 달라고 할 거야. 해고에 대한 불만을 적은 것일 뿐이니까 읽을 필요는 없다고 하면서……

린데 부인 아뇨, 닐스. 편지는 그냥 두세요.

크로그스타 하지만 그 편지 때문에 날 여기로 부른 거잖아?

린데 부인 그래요, 처음엔 정신이 없어서 그랬죠. 하지만 그 뒤로 하루가 지났고, 그동안 난 이 집에서 아주 놀라운 일들이 일어나고 있다는 사실을 알게 됐어요. 헬메르도 모든 걸 알고 있어야 해요. 그런 불행한 비밀은 밝혀져야 해요. 그래서 두 사람이 모든 것을 대화로 풀어야 해요. 영원히 거짓말로만 상황을 넘길 수는 없으니까요.

크로그스타 그래, 당신이 굳이 그렇게 하겠다면……. 하지만 내게도 할 수 있는 일이 딱 한 가지 있으니 당장 그렇게 하겠소.

린데 부인 (귀를 쫑긋 세우며) 서둘러요! 어서 가세요! 춤이 끝났어요. 꾸물거릴 틈이 없어요!

크로그스타 아래서 기다리겠소.

린데 부인 네. 집까지 바래다주세요.

크로그스타 이렇게 행복할 수가……. 이런 기분은 처음이야.

크로그스타, 현관문으로 나간다. 복도로 통하는 방문은 열려 있다.

린데 부인 (방을 대충 정리하고, 외출할 준비를 한다) 이렇게 달라지다니! 정말 이렇게 달라질 수 있다니! 뭔가를 위해 일하고 살아가려고 노력하면 행복한 가정을 꾸릴 수 있어. 그래, 노력하자……. 빨리들 내려왔으면 좋겠는데. (귀를 기울인다) 아, 거의 다 왔구나. 옷을 입어야지.

린데 부인, 모자와 외투를 집어든다.

밖에서 헬메르와 노라의 목소리가 들린다. 열쇠로 문이 열리고, 헬메르가 노라를 거의 강제로 현관홀에 밀어 넣는다. 노라는 이탈리아 의상을 입고 커다란 검은 숄을 둘렀다. 헬메르는 야회복에 검은 도미노*를 걸쳤다.

노라 (아직 복도에서 실랑이하면서) 싫어요, 싫다니까요. 들어가고 싶지 않아요! 다시 올라갈 거예요. 이렇게 일찍 가고 싶지 않아요!
헬메르 하지만 노라……
노라 부탁해요, 토르발. 딱 한 시간만 더!
헬메르 1분도 안 돼, 노라. 약속했잖아. 아, 얼른 들어가. 이런 곳에 있다가는 감기 걸려.

헬메르, 저항하는 그녀를 점잖게 거실로 들여보낸다.

린데 부인 지금 오세요?
노라 크리스티네!
헬메르 아, 린데 부인. 웬일로 이렇게 늦은 시각에……?
린데 부인 죄송해요. 노라가 어떻게 차려입었는지 꼭 한번 보고 싶어서요.
노라 여기서 날 기다린 거야?
린데 부인 응, 안타깝게도 내가 너무 늦게 와 버려서 넌 벌써 위층으로 올라간 뒤지 뭐니. 그래서 널 보고 가려고 기다렸어.
헬메르 (노라의 숄을 벗기며) 그럼 자세히 보시지요. 아주 볼만합니다. 사랑스럽지 않나요, 린데 부인?
린데 부인 네, 정말 그러네요……
헬메르 아주 멋지고 사랑스럽죠? 파티에 참석한 사람들도 다 그렇게 말했답니다. 하지만 이렇게 사랑스러운 인형이 얼마나 고집이 센지…… 어쩌겠어요? 보시다시피 이렇게 억지로 끌고 왔죠.
노라 아, 토르발. 30분 정도도 더 머무르지 못하게 한 걸 곧 후회하게 될 거예요.

---

* 두건과 작은 가면이 달린 겉옷으로, 가면무도회 등에서 입는 가장복.

헬메르 이것 보라니까요, 린데 부인. 이 사람은 타란텔라를 춰서 우레와 같은 갈채를 받았어요. 정말이지 그만한 갈채는 받을 만했답니다. 뭐, 너무 정석대로 추긴 했지만, 예술적이라고 하기에는 좀 과했다고나 할까요. 하지만 그게 무슨 상관이겠어요? 중요한 건 성공했다는 겁니다. 대성공을 거뒀죠. 그런데 그 자리에 계속 있어서야 하겠습니까? 그러면 가치가 떨어지는데 말이죠. 그럴 수는 없었어요. 난 이 사랑스러운 카프리 아가씨를, 이 사랑스러운 변덕쟁이 카프리 아가씨를 끌어안고 빠른 걸음으로 사람들 사이를 돌아다니며 정중하게 답례했습니다. 그러고는 사라진 거죠. 소설 속의 아름다운 환상처럼 말이에요! 마무리는 언제나 극적이어야 하니까요, 린데 부인. 하지만 이 점을 아무리 설명해도 노라는 전혀 이해하지 못해요. 후, 덥다. (의자에 도미노를 던지듯 벗어 놓고 자기 방 문을 연다) 아니, 캄캄하잖아. 아, 당연하지. 잠깐 실례합니다. (방으로 들어가 촛불을 켠다)

노라 (재빨리 숨죽여 속삭인다) 어떻게 됐어?

린데 부인 (낮은 목소리로) 그 사람하고 얘기했어.

노라 그래서……?

린데 부인 노라, 남편에게 모든 걸 말해야 해.

노라 (기어들어가는 목소리로) 그렇게 말할 줄 알았어.

린데 부인 크로그스타 일은 걱정하지 않아도 돼. 하지만 솔직히 다 말해.

노라 말할 수 없어.

린데 부인 그럼 편지가 말할 거야.

노라 고마워, 크리스티네. 어떻게 해야 좋을지 나도 알고 있어. 쉿……!

헬메르 (다시 등장하며) 린데 부인, 충분히 감상하셨나요?

린데 부인 네, 이제 가려고요.

헬메르 이렇게 빨리요? 이 뜨개질거리는 당신 건가요?

린데 부인 (받으며) 아, 고맙습니다. 깜빡했어요.

헬메르 당신도 뜨개질을 하시는군요.

린데 부인 네.

헬메르 뜨개질보다는 수를 놓는 편이 좋을 텐데.

린데 부인 그래요? 어째서죠?

헬메르 훨씬 더 아름다워 보이니까요. 보세요. 이렇게 왼손에 천을 잡고 오른손으로 바늘을 움직이는 겁니다…… 이렇게……. 부드럽고 긴 곡선이 생기죠? 그렇지 않아요……?

린데 부인 그런 것 같네요…….

헬메르 하지만 뜨개질은…… 흉하다고밖에 표현할 길이 없어요. 보세요. 두 팔을 옆구리에 꼭 붙이고, 바늘은 위아래로만 오르락내리락. 꼭 중국 사람 같다니까요…… 아, 오늘 나온 샴페인은 정말 훌륭했어!

린데 부인 ……그럼, 노라, 난 그만 가볼게! 이 이상은 고집 피우지 말고!

헬메르 말씀 한번 잘하셨어요, 린데 부인!

린데 부인 안녕히 계세요, 은행장님.

헬메르 (문까지 배웅하며) 안녕히 가세요. 조심해서 가실 수 있죠? 실은 기꺼이…… 하지만 뭐, 그렇게 멀지 않으니까. 그럼 안녕히 가세요. (린데 부인이 떠나자 문을 닫고 되돌아온다) 휴, 이제야 갔군. 할 일도 없는 여잔가 봐.

노라 많이 피곤하죠, 토르발?

헬메르 아니, 괜찮은데.

노라 졸리지 않아요?

헬메르 전혀. 오히려 들떠 있지! 근데 당신은 피곤하고 졸린 것 같군.

노라 그래요, 몹시 피곤해요. 빨리 자고 싶어요.

헬메르 그것 봐! 내가 빨리 끝내고 내려오자고 그랬지?

노라 네, 당신은 언제나 옳은 소리만 하시죠.

헬메르 (그녀 이마에 입 맞추며) 우리 귀여운 종달새도 옳은 소리를 할 때가 있네. 그런데 오늘 밤 랑크가 유난히 들떠 있던데, 봤어?

노라 그랬어요? 박사님이랑은 이야기할 기회가 없었어요.

헬메르 나도 그리 많진 않았어. 어쨌든, 랑크가 그렇게 즐거워하는 모습은 오랜만에 봐. (잠시 노라를 바라보다가 가까이 다가가며) 음, 이렇게 내 집으로 돌아와 당신과 단둘이 있으니 정말 좋군. 아, 당신은 정말 매력적이고 사랑스러운 여자야!

노라 그렇게 바라보지 마요, 토르발!

헬메르 내 가장 소중한 보물을 보면 안 된다는 거야? 머리끝부터 발끝까지나만의 것인 이 사랑스러운 여인을?

노라 (탁자 반대편으로 가서) 오늘 밤만은 그런 말 마세요.

헬메르 (노라를 뒤쫓으며) 타란텔라의 열정이 아직 당신 안에 남아 있군. 그래서 더욱 당신에게 끌리는걸. 들어 봐! 손님들이 돌아가고 있어. (은밀한 목소리로) 노라……, 이제 곧 집안이 조용해질 거야.

노라 그랬으면 좋겠네요.

헬메르 응, 그렇겠지, 사랑하는 노라. 여보, 당신과 함께 파티에 참석하면 내가 왜 당신과 별로 대화를 나누지 않는지, 왜 늘 당신에게서 멀찍이 떨어져 당신을 슬쩍슬쩍 훔쳐보기만 하는지 알아? 그건 바로 당신이 내 숨겨진 연인이며 우리는 비밀리에 약혼한 사이라고 상상하기 때문이야. 그리고 우리 둘 사이를 눈치채는 사람은 아무도 없는 거지.

노라 그래요, 알아요. 당신이 늘 내 생각뿐이란 걸.

헬메르 돌아갈 시간이 되면, 난 당신의 그 부드럽고 탄력 있는 어깨에…… 사랑스러운 목에 숄을 걸쳐 주지. 그때 나는 상상해. 당신은 내 신부고, 우리는 결혼식을 막 마치고 돌아오는 거라고. 당신을 처음으로 내 집에 데리고 가는 거라고. 우리는 비로소 단둘이 되는 거야. 완전히 우리 둘이. 당신은 젊고 소름 끼칠 정도로 아름다워! 난 오늘 밤 내내 당신만을 갈망했어. 당신이 격렬하게 몸을 흔들며 타란텔라를 출 때는 내 온몸의 피가 끓어올랐지. 더는 거기 있을 수가 없었어. 그래서 당신을 이렇게 급하게 집으로 데려온 거야.

노라 저리 가요, 토르발! 혼자 있게 해줘요! 그런 말 듣기 싫어요.

헬메르 무슨 소리야? 날 놀리는 거야, 노라? 싫다니? 난 당신 남편이잖아……!

현관문 두드리는 소리.

노라 (깜짝 놀라며) 들었어요?

헬메르 (현관 쪽으로 가며) 누구요?

랑크 (밖에서) 나야. 잠깐 들어가도 되겠나?

헬메르 (작은 목소리로 짜증 내며) 이 시간에 웬일이야? (소리를 높여서) 잠깐만 기다려. (가서 문을 연다) 그냥 가지 않고 들러 줘서 기쁘군.
랑크 자네 목소리가 들리는 것 같아서 잠깐 들렀어. (재빠르게 주위를 둘러보며) 아, 그립고 정든 방……. 정말 즐겁고 아늑한 자네 두 사람의 보금자리야.
헬메르 자네도 오늘 아주 즐거워 보이던데.
랑크 물론이지. 그러면 안 되나? 인생에서 얻을 수 있는 것은 다 얻어야 하지 않겠나? 가능한 한 많이, 되도록 오래. 오늘 마신 포도주는 정말 좋더군…….
헬메르 특히 샴페인이 훌륭했지!
랑크 자네도 그렇게 생각했나? 얼마나 많이 마셨는지 믿을 수 없을 정도야.
노라 토르발도 오늘 밤은 많이 마셨어요.
랑크 그래요?
노라 네, 이이는 샴페인을 마시면 이렇게 기분이 좋아진답니다.
랑크 뜻깊은 하루를 보냈는데 밤을 즐겁게 보내지 않을 이유가 있나?
헬메르 뜻깊은 하루라……. 안타깝게도 난 그렇게 말할 자격이 없어.
랑크 (헬메르의 어깨를 두드리며) 난 있네!
노라 랑크 박사님, 오늘 정밀검사를 받았다고 하지 않으셨나요?
랑크 그랬죠.
헬메르 대단한데. 귀여운 노라가 정밀검사 이야길 하다니!
노라 축하할 만한 결과인가요?
랑크 그럼요.
노라 결과가 좋았군요?
랑크 의사와 환자 모두가 바라던 대로죠. 확정입니다!
노라 (캐묻듯 재빨리) 확정이라니요?
랑크 완전히 결정 났죠. 그 결과를 보고도 오늘 밤을 유쾌하지 않게 보낼 이유가 있습니까?
노라 맞아요, 랑크 박사님.
헬메르 나도 찬성이네만, 내일 아침에 고생하면 안 되겠지.
랑크 세상에 공짜로 얻을 수 있는 건 없으니까.

노라 랑크 박사님, 가장무도회가 그렇게 좋으세요?

랑크 네. 재미있고 멋진 분장이 가득하다면요.

노라 그럼 얘기해 주세요. 다음번엔 박사님과 제가 어떤 분장을 하면 좋을까요?

헬메르 벌써 다음번 얘기를 하는 거야? 성격도 급하군.

랑크 부인과 저요? 글쎄요, 부인은 행복의 천사가 되면 어떨까요?

헬메르 그거 좋겠군. 의상은 뭐가 좋을까?

랑크 부인은 평상복 차림으로도 괜찮습니다.

헬메르 아주 좋군. 그럼 자네는?

랑크 난 이미 결정했어.

헬메르 뭔데?

랑크 다음 가장무도회에서 난 보이지 않는 사람으로 분장할 거야.

헬메르 재밌는 농담이야!

랑크 엄청나게 크고 까만 모자에 관해 들어본 적 없나? 그걸 쓰면 아무도 날 볼 수 없다네.

헬메르 (웃음을 참으며) 그렇군. 그거 좋은 생각이야.

랑크 아참, 여기 왜 왔는지 잊고 있었군. 헬메르, 잎궐련 한 개비 주지 않겠나? 검은 하바나로.

헬메르 기꺼이 주지. (담뱃갑을 내민다)

랑크 (한 개비를 꺼내 끝을 자른다) 고맙네.

노라 (성냥을 긋는다) 불을 붙여 드릴게요.

랑크 고맙습니다. (노라가 내민 성냥에 담배를 갖다 대 불을 붙이고) 그럼 안녕히 계십시오!

헬메르 잘 가게, 친구.

노라 안녕히 주무세요, 랑크 박사님.

랑크 고맙습니다.

노라 내게도 인사해 주세요.

랑크 당신에게도? 원하신다면야. 편안히 주무세요. 담배에 불을 붙여 주셔서 고맙습니다.

랑크, 두 사람에게 머리를 끄떡여 인사하고 나간다.

헬메르 (조용히) 저 친구 많이 취했네.
노라 (멍하게) 그러게요.

헬메르, 주머니에서 열쇠 다발을 꺼내 현관홀로 나간다.

노라 토르발, 어디 가요?
헬메르 우편함을 비워야겠어. 가득 찼거든. 내일 아침에 신문이 들어갈 자리도 없겠어.
노라 오늘 밤에도 일하시게요?
헬메르 그럴 생각 없다는 거 알잖아. 아니, 이게 뭐야? 누군가 자물쇠를 건드렸어.
노라 자물쇠를?
헬메르 그래. 분명해. 이게 어떻게 된 거지? 하녀가 그랬나……? 잠깐, 여기 부러진 머리핀이 있어. 노라, 이건 당신 건데…….
노라 (재빨리) 분명히 아이들이 그랬을 거예요.
헬메르 다시는 이런 짓 못하게 혼을 내줘야겠군. 음, 됐어. 이제 열렸네. (우편물을 꺼내 들고 부엌에 대고 외친다) 헬레네! 헬레네! 현관 등불을 꺼요.

헬메르, 다시 방으로 들어와 문을 닫는다.

헬메르 (편지를 들고) 이것 봐. 이렇게나 많다고. (편지를 뒤집어 보며) 이게 뭐지?
노라 (창가에서) 편지! 아, 안 돼요, 토르발!
헬메르 명함이 두 장 있어. 랑크 거야.
노라 랑크 박사님의 명함이요?
헬메르 (명함을 들여다보면서) 의학박사 랑크. 이게 가장 위에 있었어. 돌아가는 길에 넣었나 본데.
노라 뭐라고 쓰여 있죠?

헬메르 이름 위에 검은 십자가가 있어. 이것 봐. 섬뜩하군. 마치 자신의 죽음을 예고하려는 것처럼 말이야.

노라 그러려는 거예요.

헬메르 뭐라고? 당신, 뭔가 알고 있어? 당신한테 그런 말을 했어?

노라 네. 이런 명함이 도착하면, 우리에게 작별을 고하는 것으로 알라고 했어요. 박사님은 혼자 방에서 죽을 생각이에요.

헬메르 불쌍한 친구. 오래 버티지 못할 거라고는 생각했지만, 이렇게 빨리……. 그것도 상처 입은 짐승처럼 숨어서.

노라 이왕 이렇게 된 거, 잠자코 따라줘야죠. 그렇지 않아요, 토르발?

헬메르 (방 안을 왔다 갔다 하며) 랑크는 이미 우리 가족이나 다름없는데 그 친구가 가 버리다니, 상상조차 할 수 없어. 그는 그동안 빛나는 우리의 행복에 가려 고통과 고독으로 빛바랜 그림자 속에 있었어. 그래, 그렇게 놔두는 게 최선일지도 몰라, 적어도 그 친구를 위해서는. (멈춰 선다) 그리고 우리를 위해서도, 노라. 앞으로는 정말 우리 둘뿐이야. (그녀를 껴안는다) 아, 사랑하는 나의 아내, 아무리 꼭 끌어안아도 더욱 안고 싶어. 노라, 난 뭔가 무시무시한 위험이 당신을 덮치기를 늘 바라. 그러면 내 몸도 마음도 모두 당신을 위해 바칠 수 있을 테지.

노라 (포옹을 풀고 결연한 태도로 단호히) 그럼 편지를 읽어 봐요, 토르발.

헬메르 오늘 밤은 아니야. 오늘 밤은 그냥 당신과 함께 있고 싶어.

노라 친구의 죽음을 생각하면서……?

헬메르 그렇군. 충격적인 소식이지. 우리 사이에 죽음이다 부패다 하는 끔찍한 것들이 끼어들었어. 그런 것들에서 벗어나야지. 그래, 그때까지는 떨어져 있는 게 좋겠어.

노라 (그의 목을 감싸안으며) 토르발……. 잘 자요!

헬메르 (그녀 이마에 입 맞추며) 잘 자, 노래하는 작은 새. 푹 자, 노라. 그럼 난 편지를 읽어야지.

헬메르, 편지를 들고 자기 방으로 들어가서 문을 닫는다.

노라 (겁먹은 눈길로 주변을 두리번거리다가 헬메르의 도미노를 움켜쥐고 그것을 어깨에 걸치며 쉰 목소리로 빠르게 더듬더듬 속삭인다) 두 번 다시 당신을 보지 못할 거야. 절대로, 절대로, 절대로. (숄로 머리를 감싼다) 아이들도 다시는 보지 못할 거야. 아이들도. 절대로, 절대……. 아, 칠흑같이 검고 얼음같이 차가운 강물……. 바닥이 안 보일 정도로 깊은……. 아, 이 모든 일이 지나가 버리면……. 이제 그이의 손에 들려 있을 거야……. 지금 편지를 읽고 있겠지. 아냐, 아냐. 아직은 아니야. 안녕, 토르발, 그리고 내 아이들…….

노라, 복도로 뛰쳐나가려고 한다. 동시에 헬메르가 문을 벌컥 열고 나온다. 손에는 펼쳐진 편지가 들려 있다.

헬메르 노라!
노라 (날카롭게 비명을 지르며) 아……!
헬메르 이게 뭐야? 이 편지에 뭐라고 쓰여 있는지 알아?
노라 네, 알아요. 가게 내버려 두세요. 나갈 거예요!
헬메르 (그녀를 붙들며) 어딜 가는데?
노라 (빠져나오려고 애쓰며) 날 구하려 하지 마세요, 토르발!
헬메르 (비틀거리며 뒤로 물러선다) 사실이군! 여기 쓰여 있는 게 사실이야! 끔찍해! 아냐……. 이건 있을 수 없는 일이야.
노라 사실이에요. 난 이 세상 무엇보다도 당신을 사랑했어요.
헬메르 멍청한 변명 따위는 집어치워.
노라 (그에게 한 발짝 다가가며) 토르발……!
헬메르 어리석기는……. 당신이 무슨 일을 저질렀는지 알기나 해?
노라 떠나게 해주세요. 나 때문에 당신이 곤란해져선 안 돼요. 나 대신 죄를 뒤집어쓰면 안 돼요.
헬메르 비련의 여주인공 흉내는 그만둬! (복도로 나가는 문을 잠근다) 여기서 얌전히 설명해 봐. 당신이 무슨 짓을 한 건지 알고 있어? 대답해 봐! 알고 있느냐고!
노라 (그를 뚫어지게 쳐다보며 굳은 표정으로) 그래요. 이제야 진실을 알겠군요.
헬메르 (방을 서성이며) 아! 이게 도대체 무슨 꼴이람! 8년 동안 나의 기쁨이고 자랑이던 여자가 위선자에 거짓말쟁이…… 게다가 범죄자였다니!

......당신에게 이렇게 추악한 면이 있었다니……! 에잇!

노라 (말없이 계속 바라본다)

헬메르 (노라 앞에 멈춰 서서) 이런 일이 생길 줄 예상했어야 했어. 미리 짐작했어야 했다고. 이게 다 당신 아버지의 무책임한 성격…… 입 다물어! 당신 아버지의 무책임한 성격을 물려받아서 그래. 믿음도 없고, 도덕심도 없고, 책임 의식도 없지……. 아, 당신 아버지를 잘못 본 벌을 이렇게 받다니. 난 당신을 위해 그렇게 한 거야. 그런데 그 보상을 이렇게 하는군.

노라 네, 그렇게 됐네요.

헬메르 당신이 내 행복을 짓밟았어. 내 미래가 엉망이 되었다고! 아, 생각만 해도 끔찍해. 난 그 양심도 없는 인간이 시키는 대로 움직이게 됐어. 그놈은 나를 마음껏 조종할 거야. 나에게 뭐든 요구하고, 마음대로 명령하겠지. 그래도 난 찍소리도 못할 거야. 그런 비참한 지경에 빠져 파멸할 거라고. 그것도 다 무책임한 여자 때문에!

노라 내가 이 세상에서 사라지면 당신은 자유로워질 거예요.

헬메르 잘난 척 그만둬! 그 말투는 당신 아버지랑 똑같군. 당신이 이 세상에서 사라진다고 나에게 무슨 도움이 될 것 같아? 눈곱만큼도 도움 안 돼. 그자는 모든 걸 까발릴 거야. 그러면 사람들은 내가 당신의 범죄행위에 가담했다고 의심하겠지. 어쩌면 내가 배후에서 당신을 조종했다고 생각할지도 몰라! 어느 쪽이건 모두 당신 탓이야. 그토록 애지중지했던 당신 탓! 이제 내게 무슨 짓을 했는지 알겠어?

노라 (침착하고 냉정하게) 네.

헬메르 믿을 수가 없어. 전혀 이해가 안 돼. 하지만 어떻게든 방법을 찾아야 해. 숄을 벗어. 벗으라고 했지! 어떻게든 그자를 진정시켜야 해. 무슨 수를 써서라도 이 사건을 덮어야 해. 그리고 당신과 나는 아무 일도 없었던 것처럼 행동해야 해. 물론 사람들 앞에서만. 당신은 계속 이 집에서 살아. 당연한 말이겠지만. 하지만 아이들 양육은 맡길 수 없어. 이젠 당신을 믿을 수 없으니까. 아, 그토록 사랑하던 여자에게 이런 말을 해야 한다니. 지금도 난……! 아니, 다 끝난 일이야. 어쩔 수 없어. 오늘부터 행복이란 없어. 누더기나 파편을 긁어모아 가정의 겉모습이나 유지하는 게 고작이겠지…….

현관에서 초인종이 울린다.

헬메르 (흠칫 놀라며) 뭐지? 이렇게 늦게! 벌써 끔찍한 일이 일어난 건가? 설마 그자가……? 노라, 당신은 숨어 있어! 아프다고 할 테니까.

노라는 그대로 서서 움직이지 않는다. 헬메르가 가서 복도 쪽 문을 연다.

하녀 (옷을 반만 걸친 채 복도에서) 마님께 온 편지예요.
헬메르 이리 줘. (편지를 잡아채고는 문을 닫는다) 역시 그놈이 보냈군. 당신한 텐 줄 수 없어. 내가 직접 읽지.
노라 읽으세요.
헬메르 (등불로 가서) 이게 우리의 마지막이라고 생각하니 편지 읽기가 겁나 는군. 그래도 알 건 알아 둬야 하니까. (조급하게 봉투를 뜯어서 몇 줄 읽다가, 동봉한 서류를 보고는 기쁨의 비명을 지른다) 노라!
노라 (의아하게 남편을 쳐다본다)
헬메르 노라! 아냐, 다시 읽어 봐야겠어. 그래그래, 꿈이 아니야. 이제 살 았다! 노라, 난 살았어!
노라 나는요?
헬메르 물론 당신도 마찬가지지. 우리 둘 다 살았어. 당신과 나 모두. 봐, 그자가 차용증을 보냈어. 미안하고 후회한다는 내용의 편지와 함께……. 행운이 찾아와서 삶이 바뀌었다며……. 아니, 그가 무슨 말을 썼건 그런 건 중요하지 않아. 이제 우린 살았다고, 노라! 이제 아무도 당신을 해치 지 않을 거야. 오, 노라, 노라……. 잠깐, 먼저 이 지긋지긋한 것을 없애 야지. 바로 이거였어……. (잠시 차용증을 훑어본다) 에잇, 꼴도 보기 싫어. 모두 악몽이었을 뿐이야. (차용증과 편지 두 통을 찢어 난롯불에 집어던지고, 그것 들이 활활 타는 모습을 지켜본다) 이제 다 끝났어. 그자가 편지에 썼더군, 노 라. 당신이 크리스마스이브부터…… 그 사흘 동안 끔찍한 나날을 보냈을 거라고.
노라 지난 사흘간 정말 힘들었죠.
헬메르 고생 끝에 겨우 출구를 찾았어……. 아냐, 이제 이런 끔찍한 생각은 그만해야지. 그저 환호하면서 기뻐하면 돼. "다 끝났다! 다 끝났다!" 이렇게. 노라, 왜 그래? 아직 이해가 안 가는 모양이군. 다 끝났다고. 왜 그렇게 표정이 굳었어? 아, 사랑스러운 노라. 알겠어. 내가 당신을 용서했다는 게 믿기지 않는 거로군? 하지만 난 당신을 용서했어, 노라. 맹세해. 모두 용서했어. 날 사랑해서 그랬다는 걸 아니까.

노라 그건 사실이에요.

헬메르 당신은 한 남편의 아내로서 유감없이 날 사랑해 줬어. 다만, 조금 판단력이 부족해서 잘못된 방법을 택했던 거야. 당신이 혼자서 감당할 수 없는 일을 벌였다고 해서 내가 당신을 덜 사랑하게 되었다고 생각하는 거야? 아냐, 아냐. 당신은 그냥 나한테 기대면 돼. 그러면 내가 조언도 해 주고, 이렇게 저렇게 지도도 해줄게. 여자의 그런 무력함은 두 배는 더 매력적이거든. 그런 당신을 이해하지 못한다면, 난 남자도 아니지. 조금 전에 내가 했던 끔찍한 말들은 다 잊어버려. 놀라서 그런 거야. 내가 쌓아온 모든 것이 와르르 무너지는 것 같았거든. 난 당신을 용서했어, 노라. 맹세해, 난 당신을 용서했어.

노라 용서해 줘서 고마워요.

노라, 오른쪽 문을 통해 나간다.

헬메르 노라, 잠깐만……. (안을 들여다보며) 거기서 뭘 하는 거야?

노라 (안에서) 무도회 의상을 벗으려고요.

헬메르 (열린 문 앞에서) 그래, 그렇게 해. 진정하고, 평소처럼 마음을 진정시켜, 귀엽고 겁먹은 내 종달새. 큰 날개를 펼쳐 당신을 감싸줄 테니 안심하고 쉬어. (문 근처에서 서성이며) 아, 우리 집은 정말 아늑하고 포근해, 노라. 여기라면 당신도 안전해. 매의 발톱에서 무사히 비둘기를 구해내듯이 이 집은 당신을 보호할 거야. 두근거리는 그 심장도 차츰 진정될 거야, 노라. 날 믿어. 내일이면 모든 게 달라 보일 거야. 모든 게 정상으로 돌아오겠지. 당신을 용서했다는 말도 다시 할 필요 없어질걸. 당신 스스로 그걸 분명히 느끼게 될 테니까. 설마 내가 진심으로 당신을 내쫓거나 비난했다고 생각하는 건 아니겠지? 진정한 사나이라면 그런 생각을 하지 않아, 노

라. 남자란 아내를 진심으로 용서했다고 스스로 인정하면서 이루 말할 수 없는 뿌듯함과 만족함을 느끼는 법이지. 그럼으로써 아내는 두 가지 의미에서 남편의 소유가 되는 셈이야. 남편이 아내에게 새 생명을 준 거나 마찬가지지. 말하자면 아내는 남편의 아내인 동시에 자식인 거야. 당신도 오늘부터는 그래, 갈 곳 잃고 쩔쩔 매는 내 귀여운 아가. 이제 아무 걱정하지 마, 노라. 나한테 다 털어놓기만 해. 그러면 내가 당신의 의지이자 양심이 되어 주겠어. ……이게 뭐야? 잘 거 아니야? 왜 옷을 갈아입었어?

노라 (평상복 차림으로) 그래요, 토르발, 옷을 갈아입었어요.

헬메르 하지만 이렇게 늦었는데 왜……?

노라 오늘 밤은 잘 수 없어요.

헬메르 하지만 노라…….

노라 (회중시계를 보며) 아주 늦은 건 아니네요. 앉아요, 토르발. 당신과 할 얘기가 많아요.

그녀는 탁자 한쪽에 앉는다.

헬메르 노라…… 왜 그래? 그렇게 차가운 얼굴로…….

노라 앉으세요. 시간이 좀 걸릴 거예요. 할 말이 많아요.

헬메르 (탁자 맞은편에 앉는다) 날 겁주려는 거야, 노라? 당신을 이해할 수가 없군.

노라 바로 그거예요. 당신은 날 이해하지 못해요. 나도 오늘 밤이 되기 전까지는 당신을 절대로 이해하지 못했어요. 아뇨, 내 말을 끊지 마세요. 내 말만 들으세요. 이제 우린 끝이에요, 토르발.

헬메르 무슨 뜻이지?

노라 (잠시 침묵한 뒤) 이렇게 앉아 있는 이유가 뭐라고 생각하세요?

헬메르 그 이유가 뭔데?

노라 우린 결혼해서 8년을 함께 살았어요. 그런데 이렇게 당신과 나, 남편과 아내가 서로 진지하게 대화하는 게 이번이 처음이라니, 이상하지 않아요?

헬메르 진지한 대화라니…… 무슨 뜻이야?

노라 8년 동안…… 아니, 우리가 처음 만났을 때부터니까 더 오래됐죠. 그동안 우린 단 한 번도 진지하게 얘기해 본 적이 없어요.

헬메르 그럼 고민이 있을 때마다 당신을 끌어들여야 했을까? 말해 봐야 당신은 감당도 못할 텐데?

노라 난 감당하고 못하고를 말하는 게 아니에요. 어떤 일이건 함께 앉아서 진지하게 얘기하려고 한 적이 없었다는 걸 말하는 거라고요.

헬메르 하지만 노라, 당신은 그런 걸 좋아하지 않았잖아?

노라 바로 그거예요. 당신은 한 번도 날 이해한 적이 없어요. 완전히 잘못된 방식으로 나를 대했다고요, 토르발. 처음에는 아빠가, 그다음은 당신이.

헬메르 뭐라고! 우리 둘한테 책임을 넘기는 거야? 누구보다도 당신을 사랑했던 우리 둘에게?

노라 (고개를 저으며) 아빠와 당신은 날 사랑했던 게 아니에요. 사랑스럽다느니 하는 말을 하면서 즐긴 거죠.

헬메르 노라, 어떻게 그런 말을!

노라 그게 진실이에요, 토르발. 아빠와 함께 살 때, 아빠는 당신 생각을 나에게 다 말해 주었어요. 그래서 나도 똑같은 생각을 했죠. 그리고 아빠와 생각이 다를 때면 난 내 생각을 감췄어요. 아빠가 마음에 들어 하지 않을 거라고 생각했기 때문이죠. 아빠는 나를 인형이라고 불렀어요. 내가 인형과 놀듯, 아빠는 나와 놀아 줬죠. 그러다 내가 당신 집으로 오게 됐고요……

헬메르 우리의 결혼 생활을 그런 식으로 얘기하는 거야?

노라 (흔들리지 않고) 아빠 손에서 당신 손으로 넘겨진 거죠. 당신은 뭐든 당신 취향대로 결정했어요. 그래서 나도 당신과 같은 취향을 갖게 됐죠. 사실은 그런 척을 한 걸지도 몰라요. 뭐가 뭔지 나도 잘 모르겠어요. 아마 반반이었겠죠. 때로는 이렇게, 때로는 저렇게요. 이제 돌이켜 생각해 보니, 난 이 집에서 구걸하며 살았다는 생각이 들어요. 입에 풀칠하기 위해 말이죠. 난 당신에게 이런저런 재주를 선보이며 살았어요, 토르발. 하지만 날 그렇게 만든 건 당신이에요. 당신과 우리 아빠는 나에게 큰 죄를 지었어요. 내가 이렇게 무력해진 건 당신들 잘못이에요.

헬메르 노라, 그게 무슨 배은망덕한 헛소리야! 이 집에서 행복하지 않았어?

노라 네. 그런 적 없어요. 나도 행복한 줄 알았죠. 그런데 사실은 그게 아니었어요.

헬메르 아니라고……. 행복하지 않았다고!

노라 재미있었을 뿐이죠. 게다가 당신은 언제나 나에게 잘해 줬어요. 하지만 이 집은 재미있는 놀이터였을 뿐이에요. 난 당신의 아내라는 인형이었죠. 어릴 때는 아빠의 인형이었듯이. 그리고 이번에는 우리 아이들이 내 인형이었어요. 난 당신이 나와 놀아 주면 기뻤어요. 내가 놀아 주면 아이들이 즐거워하듯이 말이에요. 그게 우리의 결혼 생활이었어요, 토르발.

헬메르 과장되고 비약되긴 했지만, 아주 틀린 얘기는 아니야. 하지만 이제부터는 달라질 거야. 놀이 시간은 끝났어. 이제부터는 수업 시간이야.

노라 그 수업은 누굴 위한 거죠? 나? 아니면 아이들?

헬메르 당신과 아이들 모두 다.

노라 아, 토르발, 당신은 나를 당신 입맛에 맞는 아내로 가르칠 만한 사람이 아니에요.

헬메르 어떻게 그런 말을!

노라 그리고 내가…… 내가 어떻게 아이들을 양육하겠어요?

헬메르 노라!

노라 조금 전에 당신도 그랬잖아요? 나에게 아이들 교육은 맡길 수 없다고.

헬메르 그건 화났을 때 얘기야! 왜 그렇게 심각하게 받아들여?

노라 아뇨, 그 말이 맞아요. 난 아이들을 키울 수 없어요. 그보다 먼저 해야 할 일이 있어요. 나 자신을 가르치는 일이죠. 당신은 그걸 도와줄 만한 사람이 아니에요. 그건 나 혼자 해야 할 일이에요. 그러니 당신과 헤어지겠어요.

헬메르 (펄쩍 뛰듯 일어서며) 지금 뭐라고 했어?

노라 나 자신과 세상을 제대로 알기 위해서는 완전히 독립해야 해요. 그래서 더 이상 당신과 살 수 없어요.

헬메르 노라, 노라!

노라 지금 바로 떠날 거예요. 크리스티네가 오늘 밤은 재워 주겠죠…….

헬메르 미쳤군! 허락할 수 없어! 그렇게 못 해!

노라 이제 와서 못 하게 한대도 소용없어요. 내 물건만 챙겨서 나갈게요. 당신한테서는 아무것도 받지 않을 생각이에요. 지금도, 앞으로도.

헬메르 이 무슨 미친 짓을!

노라 내일, 내가 살던 옛날 집으로 돌아갈 거예요. 뭘 하든 그곳에서 하는 게 더 쉬울 것 같아서요.

헬메르 세상 물정이라고는 눈곱만큼도 모르는 주제에!

노라 그걸 알려고 이러는 거예요, 토르발.

헬메르 집도, 남편도, 애들도 버리고! 사람들이 뭐라고 수군댈지 생각해 봤어?

노라 그런 건 신경 안 써요. 내가 아는 건 무슨 일이 있어도 이렇게 해야 한다는 것뿐이에요.

헬메르 최악이군! 가장 신성한 의무를 저버리겠다는 거야?

노라 뭐가 가장 신성한 의무죠?

헬메르 꼭 말해야 알겠어? 남편과 아이들에 대한 의무잖아!

노라 나에겐 그것만큼 신성한 의무가 또 있어요.

헬메르 그런 건 없어. 도대체 무슨 의무를 말하는 거야?

노라 나 자신에 대한 의무요.

헬메르 당신은 무엇보다 아내이자 어머니야.

노라 이젠 그런 것도 믿지 않아요. 난 무엇보다 사람이에요, 당신하고 똑같은. 아니라면 적어도 그렇게 되려고 노력할 거예요. 물론 대부분의 사람들은 당신처럼 생각한다는 걸 알아요, 토르발. 책에서도 말하는 것도 그런 거죠. 하지만 난 이제 사람들의 말이나 책에 쓰인 것에는 믿음이 안 가요. 나 스스로 깊이 생각해서 이치를 깨달을 거예요.

헬메르 집안에서 당신이 어떤 위치에 있는지 모르는 것 같군? 이런 문제에 확실한 길잡이가 되어 줄 건 없나? 그렇지, 종교는 어때?

노라 아, 토르발. 난 종교가 대체 뭔지 모르겠어요.

헬메르 어떻게 그런 말을!

노라 견진 성사 때 한센 목사님이 하신 말씀 말고는 모르겠어요. 그분은 나에게 종교에 대해 이런저런 말씀을 해주셨지요. 이 집을 떠나 혼자가 되면, 그분의 말씀도 깊이 생각해 볼 거예요. 그분 말씀이 옳았는지 아닌지, 또 적어도 나에게 적합한 것인지 아닌지.

헬메르 젊은 여자가 이런 얘기를 하는 건 들어본 적이 없어! 종교가 길잡이가 되어 주지 못한다면, 당신 양심은 어때? 당신도 도덕심은 있겠지? 아님, 그것도 없나?

노라 그래요, 토르발. 대답하기 어렵네요. 정말 모르겠어요. 지금은 그런 모든 것이 뒤죽박죽이에요. 분명한 사실은, 그런 면에서는 내 생각이 당신 생각과 완전히 다르다는 거예요. 법도 내가 생각했던 것과는 다르다는 걸 알았어요. 그런 법률이 옳다니, 나로서는 도저히 이해가 되지 않아요. 여자한테는 죽어가는 아버지에게 걱정을 끼치지 않거나 남편의 목숨을 살릴 권리가 없다니! 그런 건 말도 안 돼요.

헬메르 어린애 같은 얘길 하는군. 당신은 자신이 어떤 세상에 살고 있는지 모르고 있어.

노라 그래요, 몰라요. 하지만 앞으로 알아 갈 거예요. 세상과 나 둘 중 어느 쪽이 옳은지 확인해 봐야겠어요.

헬메르 당신은 아파, 노라. 열이 있는 거야. 당신 지금 제정신이 아니라고.

노라 오늘 밤만큼 정신이 또렷하고 차분했던 적은 없어요.

헬메르 남편과 아이들을 내팽개치겠다고 해놓고도 정신이 또렷하고 차분하다고?

노라 그래요.

헬메르 그렇다면 한 가지 해석만이 남았군.

노라 그게 뭐죠?

헬메르 당신은 이제 날 사랑하지 않는 거야.

노라 그래요, 그 말대로예요.

헬메르 노라! 그렇게 심한 말을!

노라 오, 나도 괴로워요, 토르발. 당신은 나에게 언제나 그토록 잘 해주었는걸요. 그래도 어쩔 수 없어요. 난 더는 당신을 사랑하지 않아요.

헬메르 (평정심을 잃지 않으려고 노력하면서) 그 생각, 분명하고 확실한 거야?

노라 네, 분명하고 확실해요. 그래서 이 집에서 살 수 없다는 거예요.

헬메르 내가 왜 당신의 사랑을 잃게 됐는지도 설명할 수 있겠군?

노라 그건 간단해요. 오늘 밤에 기적이 일어나지 않았기 때문이죠. 그래서 난 당신이 내가 생각하던 그런 사람이 아니라는 걸 깨달았어요.

헬메르 좀 더 자세히 말해 봐. 무슨 소린지 모르겠어.

노라 지난 8년 동안 난 참을성 있게 기다려 왔어요. 기적이란 게 그리 쉽게 일어나지 않으리란 걸 알고 있었으니까요. 그러다가 이 재난이 닥친 거예요. 그래서 난 확신했죠. 지금이 바로 기적이 일어날 때라고. 크로그스타의 편지가 저기 들어 있는 동안, 난 단 한 순간도 당신이 그자의 술수에 넘어가리라고 상상하지 않았어요. 난 당신이 그자에게 이렇게 말하리라고 확신했어요. "그래, 하고 싶으면 온 세상에 알려 봐!" 그리고 정말 그렇게 되면……

헬메르 그렇게 되면 뭐? 자기 아내를 수치와 불명예에 드러낸 다음에는?

노라 난 굳게 믿었어요. 그 사람이 모든 걸 폭로하면, 당신이 앞에 나서서 모든 책임을 지고 이렇게 말할 거라고. "죄를 저지른 건 나다!"

헬메르 노라……!

노라 당신이 그런 희생을 치르도록 내가 절대로 내버려 두지 않았을 거라고 말하려는 거죠? 물론 그랬을 거예요. 하지만 내 주장에도 당신이 뜻을 꺾지 않으면 그뿐이죠. 내가 두려움 속에서 기대했던 기적이란 게 바로 그거예요. 그리고 그런 기적이 일어나지 않도록 내가 목숨을 버리려고 결심했던 거예요.

헬메르 노라, 당신을 위해서라면 밤낮으로 일할 수 있어. 당신을 위해 슬픔과 고통을 견디면서. 하지만 아무리 사랑하는 사람을 위해서라고 해도 자기 명예를 희생할 사람은 없어.

노라 수십만의 여자들은 그렇게 해왔어요.

헬메르 아무것도 모르는 어린애처럼 생각하고 말하는군.

노라 그래도 좋아요. 어쨌든 당신의 생각과 말을 들으니, 내가 평생을 믿고 함께할 만한 사람 같진 않네요. 두려움에 벌벌 떨었던 주제에 위험이 사라지자, 그것도 나에게 닥친 위험이 아니라 자신에게 닥칠지도 모른다고 생각했던 위험이 사라지자 당신은 아무 일도 없었다는 듯이 행동했어요. 날 다시 전처럼 당신의 종달새이자 귀여운 인형으로 되돌려 놓고, 거기다 망가지기 쉽다는 걸 알았으니 전보다 조심스럽게 다루겠다니. (일어선다) 토르발, 그 순간 나는 깨달았어요. 내가 지난 8년간 남의 집에서 살며 남의 아이를 셋씩이나 낳았다는 걸……. 아, 생각만 해도 견딜 수 없어요! 이 몸을 갈기갈기 찢어 버렸으면 좋겠어요.

헬메르 (우울하게) 알겠어, 알았다고. 우리 사이에는 엄청나게 큰 틈이 생겼어. 하지만 노라, 그 틈을 다시 채울 수는 없을까?

노라 지금대로라면 난 당신의 아내라고 할 수 없어요.

헬메르 내가 달라질게. 달라질 수 있어.

노라 그럴지도 모르죠. 당신의 인형이 떠나고 난 뒤라면.

헬메르 떠나다니! 당신 없이 어떻게 살아! 안 돼, 노라, 그런 건 상상도 할 수 없어!

노라 (오른쪽 방으로 가며) 그렇다면 더더욱 있을 수 없죠.

노라, 모자와 외투 그리고 작은 여행 가방을 들고 돌아와 그것들을 탁자 옆 의자에 올려놓는다.

헬메르 노라, 노라. 지금은 안 돼! 내일까지 기다려.

노라 (외투를 입으며) 남의 집에서 묵을 수는 없죠.

헬메르 여기서 오누이처럼 살아갈 수도 있잖아…….

노라 (모자 끈을 묶으며) 그런 관계가 오래가지 않는다는 건 당신도 잘 알잖아요. (숄을 두르며) 잘 있어요, 토르발. 아이들은 보지 않고 갈게요. 나보다 더 잘 돌보는 사람이 있으니까. 지금으로서는 내가 그 애들한테 해줄 게 없네요.

헬메르 언젠가, 노라, 언젠가는 다시…….

노라 글쎄요. 내가 어떻게 될지조차 모르는걸요.

헬메르 하지만 당신은 내 아내야. 지금 이 순간도 그렇고 앞으로도 그럴 거라고.

노라 토르발, 지금 나처럼 아내가 남편의 집을 버리고 떠나면 남편은 그 여자에 대해 어떤 법적 책임도 없다고 들었어요. 그게 아니더라도, 난 당신을 모든 의무에서 풀어 드릴게요. 당신은 이제 저와 마찬가지로 어떤 구속도 느끼지 않게 될 거예요. 우린 서로 완전한 자유예요. 자, 여기 당신이 준 결혼반지를 돌려 드릴게요. 제 것도 주세요.

헬메르 반지까지?

노라 그래요, 반지까지도요.

헬메르 자, 여기 있어…….

노라 고마워요. 이제 다 끝났군요. 열쇠는 두고 갈게요. 집안일에는 나보다 하녀들이 모든 면에서 훤해요. 내가 떠나면 내일 크리스티네가 와서, 내가 시집올 때 가져왔던 짐을 다 쌀 거예요. 나중에 고향으로 부쳐달라고 할 생각이에요.

헬메르 이제 정말 끝이군! 노라……, 앞으로 내 생각은 전혀 하지 않을 거야?

노라 물론 자주 하겠죠……. 당신도, 아이들도, 이 집도…….

헬메르 편지는 써도 괜찮겠지, 노라?

노라 아뇨, 절대로 그러지 마세요.

헬메르 그럼 뭘 보내는 정도는…….

노라 아무것도, 아무것도 안 돼요.

헬메르 사정이 어려울 때 도울 수 있게는 해줘.

노라 아뇨. 분명히 말해 두지만, 남에게서는 아무것도 받지 않을 거예요.

헬메르 노라……. 나는 당신에게 절대 남 이상은 될 수 없는 거야?

노라 (여행 가방을 들며) 오, 토르발……. 기적 중에서도 가장 큰 기적이 생기기 전에는 안 될 거예요.

헬메르 그 기적이란 게 대체 뭔데!

노라 그건…… 당신과 나 두 사람이 완전히 변하는 거예요. 오, 토르발, 난 이제 기적을 믿지 않아요.

헬메르 하지만 난 믿겠어. 말해 줘! 우리가 완전히 변하면 어떻게 되는지.

노라 그러면 함께 사는 삶이 진정한 결혼 생활이 될 수 있겠죠. 잘 있어요.

노라, 현관홀을 통해 나간다.

헬메르 (문 가까이에 있는 의자에 무너지듯 주저앉아 두 손으로 얼굴을 감싼다) 노라!

노라! (주위를 두리번거리다가 일어선다) 없어. 가 버렸어. (불현듯 한 가닥 희망이 보이는 듯) 그 기적이 일어난다면……?!

아래쪽에서 탕 하고 문 닫히는 소리가 들린다.

Gengangere
유령

등장인물

헬레네 알빙 육군대위이자 시종장관이었던 알빙의 미망인
오스왈드 알빙 알빙 부인의 아들, 화가
만데르스 목사
엥스트란드 목수
레지네 엥스트란드 알빙 부인의 하녀

무대는 노르웨이 서부의 어느 커다란 피오르에 있는 알빙 부인 저택.

제1막

정원으로 향한 넓은 방. 왼쪽 벽에 문이 하나 있고, 오른쪽에는 두 개 있다. 방 한가운데에 원탁이 있고, 그 주위에 의자들이 있다. 책, 잡지, 신문 따위가 탁자 위에 있다. 무대 뒤쪽 벽 왼쪽에 창문이 있다. 그 아래 작은 소파가, 앞에는 작업대가 있다. 방 안쪽은 자유롭게 드나들 수 있는 다소 좁은 온실과 통한다. 온실 벽은 모두 커다란 유리로 되어 있다. 온실 오른쪽 벽에 정원으로 통하는 문이 하나 있다. 비에 젖은 피오르*의 음울한 풍경이 유리벽을 통해 뿌옇게 보인다.

목수 엥스트란드가 정원으로 이어지는 문 옆에 서 있다. 왼쪽 다리는 약간 휘어 있고, 나무로 밑창을 댄 신발을 신고 있다. 빈 물뿌리개를 든 하녀 레지네가 엥스트란드가 들어오려는 것을 가로막는다.

레지네 (목소리를 죽여) 무슨 일이에요? 들어오지 마세요. 비에 쫄딱 젖었잖아요.
엥스트란드 애야, 이건 하느님께서 내리시는 비야.
레지네 악마가 내리는 거겠죠.
엥스트란드 무슨 말이 그러냐, 레지네. (절름거리며 몇 걸음 들어선다) 할 말이 있어서……
레지네 그만 좀 쿵쿵거려요! 도련님이 2층에서 주무신단 말이에요.
엥스트란드 잔다고? 이 대낮에?
레지네 상관할 바 아니잖아요.
엥스트란드 나는 어젯밤에 밖에 나가서 좀 마셨단다……

---

* 빙하의 침식으로 만들어진 골짜기에 빙하가 없어진 뒤 바닷물이 들어와서 생긴 좁고 긴 만.

레지네 그랬겠죠.
엥스트란드 우린 유혹에 약해. 가엾은 우리 인간이란 존재는…….
레지네 우리 모두 그래요.
엥스트란드 게다가 세상엔 유혹이 많아……. 그래도 난 오늘 아침 5시 반에 일어나 일을 했지.
레지네 네, 네, 알았어요. 이젠 가세요. 여기서 이렇게 당신과 노닥거리긴 싫으니까.
엥스트란드 응? 뭐가 싫다고? 잘 못 들었는데.
레지네 이렇게 같이 있는 걸 누군가에게 들키면 제가 난처해진다고요. 그러니까 어서 가세요.
엥스트란드 (몇 걸음 다가오며) 웃기지 말라고. 네게 하려던 얘기를 끝내기 전에는 안 간다. 난 오늘 오후에 학교 건물 수리를 마무리하고 밤에 배를 타고 도시로 돌아갈 거다.
레지네 (중얼거리며) 몸 조심하세요!
엥스트란드 고맙다. 내일은 고아원 개원식이 있어서 큰 잔치가 열릴 거야. 술도 진탕 마실 수 있다는구나. 그래도 이 야콥 엥스트란드는 유혹을 못 이기는 놈이라고 남들에게 손가락질받을 짓은 안 한다.
레지네 흥!
엥스트란드 내일은 높으신 분들이 다 모일 거야. 분명 만데르스 목사님도 오실 테고.
레지네 목사님은 오늘 오세요.
엥스트란드 너도 알고 있구나. 목사님께 잔소리 듣지 않도록 조심해라.
레지네 아하! 그런 거였군요!
엥스트란드 뭐가 그런 거라는 거냐?
레지네 (노려보며) 이번에는 목사님을 속이려는 거죠?
엥스트란드 쉿! 미쳤어? 목사님을 속이다니! 말도 안 돼. 내가 그분한테 얼마나 신세를 졌는데 속여? 어쨌든, 내가 하고 싶은 말은 오늘 밤 집으로 돌아간다는 거야.
레지네 잘 됐네요! 빨리 가 버려요.
엥스트란드 그래. 하지만 널 데려갈 거야, 레지네.

레지네 (기가 차서 입을 다물지 못하고) 저를요……?

엥스트란드 그래. 널 데리고 돌아갈 거야.

레지네 (비웃으며) 절대로 못 데려갈 걸요.

엥스트란드 그럴까? 어디 두고 보자고.

레지네 좋아요, 두고 보죠. 저를 데리고 가요? 알빙 마님 같은 훌륭한 분 밑에서 자란 저를요? 이 댁 친딸처럼 귀하게 자란 저를? 그런 저를 데리고 가겠다고요? 당신 같은 사람 집에? 기가 막혀서!

엥스트란드 그게 무슨 돼먹지 못한 소리야? 아버지 앞에서, 이놈의 계집애가!

레지네 (쳐다보지도 않고 중얼거린다) 나더러 아버지하고는 아무 상관도 없는 아이라고 몇 번이나 그러셨잖아요.

엥스트란드 시끄러워! 그런 말을 귀담아 듣는 녀석이 어디 있어.

레지네 그렇다면 그렇게 수없이 저주를 퍼붓고, 날 불륜의 흔적이라고 부른 건 왜죠?

엥스트란드 무, 무슨 소리냐. 내가 그렇게 끔찍한 말을 했다면 지금 당장 저주를 받을 거다.

레지네 나한테 어떤 말을 했는지 다 기억하고 있다고요.

엥스트란드 아니, 그건 내가 아주 조금 술에 취했을 때……. 흠. 세상엔 유혹이 참 많단다, 레지네.

레지네 흥!

엥스트란드 아니면 네 엄마가 잔소리를 시작할 때 그런 말을 했는지도 모르지. 어쨌든 나도 화풀이는 해야 하니까. 애야, 그 여편네는 언제나 도도했어. (흉내 내면서) "날 내버려 둬요, 엥스트란드. 난 로젠보르에서 시종장관으로 있는 알빙 님의 저택에서 3년이나 일한 여자라고요." (웃으며) 어이가 없어서! 자기가 몸종 노릇을 하는 동안 알빙 대위가 시종장관이 된 걸 자기 공으로 생각했다니까.

레지네 불쌍한 어머니! 어머니가 그렇게 빨리 돌아가신 건 당신이 못살게 굴었기 때문이에요.

엥스트란드 (어깨를 으쓱하며) 그래! 맘대로 지껄여라.

레지네 (얼굴을 돌리고 내뱉듯이) 어휴! 게다가 그 다리!

엥스트란드 다리가 뭐?

레지네 피에 드 무통.*

엥스트란드 그거, 영어냐?

레지네 그래요.

엥스트란드 여기서 많이 배웠구나. 이번 일에 도움이 되겠는걸.

레지네 (잠시 침묵하다가) 절 데려가서 어떻게 하실 건데요?

엥스트란드 아버지가 하나뿐인 자식을 데려가겠다는데 그런 질문이 어디 있느냐? 난 외롭다. 아무도 돌보지 않는 홀아비야, 그렇지 않니?

레지네 그렇게 얼렁뚱땅 넘어가려 하지 마세요. 절 어디에 쓰시려고 데려가는 거죠?

엥스트란드 음, 사실은 새로 시작해 보려는 일이 하나 있단다.

레지네 (경멸하듯이) 그런 이야기는 지금껏 수도 없이 들었어요. 하지만 늘 실패했죠.

엥스트란드 응, 하지만 이번엔 진짜야, 레지네! 이 빌어먹을······.

레지네 (발을 쾅 구르며) 그런 욕 좀 그만해요!

엥스트란드 쉿! 쉿! 그래, 이러면 안 되지! 이곳 고아원 일을 하면서 돈을 좀 모았다는 말을 하고 싶었던 거야.

레지네 그래요? 잘됐네요.

엥스트란드 이런 시골에서는 사람들이 돈 쓸 일이 없잖니?

레지네 그래서요?

엥스트란드 그래서 그 돈으로 멋들어진 장사를 해보려고 한다. 선원을 대상으로 하는 여관 같은 걸······.

레지네 흥!

엥스트란드 진짜 고급 여관 말이야. 갑판원이나 상대하는 지저분한 여인숙말고. 빌어먹을! 선장이나 항해사······ 그리고 그 뭐냐, 상류층 투숙객이 찾아오는 곳 말이야.

레지네 그래서 나더러 뭘 하라는 거죠?

엥스트란드 일손을 빌리자는 거지. 그렇다고 뭘 하라는 건 아니야. 그냥 자

---

* pied de mouton. '양의 다리'라는 뜻의 프랑스어.

리만 지키면 돼. 고된 일은 조금도 시키지 않을 거다. 네가 원하는 일만 하면 돼.

레지네 그거 좋네요!

엥스트란드 그런 곳에는 여자가 있어야 해. 밤이 되면 노래하고 춤추고 하면서 조금은 떠들썩해야 하니까. 너도 알겠지만, 거친 파도와 싸우는 뱃사람들에겐 그런 게 필요하잖니. (조금 더 다가온다) 레지네, 모처럼 운이 틔려 하는데 그걸 허망하게 놓칠 수는 없잖냐. 이런 곳에 평생 있어 봐야 뭘 할 수 있겠냐? 물론 이곳 마님은 널 훌륭하게 가르쳐 주셨지. 하지만 그런 걸 어디에 써먹겠니? 너, 이번에 생기는 고아원에서 아이들을 돌볼 거라며? 그게 너 같은 애가 할 일이냐, 응? 더러운 거지새끼들을 위해 죽을 만큼 고생하는 게 그렇게 좋으냐?

레지네 하지만 내가 생각하는 대로만 되면…… 그렇게 되면……. 그래요, 그렇게 될 거예요. 분명히 그렇게 될 거예요!

엥스트란드 뭐가 그렇게 돼?

레지네 몰라도 돼요……. 그런데 모아 둔 돈이 그렇게 많아요?

엥스트란드 이것저것 다 긁어모으면 7~800크로네는 될 거다.

레지네 나쁘지 않네요.

엥스트란드 새로 사업을 시작하기엔 충분해.

레지네 저한테 조금 나눠 줄 생각은 없어요?

엥스트란드 어림없는 소리.

레지네 옷 한 벌 사줄 생각도 없어요?

엥스트란드 나랑 도시로 가면 옷 같은 거 얼마든지 사 주지.

레지네 흥, 그런 거 마음만 먹으면 얼마든지 만들 수 있어요.

엥스트란드 그래도 부모 밑에서 지내는 편이 훨씬 좋아, 레지네. 부둣가에 괜찮은 집도 하나 봐 두었어. 값도 그리 비싸지 않고, 선원의 집 같은 걸 만들기엔 안성맞춤이지.

레지네 하지만 아버지랑 같이 가기는 싫어요! 아버지랑은 아무것도 같이하고 싶지 않다고요. 이제 가세요!

엥스트란드 그렇게 오래 나랑 같이 있을 필요는 없다. 네가 잘만 하면 당연히 그럴 필요가 없지. 넌 한두 해 사이에 상당히 예뻐졌으니까…….

레지네 그래서요?

엥스트란드 곧 항해사나…… 어쩌면 선장이 나타나…….

레지네 그런 사람들하고는 결혼하지 않을 거예요. 뱃사람은 사부아르 비브르*1가 없으니까요.

엥스트란드 뭐가 없다고?

레지네 난 뱃사람들을 잘 알아요. 결혼 상대로는 적합하지 않죠.

엥스트란드 꼭 결혼할 필요는 없지. 다른 방법도 있으니까. (좀 더 은밀하게) 예전에 요트를 타고 온 어떤 영국인은 300스페이시*2나 냈단다. 너보다 예쁘지도 않은 여자한테 말이야.

레지네 (다가서며) 꺼져 버려!

엥스트란드 (주춤하며) 진정해라, 설마 때리려는 건 아니겠지?

레지네 못 때릴 것 같아? 엄마에 대해 한마디만 더 지껄여 봐, 진짜 패 버릴 테니까. 꺼져! (정원으로 통하는 문까지 엥스트란드를 밀어붙인다) 문 닫는 소리 내지 말고 가요. 도련님이…….

엥스트란드 자고 있다며. 너 왜 그렇게 도련님 생각을 많이 하니? (은근히) 아하! 너 설마 도련님을……?

레지네 빨리 나가요! 미쳤어 정말! 그쪽이 아녜요. 저기 만데르스 목사님이 오시잖아요. 뒤쪽 계단으로 내려가요.

엥스트란드 (오른쪽으로 가며) 그래, 간다, 가. 하지만 잘 물어봐라, 저기 오는 목사님한테. 목사님이라면 자식이 부모한테 어떻게 해야 하는지 잘 가르쳐 주실 거다. 아무리 그래도 난 네 아버지야. 교회 교적부를 찾아보면 알 수 있지.

레지네가 열어 준 다른 쪽 문으로 엥스트란드가 나가자, 레지네는 문을 닫고 서둘러 거울을 들여다본다. 손수건으로 얼굴을 닦고 옷깃을 바로 세우고 나서 얼른 꽃을 살펴본다. 외투를 입은 만데르스가 우산을 들고 작은 여행가방을 가죽끈으로 어깨에 걸친 채 정원에서 온실로 들어온다.

---

*1 savoir vivre. '예의범절'이라는 뜻의 프랑스어.
*2 노르웨이에서 1816년부터 1875년까지 사용된 동전. 120스킬링과 같은 액수.

만데르스 잘 있었니, 레지네.

레지네 (고개를 돌리며 반갑게) 어머나, 만데르스 목사님! 어서 오세요. 배가 벌써 도착했나요?

만데르스 방금 도착했단다. (방으로 들어와) 정말 비가 지겹게도 내리는구나.

레지네 (뒤따르며) 그렇지만 농부들에겐 축복의 비죠.

만데르스 그렇구나. 우리 도시 사람들은 그런 걸 곧잘 까먹지. (외투를 벗기 시작한다)

레지네 제가 도와 드릴게요. 어마, 많이 젖었어요. 복도에 잠깐 걸어 둘게요. 우산도 이리 주세요. 펼쳐서 말려야겠어요.

레지네는 외투와 우산을 들고 오른쪽 두 번째 문으로 나간다. 만데르스, 가방과 모자를 의자 위에 놓는다. 잠시 뒤 레지네가 돌아온다.

만데르스 아! 역시 집 안이 좋군. 모두들 잘 지내시지?

레지네 네, 고맙습니다.

만데르스 너도 내일 준비로 아주 바쁘겠구나?

레지네 네, 정말 할 일이 산더미같이 많아요.

만데르스 부인은 집에 계시고?

레지네 그럼요. 도련님에게 코코아를 가져다 드리러 2층에 가셨어요.

만데르스 아, 그러고 보니, 오스왈드 군이 돌아왔다는 소문을 부두에서 들었다.

레지네 네, 그저께 도착하셨어요. 오늘쯤 오실 줄 알았는데.

만데르스 건강하지?

레지네 네, 아주 좋으신 거 같아요. 하지만 여행 때문에 녹초가 되셨어요. 파리에서 여기까지 오시느라……. 중간에 기차를 한 번도 갈아타지 않으셨대요. 아직 주무실 거예요. 조금 목소리를 낮추는 게 좋겠어요.

만데르스 쉿! 조용히 얘기하자꾸나.

레지네 (팔걸이의자를 탁자 옆으로 옮긴다) 앉으세요, 목사님. 편히 쉬세요. (만데르스가 앉자, 발밑에 발판을 놓아 준다) 어때요, 편하시죠?

만데르스 응, 아주 좋아. (레지네를 보며) 넌 지난번에 봤을 때보다 더 성숙해진 것 같구나.
레지네 그렇게 생각하세요? 마님도 저더러 살이 올랐다고 하셨어요.
만데르스 살이 올랐다? 오, 그러고 보니 조금 그렇구나. 아니, 딱 좋아.

짧은 침묵.

레지네 가서 마님께 목사님이 오셨다고 말씀드릴까요?
만데르스 아니다, 서두를 것 없어. 그건 그렇고 레지네, 아버님은 여기서 어떻게 지내시니?
레지네 잘 지내세요. 신경 써주셔서 고맙습니다.
만데르스 지난번 도시에 오셨을 때 나를 보러 오셨단다.
레지네 어머나, 그랬어요? 아버진 늘 목사님과 얘기하는 걸 좋아하시거든요.
만데르스 아버지 일하시는 데 자주 가서 살펴보지?
레지네 저요? 네, 뭐…… 시간이 되면…….
만데르스 아버님은 그리 강한 분이 아니셔. 늘 관심 있게 지켜봐 줄 사람이 필요하단다.
레지네 네, 그러신 것 같아요.
만데르스 사랑하는 누군가가 곁에 있어 준다면 좋을 텐데. 의지할 수 있고, 그 사람의 말이라면 뭐든 들어주는 사람 말이다. 지난번 날 찾아왔을 때 솔직하게 털어놓으시더구나.
레지네 제게도 그 비슷한 말을 하셨어요. 하지만 마님이 절 내보내 주실지 모르겠어요……. 특히 지금은 새로 생긴 고아원 일도 바쁘거든요. 저도 마님 곁을 떠나고 싶지 않아요. 저에게 정말 친절하게 대해 주시니까요.
만데르스 하지만 딸의 의무라는 게 있단다. 물론 먼저 부인의 동의를 구해야 하겠지만.
레지네 하지만 지금 제 나이에, 홀아버지와 같은 집에서 지내는 게 맞는 일인지 잘 모르겠어요.
만데르스 무슨 소리니, 레지네! 그는 네 아버지야.
레지네 그건 그렇지만……. 만일 훌륭한 집에서 교양 있는 분과 함께 지내는 거라면…….
만데르스 하지만, 레지네…….
레지네 또 제가 애정과 존경심을 품을 수 있고, 저를 딸처럼 아껴 주시는 분이라면…….
만데르스 그야 그렇겠지만…….
레지네 그런 분이 아버지라면 저도 기쁘게 도시로 돌아가겠어요. 여긴 너무나 외롭거든요. 목사님도 잘 아시잖아요, 이 세상에 혼자라는 기분이 어떤 건지. 그래도 전 부지런하고 일도 잘해요. 제게 맞는 일자리를 알아봐 주실 수 없으세요?
만데르스 내가 말이냐? 글쎄, 전혀 없는데.
레지네 하지만 목사님, 만에 하나라도 절 생각하신 적이 있다면 제발…….
만데르스 (일어서며) 그래. 알겠다, 레지네.
레지네 하지만 제가 만일…….
만데르스 미안하지만, 부인을 모셔 오는 게 좋겠다.
레지네 네, 목사님.

레지네, 왼쪽으로 사라진다. 만데르스 목사는 방 안을 이리저리 거닐다가 잠시 무대를 등지고 멈춰 서서 뒷짐 진 채 정원을 바라본다. 잠시 뒤 탁자로 돌아와 책을 들고 제목을 훑어보다가 멈칫하더니 다른 책들을 살펴본다.

만데르스 흠! 이건!

알빙 부인이 왼쪽 문으로 들어온다. 레지네도 따라오다가 곧바로 오른쪽으로 나간다.

알빙 부인 (손을 내밀며) 어서 오세요, 목사님.
만데르스 안녕하세요, 알빙 부인. 약속한 대로 왔습니다.
알빙 부인 언제나 시간 약속은 철저하시군요.
만데르스 하지만 빠져나오느라 애 좀 먹었답니다. 아시다시피 제가 위원회에서 맡은 일들이 있어서요…….

알빙 부인 그래도 이렇게 일찍 찾아와 주시니 좋네요. 점심 전에 이야기를 마무리 지을 수 있겠어요. 그런데 짐은?

만데르스 (재빠르게) 아, 항상 묵던 여인숙에 맡겼습니다. 오늘 밤 거기서 자려고요.

알빙 부인 (웃음을 참으며) 이번에도 여기서 주무실 생각은 없군요?

만데르스 말씀은 고맙습니다만, 언제나처럼 그곳에 묵겠습니다. 배를 타기에는 그곳이 편하니까요.

알빙 부인 그럼 그렇게 하세요. 하지만 전 서로 나이가 들어가는 처지에 뭐 어떤가 하는 생각이 드네요.

만데르스 농담도 참……. 하긴, 오늘은 아주 기분이 좋으실 테니까요. 내일 개원식이 있는 데다 오스왈드 군도 돌아왔으니 말입니다.

알빙 부인 네! 정말 기쁘답니다! 벌써 2년도 넘게 집을 떠나 있었던 아이가 이번엔 겨우내 이곳에서 지내겠다고 약속했거든요.

만데르스 그래요? 아주 효자군요. 여기보다는 로마나 파리에서 지내는 편이 훨씬 즐거울 텐데.

알빙 부인 하지만 여긴 엄마가 있잖아요. 아, 귀엽고 사랑스러운 내 아들……. 아직은 이 엄마를 끔찍이 생각한답니다!

만데르스 집을 떠나 예술에 몰두한다고 해서 부모·자식 간의 애정이 약해져서는 안 되죠.

알빙 부인 지당하신 말씀이에요. 하지만 그 애는 그럴 염려 없어요. 절대로 없지요. 목사님이 그 아이를 금방 알아보실지 궁금하네요. 곧 내려올 거예요. 지금 소파에서 잠시 쉬고 있거든요. 어머, 앉으세요, 목사님.

만데르스 고맙습니다. 지금 이야기를 좀 해도 괜찮을까요?

알빙 부인 그럼요, 물론이죠. (탁자 앞에 앉는다)

만데르스 그럼, 어디 보자……. (가방을 놓았던 의자로 가서 서류 한 묶음을 꺼낸 뒤 알빙 부인의 맞은편에 앉는다. 그러고는 서류 놓을 자리를 만든다) 자, 먼저…… (말을 끊고) 부인, 이 책들이 왜 여기 있는 겁니까?

알빙 부인 이 책들이요? 제가 요즘 읽는 책들인데요.

만데르스 이런 책을 읽습니까?

알빙 부인 네, 읽죠.

만데르스 이런 책을 읽으면 어디에 유익하거나 행복해지는 기분이 듭니까?
알빙 부인 말하자면, 자신감이 생기죠.
만데르스 이상하군요. 왜죠?
알빙 부인 평소에 생각했던 문제들을 분명히 알게 되니까 확신이 생기는 것 같아서요. 정말 이상한 일이죠, 만데르스 목사님……. 사실 딱히 새로운 내용이 쓰여 있는 것도 아니거든요. 일반적인 사람들의 생각만 적혀 있죠. 다만 대다수 사람은 그 문제들을 깊이 생각하거나 건드리지 않고 놔두고 있어요.
만데르스 맙소사! 정말 많은 사람이 그렇다고 생각하십니까?
알빙 부인 그래요.
만데르스 하지만 이 시골 사람들까지 그렇다고 생각하는 건 아니겠죠?
알빙 부인 아니요, 여기도 마찬가지죠.
만데르스 맙소사……!
알빙 부인 이 책들의 어디가 마음에 안 들죠?
만데르스 어디가 마음에 안 드냐고요? 설마 제가 이런 책들을 일일이 읽고 따져 볼 정도로 한가한 사람이라고 생각하는 건 아니겠죠?
알빙 부인 그럼 전혀 알지도 못하면서 비난하시는 거예요?
만데르스 이런 책에 관한 평론은 충분히 읽었으니까요. 그래서 비난하는 겁니다.
알빙 부인 그렇다면 목사님의 의견은…….
만데르스 부인, 살다 보면 남의 판단에 의지해야 할 때가 많아요. 그게 세상 사는 이치고, 그렇게 살아야 모든 일이 잘 돌아가죠. 그렇지 않다면 이 사회가 어떻게 되겠습니까?
알빙 부인 그야 그럴지도 모르겠네요.
만데르스 물론 이런 책에도 많은 매력이 있죠. 저도 그건 부정하지 않습니다. 또 지금 외국에서는 새로운 사상운동이 일어난다니, 부인께서 그런 걸 알고 싶어 하는 것도 당연하지요. 바로 그 외국에 오랫동안 아드님을 맡겨 놓았으니까요. 하지만…….
알빙 부인 하지만?
만데르스 (목소리를 낮추며) 하지만 그런 이야기를 입 밖에 내선 안 됩니다.

자기 방에서 혼자 읽거나 생각한 것을 아무에게나 이야기할 필요는 없으니까요.

알빙 부인 저도 그렇게 생각해요.

만데르스 어쨌든, 부인은 이 고아원에 책임이 있습니다. 이렇게 말하는 게 맞을지 모르겠지만, 고아원 설립을 결정했을 때는 지금과 완전히 다른 의견과 신념을 지니고 계시지 않았습니까.

알빙 부인 그래요, 나도 인정해요. 그래서 말인데 고아원에 대해서는······.

만데르스 그래요, 고아원에 대해 의논해 보죠. 어쨌든, 조심하세요, 부인! 이제 시작할까요? (봉투를 열어 서류 몇 장을 꺼낸다) 이겁니다.

알빙 부인 허가증인가요?

만데르스 네, 빠짐없이 정리했습니다. 아, 시간 맞추느라 정말 힘들었어요. 다그치지 않으면 도통 해주질 않으니, 원. 공무원들은 결재할 때가 되면 쓸데없이 신중해지거든요. 하지만 보시다시피 끝났습니다. (서류들을 넘기며 보여 준다) 로젠보르에 있는 소유지 중 솔비크라는 이름의 토지 한 구획과 거기에 새로 지은 학교, 교원 주택, 예배당 등 모든 건물을 양도한다는 증서죠. 이건 기부 인가서와 시설에 관한 규정입니다. 한번 훑어보세요······. (읽는다) '육군대위 알빙 재단 기념관' 준칙.

알빙 부인 (잠시 서류를 꼼꼼히 들여다본다) 이게 그거군요.

만데르스 시종장관 대신 육군대위라는 명칭을 사용했어요. 그편이 더 겸손하게 들리니까요.

알빙 부인 그래요, 잘했어요.

만데르스 자금 명세는 이 예금통장에 있습니다. 여기서 발생하는 이자로 고아원 운영 경비를 충당하게 될 겁니다.

알빙 부인 고맙습니다. 하지만 이건 목사님이 가지고 계세요. 그래야 편하니까요.

만데르스 그러죠. 돈은 당분간 은행에 맡길까요? 확실히 이자는 그렇게 높지 않습니다. 6개월에 4퍼센트니까요. 나중에 유리한 채권이라도 발견하게 되면—물론 확실하고 절대로 안심할 수 있는 것이어야 하겠지만—그때 다시 의논하기로 하죠.

알빙 부인 그래요. 그런 건 목사님이 가장 잘 아시니까.

만데르스 어쨌든 잘 알아볼게요. 그런데 전부터 여쭤 보고 싶었던 게 하나 있어요.

알빙 부인 뭐죠?

만데르스 고아원 건물은 보험에 들 건가요?

알빙 부인 그럼요. 들어야죠.

만데르스 부인, 그 문제는 조금 더 생각해 봅시다.

알빙 부인 전 모든 걸 보험에 들어요. 건물, 가구, 곳간에 든 곡식에서 농기구까지 모두요.

만데르스 그건 개인 소유물이니 당연하죠. 저도 그렇게 합니다……. 하지만 이건 상황이 전혀 달라요. 고아원은 더 숭고한 사명을 위해 바쳐진 거니까요.

알빙 부인 네, 하지만…….

만데르스 저로서는 만일에 대비해 보험에 들어 둔다는 데에 이의가 없습니다만…….

알빙 부인 저도 그렇게 생각해요.

만데르스 하지만 이 지역 사람들은 어떻게 생각할까요? 그건 저보다 부인께서 더 잘 아실 것 같은데요.

알빙 부인 음, 사람들의 평판 말씀이시군요.

만데르스 점잔을 빼면서…… 아주 점잔을 빼면서 트집 잡는 시끄러운 사람들이 어딘가에 있지 않겠습니까?

알빙 부인 점잔을 빼다니, 그게 무슨 뜻이죠?

만데르스 삶에 여유가 있는 세력가라고나 할까요. 그런 사람들의 발언은 도저히 무시할 수 없지 않습니까.

알빙 부인 아, 이 지역에도 그런 사람이 많아요. 트집 잡기 좋아하는…….

만데르스 그것 보세요! 도시에도 그런 치들이 득실거리죠. 제 동료를 후원하는 무리를 생각해 보세요! 부인과 제가 하느님의 뜻에 충분한 신뢰를 두지 않는다고 곡해받는 건 순식간입니다.

알빙 부인 하지만 목사님은 목사님 자신이 가장 잘 아실…….

만데르스 네, 그야 그렇죠. ……제 양심은 깨끗하고 떳떳해요. 그래도 오해를 피할 수는 없을 겁니다. 그렇게 되면 고아원 일에도 지장이 생기고요.

알빙 부인 그렇다면야…….

만데르스 게다가 때에 따라서는 제가 귀찮은…… 더 과격하게 말한다면, 짜증나는 상황에 부닥칠지도 모른다는 염려가 듭니다. 도시의 유력 인사라면 누구나 이 고아원에 관해 쑥덕거리고 있어요. 물론 이 고아원은 어느 정도 이 지역을 위해 세워진 거니까, 마을 사람들도 이로써 빈민구제비 부담이 상당히 가벼워질 거라고 기대하고 있죠. 하지만 제가 부인께 이런저런 조언도 해드리고 실무도 맡아 보는 이상, 저를 시기하는 이들이 트집을 잡아 비난해 오지나 않을까 생각하지 않을 수…….

알빙 부인 그렇게 되면 안 되죠.

만데르스 게다가 신문과 잡지들은 분명 저를 공격할 겁니다. 어차피 상관은 없지만…….

알빙 부인 잘 알았어요, 목사님. 그럼 그만두겠어요.

만데르스 보험은 안 드실 거란 말씀이죠?

알빙 부인 네, 어쩔 수가 없네요.

만데르스 (의자 등받이에 기대며) 하지만 만에 하나 불이라도 나면? 그건 아무도 모르는 일입니다……. 그러면 부인께서 그 손해를 메울 수 있나요?

알빙 부인 아뇨, 솔직히 말하면 못 해요.

만데르스 부인, 그렇게 되면 우리는 막중한 책임을 떠맡아야 해요.

알빙 부인 하지만 다른 수가 있나요?

만데르스 아니요, 전혀. 다른 수가 없어요. 사람들에게 오해나 빈축을 사서는 절대로 안 되니까.

알빙 부인 목사님은 더더욱 그렇죠.

만데르스 그래도 전 진심으로 이렇게 생각합니다. 이런 시설에는 행운이 따라 줄 거라고 생각해도 좋지 않을까, 실제로 뭔가 특별한 하느님의 은총이 있지 않을까.

알빙 부인 그랬으면 좋겠네요.

만데르스 그러면 이 문제는 이대로 둘까요?

알빙 부인 그러죠.

만데르스 좋습니다. 그렇게 하죠. (적어 넣는다) 그럼…… 보험은 들지 않는다.

알빙 부인 그런데 참 이상하군요. 오늘에야 이 문제를 꺼내시다니…….

만데르스 여러 번 얘기하려고 했습니다만…….

알빙 부인 사실 어제 불이 날 뻔했거든요.

만데르스 뭐라고요!

알빙 부인 심각한 건 아니었어요. 목수가 대패질하던 곳에서 톱밥에 불이 붙었지요.

만데르스 엥스트란드가 일하던 곳에서요?

알빙 부인 네. 사람들 말로는 그가 성냥을 아무 데나 버린다는군요.

만데르스 그 사람도 야무지지 못해서 큰일입니다. 그래도 이번에는 열심히 살기로 마음을 다잡았다던데요.

알빙 부인 어머! 누가 그래요?

만데르스 직접 얘기하더군요. 어쨌든 목공 솜씨는 훌륭하지 않습니까.

알빙 부인 그렇죠, 술만 안 마시면.

만데르스 그게 그 남자의 단점이죠! 본인은 다리 통증 때문에 술을 마신다고 하지만요. 지난번 도시에서 만났을 때도 얼마나 딱했는지 몰라요. 저를 찾아와서는, 이 댁에서 일을 주신 덕분에 레지네 곁에 있을 수 있게 됐다며 진심으로 고맙다고 하더라고요.

알빙 부인 그 애하고 그렇게 자주 만나는 것 같지 않던데요.

만데르스 아닙니다. 날마다 만나서 이야기한다고 분명히 그랬어요.

알빙 부인 그럴지도 모르죠.

만데르스 그도 유혹에 빠지려고 할 때마다 곁에서 자신을 돌봐 줄 누군가가 필요하다고 느끼더군요. 바로 그 점이 야콥 엥스트란드의 기특한 면이죠. 아주 무력하고 자책감에 괴로워하는 모습으로 찾아와, 자신의 의지박약을 참회한답니다. 지난번에 왔을 때는, 레지네를 도로 데려가서 곁에 두고 싶다고 말하던데…….

알빙 부인 (벌떡 일어나며) 레지네를!

만데르스 말릴 수는 없잖아요.

알빙 부인 말릴 거예요. 반드시 못 하게 할 겁니다. 레지네는 고아원 일을 해야 해요.

만데르스 하지만 그는 그 애 아버지라는 사실을 기억하셔야…….

알빙 부인 어떤 아버지였는지 잘 알고 있죠. 안 돼요. 누가 뭐래도 돌려보내지 않겠어요.

만데르스 (일어서며) 부인, 그렇게 화내실 일이 아닙니다. 부인은 엥스트란드를 오해하고 계세요. 그렇게나 놀라다니요.

알빙 부인 (점차 안정하며) 괜찮아요. 레지네는 제가 이 집으로 데려왔어요. 그러니 앞으로도 이 집에서 지내면 됩니다. (귀를 기울이며) 쉿! 만데르스 목사님, 이제 이 이야기는 그만하죠. (기쁨으로 얼굴빛이 밝아진다) 보세요! 오스왈드가 내려오네요. 이젠 저 아이 생각만 하기로 해요.

오스왈드 알빙이 왼쪽 문으로 등장한다. 가벼운 외투를 입고, 손에는 모자를 들었다. 커다란 해포석 담뱃대를 물고 있다.

오스왈드 (문가에 멈춰 서서) 아, 실례했습니다. 서재에 계신 줄 알고……. (다가오며) 안녕하세요, 목사님.

만데르스 (똑바로 바라보면서) 야……! 이거 정말……!

알빙 부인 소감이 어때요, 목사님?

만데르스 정말…… 정말…… 이 청년이 정말……?

오스왈드 네, 목사님. 바로 그 탕아예요.

만데르스 이 젊은 친구가…….

오스왈드 그럼 돌아온 망명자라고 하죠.

알빙 부인 오스왈드는 자기가 화가가 되고 싶다고 말했을 때 목사님이 심하게 반대하셨던 일을 말하는 거예요.

만데르스 인간의 눈에는 나중에 잘될 일도 당시에는 무모한 결심으로 보이는 일이 얼마든지 있지. (악수를 청하며) 반갑네, 반가워! 잘 돌아왔어, 오스왈드……. 오스왈드라고 불러도 되겠지?

오스왈드 달리 뭐라고 부르시게요?

만데르스 그래. 이건 부탁인데, 오스왈드, 나라고 예술가를 무조건 배척한다고 생각하지 말게. 난 예술가 중에도 아직 영혼의 순결을 지키는 사람이 많다고 믿거든.

오스왈드 그랬으면 좋겠네요.

알빙 부인 (기쁨으로 얼굴을 빛내며) 전 영혼도 육체도 아직 순결한 사람을 알지요. 이 애를 보세요, 목사님.

오스왈드 (이리저리 거닐며) 이제 됐어요, 어머니. 이 이야기는 그만해요.

만데르스 왜, 어머니 말씀이 맞는걸. 게다가 이름도 알려지기 시작했고, 신문에도 자네 기사가 많이 났네. 평판도 대단히 좋더군. 요즘엔 좀 뜸해진 듯하지만.

오스왈드 (온실 가까이에서) 요즘엔 별로 그리지 않았거든요.

알빙 부인 화가도 가끔은 쉬어야지.

만데르스 나도 그렇게 생각합니다. 대작을 만들려면 힘을 비축해야죠.

오스왈드 네. 그런데 어머니, 점심은 멀었어요?

알빙 부인 이제 30분이면 될 거다. 식욕이 생긴 모양이구나, 다행이야.

만데르스 담배도 피우는구나.

오스왈드 2층 방에 아버지가 피우시던 담뱃대가 있어서······.

만데르스 오호라! 어쩐지!

알빙 부인 뭐가요?

만데르스 아까 오스왈드가 담뱃대를 물고 저 문에서 들어오는 모습이 생전의 아버지랑 똑 닮았더라고요.

오스왈드 정말요?

알빙 부인 어떻게 그런 말을! 오스왈드는 절 닮았다고요.

만데르스 네. 하지만 저 입가의 느낌과 입술 주변은 아버지랑 똑같아요. 특히 담뱃대를 물고 있을 때는.

알빙 부인 천만에요. 오스왈드의 입가는 성직자를 닮았는걸요.

만데르스 네, 네. 동료 목사 중에도 그런 인상인 사람이 많죠.

알빙 부인 그래도 담뱃대는 그만 치워라. 이 방에서는 피우지 말았으면 좋겠구나.

오스왈드 (시킨 대로 하면서) 네. 한번 피워 보고 싶었을 뿐이에요. 어릴 때 피웠던 적이 딱 한 번 있거든요.

알빙 부인 네가?

오스왈드 네. 아주 어렸을 때요. 하지만 똑똑히 기억해요. 그날 밤 아버지 방에 올라갔었는데 아버진 기분이 아주 좋으셨죠.

알빙 부인 그때 일을 기억할 리가 없잖니.

오스왈드 또렷이 기억나는걸요. 아버진 무릎에 절 앉히고는 담뱃대를 물리셨어요. "꼬마야, 피워 보렴" 하셨죠. "어서 피우라니까!" 그래서 온 힘을 다해 연기를 들이마셨죠. 핏기가 싹 가시는 느낌이더라고요. 이마에는 굵은 땀방울이 맺혔죠. 아버지는 껄껄 웃으셨어요…….

만데르스 어이가 없군!

알빙 부인 목사님, 오스왈드가 꿈을 꾼 거예요.

오스왈드 아니요, 어머니. 절대로 꿈이 아니에요. 기억 안 나세요? 어머니가 들어오셔서 절 제 방으로 데려가셨잖아요. 전 구역질을 했고, 어머닌 우셨죠. 아버지는 저한테 그런 장난을 자주 치셨나요?

만데르스 젊으셨을 땐 늘 기운이 넘치긴 하셨지…….

오스왈드 별로 오래 살지도 않으셨는데도 용케 훌륭하고 유익한 사업을 많이 벌이셨지요.

만데르스 그래, 자네는 정말로 능력 있고 존경받을 만한 인물의 이름을 물려받았어, 오스왈드. 자네도 그 이름값을 하길 바라네.

오스왈드 그래야죠.

만데르스 어쨌든, 아버님 기일 기념식에 맞춰 돌아왔으니 아주 잘됐어.

오스왈드 제가 할 수 있는 최소한의 효도죠.

알빙 부인 게다가 이번엔 한동안 머무를 수 있대요. 전 그게 무엇보다 기쁘답니다.

만데르스 여기서 겨울을 보낼 거라고 들었네만.

오스왈드 기한을 정하진 않았어요. 하지만 역시 집이 최고죠.

알빙 부인 (활짝 웃으며) 그렇지?

만데르스 (동정 어린 시선으로 상대방을 바라보며) 자넨 아주 어렸을 때 집을 떠났으니까, 오스왈드.

오스왈드 그랬죠. 가끔은 저도 너무 이르지 않았나 생각해요.

알빙 부인 그렇지 않아요. 건강한 사내아이에겐 그편이 낫죠. 게다가 외아들이잖아요. 부모에게 어리광이나 부리며 집에서만 자라는 건 아이에게 좋지 않아요.

만데르스 과연 그럴까요, 부인? 아이에게는 집이 가장 좋습니다. 또 그래야 하고요.

오스왈드 저도 목사님과 같은 생각이에요.

만데르스 아드님을 보세요. 본인 앞에서 말해도 상관없을 것 같아 드리는 말씀입니다만, 이 애가 결국 어떻게 됐습니까? 스물여섯 일곱이 되도록 온전하고 화목한 가정이 어떤 건지 알 기회가 없었지 않습니까.

오스왈드 죄송합니다만, 목사님, 그건 사실과 달라요.

만데르스 그래? 난 자네가 화가들하고만 어울리는 줄 알았는데.

오스왈드 맞아요.

만데르스 그것도 젊은 예술가들과.

오스왈드 네, 물론이죠.

만데르스 그런 사람들은 대개 집을 얻어 가정을 꾸릴 능력이 없을 텐데.

오스왈드 결혼하고 싶어도 못하는 사람이 많답니다.

만데르스 내가 하고 싶은 얘기가 바로 그거다.

오스왈드 그래도 마음만 먹으면 집을 얻을 수 있어요. 실제로 그런 사람도 있고요. 그것도 아주 깔끔하고 안락한 집을요.

알빙 부인, 숨죽이고 듣는다. 가끔 고개를 끄떡이지만, 아무 말도 하지 않는다.

만데르스 혼자 사는 걸 말하는 게 아니다. 내가 말하는 집은 가정이란다. 남편이 아내와 자식들과 함께 생활하는 공간 말이야.

오스왈드 네. 아니면 아이들과 그 아이들의 어머니와 함께 살 수도 있죠.

만데르스 (놀라서 두 손을 맞잡으며) 하느님 맙소사!

오스왈드 그러면 안 되나요?

만데르스 아이가 딸린 여자와 같이 산다고!

오스왈드 그렇다면 아이 어머니는 내쫓으란 건가요?

만데르스 네 얘기는 법에서 허용하지 않는 관계야. 속된 말로 불륜이라고!

오스왈드 전 그런 사람들이 함께 사는 걸 봐도 별로 이상하지 않던데요.

만데르스 어떻게 그럴 수 있지? 체면이라는 게 눈곱만큼이라도 있다면 어떻게 그런 식으로 살 수가……. 세상 사람들이 다 지켜보고 있는데!

오스왈드 하지만 어쩌겠어요? 가난한 젊은 화가와 가난한 여자가 결혼하려

유령 117

면 돈이 있어야 하는데 어쩌란 말이죠?

만데르스 어쩌느냐고? 좋아, 오스왈드, 어쩌면 좋은지 말해 주지. 그런 사람들은 애초에 서로 가까워지질 말아야 해. 그러면 돼!

오스왈드 사랑에 빠진 젊은이들에게 그런 궤변은 통하지 않아요.

알빙 부인 맞아요, 통할 리가 없죠.

만데르스 (계속한다) 그런 일이 공공연히 벌어지는 걸 그냥 두고 보다니, 관리들이 너그럽기도 하군! (알빙 부인에게) 이래도 제가 아드님을 그토록 걱정했던 게 다 쓸데없는 짓이었나요? 눈을 멀게 하는 부도덕이 당연한 듯이 판치는 그런 사회에서…….

오스왈드 말씀드리고 싶은 게 있어요, 목사님. 전 그런 난잡한 집을 거의 일요일마다 찾아갔습니다.

만데르스 그것도 주일에!

오스왈드 일요일은 모두가 즐겨도 좋은 날 아닌가요? 그래도 전 그곳에서 불쾌한 말은 단 한 마디도 들은 적이 없고, 부도덕하다고 할 만한 행동을 본 적도 없습니다. 화가들과 지내며 정작 타락을 목격한 게 언제 어디에서였는지 아세요?

만데르스 다행히 모르네!

오스왈드 그렇다면 알려드리죠. 제가 부도덕을 목격한 것은, 모범적인 남편이자 아버지로 소문난 분들께서 여유를 즐기려고 파리를 찾아와, 황송하게도 미술가 무리가 모이는 술집에 납시었을 바로 그때였습니다. 그분들께 우린 많은 이야기를 들었죠. 그런 신사분들은 우리 예술가가 상상도 못할 수많은 장소와 사건을 자세히 알던걸요.

만데르스 설마 이곳에서 파리로 여행을 갔던 명사분들을 말하는 거냐?

오스왈드 그 명사분들이 귀국해서 얘기 안 하던가요? 저쪽에서 도덕이 얼마나 타락했는지 얘기 안 해요?

만데르스 그야 물론…….

알빙 부인 나도 들었단다.

오스왈드 그대로 믿으셔도 돼요. 그중에는 그쪽 사정에 통달한 사람도 있으니까요. (머리를 감싸며) 아, 그곳에서의 멋지고 자유로운 생활이 이런 불결한 기억으로 더럽혀지다니!

알빙 부인 진정해라, 오스왈드. 몸에 안 좋아.

오스왈드 그래요, 어머니. 홍분하면 건강에 해롭죠. 쓸데없이 피곤해지니까요. 식사 전에 산책 좀 해야겠어요. 죄송합니다, 목사님. 목사님께서 동의하지 않으시리란 건 알아요. 그래도 말씀드려야 할 것 같아서요.

오스왈드, 오른쪽 두 번째 문으로 나간다.

알빙 부인 가여워라……!

만데르스 그렇군요. 저렇게 변해 버리다니!

알빙 부인 (말없이 만데르스 목사를 쳐다본다)

만데르스 (이리저리 서성이면서) 오스왈드가 자기를 탓하라고 그랬죠? 세상에, 맙소사!

알빙 부인 (계속 목사를 바라본다)

만데르스 부인의 의견은 어떠세요?

알빙 부인 오스왈드의 말이 조목조목 옳다고 생각해요.

만데르스 (갑자기 멈춰서며) 옳다고요? 옳아요? 저런 궤변이!

알빙 부인 여기서 혼자 살면서 저도 저 애랑 비슷한 생각을 하게 됐어요, 만데르스 목사님. 하지만 용기가 없어서 차마 말은 못했죠. 이제부터는 아들이 저 대신 말해 줄 테니 이젠 괜찮아요.

만데르스 그런 실망스러운 말씀을 하시다니요, 부인. 그렇다면 저도 진지하게 말해야겠군요. 부인 사업의 대리인이나 충고자로서도, 당신이나 돌아가신 남편의 옛 친구로서도 아닙니다. 목사로서, 당신 생애에서 가장 힘든 시기에 당신 앞에 섰던 목사로서 말씀드리겠습니다.

알빙 부인 목사로서 제게 어떤 말씀을 하실 건가요?

만데르스 먼저 기억을 돌이켜 보십시오. 마침 아주 적절한 시기군요. 내일은 남편이 돌아가신 지 10년이 되는 날이니까요. 내일 그의 기념상 제막식이 열릴 때 제가 사람들 앞에서 연설할 테지만, 오늘은 부인 한 분께만 말씀드리고 싶습니다.

알빙 부인 좋아요. 말씀하시죠!

만데르스 결혼하신 지 1년도 채 안 되어 당신이 왜 그런 구렁텅이에 빠질 뻔했는지 기억하시죠? 왜 집도 가정도 버리고, 남편 곁에서 도망쳤는지? 그래요, 부인은 남편이 그토록 애원하고 변명했어도 그에게 돌아오려 하지 않았죠.

알빙 부인 그 첫해를 내가 왜 그렇게 비참하게 보냈는지 잊으셨어요?

만데르스 이승에서 행복하게 살기를 바라는 것은 하느님 뜻을 거스르는 일입니다. 우리 인간에게 행복해질 권리가 있습니까? 없습니다. 우리에게는 의무가 있을 뿐이죠. 우리가 지켜야 할 의무요, 부인! 부인에게도 자신이 남편으로 선택한 사람 곁에서 성스러운 인연으로 단단히 묶여 있을 의무가 있었습니다.

알빙 부인 당시 알빙이 어떻게 살았는지, 얼마나 방탕한 생활을 했는지 잘 아실 텐데요.

만데르스 저도 소문은 들어 잘 압니다. 그리고 그 소문이 사실이라면, 저도 남편의 부도덕한 행실을 너그럽게 젊은이의 객기로만 볼 수는 없었겠죠. 그래도 남편을 심판하는 일은 아내가 할 일이 아닙니다. 부인의 의무는 하느님이 주신 십자가를 겸허하게 짊어지는 일뿐이었습니다. 하지만 부인은 무엄하게도 그 십자가를 내던지고, 부인이 부축해 줘야 할 비틀거리는 남편마저 버려두고 떠났습니다. 자신의 이름과 평판을 한순간에 무너뜨리고, 다른 사람의 평판마저 무너뜨릴 뻔했죠.

알빙 부인 다른 사람? 누굴 말하는 거죠?

만데르스 저를 도피처로 삼다니, 정말 경솔한 선택이었어요.

알빙 부인 목사님께 도망간 것이오? 친한 친구를 찾아간 것이오?

만데르스 그러니까 더 그렇죠. 그래요, 부인은 하느님께 감사드려야 합니다. 그 덕분에 제가 확고한 신념으로 당신의 무모한 짓을 꾸짖고, 당신을 법적인 남편에게 돌아갈 수 있도록 의무의 길로 돌려보낼 수 있었으니까요.

알빙 부인 네, 분명 목사님은 그렇게 하셨죠.

만데르스 전 하느님 뜻에 따라 움직이는 도구일 뿐입니다. 그래서 부인을 의무와 순종의 길로 되돌려 보낸 거죠. 하지만 덕분에 그 뒤 삶이 훌륭해지지 않았습니까? 모든 일이 제 예측대로 되지 않았나요? 남편도 방탕한 생활에서 벗어나 선량한 남편으로 돌아오지 않았나요? 그 이후 죽는 날까지 당신과 함께 나무랄 데 없는, 사랑이 넘치는 삶을 살지 않았나요? 이 지역에서 덕망 높은 자선가가 되어 부인을 격려하고 용기를 주고 마침내는 사업의 협력자로 삼지 않았습니까? 당신도 아주 훌륭한 협력자였지요! 당연히 저도 압니다. 다 부인의 내조 덕이라는 것을요. 하지만 인생에서 가장 큰 실패가 곧 당신을 찾아왔죠.

알빙 부인 무슨 뜻이죠?

만데르스 아내로서의 의무를 포기했던 바로 그 순간 당신은 어머니로서의 의무도 버린 겁니다.

알빙 부인 아……!

만데르스 부인은 이기심과 고집으로 평생을 살았어요. 뭐든지 제멋대로 하고 엉망진창이었죠. 부인은 어떤 속박도 참지 못했어요. 조금이라도 인생에 방해되는 것이 나타나면 아무렇지 않게 그것을 내버렸죠. 언제든 마음대로 처분해도 좋은 짐 보따리처럼. 아내로서 사는 데 흥미를 잃으니까 남편을 버리고, 어머니 노릇이 귀찮아지니까 자식을 외국으로 보낸 겁니다.

알빙 부인 그래요. 그랬어요.

만데르스 그 결과 지금 부인은 아들에게 낯선 사람이 된 겁니다.

알빙 부인 아녜요, 그렇지 않아요!

만데르스 아니요, 그렇습니다. 당연하지요. 오스왈드가 어떻게 변해서 돌아왔는지 잘 생각해 보세요, 부인. 부인은 남편에게 큰 잘못을 저질렀어요. 저기에 남편 기념상을 세우는 건 스스로 그 죄를 인정한다는 증거죠. 그러니 이제 아드님에게 저지른 잘못도 인정해야 하지 않겠습니까? 지금이라면 늦지 않았습니다. 악의 길에서 아드님을 되돌아오게 할 수 있어요. 부인이 먼저 뉘우친 다음에, 아드님을 구원할 길이 아직 남아 있다면 구원해 주세요. 왜냐하면, 부인, (집게손가락을 들어 올리고) 부인은 죄 많은 어머니이기 때문입니다! 이것도 제 의무라고 생각해서 드리는 말씀입니다.

침묵.

알빙 부인 (자제력을 잃지 않고 천천히) 말씀 잘 알겠어요, 목사님. 내일 남편의 추도 연설을 하시죠? 전 내일 인사말을 하지 않아요. 하지만 오늘은 저도 목사님처럼 툭 터놓고 할 이야기가 있어요.

만데르스 물론 자신이 했던 짓을 변명하고 싶겠죠…….

알빙 부인 아뇨. 하고 싶은 말이 있을 뿐이에요.

만데르스 뭐지요?

알빙 부인 지금 말씀하신 그 의무의 길인지 뭔지로 절 되돌려 놓으신 뒤의 남편과 저 우리 둘의 삶이 어땠는지 목사님은 직접 보신 적이 없잖아요. 그 이후 목사님께서는…… 그때까지 그토록 친하게 지내셨던 목사님께서는 그 이후 발길을 뚝 끊으셨어요.

만데르스 당신 부부가 그 뒤 곧 마을을 떠났으니까요.

알빙 부인 그랬죠. 그리고 남편이 살아 있는 동안 목사님은 한 번도 여길 찾아오지 않았어요. 고아원과 관련한 일 때문에 이제야 억지로 오시게 된 거죠.

만데르스 (낮고 자신감 없는 목소리로) 헬레네, 나를 비난할 생각이라면, 그전에 잘 생각해 보시죠…….

알빙 부인 목사님 처지를 생각해 달란 건가요? 그래요! 게다가 전 집을 나온 여자니까요. 그런 경망스러운 여자한테는 누구나 경계심을 갖잖아요.

만데르스 부인, 그건 좀 과장이군요.

알빙 부인 그래요, 이쯤 해두죠. 전 단지 이 말이 하고 싶었어요. 목사님은 제 결혼 생활을 이러니저러니 판단하시지만, 그건 그냥 뜬소문을 그대로 받아들인 것일 뿐이라고요.

만데르스 그래요? 그렇다면?

알빙 부인 그러니 지금부터 진실을 말씀드리죠, 목사님. 전 결심했었어요. 언젠가 반드시 목사님께 말씀드리기로. 목사님께만은!

만데르스 그 진실이란 게 뭡니까?

알빙 부인 진실을 말해 드릴게요. 남편은 죽는 그날까지 방탕했어요.

만데르스 (의자를 더듬어 찾으면서) 뭐라고요?

알빙 부인 결혼 뒤 19년 동안 한결같이 방탕했죠. 하고 싶은 건 기어이 해야 직성이 풀렸어요. 목사님 교회에서 결혼식을 올리기 전과 전혀 변함이 없었죠.

만데르스 철없는 시절의 방종, 비행, 그리고—이런 표현이 괜찮으시다면

―향락, 이 모든 것을 부인께서는 방탕이라고 하시는군요?

알빙 부인 주치의가 쓰는 표현이죠.

만데르스 도무지 부인 말을 이해할 수가 없군요.

알빙 부인 이해해 주시지 않아도 괜찮아요.

만데르스 머리통을 한 대 얻어맞은 것 같네요. 부인의 결혼 생활이…… 남편과 함께했던 그 모든 세월이 껍데기에 불과했다니!

알빙 부인 바로 그거예요. 이제야 알아들으시는군요.

만데르스 저로서는 받아들이기 어려운 얘기예요. 전혀 이해할 수 없어요! 이해하려야 이해할 길이 없군요. 어떻게 그런 일이 가능했을까……? 어떻게 그런 사실을 숨겼죠?

알빙 부인 그래서 저는 날이면 날마다 싸웠어요. 오스왈드가 태어나고 얼마간은 알빙도 좀 나아지는 듯했죠. 하지만 오래가지 않았어요. 그다음부터는 필사적으로 두 배나 힘든 싸움을 치러야만 했죠. 아이 아버지가 어떤 사람인지 아무에게도 알리고 싶지 않았으니까요. 아시다시피 알빙은 사람 마음을 잡아끄는 데 선수였어요. 모두 거기에 속아 넘어가는 거죠. 평판은 좋지만 실제로는 그렇지 않은 사람이 있는데, 그이가 바로 그런 사람이었어요. 하지만 목사님, 이게 끝이 아니랍니다. 정말 소름 끼치는 일이 생기고 만 거예요.

만데르스 지금까지 들은 얘기보다 소름 끼치는 일인가요?

알빙 부인 난 그이가 집 밖에서 무슨 짓을 하고 돌아다니는지 다 알았지만, 모른 척하고 있었어요. 하지만 그 치욕스러운 일이 집 안에서 일어났을 때는……

만데르스 말도 안 돼요! 집 안에서!

알빙 부인 네, 이 집 안에서요. 저기 (오른쪽 첫 번째 문을 가리키며) 처음에 그걸 눈치챈 건 저 식당에서였어요. 저 식당에서 일을 하고 있었는데, 문이 반쯤 열려 있었지요. 그때 하녀가 온실 꽃에 물을 주러 정원에서 들어온 것 같았어요.

만데르스 그래서요……?

알빙 부인 곧 남편도 들어오는 소리가 들렸지요. 그 하녀에게 뭐라고 속삭이는 것 같더군요. 그리고 난 들었어요…… 아, 아직도 귓가에 들리는 것 같아요. 화도 나고 어이없기도 하네요. 내가 부리는 하녀가 이렇게 속삭이더군요. "놔 주세요, 주인어른! 풀어 주세요!"

만데르스 그런 경솔하고 무분별한 행동을! 하지만 부인, 그 이상은 아니었을 겁니다. 분명히 그랬을 거예요.

알빙 부인 뭐가 분명한 일인지 곧 알게 되었죠. 남편은 그 여자를 유혹해 차지했고, 결국 여러 결과를 낳게 되었죠.

만데르스 (넋이 나간 듯) 그런 일이 이 집에서, 바로 여기서 일어났다니!

알빙 부인 전 이 집에서 많은 것을 참아야 했어요. 저녁이면 남편을 집에 붙들어 두기 위해, 날마다 그이가 자기 방에서 은밀하게 벌이는 술잔치의 상대가 되어야 했어요. 마주 보고 앉아 그이와 술도 마시고, 음담패설에 맞장구도 쳤죠. 그러고 나면 마침내 강제로 침대로 끌려가……

만데르스 (충격을 받고) 그렇게까지 참다니.

알빙 부인 어린 아들을 위해 참았던 거예요. 하지만 그 마지막 모욕에는……. 제가 부리는 하녀라고요……. 그래서 전 결심했어요. 이제 이렇게 당하고만 있지는 않겠다고! 그래서 집안의 실권을 장악하기 시작했죠. 남편에 대한 것뿐 아니라 모든 것에 대한 권력을요. 그러자 그게 무기가 되더군요. 남편도 제게 함부로 대하지 못했어요. 오스왈드를 외국으로 보낸 건 바로 그때였어요. 막 일곱 살이 될 때였어요. 여러 가지에 흥미를 느끼고 이것저것 물어보기 시작하는 나이잖아요. 전 그걸 가장 참을 수 없었어요. 이 집안의 불결한 공기 속에서는 아들마저 오염되어 버릴 것 같았거든요. 그래서 멀리 떠나보낸 겁니다. 아버지가 살아 있는 동안 그 애에게 이 집에 절대 발을 들여놓지 못하게 한 이유를 이제 아시겠어요? 그 사람 때문에 내가 어떤 고통을 겪었는지 아무도 몰라요.

만데르스 정말 지독한 시련을 겪었군요.

알빙 부인 일을 하지 않았다면 도저히 이겨낼 수 없었을 겁니다. 제가 생각해도 정말 부지런히 일한 것 같아요! 토지를 늘리고 개량하는 등 여러 유익한 방법을 연구했어요. 그 덕에 평판이 좋아지는 사람은 알빙이었지만요. 그이가 그런 일을 할 수 있었을 것 같으세요? 종일 소파에 길게 드러누워서 오래된 정부 간행물이나 읽는 게 고작인 그이가! 한 가지 더 말씀드릴 것이 있어요. 남편에게 무슨 사업을 하도록 좋은 기회를 보아 권한 사람도 저였고, 그이가 다시 쾌락에 취해 불평만 일삼는 한심한 상태에 빠졌을 때 모든 짐을 짊어지고 간 사람도 저라는 사실이에요.
만데르스 그런데 지금 부인은 그런 남자의 기념상을 세우려고 하는군요.
알빙 부인 왠지 불안해 견딜 수 없었거든요.
만데르스 불안해요……? 그게 어떤 의미죠?
알빙 부인 실은 그동안 언젠가 진실이 만천하에 공개되리라는 걱정에 사로잡혀 있었어요. 고아원도 결국은 그에 대한 소문을 잠재워 의혹이 생기지 않도록 하기 위한 것이죠.
만데르스 그렇다면 계획은 성공입니다. 보증하지요.
알빙 부인 또 다른 이유가 있어요. 내 아들 오스왈드가 아버지의 유산은 한 푼도 물려받지 않았으면 했거든요.
만데르스 그럼 남편의 유산으로……?
알빙 부인 그래요. 제가 해마다 적립해서 고아원 건립비용으로 쓴 돈을 세세히 따져 보면, 옛날 젊은 시절의 알빙 중위를 '멋진 결혼 상대'로 둔갑시켰던 돈이랑 같은 액수일 거예요.
만데르스 대체 무슨…….
알빙 부인 말하자면 저를 사들이기 위한 돈이었죠……. 그런 돈은 단 한 푼도 오스왈드에게 넘기고 싶지 않아요. 아들은 제 주머니에서 나온 돈만 가져가면 돼요.

오스왈드 알빙이 모자와 코트는 밖에 두고 오른쪽 두 번째 문으로 들어온다.

알빙 부인 (오스왈드에게 다가가며) 사랑하는 내 아들! 벌써 돌아왔니?
오스왈드 이렇게 계속 비가 오는데 밖에서 할 일이 뭐 있겠어요? 하지만 곧 식사할 테니 다행이죠!
레지네 (소포를 들고 식당에서 등장한다) 마님, 소포가 왔어요. (부인에게 소포를 건네준다)
알빙 부인 (만데르스를 흘끗 쳐다보고) 내일 부를 축가의 악보일 거예요.
만데르스 아하…….
레지네 그리고 식사가 준비됐습니다.

알빙 부인 그래, 곧 가마. 잠깐 이것만 보고…… (소포를 풀기 시작한다)
레지네 (오스왈드에게) 도련님, 포도주는 흰 걸로 하시겠어요, 붉은 걸로 하시겠어요?
오스왈드 둘 다 줘.
레지네 비엥.* 알겠습니다. (식당으로 사라진다)
오스왈드 마개 따는 걸 도와줘야겠다…….

오스왈드도 식당으로 사라진다. 식당 문이 반쯤 열린 채 흔들린다.

알빙 부인 (소포를 풀어 보고는) 예상했던 대로 악보네요.
만데르스 (두 손을 모으고) 내일 어떤 표정으로 연설해야 할지…….
알빙 부인 그래도 잘 해내실 거예요.
만데르스 (식당에 들리지 않도록 작은 목소리로) 그래요. 문제를 일으키면 안 되니까.
알빙 부인 (조용하지만 단호하게) 물론이죠. 아무튼, 이로써 이 오래되고 끔찍한 연극은 끝이에요. 내일부터는 이 집에 죽은 남편 따위는 처음부터 없었던 것 같은 기분으로 살 수 있어요, 적어도 저는요. 여긴 저 애와 저 애 어머니 말고는 아무도 없게 될 겁니다.

식당에서 의자 넘어지는 소리가 나고, 동시에 목소리가 들린다.

레지네의 목소리 (날카롭게, 그러나 속삭이듯이) 오스왈드! 미쳤어요? 놔 주세요!
알빙 부인 (두려움으로 몸이 굳으며) 아……!

부인, 무서운 눈초리로, 반쯤 열린 식당 문을 노려본다. 오스왈드가 헛기침하면서 콧노래 부르는 소리가 들린다. 포도주 마개를 따는 소리.

---

* bien. '좋아요'라는 뜻의 프랑스어.

만데르스 (흥분해서) 이게 무슨 일이지! 지금 저 소린 뭡니까, 부인?

알빙 부인 (쉰 목소리로) 유령이에요! 온실에 있던 두 사람이 다시 나타났어요.

만데르스 무슨 소리예요! 레지네가……? 저 애가요……?

알빙 부인 그래요. 가요. 아무 말씀도 하지 말고……!

부인, 만데르스의 팔을 꽉 쥐고 비틀거리며 식당으로 간다.

제2막

같은 방. 여전히 짙은 안개가 문밖 풍경을 뒤덮고 있다.

만데르스와 알빙 부인이 식당에서 나온다.

알빙 부인 (문간에서) 맛있게 드셨는지 모르겠네요, 목사님. (식당 쪽으로 고개를 돌리고) 너도 나와라, 오스왈드!
오스왈드 (안에서) 전 됐어요. 전 바람 좀 쐬고 오려고요.
알빙 부인 그럼 그렇게 해라. 날씨도 좀 갠 것 같으니. (식당 문을 닫은 뒤, 복도로 이어지는 문으로 가서 부른다) 레지네!
레지네 (바깥에서) 네, 마님.
알빙 부인 다림질 방에 가서 꽃다발 만드는 것 좀 도와주렴.
레지네 알겠습니다, 마님.

알빙 부인, 레지네가 나간 것을 확인하고 문을 닫는다.

만데르스 식당에서는 우리 얘기가 안 들리겠죠?
알빙 부인 문이 닫혀 있으니까 괜찮아요. 게다가 밖으로 나간다잖아요.
만데르스 아직도 어리둥절합니다. 멋진 식사도 대접받았는데, 그게 다 어디로 들어갔는지도 모르겠군요.
알빙 부인 (흥분을 가라앉히려고 이리저리 걷는다) 저도 그래요. 대체 무슨 일이었을까요?
만데르스 그러게요. 무슨 일이었을까요? 저도 전혀 모르겠습니다. 이런 일에는 익숙지 않아서.
알빙 부인 아직 큰일은 일어나지 않은 것 같네요.

만데르스 아무렴요. 그런 일은 하느님께서도 허락하지 않으십니다! 어쨌든 일이 귀찮아졌어요.

알빙 부인 오스왈드의 순간적인 충동이에요. 그런 게 틀림없어요.

만데르스 지금도 말씀드렸다시피, 전 이런 일은 잘 모릅니다. 하지만 아무래도…….

알빙 부인 물론 레지네를 이 집에서 내보내야죠. 당장. 뻔하잖아요…….

만데르스 그야 그렇죠.

알빙 부인 하지만 어디로 보내죠? 아무리 그래도 무책임하게 내보낼 수는 …….

만데르스 어디로 보내느냐고요? 당연히 자기 아버지가 있는 집으로 보내야죠.

알빙 부인 누구라고요?

만데르스 그 애의……. 아, 하지만 엥스트란드가 설마……. 오, 부인, 설마 그런 일이 가능할까요? 부인께서 분명 오해하신 겁니다.

알빙 부인 애석하게도 오해가 아니랍니다. 요한나가 제게 모든 걸 고백했고, 알빙도 그걸 부정하지 못했으니까요. 우리가 할 수 있는 일이라고는 사실을 덮어 두는 것밖에 없었어요.

만데르스 그럴 수밖에 없었죠.

알빙 부인 요한나를 곧바로 내보내고, 입막음으로 꽤 많은 돈을 쥐여 줬죠. 뒷일은 그 여자가 도시로 돌아가서 스스로 처리했고요. 그 여자는 옛날에 어울리던 엥스트란드와 다시 어울리며, 자기한테 돈이 얼마나 많은지 냄새를 풍겼던 것 같아요. 그해 여름 요트를 타고 놀러 온 외국인한테 받았느니 하는 이야기를 꾸며내서요. 요한나와 엥스트란드는 서둘러서 결혼식을 치렀어요. 아참, 축복해 주신 분이 목사님이셨잖아요?

만데르스 참, 어떻게 설명해야 할지……. 확실히 기억하는 건, 엥스트란드가 찾아와서 결혼식 주례를 부탁했다는 겁니다. 어쩔 줄 몰라 하며, 자신과 그 여인이 저지른 경솔한 잘못을 몹시 후회한다고 말했죠.

알빙 부인 당연히 자기가 책임져야 할 일이죠.

만데르스 하지만 그런 거짓말을! 더구나 목사인 나에게! 정말 야콥 엥스트란드가 그런 남자였을 줄은 꿈에도 몰랐습니다. 그래요, 한마디 단단히 해줘야겠어요. 그러면 깨닫게 되겠죠. 그런 결혼이 얼마나 부도덕한지! 그것도 오로지 돈 때문에……! 대체 요한나가 얼마를 갖고 있었습니까?

알빙 부인 300스페이시오.

만데르스 이거야 원! 겨우 300스페이시 때문에, 타락한 여자와 일부러 결혼하다니!

알빙 부인 그렇다면 전 뭐죠? 저도 타락한 남자와 일부러 결혼했는데요.

만데르스 맙소사! 도대체 무슨 말씀이십니까? 타락한 남자라니!

알빙 부인 우리가 제단 앞으로 나갔을 때의 그이가, 엥스트란드와 결혼했을 때의 요한나보다 눈곱만큼이라도 순결했다고 생각하세요?

만데르스 하지만 그건 완전히 다른 이야기……

알빙 부인 아니요, 전혀 다르지 않죠. 달라봐야 고작 금액 차이잖아요. 300스페이시와 어마어마한 재산이라는.

만데르스 당치 않습니다! 그 두 가지는 비교할 수 없을 만큼 완전히 다르죠. 부인은 자기 마음에도 물어보고, 가족과도 의논했지 않습니까.

알빙 부인 (그의 눈을 피하며) 목사님은 아실 줄 알았어요. 지금 말씀하신 제 마음이 그때 어디를 헤매고 있었는지.

만데르스 (냉담하게) 그걸 조금이라도 알아차렸더라면, 버젓이 남편이 있는 이 집에 날마다 찾아오지는 않았을 겁니다.

알빙 부인 아무튼 거짓말은 아니에요. 어쨌거나 전 제 마음에는 물어보지도 않았으니까.

만데르스 적어도 가족들과는 의논했겠죠. 어머님이나 숙모님 두 분하고는.

알빙 부인 그건 사실이에요. 그 세 분이 절 위해 여러 가지를 따져 보았죠. 그런 혼담을 거절하는 건 미친 짓이라며 어찌나 그럴싸하게 얘기하던지요. 어머니가 살아 계셔서, 그 멋진 결혼이 어떤 꼴인지 보셨어야 했는데!

만데르스 결과가 어떻게 될지, 그런 것까지 책임질 의무는 누구에게도 없어요. 그래도 한 가지는 분명하죠. 부인의 결혼은 어디까지나 법과 질서에 어긋나지 않는다는 사실입니다.

알빙 부인 (창가에서) 그놈의 법과 질서! 전 그런 게 있어서 이 세상이 이 모양 이 꼴이라는 생각을 종종 하지요.

만데르스 부인, 그렇게 말씀하시면 안 됩니다.

알빙 부인 그렇겠죠. 하지만 전 그런 속박과 제약은 이제 참을 수 없어요! 저를 해방시킬 거예요.

만데르스 그게 무슨 뜻이죠?

알빙 부인 (창틀을 톡톡 두드리며) 알빙이 어떤 생활을 했는지 숨기지 말아야 했어요. 그때는 달리 어떻게 할 용기도 없었고, 어느 정도는 내 체면 때문이기도 했어요. 왜 그리 비겁했을까!

만데르스 비겁했다고요?

알빙 부인 그런 사실이 공개되면 사람들은 분명 이렇게 말했을 거 아니겠어요? "가엾어라! 마누라가 도망갔으니 타락하는 것도 무리는 아니지."

만데르스 물론 그렇게 말할 수도 있었겠죠.

알빙 부인 (상대방을 똑바로 쳐다보며) 제가 정신이 제대로 박힌 사람이었다면 오스왈드에게 이렇게 말해 줬을 거예요. "잘 알아 둬라. 네 아버지는 옛날부터 타락한 사람이었다."

만데르스 오, 주여!

알빙 부인 그리고 목사님께 말씀드린 진실을 저 애에게도 모조리 얘기했을 거예요.

만데르스 그런 말을 들으니 소름이 다 돋는군요.

알빙 부인 나도 알아요! 그래요! 이런 말을 하는 저 자신도 소름이 돋는걸요. (창가에서 떨어져) 전 정말 비겁해요!

만데르스 분명히 자신의 의무라고 생각하고 행동한 게 어떻게 비겁한 겁니까? 아이들은 부모를 사랑하고 존경해야 한다는 걸 잊으셨습니까?

알빙 부인 이 문제를 일반론으로 생각하지 마세요. 문제는 이겁니다. '오스왈드가 시종장관 알빙을 경애하는 것이 마땅한가?'

만데르스 어머니로서 자식의 이상(理想)을 깨뜨리지 말라는 목소리가 마음속에서 들리지 않습니까?

알빙 부인 진실은 어쩌고요?

만데르스 그럼 이상은요?

알빙 부인 아, 이상 이상! 내가 비겁하지만 않았더라도!

만데르스 이상을 가볍게 여기지 마세요, 부인. 끔찍한 보복을 당하게 되니까요. 오스왈드는 특히 그렇습니다. 불행하게도 오스왈드에게는 이상이라는 게 그다지 없는 것 같아요. 그래도 한 가지 이상이 있는 것 같긴 한데, 그건 바로 아버지가 아닐까 생각합니다.

알빙 부인 그건 맞는 말씀이에요.

만데르스 그리고 오스왈드에게 그런 마음을 심어 준 사람은 바로 부인입니다. 편지로 그런 마음이 들게 한 거죠.

알빙 부인 그래요. 전 사람들 눈을 의식해서 내 의무를 다했어요. 그래서 저 애한테 몇 년이고 거짓말해 왔던 거예요. 아, 얼마나 비겁한 짓인지……. 난 정말 비겁했어!

만데르스 부인은 아드님 마음속에 고마운 환상을 그려 주신 겁니다. 부인, 이런 바람직한 일이 또 어디에 있겠습니까?

알빙 부인 그게 그렇게 바람직한 걸까요? 어쨌든, 레지네와 말썽을 일으키게 놔둘 순 없어요. 그 애의 충동이 레지네의 인생을 망치면 큰일이니까요.

만데르스 그럼요! 그러면 큰일이죠!

알빙 부인 그런데 그 애 마음이 진심이고, 그 사랑이 그 애의 행복을 위한 길이기도 하다는 걸 알게 된다면…….

만데르스 그렇다면요?

알빙 부인 하지만 그런 일이 가능할 리 없죠. 불행하게도 레지네는 그런 여자가 아니니까.

만데르스 도대체 무슨 말입니까? 무슨 말씀을 하려는 거죠?

알빙 부인 제가 이렇게 비겁하지만 않았더라면, 전 그 애한테 이렇게 말했을지도 몰라요. "그 여자와 결혼하든지 말든지 알아서 해라. 단, 후회할 일만은 하지 마."

만데르스 맙소사! 결혼을 허락하겠다니! 어처구니가 없군요……! 들어본 적도 없는 일이에요!

알빙 부인 지금 들어본 적이 없다고 하셨어요? 목사님, 정말 온 나라를 뒤져도 근친끼리 결혼한 부부가 없으리라 생각하세요?

만데르스 무슨 말씀인지 도대체 모르겠군요.

알빙 부인 아니요, 잘 아시잖아요.

만데르스 부인은 지금 가능성을 문제 삼고 계시는군요……. 예, 맞습니다. 그래선 안 되지만, 확실히 혈통이란 그렇게 순수하지만은 않아요. 하지만 부인이 암시하는 그런 일은 아무나 입에 담을 수 있는 일이 아닙니다. 적어도 그렇게 대놓고는요. 도대체 어머니로서 어떻게 아들에게 그런 결혼을 허락할 수 있습니까……?

알빙 부인 저도 그러길 바라는 건 아니에요. 무슨 일이 있어도 그래서는 안 되죠. 그걸 말하는 거예요.

만데르스 그건 스스로 말씀하셨듯이 부인이 비겁하기 때문이죠. 하지만 부인이 비겁하지 않다면……! 맙소사! 정말 역겨운 결혼이에요!

알빙 부인 하지만 우리 모두 그런 결합에서 태어나지 않았나요? 그렇다면 이 세상을 그런 식으로 만든 사람이 대체 누구죠, 목사님?

만데르스 부인과 이 집에서 그런 문제를 토론하고 싶지는 않습니다. 부인, 전 정말 이해가 안 가는군요. 어째서 자신을 '비겁'하다고 하는지!

알빙 부인 어째서인지 말씀드리죠. 제가 이렇게 겁에 질려 벌벌 떠는 것은, 자꾸만 나타나는 유령을 절대 쫓아 버릴 수 없기 때문이에요.

만데르스 뭐가 나타나요?

알빙 부인 유령이요! 아까도 레지네와 오스왈드가 저기서 무슨 말을 하는 것을 듣고, 꼭 유령을 만난 기분이었지 뭐예요. 이런 생각마저 들었어요. 우리 모두가 유령인지도 모른다는 생각이요. 부모님께 물려받은 유령이 우릴 따라다니는 거예요. 그뿐만이 아니죠. 모든 낡은 사상과 온갖 낡은 신앙도 우릴 따라다녀요. 진짜 살아 있는 게 아니라 우리 몸속에 달라붙어 있을 뿐인데도 우린 그걸 밖으로 몰아내지 못하죠. 신문이라도 읽을라치면 유령이 활자들 사이에서 꾸물대는 것 같아요. 분명 온 나라에 유령들이 득실대는 거예요. 바닷가의 모래알처럼 잔뜩. 그래서 우리가 빛을 무서워하는 거예요.

만데르스 아하! 이게 다 저 책들을 읽은 결과로군요. 정말 멋진 수확인데요! 이 혐오스러운 혁명주의자, 자유주의자의 책들! 역겹군!

알빙 부인 아니에요, 목사님. 이런 생각을 하도록 절 이끌어 주신 분은 바로 목사님이세요. 그 점에 대해서는 정말 감사하고 있지요.

만데르스 제가요?

알빙 부인 네. 의무다 책임이다 하시면서, 그런 것에 따르라고 강요하셨잖아요. 제가 역겨워하면서 진심으로 반항하던 것을 목사님은 진리다 정의다 하면서 찬미하셨어요. 전 목사님의 그런 설교가 어떤 식으로 완성된 건지 알아보고 싶은 마음이 들었지요. 딱 한 군데만 풀어 볼 생각이었는데, 그걸 풀고 나니 곧 모든 게 다 풀려 버렸죠. 그래서 알게 됐어요. 목사님의 설교는 모두 재봉틀로 박음질한 것이었다는 사실을요.

만데르스 (조용히 감정을 실어) 제 인생에서 가장 격렬했던 투쟁의 성과가 그건가요?

알빙 부인 가장 비참한 패배라고 하는 편이 옳죠.

만데르스 헬레네, 그건 생애 최대의 승리입니다. 나 자신을 이긴 거니까.

알빙 부인 당신은 우리 두 사람 모두에게 죄를 저질렀어요.

만데르스 당신이 미친 사람처럼 "내가 왔어요! 날 받아 주세요!"라고 외치며 날 찾아왔을 때, "여인이여, 정당한 남편에게 돌아가라"고 말한 게 죄란 말입니까?

알빙 부인 그래요.

만데르스 당신과 난 아무래도 의견이 맞지 않는 것 같군요.

알빙 부인 적어도 지금은요.

만데르스 단 한 번도…… 꿈에서조차 당신을 친구의 아내 이상으로 생각한 일은 없습니다.

알빙 부인 어머나! 정말인가요?

만데르스 헬레네……

알빙 부인 사람들은 자기 과거를 쉽게도 잊어버리죠.

만데르스 전 아닙니다. 전 옛날하고 변한 게 없어요.

알빙 부인 (말투를 바꾸어) 그래요, 그래요. 옛날 얘기는 그만하죠. 이젠 당신은 위원회 일이다 뭐다로 아주 바쁘고, 전 이런 곳에서 보이기도 하고 보이지 않기도 하는 유령들과 싸우느라 바쁘니까요.

만데르스 보이는 유령이라면 제가 없애 드릴 수 있습니다. 오늘 당신에게서 충격적인 얘기를 듣고 보니, 젊고 순진한 아가씨를 절대로 이 댁에 그냥 둬서는 안 되겠다는 생각이 드는군요.

알빙 부인 글쎄요. 가장 좋은 방법은 적당한 상대를 찾아서 그 애와 결혼시키는 것이겠죠?

만데르스 물론입니다. 그 애한테는 그 방법이 가장 좋겠지요. 레지네도 혼기가 꽉 찼고……. 물론 전 그런 것에는 숙맥이지만…….

알빙 부인 레지네는 조숙한 아이예요.

만데르스 하긴, 그런 것 같네요. 견진 성사를 준비해 준 적이 있는데, 그때부터 벌써 다 자란 처녀같이 성숙했더군요. 하지만 일단은 집으로 가야죠. 아버지 눈길이 닿는 곳으로……. 아, 하지만 엥스트란드가 아버지가 아니라면……. 다른 사람도 아닌 엥스트란드가 어떻게 날 그렇게 감쪽같이 속였을까!

복도 쪽 문을 두드리는 소리.

알빙 부인 누구지? 들어오세요!

엥스트란드 (나들이옷 차림으로 문간에 나타나) 실례합니다. 저…….

만데르스 어라! 흠…….

알빙 부인 엥스트란드?

엥스트란드 아무리 찾아도 하녀들이 보이지 않아서, 실례를 무릅쓰고 이렇게 문을 두드리게 됐습니다.

알빙 부인 괜찮아요. 들어오세요. 나한테 할 이야기라도 있나요?

엥스트란드 (들어서며) 아닙니다. 실은 목사님께 드릴 말씀이 있어서요.

만데르스 (방 안을 거닐며) 흠! 그래? 나한테 할 이야기가 있다고?

엥스트란드 네. 죄송스러운 말씀입니다만…….

만데르스 (바로 앞에 서서) 자, 무슨 얘긴지 어디 들어 볼까?

엥스트란드 네, 목사님. 말씀드리겠습니다. 지금 막 일한 수당을 받았습니다. 마님, 그동안 신세 많이 졌습니다. ……이제 일도 다 끝났고, 그래서 생각한 건데, 이게 아주 기막힌 생각 같아서요. 즉, 그동안 함께 열심히 일했던 사람들끼리 오늘 저녁에 간소하게 예배를 드리고 마무리하는 게 좋지 않을까 합니다.

만데르스 예배를? 고아원에서?

엥스트란드 네. 하지만 목사님께서 별로 내키지 않으신다면…….

만데르스 아니야, 아니야. 좋은 생각이야. 하지만…… 음…….

엥스트란드 그동안도 몇 번 올리기는 했습니다. 저의 주관으로요…….

알빙 부인 그랬어요?

엥스트란드 네. 가끔요. 잠깐 유익한 이야기나 나누는 거죠. 하지만 전 무식하고 보잘것없는 놈이라서 제대로 된 예배를 드리지는 못했죠. 그런데 마침 목사님께서 여기 와 계시다는 게 문득 떠올라서요…….

만데르스 잠깐, 엥스트란드. 그전에 질문이 하나 있네. 자네, 그런 모임을 주관하기에 최소한의 마음의 준비가 되어 있나? 양심이 찔리는 짓을 한 기억은 없어?

엥스트란드 맙소사, 목사님. 갑자기 양심은 왜 들먹이십니까? 그런 얘기는 하기 싫은데요.

만데르스 아니, 중요한 이야기야. 그래, 어떤가?

엥스트란드 그야 뭐, 양심이…… 가끔 꺼림칙하기는 합니다.

만데르스 인정한다는 거군. 그럼 이번에는 솔직히 말해주기 바라네. 레지네에 대한 진실을 말일세.

알빙 부인 (당황하여) 목사님!

만데르스 (부인을 제지하며) 가만히 있어요…….

엥스트란드 레지네요? 갑자기 이게 무슨 말입니까? (알빙 부인을 보며) 레지네가 무슨 잘못이라도?

만데르스 그건 아니길 바라네. 내가 묻고 싶은 건, 즉, 자네와 레지네가 어떤 관계냐는 거야. 그 아이는 자네를 친아버지로 알고 있어. 그렇지?

엥스트란드 (모호하게) 네……. 음……. 목사님은 저와 죽은 요한나의 얘기를 이미 알고 계시군요.

만데르스 얼렁뚱땅 넘기지 말고. 죽은 자네 부인이 이 집에서 쫓겨나기 전에 모든 진상을 알빙 부인께 털어놓았어.

엥스트란드 그렇다면……! 그 사람이 진짜 그랬나요?

만데르스 자네에 대한 모든 것이 밝혀졌어, 엥스트란드.

엥스트란드 이놈의 여편네, 그렇게 굳게 맹세하면서 기도까지 했으면서……

만데르스 기도를 해?

엥스트란드 아니요, 그냥 맹세했다고요. 하지만 정말 진지하게 맹세했었단 말입니다.

만데르스 그래서 그렇게 오랫동안 날 속인 거로군. 다른 사람은 자네를 안 믿어도, 나만큼은 자네를 믿었는데.

엥스트란드 입이 열 개라도 할 말이 없습니다.

만데르스 내가 겨우 그런 존재였나, 엥스트란드? 언제나 기꺼이 상담도 해 주고, 힘이 닿는 한 도와주지 않았나? 대답해 봐! 그랬지 않냐고?

엥스트란드 물론입니다. 목사님이 계시지 않았더라면 나쁜 일이 훨씬 많이 생겼을 겁니다.

만데르스 그래서 이런 식으로 고마움을 표시하는군! 나로 하여금 교회에 거짓말을 기록하게 하고, 그것도 모자라 지금까지 진실을 감추다니. 자네 행동에는 변명의 여지가 없어. 오늘부로 우리 둘의 관계는 끝일세!

엥스트란드 (한숨을 쉬며) 그래요, 어쩔 수 없죠.

만데르스 할 말이 남았나?

엥스트란드 그렇다면 아내가 그런 사실을 떠벌리고 다녀서 거듭 수치를 당해야 했단 말씀이십니까? 목사님, 요한나의 처지에서 한번 생각해 보세요……

만데르스 내가?

엥스트란드 물론 완전히 똑같을 순 없겠죠. 그러니까 제 말은, 가령 목사님께 남부끄러운 일이 일어난다면 어떻겠느냐는 겁니다. 사나이라면 여자를 너무 혹독하게 비난해서는 안 되지 않습니까, 목사님.

만데르스 물론 나도 그러지 않아. 내가 비난하는 상대는 자네라고.

엥스트란드 그렇다면 하나만 여쭤 봐도 될까요, 목사님?

만데르스 뭔가?

엥스트란드 사나이로서, 몸을 더럽힌 여자를 도와주는 건 당연한 의무 아닙니까?

만데르스 물론 그렇지.

엥스트란드 한번 약속했으면 반드시 지켜야 하고요?

만데르스 분명히 그렇지. 하지만……

엥스트란드 요한나가 도시로 돌아왔던 건 그 영국인…… 아니, 미국인이었던가? 러시아인이었던가? 뭐든 간에, 그놈 때문에 불행을 겪었을 때였습니다. 요한나는 이전에 한두 번 저에게 퇴짜를 놓은 적이 있었죠. 그 여자는 잘생긴 사람을 좋아하는데 전 이렇게 다리까지 병신이니까요. 목사님, 기억하시죠? 언젠가 제가 뱃사람들이 모여 춤추고 노는 곳에 간 적이 있잖아요. 하나같이 곤드레만드레 취해 떠들썩한 곳이었죠. 거기서 제가 뱃사람들에게 더 진지하게 인생을 살아가라고 한마디 충고하자……

알빙 부인 (멀찍이 떨어진 창가에서) 흠…….

만데르스 알지, 엥스트란드. 무지막지한 사람들이 자네를 2층에서 내던졌잖아. 그때 자네가 말했지. 부러진 다리 대신 명예를 얻었다고.

엥스트란드 그 일을 자랑하려는 게 아닙니다, 목사님. 제가 말씀드리고 싶은 건, 그 여자가 저를 찾아와 눈물을 뚝뚝 흘리고 이를 바득바득 갈면서 모든 걸 털어놓았다는 사실입니다. 그 얘기를 들었을 땐 정말이지 화가 확 치밀더라고요.

만데르스 그랬나? 그래서 어떻게 됐는데?

엥스트란드 그래서 이렇게 말했죠. "그 미국놈은 7대양을 돌아다니는 떠돌이야. 그리고 요한나, 당신은 죄를 짓고 타락한 여자가 되었어. 하지만 이 야콥 엥스트란드가 여기 이렇게 두 다리로 떡하니 버티고 서 있는 이상……." 뭐, 대충 이런 말을 했죠.

만데르스 무슨 소린지 알겠네. 계속해 보게.

엥스트란드 네. 전 그 여자와 정식으로 결혼해서 그녀에게 새 삶을 찾아 주었습니다. 그렇게 하면 왜 그녀가 외국인과 잘못을 저질렀는지 아무에게도 알릴 필요가 없으니까요.

만데르스 아주 잘한 일이야. 감동적인걸. 단, 인정할 수 없는 것은, 자네가 부끄러운 줄도 모르고 그 일에 대한 보상으로 돈을 받았다는 사실이지.

엥스트란드 돈이요? 제가요? 저는 단 한 푼도 받지 않았습니다.

만데르스 (의아한 투로 알빙 부인을 향해) 그렇지만……?

엥스트란드 아, 그렇지. 잠깐만요. 이제 생각이 나는군요. 요한나가 몇 푼을 갖고 있긴 했죠. 하지만 전 그런 것에 눈길도 주지 않았어요. 전 이렇게 말했죠. "쳇! 이 더러운 금화나 먹고 떨어지라는 거냐!" 아니, 지폐였던가? 뭐, 아무럼 어때요. "그따위 돈은 그 미국놈 얼굴에다가 던져 버려!" 그 미국놈은 거친 바다 너머로 사라진 뒤였지만요.

만데르스 그렇게 됐단 말이지?

엥스트란드 네. 그래서 요한나와 저는 아이를 키우는 데 그 돈을 쓰기로 하고, 실제로 그렇게 했죠. 동전 한 푼도 아꼈답니다.

만데르스 자네 얘기를 듣고 보니 내 생각이 달라지는군.

엥스트란드 이렇게 된 겁니다, 목사님. 그러니 전 레지네에게 좋은 아빠였다고 자신 있게 말할 수 있습니다. 하지만 이렇게 변변치 못한 아비다 보니 대단한 걸 해주진 못했지만요.

만데르스 무슨 말을 그렇게 하나, 엥스트란드.

엥스트란드 그래도 요한나에게는 좋은 남편이었다고 말할 수 있을 것 같습니다. 영혼의 양식인 성경에 쓰여 있는 대로 한집안의 가장으로서 자식을 어엿하게 키웠으니까요. 하지만 뿌듯한 일을 했다고 해서 얼른 목사님께 달려가 알려야겠다는 생각은 눈곱만큼도 하지 않았습니다. 야콥 엥스트란드는 그런 일이 있어도 침묵을 지키는 사나이죠. 유감스럽게도 그런 일은 좀처럼 일어나지도 않으니까요. 그러니 목사님을 찾아뵐 때마다 제 실수 이야기만 잔뜩 늘어놓는 거죠. 아까도 말씀드렸지만 다시 말씀드리자면, 그래서 가끔 이 양심이 꺼림칙하답니다.

만데르스 손을 이리 주게, 엥스트란드.

엥스트란드 목사님······.

만데르스 거절하지 말고! (그의 손을 잡으며) 이제 됐어!

엥스트란드 목사님, 제발 제 잘못을 조금이라도 용서해 주세요······.

만데르스 자네를? 당치 않아. 오히려 용서를 빌어야 할 사람은 나인걸······.

엥스트란드 무슨 말씀을!

만데르스 진심으로 하는 말이네. 날 용서해 주게. 난 자네를 오해하고 있었어. 자네 말을 듣고 내가 얼마나 후회하는지 그 증거로 뭔가 보답을 하고 싶군······.

엥스트란드 정말입니까, 목사님?

만데르스 물론 기꺼이.

엥스트란드 그러시다면 사실은 도움을 청할 일이 있습니다. 그동안 모은

약소한 돈으로 도시에 선원들을 위한 여관 같은 것을 지을 생각이거든요.
알빙 부인 당신이요?
엥스트란드 네. 집을 떠난 사람들의 집이라고나 할까, 뭐 그런 분위기로 만들려고 합니다. 뱃사람이 육지에 올라오면 많은 유혹을 느끼죠. 하지만 우리 여관에 오면, 아버지 집에서 지내는 것처럼 편안함을 느끼게 될 겁니다.
만데르스 어떠세요, 알빙 부인?
엥스트란드 이 일을 시작하기에는 아직 자금이 많이 부족하지만, 의연금이라도 좀 모이면······.
만데르스 그래, 그래. 좀 더 신중히 검토해 보세. 지금은 먼저 가서 예배 준비를 하게. 예배 분위기가 나도록 초에 불도 붙여 놓고. 그러면 아름다운 집회가 될 거야. 자네도 이제 마음의 준비가 제대로 된 듯하니.
엥스트란드 네, 저도 그런 기분이 듭니다. 마님, 여러 가지로 고맙습니다. 레지네 좀 예쁘게 봐 주시고요. (눈물을 닦으며) 참 신기하죠. 요한나의 아이지만, 저한테는 친자식처럼 귀여우니. 정말이랍니다.

엥스트란드, 고개 숙여 절하고 복도를 통해 나간다.

만데르스 저 남자를 어떻게 생각하십니까, 부인? 아까 들었던 애기하고는 다른데요.
알빙 부인 정말 그렇군요.
만데르스 역시 사람을 판단할 때는 신중해야 해요. 하지만 그 사람을 오해했다는 것이 밝혀지면, 그것만큼 큰 기쁨은 없죠! 어떻게 생각하세요?
알빙 부인 당신은 정말이지 다 큰 아기 같군요, 늘 말이죠.
만데르스 제가요?
알빙 부인 (두 손을 그의 어깨에 올리고) 그래서 꼭 껴안아 입 맞추고 싶어져요.
만데르스 (황급히 뒤로 물러나며) 안 됩니다······. 농담이 지나치시군요.
알빙 부인 (방긋 웃으며) 어머나, 그렇게 기겁할 것 없잖아요.
만데르스 (탁자 옆에 서서) 가끔 당신은 그런 짓궂은 장난을 하는군요. 어쨌든, 이 서류는 가방에 챙기겠습니다. (그렇게 한다) 다 됐군요. 그럼, 먼저 실례하죠. 오스왈드가 돌아오면 잘 지켜보세요. 그럼 나중에 다시 뵙겠습니다.

만데르스, 모자를 들고 복도를 통해 나간다.

알빙 부인 (한숨을 내쉬고, 잠시 창밖을 내다본다. 그리고는 방 안을 조금 정돈한 뒤, 식당으로 들어가려다가 비명을 가까스로 참고 문간에 멈춰 선다) 오스왈드, 너 식당에 있었구나!
오스왈드 (식당에서) 잎궐련을 피우고 있었어요.
알빙 부인 산책하러 나간 줄 알았는데.
오스왈드 이런 날씨에요?

술잔이 울리는 소리. 알빙 부인, 식당 문을 열어둔 채 뜨개질거리를 들고 창가 소파에 앉는다.

오스왈드 지금 나가신 분, 목사님이죠?
알빙 부인 그래, 고아원에 가셨다.
오스왈드 흠.

잔과 술병이 다시 부딪치는 소리.

알빙 부인 (걱정스러운 눈으로) 오스왈드, 너무 마시면 안 된다. 그 술은 독하잖니.
오스왈드 이런 찌푸린 날씨에는 이런 게 제격이죠.
알빙 부인 그러지 말고 이리로 오는 게 어떠니?
오스왈드 거기선 담배를 피울 수 없잖아요.
알빙 부인 잎궐련 정도는 괜찮아. 알잖니.
오스왈드 알았어요. 한 잔만 더 마시고 갈게요.

오스왈드, 담배를 피우며 들어와서 손만 뒤로 돌려 문을 닫는다. 짧은 침묵.

오스왈드 목사님은 어디 가셨어요?
알빙 부인 고아원에 가셨다고 말했잖니.
오스왈드 아, 그랬었죠.
알빙 부인 식당에 그렇게 오래 앉아 있으면 안 돼, 오스왈드.
오스왈드 (담배를 든 손을 뒤로 돌리고) 하지만 얼마나 아늑하다고요. (어머니를 부드럽게 쓰다듬고 다독거리며) 생각해 보세요. 집에 돌아와 어머니 방, 어머니 식탁에 앉아, 어머니가 손수 해주신 요리를 먹는다는 게 제게 어떤 의미인지 말이에요.
알빙 부인 사랑하는 내 아들!
오스왈드 (초조하게 왔다 갔다 하며 담배를 피운다) 그리고 이런 곳에서 달리 뭘 할 수 있겠어요? 작업하고 싶은 생각도 안 들고.
알빙 부인 왜 그러니?
오스왈드 날씨가 이렇게 음산하잖아요. 종일 햇빛 한줄기도 비치지 않는데. (방을 서성이며) 아, 아무것도 할 수가 없어……!
알빙 부인 돌아온 건 조금 경솔한 결정이었던 것 같구나.
오스왈드 아니요. 전 돌아와야만 했어요.
알빙 부인 하지만 계속 그런 식이라면……. 그렇다면 차라리 내가 포기하겠다. 물론 돌아와 준 건 기쁘지만…….
오스왈드 (탁자 옆에 서서) 어머니, 제가 집으로 돌아온 게 그렇게 좋으세요?
알빙 부인 그럼, 좋고말고!
오스왈드 (신문을 구기며) 그런가요. 전 제가 옆에 있든 없든 어머니에겐 마찬가지일 거라고 생각했는데.
알빙 부인 엄마한테 그게 무슨 말버릇이니, 오스왈드?
오스왈드 지금까지는 저 없이도 잘 사셨잖아요.
알빙 부인 그래, 너 없이 살았지……. 그건 사실이다.

침묵. 천천히 땅거미가 내려앉는다. 오스왈드는 방 안을 왔다 갔다 한다. 담배는 이미 피우고 있지 않다.

오스왈드 (어머니 앞에 서서) 어머니, 옆에 앉아도 돼요?

알빙 부인 (자리를 만들어 주며) 그래, 이리 오렴.

오스왈드 (앉는다) 드릴 말씀이 있어요.

알빙 부인 (긴장하며) 뭔데?

오스왈드 (앞을 노려보며) 더는 숨길 수가 없어요.

알빙 부인 숨기다니, 뭘? 뭔데 그러니?

오스왈드 (여전히 앞을 노려보면서) 편지로 말씀드리려고 했지만, 용기가 나지 않았어요. 집에 돌아온 뒤에도……

알빙 부인 (팔을 움켜쥐며) 오스왈드, 무슨 일이니!

오스왈드 어제도 오늘도 이 생각을 떨쳐 버리려고 필사적으로 노력했어요. 그런데 안 돼요.

알빙 부인 (일어서며) 숨기지 말고 말해 보렴, 오스왈드!

오스왈드 (어머니를 다시 소파로 끌어당겨 앉히며) 옆에 있어 주세요. 찬찬히 말씀드릴 테니. 제가 여행 때문에 피곤하다고 불평했었죠……?

알빙 부인 그랬지. 그런데?

오스왈드 피곤한 건 맞지만, 여행 때문이 아니었어요.

알빙 부인 (다시 몸을 들썩이며) 오스왈드, 어디 아픈 건 아니지?

오스왈드 (다시 어머니를 소파에 앉히며) 이대로 계세요, 어머니. 침착하게 들어 주세요. 몸이 아픈 건 아니에요. 제가 걸린 병은 흔한 병하고는 달라요. (두 손으로 머리를 감싸며) 난…… 난 정신이 병들었어요. 완전히 망가져서 더는 그림을 그릴 수 없어요! (두 손에 얼굴을 묻고, 어머니 무릎에 쓰러져 격렬하게 흐느낀다)

알빙 부인 (창백해진 얼굴로 떨면서) 오스왈드! 엄마를 봐! 아니, 그렇지 않을 거야!

오스왈드 (절망적인 눈빛으로 어머니를 올려다보며) 이제 다시는 그림을 그릴 수 없어요! 다시는! 다시는! 살아 있어도 죽은 거나 마찬가지야! 어머니, 이게 얼마나 끔찍한 일인지 상상이 되세요?

알빙 부인 불쌍한 내 아들! 어떻게 너에게 이런 끔찍한 일이 생겼니?

오스왈드 (다시 똑바로 앉으며) 저도 그게 궁금해요. 저도 왜 이런 일이 생겼는지 도저히 모르겠어요. 전 어떤 의미에서든 방탕한 생활을 한 적이 없어요. 정말이에요, 어머니! 절대로 그런 적 없어요.

알빙 부인 엄마도 믿는다, 오스왈드.

오스왈드 그런데도 이런 일이 생기다니! 이렇게 끔찍한 일이!

알빙 부인 다시 좋아질 거다. 피로가 쌓여서 그래. 엄마 말을 믿어.

오스왈드 (침울하게) 저도 처음엔 그렇게 생각했어요. 하지만 그게 아니었어요.

알빙 부인 처음부터 끝까지 자세히 말해 봐.

오스왈드 그럴게요.

알빙 부인 처음에 알게 된 건 언제니?

오스왈드 지난번에 집에 왔다가 파리로 돌아간 직후요. 그때부터 지독한 두통에 시달렸어요. 주로 뒷머리, 이 주변이 그래요. 목에서 머리까지 쇠고리가 단단히 죄는 듯이.

알빙 부인 그래서?

오스왈드 처음엔 흔한 두통이겠거니 했죠. 어린 시절에 자주 그랬던 것처럼요.

알빙 부인 그래, 그랬지…….

오스왈드 그런데 그게 아니었어요. 곧 알게 됐죠. 더는 그림을 그릴 수가 없었어요. 새로 큰 그림을 그릴 생각이었는데 갑자기 몸에서 기운이 다 빠져나가는 것 같았어요. 몸이 마비된 것 같아서 선 하나를 긋는 데도 통 집중을 할 수 없었죠. 주변이 빙빙 도는 것처럼 어지러웠어요. 아, 정말 무서웠어요! 결국, 의사를 찾아갔죠. 그리고 의사에게서 진실을 알게 됐어요.

알빙 부인 그게 무슨 말이니?

오스왈드 파리에서도 가장 유명한 의사였어요. 제가 몸 상태를 이야기하자 진찰을 시작하며 이런저런 질문을 하더군요. 그런데 아무래도 병하고는 관계가 없는 질문 같았어요. 의사가 왜 그런 질문을 하는지 알 수 없었죠.

알빙 부인 그래서!

오스왈드 마지막에 의사가 말하더군요. 저한테는 태어나면서부터 어딘가 벌레 먹은 구석이 있다고요. 프랑스어로 "베르물뤼*"라고 표현했어요.

알빙 부인 (긴장해서) 왜 그런 말을 한 건데?

오스왈드 저도 알 수 없었죠. 그래서 더 자세히 설명해 달라고 했어요. 그랬더니 그 늙은이가…… (주먹을 꽉 쥐고) 아…….

알빙 부인 뭐랬는데?

오스왈드 "아버지의 죄는 자식이 갚게 된다"고 했어요.

알빙 부인 (천천히 일어서며) 아버지의 죄……!

오스왈드 하마터면 그놈 얼굴을 두들겨 팰 뻔했죠.

알빙 부인 (방을 가로질러 걸으며) 아버지의 죄…….

오스왈드 (비통하게 미소 지으며) 그래요. 어떻게 생각하세요? 물론 전 말도 안 되는 소리라고 대꾸했죠. 하지만 그가 제 말에 물러났겠어요? 어림없죠. 그는 눈 하나 꿈쩍 안 했어요. 그래서 전 어머니가 보낸 편지 중 아버지와 관련된 부분을 번역해서 들려줬어요.

알빙 부인 그랬더니……?

오스왈드 그제야 자신이 잘못 판단했다고 인정하더군요. 그렇게 전 진실을 알게 됐어요. 도저히 믿을 수 없는 진실을! 친구들과 어울렸던 그 유쾌하고 행복한 삶에 전 끼어들지 말아야 했어요. 그런 삶은 저한테 너무 강렬했던 거예요. 그러니 자업자득이죠!

알빙 부인 오스왈드! 왜 그런 소릴 하니. 그런 말은 믿지 마라!

오스왈드 의사도 그랬어요. 달리 설명할 길이 없다고. 그래서 더 무서워요. 이로써 인생이 끝났다니……. 그것도 내 어리석음 때문에……. 이 세상에서 하고 싶었던 일을 두 번 다시 생각해서는 안 되고, 생각하려야 할 수도 없다니. 아, 인생을 다시 시작할 수 있다면! 지금까지 해온 모든 것을 되돌릴 수 있다면!

오스왈드, 소파에 몸을 던지고 얼굴을 묻는다. 알빙 부인은 두 손을 비비면서 조용히 고통과 싸우며 방을 왔다 갔다 한다.

---

* vermoulu. '벌레 먹은'이라는 뜻의 프랑스어.

오스왈드 (잠시 뒤 얼굴을 들고, 팔꿈치를 짚고서 소파에 엎드린 채) 적어도 이 병이 유전 같은 거라면……! 스스로 어떻게 할 수 없는 병이라면 아무렇지 않을 텐데! 정말 어처구니가 없어요. 이런 시시하고 바보 같은 일로 행복이고 건강이고 미래고 삶이고 모든 걸 내던져야 한다니……!

알빙 부인 그런 말도 안 되는 소리가 어디 있니. 그런 일은 일어나지 않는다. (아들을 감싸안으며) 네가 지나치게 생각한 거야.

오스왈드 어머닌 몰라요……. (불쑥 일어나며) 아니, 어머니께 이렇게 걱정을 끼쳐선 안 되지! 그동안 어머니가 나한테 관심이 없기를 진심으로 얼마나 바랐는지 몰라요.

알빙 부인 왜 그런 말을 하니, 오스왈드! 넌 단 하나뿐인 내 아들이야. 네가 아니면 누구에게 관심이 있단 말이니.

오스왈드 (어머니의 두 손을 잡고 입 맞추면서) 네, 알아요. 집에 와 있을 땐 더 절실히 느껴지죠. 그런데 그게 저한테는 정말 견디기 어려운 일이랍니다. 그래도 이로써 모든 걸 알게 됐어요. 그러니 오늘은 이런 얘기 그만두도록 해요. 계속 끙끙댄다고 해서 해결될 문제는 아니니까. (방을 가로지르며) 마실 것 좀 가져다주세요, 어머니!

알빙 부인 마실 거? 이 시간에 뭘 마시겠다는 거니?

오스왈드 아무거나요. 차가운 펀치가 있지 않았나요?

알빙 부인 그래. 하지만 오스왈드…….

오스왈드 제 말 좀 들어주세요, 제발! 이런 골치 아픈 생각은 술로 씻어버려야 한다고요. (온실 쪽으로 간다) 여긴 왜 이렇게 어두운 거야!

알빙 부인, 오른쪽에 있는 초인종 끈을 잡아당긴다.

오스왈드 게다가 이 구질구질한 비라니! 대체 몇 주, 아니 몇 달째 계속 내리는 건지……. 햇빛은 전혀 볼 수가 없어. 집에 돌아와서 해를 본 기억이 없을 정도라니까.

알빙 부인 오스왈드…… 너 내 곁을 떠날 생각이구나!

오스왈드 흠……. (한숨을 내쉬며) 그럴 생각 없어요. 난 이제 쓸모없는 인간이 되었으니까! (낮은 목소리로) 그런 생각은 버렸어요.

레지네 (식당에서 나오며) 부르셨어요?

알빙 부인 그래, 등불을 가져오너라.

레지네 네. 미리 준비해 놓았어요. (나간다)

알빙 부인 (오스왈드에게 다가가) 오스왈드, 아무것도 엄마에게 숨겨선 안 된다.

오스왈드 숨기는 것 없어요. (탁자로 가면서) 모두 말씀드렸는걸요.

레지네, 등불을 들고 들어와 탁자 위에 놓는다.

알빙 부인 레지네, 작은 병에 든 샴페인도 가져오너라.

레지네 알겠습니다. (다시 나간다)

오스왈드 (어머니 목에 팔을 두르고) 역시 어머닌 멋져요. 아들이 마시고 싶어 하는 것을 지나칠 분이 아니죠.

알빙 부인 오스왈드, 네가 필요하다는데 왜 싫다고 하겠니?

오스왈드 (활기차게) 진심이세요, 어머니? 정말 그렇게 생각하세요?

알빙 부인 뭘 말이니?

오스왈드 절대로 싫다고 하지 않으실 거죠?

알빙 부인 그런데 오스왈드…….

오스왈드 쉿!

레지네가 작은 샴페인 병과 잔 두 개를 쟁반에 받쳐 들고 들어와 탁자 위에 놓는다.

레지네 병을 딸까요?

오스왈드 괜찮아, 내가 할게.

레지네, 다시 나간다.

알빙 부인 (탁자 앞에 앉는다) 싫다고 하지 않는다는 말이 무슨 뜻이니?

오스왈드 (마개를 따며) 먼저 한잔하고요.

유령 147

코르크가 뽁하고 따진다. 오스왈드, 잔 하나를 채우고, 나머지 잔을 채우려고 한다.

알빙 부인 (잔 위에 손을 올리며) 괜찮아. 난 됐다.
오스왈드 그렇다면 저만 마시죠!

오스왈드, 잔을 비우고 다시 따라 또 비운다. 그러고는 탁자 앞에 앉는다.

알빙 부인 (기다리다 못해) 그래서, 응?
오스왈드 (어머니 얼굴을 바라보지 않은 채) 어머니, 아까 식사할 때 어머니랑 목사님, 음, 두 분 조금 이상했어요.
알빙 부인 눈치챘니?
오스왈드 네. 흠……. (짧은 침묵이 흐른 다음) 말씀해 보세요. 레지네를 어떻게 생각하세요?
알빙 부인 어떻게 생각하느냐니?
오스왈드 감탄할 정도로 아름답지 않아요?
알빙 부인 오스왈드, 그 애는 내가 너보다 잘 안다.
오스왈드 그래서요?
알빙 부인 불행히도 레지네는 제 아버지와 너무 오래 있었어. 좀 더 일찍 이 집에 오게 해야 했는데.
오스왈드 음, 어쨌든 아름답지 않나요, 어머니? (잔을 채운다)
알빙 부인 모자란 점이 많은 아이다…….
오스왈드 맙소사, 그게 무슨 상관이죠? (다시 마신다)
알빙 부인 나도 그 아이를 좋아한단다. 하지만 그 아이에 대한 책임도 있어. 만에 하나라도 그 애가 잘못되는 일이 없기만을 바라지.
오스왈드 (벌떡 일어서며) 어머니, 레지네는 제 유일한 희망이에요.
알빙 부인 (일어서며) 그게 무슨 뜻이냐?
오스왈드 이 정신적 고통을 저 혼자서는 감당할 수가 없어요.
알빙 부인 고통을 함께할 엄마가 있지 않니.
오스왈드 네, 저도 그럴 생각으로 돌아온 거예요. 하지만 안 되겠어요. 안 된다는 걸 깨달았어요. 여기서 내 인생을 끝내고 싶지는 않아요!
알빙 부인 오스왈드!
오스왈드 전 다른 인생을 살고 싶어요, 어머니. 그러려면 어머니 곁을 떠나야 해요. 어머니 감시 속에서 살기는 싫어요.
알빙 부인 세상에! 그렇지만 오스왈드, 네가 아무리 오래 병을 앓는다 해도······.
오스왈드 병 때문만이라면 당연히 어머니 곁에 머물겠어요. 어머닌 이 세상에서 가장 좋은 친구니까요.
알빙 부인 그래, 오스왈드. 그렇고말고!
오스왈드 (쉬지 않고 이리저리 돌아다니며) 그렇지만 이 괴로움, 고통, 원망······. 그리고 뭐라 설명할 수 없는 엄청난 두려움은······. 아, 이 소름 끼치는 공포감!
알빙 부인 (오스왈드의 뒤를 따라다니며) 공포? 무슨 공포? 뭣 때문에 무서워?
오스왈드 아, 더는 묻지 마세요. 저도 몰라요. 설명할 수 없어요.
알빙 부인 (오른쪽으로 가서 초인종 끈을 잡아당긴다)
오스왈드 왜 그러세요?
알빙 부인 넌 이제 즐겁게 살아야 해. 내가 그렇게 만들어 주고 싶다. 그렇게 끙끙대기만 하면 안 돼. (문간에 나타난 레지네에게) 샴페인을 더 가져와. 큰 병으로.

레지네, 나간다.

오스왈드 어머니!
알빙 부인 넌 나 같은 시골 사람은 세상 물정에 어둡고 말도 안 통한다고 생각하겠지?
오스왈드 눈부시게 아름답지 않아요? 저 자태! 생기가 넘쳐요.
알빙 부인 (탁자 앞에 앉으며) 앉아라, 오스왈드. 차분하게 얘기하자꾸나.
오스왈드 (앉으며) 어머닌 모르시겠지만, 전 레지네에게 사과할 일이 있어요.

알빙 부인 네가?

오스왈드 그만 저도 모르게……. 뭐 대단한 일은 아니지만요. 요전에 집에 돌아왔을 때…….

알빙 부인 무슨 일이 있었니?

오스왈드 레지네가 파리에 대한 걸 계속 묻기에 그쪽 이야기를 조금씩 들려줬죠. 그러다가 어느 날 제가 물어봤어요. 파리에 와 보고 싶지 않으냐고.

알빙 부인 그랬더니?

오스왈드 얼굴이 빨개져서는, 그러고 싶다고 말하더군요. 그래서 제가 그랬죠. "그렇다면 내가 어떻게든 해볼게." 뭐, 그런 얘기를 했어요.

알빙 부인 그래서?

오스왈드 물론 그 일은 까맣게 잊고 있었죠. 그런데 그저께, 이번에는 내가 오래 머무르니 기쁘냐고 물어봤더니…….

알빙 부인 그랬더니?

오스왈드 저를 이상하게 바라보면서 이러는 거예요. "그럼, 전 파리에 못 가는 건가요?"

알빙 부인 그 애가 파리에!

오스왈드 그제야 알았죠. 그 앤 내 말을 진지하게 받아들이고, 늘 저를 생각하면서 프랑스어까지 공부하기 시작했다는 것을요.

알빙 부인 그래서 그 애가…….

오스왈드 어머니, 그 애가 제 앞에 서 있었을 때, 얼마나 황홀했는지 몰라요. 아름답고 생기 넘치는 그 모습…… 전에는 눈여겨본 적이 없는데……. 그렇게 날 목 빠지게 기다린 것처럼 서 있는 걸 보니…….

알빙 부인 오스왈드!

오스왈드 그래서 문득 깨달았죠. 그 애야말로 나의 희망이라는 것을요. 그 애에게서는 충만한 삶의 기쁨이 느껴지니까요.

알빙 부인 (깜짝 놀라며) 삶의 기쁨……? 거기에 희망이 있다고?

레지네 (샴페인 병을 들고 들어온다) 늦어서 죄송합니다. 지하실까지 다녀오느라……. (병을 탁자 위에 놓는다)

오스왈드 잔을 하나 더 가져와.

레지네 (놀라서 쳐다본다) 마님 잔은 저쪽에 있는데요.
오스왈드 네 걸 가져오란 말이야.

레지네는 흠칫 놀라며 겁먹은 눈으로 부인을 곁눈질한다.

오스왈드 뭐해?
레지네 (작은 목소리로 조심스럽게) 마님의 허락이 있어야……
알빙 부인 가지고 와, 레지네.

레지네, 식당으로 돌아간다.

오스왈드 (레지네를 눈으로 좇으며) 저 걸음걸이 좀 보세요! 정말 씩씩하고 당당하지 않아요?
알빙 부인 그 이야기는 단념해라, 오스왈드!
오스왈드 이미 결심했어요. 두고 보세요. 반대하셔도 소용없어요.

레지네, 잔을 들고 들어와 손에 쥔 채 가만히 서 있다.

오스왈드 앉아, 레지네.
레지네 (부인의 눈치를 살핀다)
알빙 부인 앉아라.
레지네 (식당 문 옆에 있는 의자에 앉는다. 빈 잔은 여전히 손에 쥔 채이다)
알빙 부인 오스왈드, 아까 삶의 기쁨이라고 한 게 대체 뭐지?
오스왈드 아, 삶의 기쁨이요? 이런 곳에서 지내면 도저히 알 수 없는 거죠. 저도 이곳에서 그런 걸 느낀 적은 없으니까요.
알빙 부인 나와 함께 있으면서도 느끼지 못했니?
오스왈드 집에 있는 동안에는 한 번도 못 느꼈어요. 어머닌 이해하지 못하실 거예요.
알빙 부인 아니, 엄마도 이제 깨닫기 시작한 것 같구나.
오스왈드 그리고 일하는 기쁨. 이 두 가지는 결국 같은 거예요. 하지만 이곳 사람들은 둘 다 전혀 모르죠.

알빙 부인 네 말이 맞는지도 모르겠다, 오스왈드. 조금 더 자세히 들어 보자꾸나.

오스왈드 제 말은 즉, 이곳 사람들은 일을 저주 또는 자기가 저지른 죄에 대한 형벌이라고 믿으며 자랐어요. 그래서 모두 삶은 비참하고, 빨리 그 삶에서 벗어나는 일이 가장 좋은 길이라고 생각하죠.

알빙 부인 '삶은 눈물의 계곡'이라는 말이 있으니까. 그리고 모두들 그렇게 만들려고 노력하지.

오스왈드 그렇지만 더 큰 세상에 있는 사람들은 그런 걸 문제 삼지 않아요. 그런 가르침에 따르는 사람은 실제로 하나도 없죠. 그곳 사람들은 살아 있는 것만으로도 멋진 일이라고 생각해요. 어머니, 어머니는 제가 그린 그림의 주제가 왜 한결같이 삶의 기쁨인지 생각해 보신 적 있으세요? 제 그림의 주제는 예외 없이 바로 이 삶의 기쁨이었어요. 빛, 햇살, 밝은 분위기…… 거기에 활짝 웃는 행복한 얼굴들. 그래서 어머니와 이 집에 있는 게 무서운 거예요.

알빙 부인 무서워? 엄마랑 여기서 지내는 게 뭐가 무섭다는 거니?

오스왈드 여기 있으면 제가 가진 것이 시시한 것이 될까 봐 무서워요.

알빙 부인 (아들을 똑바로 보면서) 그렇게 될 것 같니?

오스왈드 그럴 것 같아요. 아무리 외국에서 지내던 거랑 똑같이 생활한다 해도 그곳에서의 삶이 될 수는 없으니까요.

알빙 부인 (열심히 듣다가 벌떡 일어나, 생각에 잠긴 눈빛으로 말한다) 아, 이제야 알겠구나.

오스왈드 무슨 말씀이세요?

알빙 부인 이제야 알겠어. 이렇게 됐으니 나도 말할 수 있겠다.

오스왈드 (일어나며) 무슨 말씀인지 잘 모르겠어요.

레지네 (따라 일어나며) 전 나가 있을까요?

알빙 부인 아니다, 여기 있어라. 이젠 말해도 될 것 같다. 이젠 너도 모든 걸 알아야지, 오스왈드. 그러면 너희도 판단하기 쉬워질 테니까. 오스왈드! 레지네!

오스왈드 잠깐만요. 목사님이…….

만데르스 (복도 쪽 문으로 들어오며) 하하! 정말 즐거운 집회를 하고 오는 길이랍니다.

오스왈드 저희도요.

만데르스 선원들의 집을 지으려면 엥스트란드에게 도움이 필요해요. 레지네가 아버지 곁으로 돌아가 도와야 할 것 같습니다.

레지네 싫어요, 목사님.

만데르스 (이제야 그녀를 발견하고) 응……? 너 여기 있었니? 손에는 샴페인 잔까지 들고?

레지네 (재빨리 잔을 내려놓고) 죄송합니다!

오스왈드 레지네는 저와 함께 떠날 겁니다, 목사님.

만데르스 떠나다니! 자네와 함께?

오스왈드 네, 아내로서. 저 애도 그걸 원한다면요.

만데르스 세상에……!

레지네 저도 어쩔 수 없어요, 목사님.

오스왈드 제가 여기 머무르겠다면, 레지네도 이 집에 있을 겁니다.

레지네 (저도 모르게) 이 집에요?

만데르스 이게 어떻게 된 일입니까, 부인?

알빙 부인 어느 쪽이건 그렇게 되는 일은 없을 겁니다. 이제 저도 그 이유를 분명히 밝힐 거니까요.

만데르스 그러시면 안 됩니다! 절대로 안 돼요! 하지 마세요!

알빙 부인 아뇨, 말할 수 있고, 말해야 해요. 그렇게 해도 누군가의 이상이 무너지는 건 아니니까요.

오스왈드 어머니, 뭔가 숨기고 있군요! 뭐지요?

레지네 (귀를 기울이며) 잠깐만요, 마님! 밖이 왠지 시끄러운데요.

레지네가 온실로 가서 바깥을 내다본다.

오스왈드 (왼쪽 창으로 가서) 저게 뭐지? 저 불길이 어디서 솟아오르는 거야?

레지네 (소리 지른다) 고아원이 불타고 있어요!

알빙 부인 (창문으로 달려가서) 불타고 있어!
만데르스 불이 나? 그럴 리가! 조금 전까지만 해도 내가 거기 있었는데.
오스왈드 내 모자 어디 있지? 아냐, 필요 없어……. 아, 아버지의 고아원이……!

오스왈드, 정원 문을 통해 밖으로 달려간다.

알빙 부인 내 숄을 가져와, 레지네! 벌써 불길이 다 번졌네!
만데르스 아, 이런 끔찍한 일이! 부인, 이거야말로 죄악으로 가득 찬 이 집에 내린 심판의 불입니다.

부인과 레지네가 복도로 황급히 사라진다.

만데르스 (두 손을 움켜쥐면서) 게다가 보험도 안 들었는데!

그 또한 복도로 사라진다.

제3막

2막과 같은 방. 모든 문이 열려 있다. 탁자에는 아직 등불이 켜져 있다. 배경 왼쪽으로, 불이 난 곳에서 희미한 빛이 보이는 것 말고 바깥은 깜깜하다.

알빙 부인은 큰 숄을 머리부터 뒤집어쓴 채 온실에 서서 바깥을 내다본다. 레지네도 숄을 두르고, 부인 조금 뒤에 서 있다.

알빙 부인 완전히 타 버렸어. 바닥까지!
레지네 지하실은 아직도 타고 있어요.
알빙 부인 오스왈드는 왜 안 오는 거지? 건질 것도 없는데.
레지네 도련님께 모자를 가져다 드릴까요?
알빙 부인 모자도 쓰지 않고 나갔니?
레지네 (복도를 가리키며) 네, 저기 걸려 있어요.
알빙 부인 그냥 둬라. 곧 돌아오겠지. 내가 가서 보고 오마.

부인, 정원 쪽 문으로 나간다.

만데르스 (복도에서 들어오면서) 부인은 여기 안 계시니?
레지네 방금 정원으로 나가셨어요.
만데르스 이렇게 끔찍한 밤은 난생처음이군.
레지네 불이라니, 정말 운이 없었어요, 목사님.
만데르스 그 이야기는 이제 그만하자! 생각하기조차 싫구나.
레지네 어떻게 이런 일이 생겼을까요……?
만데르스 묻지 마라, 레지네! 그걸 내가 어떻게 알겠니? 설마 너도……? 네 아버지만으로 충분하지 않니……?

레지네 아버지가 뭘 어쨌는데요?

만데르스 네 아버지한테 정말 심한 말을 들었거든.

엥스트란드 (복도에서 들어오며) 목사님……!

만데르스 (깜짝 놀라 돌아보며) 여기까지 날 따라온 건가?

엥스트란드 그래야 할 것 같아서요……! 오, 하느님! 정말 무서운 일입니다, 목사님.

만데르스 (이리저리 거닐며) 이런 일이! 어떻게 이런 일이!

레지네 왜 그러세요?

엥스트란드 이게 다 우리가 거기서 예배를 드렸기 때문이란다. (목소리를 낮추어) 이걸로 꼬투리를 단단히 잡았어. (큰 소리로) 이게 다 내 잘못인데, 목사님이 모든 책임을 지게 될 걸 생각하면 정말이지!

만데르스 분명히 말해 두지만, 엥스트란드…….

엥스트란드 그렇지만 목사님 말고는 촛불에 손을 댄 사람이 없는걸요.

만데르스 (멈춰 서서) 자넨 그렇게 주장하지만, 난 촛불에 손댄 기억이 없어.

엥스트란드 하지만 제가 분명히 봤단 말입니다. 목사님께서 촛불을 들어 손으로 심지를 비벼 끄시고, 그걸 대팻밥이 쌓여 있는 곳에 휙 버리셨어요.

만데르스 그걸 봤다고?

엥스트란드 이 두 눈으로 똑똑히 봤죠.

만데르스 말도 안 돼. 게다가 손가락으로 심지를 비벼 끄다니. 난 절대 그런 습관이 없어.

엥스트란드 그랬군요. 그래서 그렇게 위태로워 보였던 거군요. 아무튼, 이거 보통 일이 아니죠, 목사님?

만데르스 (쉴 새 없이 서성이며) 아, 아무것도 묻지 말게!

엥스트란드 (만데르스를 쫓아다니며) 더구나 보험도 들지 않았다면서요, 목사님?

만데르스 (계속 걸으며) 그래. 안 들었어. 아까 얘기했잖아.

엥스트란드 (따라 걸으며) 보험도 들지 않았다니! 그런데 느닷없이 이 지경이…… 모든 게 불타 버리다니! 아, 하느님, 이 무슨 가혹한 운명이란 말입니까!

만데르스 (이마의 땀을 닦으며) 자네 말이 맞네, 엥스트란드.

엥스트란드 그것도 고아원이, 자선 기관이 말입니다. 지방 정부뿐 아니라 중앙 정부까지 그토록 고마워했는데, 그런 고아원에서 이런 일이 생기다니. 신문에서는 분명 목사님을 나쁘게 말할 텐데요.

만데르스 내가 지금 걱정하는 게 바로 그걸세. 이번 사건에서 가장 골치 아픈 문제지. 얼마나 심술궂게 공격하고 비난을 퍼부어댈지……! 아, 생각만 해도 소름이 끼치는군.

알빙 부인 (정원에서 들어오며) 오스왈드는 화재 현장에서 떠날 생각을 않는군요.

만데르스 오셨군요, 부인.

알빙 부인 목사님, 이제 개원식 연설은 안 하셔도 되겠네요.

만데르스 기쁜 마음으로 연설하려고 했는데…….

알빙 부인 (맥 빠진 목소리로) 차라리 잘됐어요! 그 고아원은 누구에게도 축복을 주지 못했을 테니까.

만데르스 정말 그렇게 생각하세요?

알빙 부인 목사님은 그렇게 생각하지 않으세요?

만데르스 어쨌든 정말 끔찍한 재난이군요.

알빙 부인 사무적인 이야기를 짧게 할게요. ……엥스트란드, 목사님을 기다리고 있나요?

엥스트란드 (복도 쪽 문에 서서) 네, 그렇습니다.

알빙 부인 그럼 잠깐 거기 앉아 계세요.

엥스트란드 고맙습니다만, 전 서 있는 게 편합니다.

알빙 부인 (만데르스에게) 다음 배로 떠나시겠죠?

만데르스 네, 한 시간 뒤에 출발합니다.

알빙 부인 서류는 다 가지고 가세요. 이 일에 대한 건 아무것도 듣고 싶지 않아요. 이것 말고도 생각할 게 있어서…….

만데르스 부인…….

알빙 부인 나중에 위임장을 보낼 테니 알아서 처리해 주세요.

만데르스 기꺼이 그렇게 하겠습니다. 이제 재단 기금에 대한 원안은 모두 변경해야겠군요.

알빙 부인 물론이죠.

만데르스 그렇다면 먼저 솔비크에 있는 땅을 교구 소유지로 하면 어떨까요? 아직 이용 가치가 있는 땅이니까요. 언젠가 유용하게 쓰일 날이 올 겁니다. 그리고 은행예금의 이자는 이 지역 발전을 위해 쓰는 편이 가장 좋을 것 같습니다.

알빙 부인 그렇게 하세요. 어찌 됐든 나에겐 마찬가지예요.

엥스트란드 선원을 위한 집도 잊지 마시고요, 목사님!

만데르스 아참, 그렇지. 나쁘지 않은 생각이야. 음, 곰곰이 생각해 봐야겠어.

엥스트란드 뭘 또 새삼스럽게 곰곰이 생각을……. 이런 염병할!

만데르스 (한숨을 내쉬며) 하지만 제가 언제까지 이렇게 부인을 도울 수 있을지 모르겠군요. 사람들이 저에게 은퇴를 강요할지도 몰라요. 모든 건 화재의 원인이 밝혀져야 분명해지겠지만.

알빙 부인 지금 무슨 말씀을 하시는 건가요?

만데르스 조사 결과가 어떻게 나올지 예측할 수 없으니까요.

엥스트란드 (목사에게 다가오면서) 예측할 수도 있죠. 여기 늙은이 야콥 엥스트란드가 있지 않습니까.

만데르스 하지만 그렇다고 해서…….

엥스트란드 (목소리를 낮춰서) 이 야콥 엥스트란드는 은혜를 베풀어 준 사람이 어려운 처지에 빠졌을 때 나 몰라라 하는 사람이 아니거든요.

만데르스 음……, 하지만 어떻게……?

엥스트란드 목사님, 이 야콥 엥스트란드를 수호천사라고 생각하세요!

만데르스 안 돼. 그 제안은 받아들일 수 없네.

엥스트란드 어차피 그렇게 될 겁니다. 전에도 남의 죄를 대신 짊어진 남자가 한 명 있었죠.

만데르스 야콥! (그의 손을 잡고) 당신은 정말 보기 드문 사람이야. 좋아, 선원의 집 정도야 하게 해줄 테니 안심해.

엥스트란드 (고맙다는 인사를 하려고 하지만, 감격하며 말이 나오지 않는다)

만데르스 (가방을 어깨에 메고) 그럼 가겠습니다. 자, 가세.

엥스트란드 (식당 문 앞에서 레지네에게) 너도 따라오렴! 공주님처럼 곱게 살 수 있어!

레지네 (고개를 치켜들며) 메르시!*

레지네, 복도로 가 만데르스의 외투를 가져온다.

만데르스 안녕히 계십시오, 부인. 질서와 규율의 관념이 어서 이 집에 찾아오기를 바랍니다.
알빙 부인 잘 가세요, 만데르스 목사님!

부인, 오스왈드가 정원으로 들어오는 것을 보고 곧장 온실로 간다.

엥스트란드 (만데르스가 외투를 입는 것을 레지네와 함께 도우며) 아빠 간다. 언제든 문제가 생기면 이 야콥 엥스트란드를 찾아오렴. 어디 있는지는 알지? (작은 목소리로) 부둣가 마을이란다. 에헴……! (알빙 부인과 오스왈드에게) 선원들의 집에는 "시종장관 알빙의 집"이라는 이름을 붙일 생각입니다. 제가 원하는 만큼만 잘 지원해 주신다면, 시종장관님의 이름에 먹칠을 하는 일은 없을 거라는 점을 약속드리죠.
만데르스 (문간에서) 흠…… 으흠! 빨리 오게, 엥스트란드! 그럼 안녕히들 계십시오!

만데르스와 엥스트란드, 복도를 통해 밖으로 나간다.

오스왈드 (탁자로 가며) 무슨 집을 얘기하는 거예요?
알빙 부인 저 사람과 목사님이 숙소 같은 걸 짓는다는구나.
오스왈드 그것도 모두 불에 탈 거예요. 여기처럼.
알빙 부인 왜 그런 생각을 하니?
오스왈드 다 타 버릴 거예요. 아버지를 떠올리게 하는 것은 싹 다. 나도 타

---

* merci. '고맙다'는 뜻의 프랑스어.

유령 159

버릴 테고.

레지네, 놀라서 오스왈드를 쳐다본다.

알빙 부인 오스왈드! 너, 불난 데서 너무 오래 있었던 거 아니니?
오스왈드 (탁자 앞에 앉으며) 그럴지도 모르죠.
알빙 부인 얼굴을 닦아야겠다, 오스왈드. 흠뻑 젖었어. (손수건으로 오스왈드의 얼굴을 닦는다)
오스왈드 (무표정하게 앞만 보면서) 고마워요, 어머니.
알빙 부인 피곤하지 않니, 오스왈드? 좀 누우렴?
오스왈드 (공포에 질려) 싫어요. 잘 수 없어요! 잠이 안 와요! 자는 척할 뿐이죠! (음침하게) 싫어도 곧 잠들게 될 테지만요.
알빙 부인 (걱정스럽게 바라보며) 아무래도 어디가 아픈 모양이구나.
레지네 (긴장하며) 도련님, 어디가 아프세요?
오스왈드 (초조해하며) 문을 모두 닫아! 아, 견딜 수가 없어…….
알빙 부인 문을 닫아라, 레지네.

레지네, 문을 모두 닫고, 복도 쪽 문 옆에 선다. 알빙 부인은 숄을 벗는다. 레지네도 벗는다.

알빙 부인 (오스왈드 곁으로 의자를 끌고 가 앉는다) 이렇게 옆에 앉아도 되겠지……?
오스왈드 그러세요. 레지네도 여기 있어. 앞으로는 늘 내 곁에 있게 될 테니까. 레지네, 네가 날 간호해 줘. 알았지?
레지네 무슨 말씀이신지…….
알빙 부인 간호?
오스왈드 그래요. 필요할 때마다.
알빙 부인 오스왈드, 네 곁에는 엄마가 있잖니.
오스왈드 어머니가요? (빙긋 웃는다) 아니요, 어머니. 어머닌 할 수 없어요. (쓸쓸하게 웃으며) 네가 해! 하하! (레지네를 진지하게 쳐다보며) 꼭 네가 해야 해. (격렬하게) 왜 그렇게 서먹하게 구는 거야? 왜 '오스왈드'라고 내 이름을 친근하게 부르지 않는 거지?

레지네 (작은 목소리로) 마님께서 싫어하실 거예요.

알빙 부인 이제 그런 걱정은 하지 마라. 이리 와서 옆에 앉으렴.

레지네 (말없이 머뭇거리다 탁자 맞은편에 앉는다)

알빙 부인 오스왈드, 이제부터 엄마가 너의 그 괴로운 마음의 짐을 덜어 주마.

오스왈드 어머니가요?

알빙 부인 네가 말했던 후회, 자책감 등 너를 괴롭혔던 모든 것을…….

오스왈드 어머니가 그렇게 할 수 있다고요?

알빙 부인 그래. 이젠 할 수 있을 것 같다. 오스왈드, 조금 전에 삶의 기쁨에 대해 얘기했지? 그때 불현듯 지난 내 삶…… 모든 것이 새로운 빛을 받아 환하게 밝혀져 깨닫게 되었단다.

오스왈드 (머리를 흔들며) 무슨 말씀인지 모르겠어요.

알빙 부인 젊은 중위 시절의 아버지를 네가 알았어야 하는데. 그때야말로 네 아버진 삶의 기쁨으로 생기가 넘쳤단다!

오스왈드 그랬을 것 같았어요.

알빙 부인 그를 한 번 보기만 해도 산들바람이 불어오는 것 같았지. 어찌나 기운차고 활달한 사람이었는지!

오스왈드 그래서요……?

알빙 부인 하지만 그 생기에 넘치던 청년은…… 그래, 그 시절엔 아직 청년이었지…… 그 청년은 이런 작은 시골 마을에 틀어박혀 살게 되었단다. 그곳엔 오락거리 정도는 있었지만, 진정한 기쁨은 없었지. 목표를 세우고자 해도, 할 수 있는 일이라곤 관청 일뿐이었어. 정열을 쏟아부을 만한 별다른 일거리도 없었어. 삶의 기쁨이나 그 기쁨의 의미를 이해하는 진정한 친구도 없었지. 친구라고는 게으름뱅이와 술주정뱅이, 그리고 불한당뿐…….

오스왈드 어머니…….

알빙 부인 그러다가 드디어 터질 일이 터지고야 말았어.

오스왈드 터질 일이 터지다니요?

알빙 부인 아까 너도 그랬잖니. 이런 곳에서 살다간 너도 네가 어떻게 될지 모르겠다고.

오스왈드 그렇다면 아버지가……?

알빙 부인 불쌍한 아버지는 자기 안에 가득 넘치는 삶의 기쁨을 분출할 곳을 발견하지 못했어. 나 역시 그런 즐거움을 이 집으로 갖고 오지 못했고.

오스왈드 어머니도요?

알빙 부인 엄만 의무다 뭐다 하는 것들만 교육받은 탓에 오로지 그런 것들만 믿었단다. 이건 내 의무, 저건 저 사람의 의무 하는 식으로 모든 것에 의무를 매겼지……. 오스왈드, 그래서 네 아버지는 나도 모르는 사이에 이 집을 따분하게 여기게 되었단다.

오스왈드 그런 얘기를 왜 편지로 알려 주지 않았죠?

알빙 부인 그 사람의 아들 앞에서 모든 걸 털어놓게 되리라고는 지금까지 한 번도 생각한 적 없으니까.

오스왈드 그럼 그동안은 어떻게 생각하셨는데요?

알빙 부인 (천천히) 오직 이것만은 알고 있었다. 네 아버지는 네가 태어나기 전부터 인생의 낙오자였다는 걸.

오스왈드 (짓눌린 목소리로) 아……! (일어나서 창가로 간다)

알빙 부인 그것 말고도 날 괴롭게 하는 사실이 있었다. 레지네가 이 집 사람, 즉 내 자식이나 다름없는…… 우리 가족이라는 사실이야.

오스왈드 (재빨리 몸을 돌리며) 레지네가……!

레지네 (펄쩍 뛰겨 일어나 침을 꿀꺽 삼키며) 내가……!

알빙 부인 그래. 이제 너희 둘 다 알았겠지.

오스왈드 레지네!

레지네 (혼잣말처럼) 우리 어머닌 그런 여자였군요.

알빙 부인 너의 어머닌 장점이 많은 분이셨다, 레지네.

레지네 네. 하지만 어차피 그런 여자였죠. 저도 가끔은 그렇게 생각하긴 했지만……. 알겠습니다, 마님. 당장 절 내보내 주세요.

알빙 부인 정말 나갈 생각이니, 레지네?

레지네 네, 나가게 해주세요.

알빙 부인 그야 네가 알아서 할 일이지만…….

오스왈드 (레지네에게 다가가며) 떠난다고? 하지만 여긴 네 집이야.

레지네 메르시, 알빙 도련님……. 아, 이젠 오스왈드라고 불러도 되겠네요. 내가 상상하던 거랑은 전혀 다른 상황이지만.

알빙 부인 레지네, 난 지금까지 그 사실을 숨겨 왔어…….

레지네 끝까지 숨기시지 그랬어요! 처음부터 오스왈드가 병자라는 걸 알았더라면……. 그랬더라면 우리는 특별한 사이도 되지 않았을 거예요. 이런 시골에 틀어박혀서 병자나 간호하며 인생을 허비하기는 싫어요.

오스왈드 이렇게 가까운 사이인데도 싫어?

레지네 네. 가난한 처녀가 젊음을 유용하게 쓰지 않으면 인생을 후회하게 되니까요. 저한테도 삶의 기쁨이란 게 있잖아요, 마님!

알빙 부인 그래, 하지만 인생을 함부로 살아서는 안 된다, 레지네.

레지네 어차피 그렇게 될 텐데요, 뭘. 오스왈드가 아버지의 피를 물려받았다면 저도 어머니의 피를 물려받았을 테니까. 마님, 만데르스 목사님도 이 사실을 알고 계신가요?

알빙 부인 다 알고 계신다.

레지네 (급히 숄을 걸치면서) 그럼 저도 그 배를 타고 바로 떠나겠어요. 목사님은 좋은 분이니 분명 의지가 될 거예요. 게다가 저에게도 그 별 볼 일 없는 목수 엥스트란드와 똑같이 돈을 나눠 가질 권리가 있잖아요.

알빙 부인 네 맘대로 해라, 레지네.

레지네 (부인을 똑바로 바라보며) 절 더 훌륭한 양갓집 아가씨로 키워 주셨더라면 좀 더 고마웠을 텐데. (머리를 곧추세우고) 하지만 괜찮아요! 어차피 마찬가지니까! (독기 어린 눈으로 샴페인 병을 흘끔 보고) 나도 이제 상류층 사람들과 샴페인 정도는 마실 수 있겠군요.

알빙 부인 집이 그리워지면 언제든 오너라, 레지네.

레지네 고맙지만 됐어요. 목사님이 절 보살펴 주실 거예요. 사정이 정 여의치 않으면, 내 집으로 삼아도 좋을 곳이 딱 한군데 있으니 그리로 가겠어요.

알빙 부인 거기가 어딘데?

레지네 '시종장관 알빙의 집'이요.

알빙 부인 레지네, 그러면 넌 타락하고 말 거야.

레지네 될 대로 돼라죠! 아듀!

레지네, 꾸벅 인사하고 복도로 나간다.

오스왈드 (창가에서 밖을 내다보면서) 가 버렸어요.
알빙 부인 그렇구나.
오스왈드 (중얼거리며) 믿을 수 없는 이야기야.
알빙 부인 (다가가 뒤에서 어깨에 손을 올리며) 오스왈드, 놀랐지?
오스왈드 (어머니에게 얼굴을 돌리며) 아버지 일 말인가요?
알빙 부인 그래, 불행한 네 아버지 말이다. 너한텐 충격이었을 테니까.
오스왈드 왜 그렇게 생각하세요? 물론 놀라긴 놀랐죠. 그렇지만 근본적으로는 저와 상관없는 일이에요.
알빙 부인 (어깨에서 손을 떼며) 상관이 없다니! 아버지가 그렇게 비참한 삶을 사셨는데!
오스왈드 물론 남들만큼 동정은 가죠. 하지만…….
알빙 부인 고작 그거니? 네 아버지잖니!
오스왈드 (흥분하며) 네, 아버지…… 아버지죠! 하지만 전 아버지에 대한 건 아무것도 몰라요. 기억나는 건, 언젠가 아버지 때문에 죽을 뻔했다는 것뿐이라고요.
알빙 부인 어떻게 그런 말을! 자식이라면 어떤 일이 있어도 아버지를 사랑해야 하지 않니?
오스왈드 아버지에게 감사할 일이 전혀 없어도요? 아버지가 어떤 분인지 전혀 몰라도요? 어머닌 아직도 그런 고리타분한 생각을 하세요? 다른 생각은 그렇게 깨어 있으신 분이?
알빙 부인 그게 고리타분한 생각이라니……!
오스왈드 그래요, 당연하잖아요. 그런 건 이 세상에 널리 퍼져 있는 생각 중 하나일 뿐이라고요.
알빙 부인 (충격을 받고) 유령이야!
오스왈드 (방을 가로질러 걸으며) 그래요, 유령이라고 불러도 좋아요.
알빙 부인 (미친 듯이) 오스왈드, 그럼 넌 이 엄마도 사랑하지 않겠구나!

오스왈드 적어도 어머니가 어떤 분인지는 알아요…….

알빙 부인 그래, 알겠지. 하지만, 그게 다야!

오스왈드 절 얼마나 사랑하시는지도 알아요. 누가 뭐래도 그 점은 정말 고맙게 생각해요. 게다가 이렇게 병자가 된 이상, 어머니가 안 계시면 전 아무것도 못 할 테죠.

알빙 부인 그래, 그렇고말고, 오스왈드! 정말이지 널 이렇게 집으로 돌려보내 준 그 병에 감사하고 싶을 정도다. 네가 아직 온전히 내 것이 아니란 건 안다. 널 더 내 것으로 만들고 싶어.

오스왈드 (신경질적으로) 그래요, 그래. 하지만 그런 생각은 그냥 말로 그쳐야죠. 제가 환자라는 사실을 잊지 마세요, 어머니. 전 다른 사람을 생각할 여유가 없어요. 저 하나만 생각하기에도 벅차요.

알빙 부인 (낮은 목소리로) 그래, 이제 좀 침착해지자. 무리하지 말고.

오스왈드 그리고 즐겁게 말이죠, 어머니!

알빙 부인 그래, 네 말이 맞다. (오스왈드에게 다가가) 어떠니, 이제 후회라든가 양심의 가책 같은 것은 없어졌지?

오스왈드 네. 하지만 이 두려움은 대체 누가 지워 줄까요?

알빙 부인 두려움?

오스왈드 (방을 가로지르며) 레지네한테 부탁하면 해결해 줄 텐데…….

알빙 부인 무슨 소린지 모르겠구나. 두려움은 뭐고, 레지네는 또 왜…….

오스왈드 밤이 깊었죠, 어머니?

알빙 부인 새벽이 다 됐다. (온실에서 밖을 내다보며) 봐, 산 너머로 여명이 밝아오고 있어. 오늘은 분명 화창할 거다, 오스왈드! 곧 태양을 볼 수 있을 거야.

오스왈드 그렇게 되면 좋겠네요. 아, 삶의 기쁨은 아직도 잔뜩 남아 있구나…….

알빙 부인 그럼!

오스왈드 그림을 그릴 수 없다 해도…….

알빙 부인 그림도 금방 다시 그릴 수 있게 될 거야. 그토록 널 괴롭히던 성가시고 음침한 생각은 더 이상 남아 있지 않잖니.

오스왈드 그런 망상을 어머니가 다 내쫓아 주시니 정말 좋아요. 이제 마지막 하나만 정리해 주신다면…… (소파에 앉으며) 얘기나 좀 해요, 어머니.
알빙 부인 그러자꾸나.

부인, 팔걸이의자를 소파 옆으로 끌어다 놓고 오스왈드 곁에 앉는다.

오스왈드 곧 해가 뜨겠죠. 그러면 어머니도 알게 될 거예요. 그러면 저도 더는 두려워하지 않아도 될 테고요.
알빙 부인 내가 뭘 알게 된다는 거니?
오스왈드 (그녀의 말은 듣지 않은 채) 어머니, 아까 저녁에 그러셨죠? 제 부탁이라면 뭐든 들어주시겠다고.
알빙 부인 그래, 그렇게 말했지.
오스왈드 그거 진심이세요?
알빙 부인 당연하지. 그러니까 안심해라. 너는 내 삶의 유일한 낙이니까.
오스왈드 좋아요, 그럼 말씀드리죠……. 어머니, 어머닌 매우 강한 분이니까 괜찮으실 거라고는 생각하지만, 제가 어떤 말을 해도 놀라지 마세요.
알빙 부인 무슨 끔찍한 소릴 하려는 거니?
오스왈드 소리 지르시면 안 돼요, 아시겠죠? 약속하셨어요? 가만히 앉아서 제 말만 조용히 들으세요. 아시겠죠?
알빙 부인 그래, 약속하마. 그러니 어서 말해 보렴!
오스왈드 그럼 말하죠. 제가 자주 피곤하다거나 그림 그릴 의욕이 들지 않는다고 한 건 진짜 병이 아니에요.
알빙 부인 그럼 진짜 병은 뭐니?
오스왈드 유전병이에요……. (손가락으로 이마를 가리키며 아주 부드럽게) 그 병이 이 속에 자리 잡고 있어요.
알빙 부인 (말문을 잃는다) 오스왈드! 아니야! 아니야!
오스왈드 소리 지르지 마세요. 소리 지르면 제 머리가 울려서 견딜 수 없어요. 그래요, 어머니. 여기 이 안에 잠복해 있어요. 언제 발병할지 알 수 없죠.
알빙 부인 세상에, 이런 끔찍한 일이……!
오스왈드 침착하세요. 어쨌든, 이게 진짜 제 병이에요.

알빙 부인 (벌떡 일어나며) 말도 안 돼, 오스왈드! 그럴 리 없어!

오스왈드 파리에 있을 때 이미 한 번 발작이 일어났었어요. 금세 지나가긴 했지만요. 하지만 당시 정황을 듣고서 전 겁에 질려 몸이 부들부들 떨렸어요. 그래서 되도록 서둘러 돌아온 거죠.

알빙 부인 네가 말한 두려움이란 게 그거였구나……

오스왈드 그래요. 말로 다할 수 없는 두려움이죠. 아, 차라리 불치병이라 해도 평범한 병이었다면 얼마나 좋을까……. 죽는 건 두렵지 않아요. 물론 가능한 한 오래 살면 좋겠죠.

알빙 부인 당연하지, 오스왈드. 오래 살아야지!

오스왈드 하지만 그 소름 끼치는 느낌! 힘없는 갓난아기로 되돌아간 느낌이라고요. 주는 대로 먹고, 아무런 저항도 못 하는……. 아, 도저히 설명할 수가 없어!

알빙 부인 그 갓난아기에게는 보살펴 줄 엄마가 있지 않니.

오스왈드 (벌떡 일어나며) 절대 안 돼요! 내가 가장 원하지 않는 게 바로 그거예요! 그런 식으로 나이를 먹어 백발이 될 때까지 수십 년을 누워 지낸다니, 그런 건 생각만으로도 끔찍해요. 게다가 어머니가 절 두고 먼저 돌아가실지도 모르잖아요. (부인이 앉은 의자에 자신도 앉는다) 의사가 그랬거든요, 당장 죽는 건 아니라고요. 뇌경색의 일종이라나 뭐라나, 하여간 그렇대요. (서글픈 미소를 띠며) 어감이 아주 멋지지 않아요? 전 그 단어를 들을 때면, 붉은 벨벳처럼 푹신하고 부드러운 감촉이 떠올라요.

알빙 부인 (소리 지르며) 오스왈드!

오스왈드 (다시 일어나 방을 가로지르며) 그런데 어머니는 레지네를 떠나보냈어요! 레지네라면 분명히 날 도울 수 있었을 텐데.

알빙 부인 (그에게로 다가가며) 무슨 뜻으로 하는 말이니? 난 아무 도움도 안 된다는 말이냐?

오스왈드 파리에서 발작이 멈추고 정신이 들었을 때 의사가 그러더군요. 다시 발작이 일어날 텐데…… 그땐 희망이 없다고요.

알빙 부인 어떻게 그런 심한 말을……

오스왈드 제가 말해 달라고 했어요. 각오만큼은 해두고 싶다고 설득했죠. (묘한 미소를 지으며) 그래서 얻었어요. (가슴 안주머니에서 작은 상자를 꺼내어 열

유령 167

며) 어머니, 이게 뭔지 아시겠어요?

알빙 부인 그게 뭔데?

오스왈드 모르핀.

알빙 부인 (공포에 휩싸여 그를 보며) 오스왈드, ……너!

오스왈드 열두 알을 모았죠.

알빙 부인 (빼앗으려고 손을 뻗으며) 이리 내, 오스왈드!

오스왈드 아직 안 돼요. (상자를 다시 품속에 집어넣는다)

알빙 부인 그렇게 되도록 절대 내버려두지 않을 거야!

오스왈드 참으셔야 해요. 지금 레지네가 이 자리에 있었다면, 내가 어떤 병에 걸렸는지 알려 주고, 마지막 도움의 손길을 부탁했을 거예요. 레지네는 분명 날 도와줬겠죠.

알빙 부인 안 돼!

오스왈드 그 소름 끼치는 발작이 일어나, 완치될 희망도 전혀 없이 갓난아기보다 힘없는 모습으로 쓰러져 있는 나를 그녀가 본다면…….

알빙 부인 레지네도 그런 일은 절대 하지 않을 거다!

오스왈드 레지네라면 할 거예요. 레지네는 무정한 아이니까. 게다가 나 같은 병자를 돌보는 일에 금방 싫증을 냈을 거예요.

알빙 부인 그렇다면 그 애가 여기 없어서 다행이구나!

오스왈드 그래요. 그러니까 이제는 어머니가 날 도와주셔야 해요.

알빙 부인 (비명을 지르며) 내가!

오스왈드 어머니보다 허물없는 사람이 어디 있어요?

알빙 부인 내가! 어머니인 내가!

오스왈드 그러니까 더 좋죠.

알빙 부인 난 널 낳은 엄마야!

오스왈드 낳아 달라고 부탁한 적 없어요. 게다가 저한테 주신 삶이 대체 어떤 것이었죠? 전 이런 삶을 원하지 않았어요! 다시 가져가세요!

알빙 부인 누구 거기 없어요? 아무도 없어요? (복도로 달려나간다)

오스왈드 (쫓아가며) 가지 마세요! 어디 가시는 거예요?

알빙 부인 (현관에서) 의사를 불러야겠다! 밖에 나가게 해다오!

오스왈드 (역시 현관으로 가서) 나가시면 안 돼요. 누굴 들여서도 안 되고요.

문을 걸어 잠그는 소리.

알빙 부인 (되돌아오면서) 오스왈드! 오스왈드! 내 아들아!
오스왈드 (뒤를 따르며) 어머니가 절 사랑하신다면 어떻게 그 끔찍한 공포를 겪도록 절 내버려둘 수 있죠!
알빙 부인 (잠시 침묵하다가 단호하게) 그래, 도와주겠다.
오스왈드 정말이요……?
알빙 부인 그래야 하는 상황이 생긴다면 말이야. 하지만 그런 일은 생기지 않을 거다. 그럼, 그런 일은 없고말고!
오스왈드 그렇게 되면야 좋죠. 함께 최대한 오래 살도록 해요. 고마워요, 어머니.

오스왈드, 아까 알빙 부인이 소파 옆으로 옮겨 놓은 팔걸이의자에 앉는다. 동이 터 온다. 탁자에는 아직 등불이 타오르고 있다.

알빙 부인 (오스왈드에게 조심스럽게 다가가며) 이제 좀 안정이 되니?
오스왈드 네.
알빙 부인 (오스왈드에게 몸을 숙이며) 별 끔찍한 상상을 다 했구나, 오스왈드. 하지만 다 지나친 망상이야. 그 난리 통에 흥분한 탓이야. 하지만 이젠 푹 쉴 수 있잖니. 네 집에서, 이 엄마 옆에서 말이야. 원하는 건 뭐든 가질 수 있어, 어렸을 때처럼. 보렴, 벌써 다 나았지. 아무 일도 없잖니! 역시 엄마 생각이 맞았어. ……게다가 보렴, 오스왈드. 정말 날씨가 좋잖니? 햇살이 정말 눈부시구나. 이제 이곳이 어떤 곳인지 너도 알게 될 거다.

부인, 탁자로 걸어가 등불을 끈다. 해가 떠오른다. 배경의 빙하와 산봉우리들이 아침 햇살 속에서 반짝반짝 빛나며 어렴풋이 떠오른다.

오스왈드 (바깥 풍경을 등진 채 팔걸이의자에 꼼짝 않고 앉아 있다가 불쑥 말한다) 어머니, 해를 보고 싶어요.
알빙 부인 (탁자 옆에 있다가 놀라서 오스왈드를 보며) 뭐라고 했니?

오스왈드 (멍하니 단조로운 목소리로 되풀이한다) 햇빛을…… 햇빛을 보고 싶어요.

알빙 부인 (오스왈드에게 다가가며) 오스왈드, 왜 그러니?

오스왈드 (의자 위에서 축 늘어진다. 모든 근육이 풀리고, 얼굴은 표정을 잃었다. 눈은 초점이 없다)

알빙 부인 (공포에 떤다) 왜 그래? (비명을 지른다) 오스왈드! 무슨 일이야! (아들 옆에 무릎을 꿇고 주저앉아 아들을 흔들며) 오스왈드! 오스왈드! 여길 봐! 엄말 알아보겠니?

오스왈드 (여전히 단조로운 음성으로) 햇빛…… 햇빛.

알빙 부인 (절망적으로 벌떡 일어나, 두 손으로 머리카락을 쥐어뜯으며 소리친다) 참을 수 없어! (멍하니 속삭이듯이) 참을 수가 없어! 이럴 수는 없어! (갑자기) 그걸 어디다 뒀었지? (급하게 오스왈드의 품속을 뒤진다) 여기 있다! (뒤로 몇 걸음 물러나 비명을 지른다) 안 돼, 안 돼! ……하지만! ……아니야, 안 돼!

부인, 두 손으로 머리카락을 움켜쥐고 오스왈드에게서 몇 걸음 떨어진 곳에 서서 말할 수 없이 두려운 표정으로 그를 노려본다.

오스왈드 (여전히 꼼짝 않고 앉아서 말한다) 햇빛…… 햇빛…….

En Folkefiende

민중의 적

등장인물

토마스 스토크만 의사. 히스틴 온천 의료주임
피터 스토크만 시장. 토마스 스토크만의 형
모텐 히일 토마스 스토크만의 장인
카트린 스토크만 토마스 스토크만의 아내
홉스타드 〈민중매일신보〉 편집인
아스락슨 〈민중매일신보〉 발행인
빌링 젊은 기자
호스터 선장. 토마스 스토크만의 친구
페트라 여교사. 토마스 스토크만의 딸
아일리프 토마스 스토크만의 큰아들
모텐 토마스 스토크만의 작은아들
마을 주민들 다수 시장 비서, 술집 주인, 술꾼, 호국단체 회원, 공장 직공, 우체국장, 주부, 목사, 농부 등등의 인물들

장면 개요

19세기 끝무렵, 노르웨이의 어느 작은 마을
1막 스토크만 박사 집 거실
2막 다음 날 아침, 같은 곳
3막 다음 날, 〈민중매일신보〉 편집실
4막 같은 날 저녁, 호스터 선장 집
5막 그다음 날 아침, 스토크만 박사 집 거실

제1막

저녁. 스토크만 박사 집 거실. 거실은 검소하고 밝은 분위기가 감돈다.

무대 위, 오른쪽 현관으로 이어지는 출입문이 있는데 그 현관문에서 식당까지 연결되어 있다. 식당은 거실 뒤에 있어 보이지 않는다. 바로 그 왼쪽 옆으로는 또 다른 문이 있다. 이 문을 통해 박사의 서재와 다른 방으로 가게 된다.

무대 위, 왼쪽 구석에는 난로가 있다. 그리고 앞쪽으로 소파가 하나 놓여 있고 그 뒤에 탁자가 보인다. 아래쪽 오른편에는 의자 두 개, 그 사이에 조그만 탁자, 탁자 위에 램프와 사과를 담은 그릇이 놓여 있다. 뒤쪽 왼편 식당으로 통하는 문이 있으며 그 한쪽이 객석에서 보인다. 오른쪽 벽 창문 아래에 벤치가 놓여 있다.

막이 오르면 빌링과 모텐 히일은 식당에서 저녁을 들고 있다. 빌링은 〈민중매일신보〉 편집 부주간이다. 단정하지 못한 노인의 모습을 하고 있는 히일은 아주 급하게 음식을 먹는다. 그는 그릇 안의 마지막 음식을 입에 넣고 씹지도 않은 채 꿀꺽 삼킨 다음에 거실로 나온다. 거기서 외투를 걸치고 초라해 보이는 털모자를 쓴다. 빌링이 따라나와서 노인을 거든다.

빌링 벌써 다 드셨어요? (빌링은 바보스럽게 보일 만큼 모든 일에 열중하는 사람이다)

히일 먹는 거야 뻔한 일 아닌가. 내 딸한테 집에 갔다고 말해 주게나.

히일은 정문으로 가기 위해 무대를 가로질러 걸어간다. 빌링은 다시 음식을 먹으러 식당으로 돌아간다.

히일은 사과 그릇을 보고 걸음을 멈춘다. 사과 한 개를 집어 맛을 보고는 매우 좋아한다. 다른 사과 한 개를 집어 주머니에 넣는다. 그리고 문 쪽으로 걸어간다.

잠시 걸음을 멈추더니 돌아와 다시 사과 한 개를 더 집어 넣는다. 그리고 탁자 위에 놓여 있는 담배통을 본다. 그는 혹시 빌링이 자기가 하는 짓을 볼까 봐 등을 돌리고 나서 통을 열고 냄새를 맡아보고 부리나케 옆 주머니에 담뱃잎을 부어 넣는다. 통 뚜껑을 막 닫을 때 카트린 스토크만이 들어온다.

카트린 아버지! 가시는 거 아니죠?
히일 볼일이 있어서.
카트린 집에 가봤자 하실 일이 뭐 있어요. 계세요! 빌링 기자도 왔고요. 홉스타드 선생님도 오실 거예요. 무척 재미있을 거예요.
히일 자질구레한 일들이 많다. 푸줏간 주인이 네가 불고기감을 잔뜩 사갔다고 해서 와본 거야. 잘 먹고 간다.
카트린 정 그러시면 아범 돌아올 때까지만이라도 좀 계세요. 산책 갔으니까 금방 올 거예요.
히일 (파이프를 꺼내며) 담뱃잎 좀 채워도 되겠지?
카트린 그럼요. 어, 사과 좀 가져가세요. 과일도 늘 사드시고 그러세요.
 (사과 바구니에서 사과가 몇 개나 없어진 것을 보고 놀라서 아버지를 쳐다본다)
히일 내 다 알아서 하마.

초인종이 울린다.

카트린 홉스타드 선생님일 거예요. (문으로 가서 연다)

시장인 피터 스토크만이 들어온다. 예순에 가까운 독신이다. 그는 뒤집혀지려는 배를 바로 세우려고 평생을 배 한복판에서 일해온 듯한 부류의 사람이다. 그는 아마 이 집의 가정생활과 분위기를 부러워할 테지만, 이 집에 찾아와서도 환영받기를 원하지 않는다는 듯이 겉옷을 벗고 앉아 본 적이 없다.

카트린 아주버님! 어쩐 일이세요?

시장 지나가던 길에 그냥 들렀네. (히일을 보고 미소를 지으며) 이게 누구야. 히일 씨 아뇨.

히일 (빈정대듯이) 아, 시장님! (사과를 한 입 베어 물고 나간다)

카트린 제 아버지한테 신경 쓰지 마세요, 아주버님. 나이를 드시더니 점점 더 해요. 저녁 식사 안 하셨지요?

시장 아니, 생각 없어. (그제야 빌링을 본다. 빌링이 식당에서 나오며 인사한다)

빌링 안녕하십니까, 시장님.

카트린 (당황해하며) 저녁 초대했어요.

시장 아, 그래…… 난 저녁에 더운 음식을 먹지 않네. 위에 부담이 가서.

카트린 제 집에서 한 끼라도 대접해 드리면 안 되나요?

시장 괜찮아. 차와 빵 한 조각이면 돼. 건강에도 좋고 돈도 안 들고.

카트린 (웃으며) 저희가 돈을 물 쓰듯 쓴다고 나무라시는 거죠?

시장 그런 뜻이 아니야. 집에 없나?

카트린 아이들하고 산책 나갔어요.

시장 밥 먹고 바로 산책 나가면 건강에 나쁘다던데……. (문을 두드리는 소리가 크게 들린다) 이제 돌아오는군.

카트린 글쎄요, 아직 이른데요…… 들어오세요.

홉스타드가 들어온다. 그는 해결하지 못할 갈등을 안고 있는, 촌티를 막 벗은 삼십대 초반의 편집인이다. 그는 권위와 부를 증오하는 반면에 그런 것들을 누리고 싶은 욕망에서 또한 벗어나지 못하고 있다. 그는 태어날 때부터 갖추지 못한 욕망을, 급진주의자라면 당연히 떨쳐버려야 할 세속의 욕망을 열망한다는 점에서 위험한 인물일지도 모른다.

카트린 홉스타드 선생님…….

홉스타드 늦어서 미안합니다. 인쇄소에 들렀다 오느라고요.

홉스타드 (놀라며) 아니 시장님, 안녕하십니까?

시장 (짐짓 딱딱하게) 주필께선 기사 때문에 오셨소?

홉스타드 아, 아닙니다. 오늘은 그냥 놀러왔습니다.

시장 (빈정대듯) 아, 그래요. 내 동생이 거, 뭐요? "민중 자유 해방 신보"랄까? 에……

홉스타드 '민중매일신보'입니다.

시장 응, 민중매일신보? 거기에 없어선 안 될 필자가 되었더구먼.

홉스타드 박사님은 아주 특별한 필자입니다. 진실을 밝혀야 할 일이 생길 때마다 저희 신문을 빛내 주십니다.

시장 진실? 진실이라! 음, 그래요?

카트린 (긴장하여 홉스타드에게) 뭐 좀 드시죠? (식당 쪽을 가리킨다)

시장 내 동생이 당신네 신문을 이용하는 걸 비난하는 건 아니오. "배우들은 손뼉을 제일 많이 쳐대는 관객을 바라보게" 돼 있는 거요. 내가 반대하는 건, 사실 언론이 아니에요.

홉스타드 시장님이 반대하시는 게 무엇인지 저희도 잘 압니다.

시장 당신네 신문과 내 동생이 주장하는 진실이 무엇이든지 간에 언론에선 요즈음 주민들의 마음을 잘 파악해야 합니다. 미래에 대해 기대를 걸고 있기 때문에 인내심을 보이는 거예요. 모두가 하나같이 믿고 있는 것. 그 꿈을 이루기 위해서 인내심을 가지고 기다리는 거예요.

홉스타드 그야, 히스틴 온천이죠.

시장 보통 온천이 아니에요. 이 마을의 영혼을 바꿔 버린 그 기가 막힌 온천. 히스틴 온천은 우리 마을의 지도를 바꿔 버렸어요.

카트린 그이도 그런 얘길 했어요.

시장 모든 게 확 달라졌어요. 땅값도 뛰고 하루가 다르게 거래가 늘고 사업은 번창하고…….

홉스타드 실업도 사라질 거라면서요?

시장 그렇죠. 부자만 세금을 내던 시대는 지나갔습니다.

홉스타드 벌써 예약을 받고 있다면서요?

시장 매일 들어오고 있어요. 아주 고무적이죠. 말도 못합니다.

홉스타드 잘됐습니다. (카트린에게) 박사님의 글이 때맞춰 나오게 되는 셈입니다.

시장이 신문과 박사를 한데 묶어서 빈정대었기 때문에 홉스타드도 시장의 비위를 맞추다가 시장이 자랑하는 온천에 대해서 박사와 신문도 자랑을 위해서는 한몫한다는 점을 강조한다. 이러한 시점에 이르기까지 홉스타드의 여유 있는 태도가 중요하다.

시장 아니, 내 동생이 또 뭘 새로 썼소?
홉스타드 새 건 아니고요. 지난겨울에 온천을 추천하는 글을 기고하셨는데 제가 좀 밀어놨습니다.
시장 뭐, 문제가 있어서?
홉스타드 아뇨. 여름휴가에 사람들이 몰릴 때 터뜨리려고 묵혀 두고 있는 겁니다.
시장 거, 잘 생각했소. 주필다운 생각이군요.
카트린 온천에 대해서 아이디어가 많나봐요. 매일같이 뭘 생각해내요.
시장 그래야지. 온천 때문에 월급을 받고 있는데 당연하지.
홉스타드 그까짓 월급 때문에 그러시겠습니까? 히스틴 온천을 개발한 당사자가 박사님 아닙니까?
시장 당사자? (이 말에 심사가 뒤틀려서) 온천 개발이 어디 한 사람이 해낼 수 있는 일이오?
카트린 그럼요, 당연하죠.
홉스타드 저야, 아이디어를 처음 낸 사람을 거론했을 뿐입니다.
시장 하지만 생각을 실천으로 옮기기 위해선 옆에 누군가가 있어야 하는 거요. 이 집안사람들만이라도 그런 생각을 해야지. 그리고 언론도 말이야……
카트린 아주버님, 저흰, 그런 뜻이 아니라…… 어서 가서 식사 좀 하세요. 그이도 금방 올 거예요.
홉스타드 네, 그럼 가서 좀 들겠습니다. (식당으로 가서 식탁에 앉는다)
시장 (목소리를 낮추며) 거참 할 말이 없군. 배우지 못한 집 출신들은 언제 어디서고 티가 난다니까.
카트린 저, 온천 개발의 공을 형님하고 동생이 함께 나누면 안 되나요?
시장 온천 개발이라는 그 힘든 일을 많은 사람이 함께했는데 왜 언론이 나서서 주연, 조연을 가르냔 말이야!

카트린 (거북한 표정을 짓는다. 현관 문소리에) 어, 지금 왔네요.

현관으로 가서 문을 연다. 토마스 스토크만 박사가 밖에서 웃으며 얘길 하고 있다.

그는 한창 나이다. 그는 영원한 애호가라고 부를 만하다. 일과 사람, 순수한 생활을 사랑하고 하루하루가 너무나 짧다고 느끼며, 미래는 바람직한 즐거움으로 가득 찰 것이라고 믿는 사람이다.

그는 정신적 가치를 물질적 가치보다 더 높게 평가한다. 정신적 가치를 물질적 가치보다 낮게 매겨야 하는 타협에는 절대로 응하지 않기 때문에 사람들은 그를 껄끄럽게 생각할 수도 있다.

스토크만 여보! 여기 또 한 분이 오셨어, 선장님이야! 옷을 여기다 거세요. 아, 그렇지 외투를 안 입으시지. 애들아 들어가자. 너희 저녁 먹은 거 다 소화됐겠다. 들어갑시다. 불고기 재워둔 거 한번 구경해 보시오.

호스터 선장을 이끌고 식당으로 들어간다. 아일리프와 모텐도 함께 식당으로 들어간다.

카트린 여보……. (시장이 있는 거실 쪽을 몸짓으로 가리킨다)
스토크만 아, 형님, (걸어와서 손을 내민다) 잘 오셨습니다. 앉으세요.
시장 곧 가야 한다.
스토크만 무슨 말씀이세요. 한잔하고 가셔야죠. 여보 한 상 봐봐요.
카트린 네, 준비 다 해놨어요. (식당으로 들어간다)
시장 술 한잔하자고? 술판에 끼고 싶지 않아.
스토크만 술판이라뇨?
시장 (식당 쪽을 가리키며) 저렇게 음식을 만들어서 먹고 즐기다니 일 났구나, 일 났어.
스토크만 왜, 전 친구들 불러다가 즐기지도 못합니까? 북쪽에서 돌아와보니 여기엔 일거리, 도전거리가 있단 말입니다. 뭔가 하겠다는 욕망으로 가슴이 타고 있는 젊고, 행복하고, 자유로운 사람들과 어울리면 얼마나 즐거운지 몰라요. 저 사람들이 우리 미래를 흔들어 놓을 테니 두고 보십쇼.

시장 (약간 경계하듯 놀라며) 뭐? 뭘 흔든다는 거야?

스토크만 (주위를 걸어다니며) 기다려보세요. 때가 되면 자연히 알게 됩니다. 형님이나 저 같은 구세대들은 뒤에서 구경이나 하다가······.

시장 아직 난 구세대라는 말 들어본 적 없다.

스토크만 형님, 말꼬리 잡고 늘어지지 마세요. 형님 문제가 뭔지 아세요? 생각이 구식이라고요. 형님도 저처럼 저 북쪽 시골에 가서 한 5년쯤 살다 나와보세요. 요즘 여긴 천지개벽이 된 것 같아요.

시장 천지개벽! 그 말 잘했다. 아무리 일거리, 도전거리가 있다고 해서 네가 내 뒤통수를 치는 일은 받아들일 수 없어.

스토크만 제가 언제 형님 뒤통수를 친 적이 있습니까?

시장 넌 언제나 네 식대로 하는 타고난 버릇이 있어. 그건 제대로 조직된 사회에선 통하지 않아. 개인은 전체에 봉사해야 하는 거야, 전체······ (적당한 말을 찾다가 자신을 가리키고) 전체의 복지를 책임지고 있는 권위에 복종해야 하는 거야. (일어선다)

스토크만 제가 뭘 어쨌다는 겁니까?

시장 온천에 관한 일은 정당한 통로를 거쳐서 공식적으로 다뤄야 하고, 합법적으로 소집한 이사회를 통해서 다뤄야 한다. 내가 온천개발이사회 이사장이란 걸 잊어버리지 마라.

스토크만 그걸 누가 몰라요?

시장 알았다니 다행이다. 제수씨, 잘 있어요. (나간다)

카트린 (거실로 들어오며) 왜 벌써 가시게 했어요?

스토크만 화가 이만큼 나서 가셨어!

카트린 또 어떻게 했기에?

스토크만 나보고 어떻게 하라는 거야? 내 머릿속에 있는 생각을 어떻게 일일이 설명을 드릴 수 있냐고?

카트린 설명을 해드려야 할 일이 뭐예요, 대체?

스토크만 (망설이다가) 그만둡시다. 오늘 편지 온 거 없나?

카트린 한 통도 안 왔어요.

스토크만 오늘도 우체부가 안 왔다니 이상하네.

홉스타드, 빌링, 호스터 선장이 식탁에서 일어나 거실로 나온다.
잠시 뒤 아일리프와 모텐이 들어오고 카트린이 나간다.

빌링 (양팔을 뻗으며) 아, 좋다, 좋아. 며칠만 오늘처럼 식사한다면 사람이 확 달라질걸요. 어, 이 집은 참······.
홉스타드 (말을 끊으며) 시장님 기분이 좋지 않죠?
스토크만 (변명하며) 속이 안 좋으셔. 소화불량증이 있어서.
홉스타드 민중매일신보 기자를 만났으니 더 불편할 겁니다.
스토크만 (정색하며) 아닙니다. 우리 형님은 외로운 사람이에요. 그저, 공적인 일, 의무사항, 거기다 홀몸이라 식사도 제대로 못하시고. 에이, 여보, 술 한잔합시다!
카트린 (안에서) 네, 곧 나가요.
스토크만 여기 이렇게 다 같이 앉읍시다. 선장님, 참 오랜만이요. 우리 집에 다 오시다니, 자 앉읍시다.

홉스타드는 가운데 의자에, 스토크만은 소파에, 빌링은 벽난로 곁에, 호스터는 발걸이 의자에 앉는다.
카트린이 쟁반에 물병, 잔, 병 등을 담아 들어와 긴의자 뒤에 있는 탁자에 놓는다.

카트린 오늘 마음껏 드세요.
스토크만 (아내가 술을 준비하는 동안 소파에 앉아서 담배, 시가 등을 챙긴다. 아내가 담배통을 건네준다) 어디 시가를 피워볼까? 아일리프야, 시가 상자 알지? 모텐아, 가서 파이프 가져와. (아이들이 왼쪽으로 나간다) 아일리프 녀석은 아무래도 나 몰래 담배를 피워본 것 같은데, 그저 내버려두는 거죠. 여보, 내 파이프 어디 있지? 어, 벌써? 착한 녀석들. (아이들이 여러 가지를 들고 온다) 자, '소신껏' 즐기세요. 난 파이프가 좋더라. 이놈이 이거, 나하고 저 북방에서 눈보라를 함께 견딘 놈이거든. 자, 듭시다!

아이들은 창문 근처의 의자에 앉는다. 카트린은 소파에 앉는다.

호스터 전엔 누추하더니 아주 새집 같습니다.
빌링 (호스터에게 친근하게, 박사를 가리키며) 제가 아주 좋아하는 분입니다!
스토크만 (주위를 둘러보며) 아, 스위트 홈! 아, 좋다!
카트린 (앉아서 뜨개질을 하며) 곧 출항하시나요? 호스터 선장님?
호스터 다음 주에 떠날 겁니다.
카트린 이번에도 미국에 가시나요?
호스터 그럴 예정입니다.
빌링 이번 선거 땐 집에 안 계시겠네요.
호스터 선거가 또 있습니까?
빌링 모르셨어요?
호스터 네, 세상일에 관심이 없어서…….

사실 그는 비록 많이 알고 있지는 않아도 관심은 가지고 있다. 호스터 선장은 희곡에 나오는, 등장인물 가운데 과묵한 인물에 속한다. 그렇다고 해서 성격이 희미한 등장인물은 결코 아니다. 용기 있고 차분한 사람을 친구로 삼는 것은 괜찮은 일이다.

카트린 모르고 사는 게 좋아요. 그래서 선장님을 만나면 마음이 편해요.
빌링 선거는 해보면 재미있어요. 지난번 대선 때 보셨으니 아시겠네요.
호스터 세상 돌아가는 걸 이해도 못하는데 어떻게 선걸 합니까?
빌링 이해라! 그건 또 웬 말씀. 사회는 말이죠, 선장님, 배와 똑같습니다. 항해하기 위해선 모두가 뭔가 일을 맡아야죠.
호스터 배 타보셨습니까?
빌링 아뇨.
호스터 육지에서야 그렇겠지만 배에 오르면 모든 것이 확 달라집니다.

페트라가 모자와 외투를 입고 팔에 교과서와 공책을 들고 현관으로 들어온다. 그녀는 현명한 사람의 눈에는 미래의 희망으로 보일 것이며 사실 우리에게 필요한 희망이기도 하다. 솔직하고 단호하며 노동의 의미를 잘 알고 있다. 그녀에게 노동은 지상에서 선을 창조하는 일감이다.

페트라 (현관에서) 안녕하세요.
스토크만 (다정하게) 어서 와라, 페트라야!
빌링 (호스터에게) 대단한 여잡니다.

페트라는 책을 놓고 들어온다. 탁자 옆 의자에 있는 홉스타드에게 먼저 인사한다. 서로 반겨 안는다. 호스터가 일어난다. 빌링이 호스터에게 다가와 "대단한 여잡니다" 한다. 페트라는 빌링과 호스터에게 인사하고, 그다음에 말한다.

페트라 남들은 노예처럼 뼈 빠지게 일하는데 한량처럼 지내시는군요.
스토크만 너도 와서 한량 해라. 고생했지? 수고했다. (페트라는 아버지에게 가서 입을 맞춘다)
빌링 한 잔 만들어드릴까요?
페트라 (탁자로 다가오며) 놔두세요, 제가 만들어 먹을게요. 선생님은 너무 진하게 타세요.
스토크만 난 저 애가 내가 낳은 딸이라는 생각이 들지 않아요.
페트라 어, 아버지, 편지 왔어요.
스토크만 (놀라며) 어디서 온 거냐?
페트라 아침에 학교 가다가 우체부를 만났거든요. 편지를 주는데 급해서 그냥 가지고 갔어요.
스토크만 (일어나 딸에게 가며) 아침에 온 편지를 지금에야 전해 주는 거니?
페트라 집으로 돌아올 시간이 없었어요.
카트린 아무리 급하다 해도…….
스토크만 빨리 가져와! (편지를 받아서 봉투를 본다) 그럼 그렇지.
카트린 기다리던 편지예요?
스토크만 응, 잠깐 실례합니다.
페트라 뭐예요? 엄마?
카트린 내가 아니? 요 며칠 동안 우체부 안 왔느냐고 자꾸 물으시더라.
빌링 지방에 있는 환자겠지요, 뭐.
페트라 불쌍하셔라. 너무 일이 많으세요. (술을 만든다) 그럴듯해 보이죠?

홉스타드 번역은 잘 돼갑니까? 전에, 그 영어 소설요.

페트라 네, 시작은 했어요. 요즘 너무 바빠서……

홉스타드 야간 반을 또 맡으셨나?

페트라 매일 두 시간씩요. 낮에는 고등학교에서 다섯 시간씩. 매일 저녁 숙제를 고쳐 줘야 해요.

카트린 저 앤, 쉬는 걸 몰라요.

홉스타드 언제봐도 숨 가쁘게 보여요, 숨찬 여자.

카트린 일이 좋아요. 일을 하다가 곯아떨어지는 게 매우 좋아요.

빌링 (호스터에게) 피곤해 보이죠?

모텐 누난 귀신 같아.

페트라 (웃으며) 귀신 같다고?

모텐 일밖에 몰라. 우리 선생님이 그러는데 죄 많이 진 사람이 일도 많이 한대.

아일리프 그런 소릴 믿어?

카트린 아일리프! 선생님 말씀을 믿어야지!

빌링 (미소 지으며) 그냥 놔둬보세요.

홉스타드 모텐아, 넌 일하고 싶지 않니?

모텐 일이요? 싫어요.

홉스타드 이담에 커서 뭐가 되고 싶니?

모텐 저요? 바이킹 해적이요.

아일리프 안 돼 인마, 그건 야만족이나 하는 거야.

모텐 그럼 야만족 하지.

카트린 애들아, 너무 늦었다. 일어나!

빌링 모텐아, 너, 아저씨 맘에 든다. 난 말이야……

카트린 (빌링에게 눈짓을 주며) 그만두세요, 빌링 선생님.

빌링 아뇨, 쟤 말에 일리가 있어요. 전 야만족이고, 그걸 자랑합니다. 두고 보세요. 우리는 모두, 다 야만족이 될 겁니다!

모텐 야만족 되면 하고 싶은 대로 다 할 수 있죠?

빌링 맞아, 모텐아. 봐라……

카트린 (막으며) 너희 내일 숙제 다해놨어? 어서 들어가. 숙제 다하고 자.

민중의 적 183

아일리프 쪼끔만 더 있다 들어가면 안 돼요?
카트린 안 돼. 어서 들어가.

아이들은 인사하고 왼쪽으로 들어간다. 어른들은 웃는다. 스토크만이 서재에서 편지를 손에 들고 나온다. 그는 몽유병 환자처럼 놀라고 홀린 듯하다. 현관문 앞까지 걸어간다. 음악이 낮게 깔린다.

카트린 여보!
스토크만 (사람들을 의식하고 돌아와서) 놀라운 소식이 있습니다!
일동 (반응한다)
스토크만 (아내에게) 아주 끔찍한 걸 찾아냈어.
카트린 당신이?
스토크만 우리의 미래를 보장한다고 그렇게 떠들어대던 온천이, 기적 같은 선물이라던 온천 요양원 전체가 전염병 소굴이에요.
일동 (놀란다)
스토크만 저 풍차골 계곡이 썩은 거 알고 있죠? 냄새가 얼마나 지독합니까? 그 위에 있는 가죽공장에서 버린 쓰레기 때문이에요. 바로 그 독이 든 썩은 물이 "축복과 기적의 물" 속으로 스며들고 있는 겁니다!
호스터 물길이 오염됐다, 이 말입니까?
스토크만 그래요.
홉스타드 어떻게 발견하셨죠?
스토크만 작년 방문객들 가운데 환자가 너무 많이 생겼어요. 장티푸스, 위장병 등 아주 많았죠. 그래서 의심하기 시작했습니다.
카트린 맞아요. 스벤슨 조카네 아줌마도 그랬고…….
스토크만 맞아요. 처음엔 나도 방문객들이 병을 들여왔다고 생각해 보다가 혹시 물 문제가 아닐까 하고 물에 대해서 조사하기 시작했어요.
카트린 당신이 여태 일해 온 게 그거군요!
스토크만 표본을 채취해서 대학연구소로 보냈지, 성분을 분석해 달라고.
홉스타드 그게 성분 분석 결과군요!
스토크만 이거요. 물속에 전염성 유기물질이 들어 있대요.

카트린 아주 때맞춰 발견했네요!

일동 (반응한다)

홉스타드 개선책이 있습니까?

스토크만 있지요. 고치지 않으면 요양원 전체가 못 쓰게 됩니다.

카트린 근데, 여보. 왜 그동안 입을 꼭 다물고 있었어요?

스토크만 그럼 어떻게 하라는 거요. 확실하게 알기도 전에 떠들고 다니란 말이야? (두 손을 비비며 걸어다닌다) 여보, 이게 얼마나 중요한 문젠지 알아? 수로시설 전체를 다 바꿔야 하는 일이야. (전체 반응) 수로시설 전체. 물 들어 오는 관이 너무 낮은 데 있어서 문제야. 관을 상류 쪽으로 묻어야 한다고. 지금 시설은 다 뜯어 버려야 해!

페트라 아버지, 결국은 아버지 말씀대로 되는 거네요!

카트린 맞아, 당신이 그때 말렸죠.

스토크만 내가 아래쪽에 묻지 말라고 그렇게 말렸는데도 행정당국에서 내 말을 듣지 않고 그대로 밀고 나간 거 아냐! 난 정치가들한테 올바른 소리를 말해야 하는 과학자라고. 이젠 알아들을 거요. 대가는 치르겠지만. 페트라야, 책상에 내 보고서가 있다. (페트라는 서재로 들어간다) 여보 봉투!

(카트린이 봉투를 가지러 간다)

빌링 이건 특종입니다! (호스터에게) 저분 대단하십니다!

스토크만 여러분, 대학연구소에서 온 이 성분 분석표, (페트라가 가지고 온 보고서를 손에 받아 쥐고) 그리고 내 보고서, (서류를 흔든다) 다섯 장 빽빽이 썼어요.

카트린 (봉투를 건네준다) 이거면 되죠?

스토크만 좋아. 이사회 앞으로 보내는 거야! (보고서를 집어넣고 봉투를 봉한 다음 아내에게 준다) 랜다인인가, 뭔가, 누구지 그 일하는 애 말이야. 그 애한테 하던 일 멈추고 당장 시장한테 달려가라고 하시오.

카트린이 제자리에 서서 남편을 쳐다본다.

스토크만 왜 그래 여보?

페트라 (어머니가 말이 없자 그 마음을 읽고) 큰아버지가 뭐라고 하실까요?

스토크만 뭐라고 하긴! 전염병이 돌기 전에 엄청난 사실이 밝혀져서 천만다행으로 생각하시겠지. 여보, 어서! (카트린이 나간다)
홉스타드 (일어나며) 박사님의 발견을 일면 머리기사로 다루겠습니다.
스토크만 하시오. 그래주면 더없이 고맙지요.
빌링 와, 박사님, 이 동네의 최고지도자가 되셨습니다. 주필님, 박사님을 위해서 주민대회라도 열어야 하는 거 아닙니까?

즐거운 음악 소리가 들린다.

스토크만 무슨 쓸데없는 소리……
홉스타드 우리, 기사를 잘 만들어 봅시다…….

카트린이 들어온다.

페트라 (술잔을 들며, 그 자리에서) 아버지를 위하여!
일동 박사님 만세!
호스터 박사님, 앞으로 박사님 이름이 빛나고 축복이 있기를 빌겠습니다.
스토크만 아, 고맙습니다, 감사합니다. 이 세상의 축복 중에서, 축복 중의 축복이 있다죠. 이웃으로부터 소중한 대접을 받는 것, 아, 여보 나 춤 추고 싶어!

스토크만은 아내를 붙잡고 춤을 춘다. 소리를 지르고 밀고 당기고 소란스러워진다. 아이들이 잠옷 차림으로 오른쪽 문간으로 얼굴을 내민다. 카트린이 아이들을 보고 남편에게 빠져나와 아이들을 이층으로 쫓을 때, 조명이 어두워진다.

제2막

그다음 날 오전. 스토크만 박사 집의 거실. 어둠 속에서 모텐 히일이 낄낄대는 소리가 들린다. 웃음소리에 조명이 밝아온다.
카트린과 스토크만은 어리둥절해 서 있다. 히일은 시종 웃어댄다.

히일 이봐, 난 자네가 친형을 그렇게 골탕먹이리라고는 생각하지도 못했어.
스토크만 골탕이라뇨?
카트린 아니, 아버지 어떻게······.
히일 뭐가 어떻게 된 건지 속 시원히 말해봐. 뭐 파이프 속에 바, 박, 바 바퀴벌레 같은 게 들어갔다고?
카트린 박테리아요, 아버지.
히일 (웃음 속에서 말소리가 겨우 들린다) 뭐 어쨌든 득실거린다면서?
스토크만 네, 수백 수천만 마리도 넘죠.
히일 그런 걸 자네밖에 아무도 본 사람이 없단 말이지?
스토크만 현미경으로 보면 누구나 다 볼 수······ (말을 중단하고) 왜 웃으시죠?
카트린 (아버지에게 웃으며) 아버진 몰라서 그래요. 박테리아는 눈에는 안 보여요. 눈에 안 보인다고 없다고 말할 수는 없어요.
히일 잘한다. 가재도 게 편이라더니! 하지만 내 살아오면서 이처럼 기발한 애긴 들은 적이 없다. 눈에는 보이지 않는 벌레!
스토크만 (미소를 지으며) 기발하다뇨?
히일 이봐, 자네 형님이 이 사실을 믿을 거란 말이지?
스토크만 네, 틀림없이 믿게 됩니다!
히일 자네 형님이 그렇게 정신 나간 사람이라고 믿고 있나?
스토크만 정신 나간 사람들은 다 제정신을 차릴 겁니다.

히일 그럼 모두들 정신이 번쩍 들게 해보게. 저놈들은 이 늙은이보다 훨씬 더 똑똑하다고 생각하겠지. 자네 형님이 시의회에서 날 쫓아내라고 명령을 내리자마자 부하들이 개새끼 내몰듯 날 쫓아냈어. 그놈들 다 바보처럼 만들어 버리게, 자네가.

스토크만 이 문제는 마을 전체의 문젠데요.

히일 내가 돈 가지고 지랄하는 놈은 아니지만 자네 형님하고 부하 패거리들을 "눈에 보이지 않는 벌레"로 꼼짝 못하게 만들면 내 전 재산을 이웃 돕기 성금으로 내놓겠네, 지금 당장!

홉스타드가 현관으로 들어온다.

홉스타드 안녕하십니까? 어, 실례했습니다.

히일 (새로운 방문객을 증거로 여기며) 이 사람도 같은 팬가?

홉스타드 무슨 말씀이십니까?

스토크만 (부정하면 얘기가 길어질까 봐) 네, 그렇습니다.

히일 어떻게 돌아가는지 알겠다! 신문에 내겠다 이거지. 정말 막다른 골목으로 몰아넣겠단 말이군. 그래, 본때를 보여줘. 꼭 성공하게. 자네만 벌레를 볼 수 있다고? 아무튼 기발해! (현관으로 간다)

카트린 (웃으며 아버지를 쫓아간다) 아버진 박테리아도 모르면서 왜 그러세요.

스토크만 노인네가 돼서 한마디도 믿으려 하지 않으시네.

홉스타드 왜 안 믿으시는 거죠?

스토크만 내가 꾀를 부려 우리 형님을 바보로 만들려 한다고 생각하시나봐요.

홉스타드 시장 쪽 반응은 어떻습니까?

스토크만 오후에 이리로 오겠다는 메모만 보냈더군요.

홉스타드 저는요, 어젯밤에, 이번 일을 심각하게 생각해 봤습니다.

스토크만 그만두라고요?

홉스타드 이번 일이 박사님에겐 아주 특별한 기회입니다. 그러나 다른 일들과 복잡하게 연결되어 있다는 사실을 알고 계신지요.

스토크만 무슨 말이오? 복잡하다니……

홉스타드 땅속에 있는 불순물로부터 오염이 시작되었다고요?
스토크만 풍차골 계곡에 버린 쓰레기가 주범이오.
홉스타드 전 완전히 다른 쓰레기에서 오염이 시작되었다고 생각합니다.
스토크만 다른 쓰레기?
홉스타드 박사님, 이 마을에 관한 모든 문제는 몇몇의 관료들의 손에 놀아나고 있습니다.
스토크만 모두가 다 관료는 아닌데…….
홉스타드 하나같이 부자들이고 이름을 날리면서 또한 권력까지 손에 쥐고 있는 사람들입니다.
스토크만 하지만 능력도 있고 배운 게 많은 사람들이오.
홉스타드 그들이 능력과 지식을 처음부터 발휘했나요?
스토크만 발휘하진 않았죠. 그 사람들이 실수한 거요. 그래서 우리가 해결하자는 거 아닙니까?
홉스타드 쉽게 해결될까요?
스토크만 쉽든 쉽지 않든지 간에 이 문제는 꼭 해결해야 하는 거요.
홉스타드 박사님, 전 이번 추문을 특별히 다루기로 결심했습니다.
스토크만 추문이라고 부를 수 있을까요? 아직은…….
홉스타드 제가 민중매일신보를 인수했을 때 결심한 게 있습니다. 낡아빠지고, 완강하고, 독선에 빠진 보수 세력의 음모를 용납하지 않겠다고요. 이 일은 저들을 퇴진시킬 만한 사건입니다.
스토크만 …….
홉스타드 시장이 박사님의 친형님이라서 원만하게 넘어가려 했지만, 진실이 왜곡되기를 바라지 않는 박사님의 신념을 지지하는 저로서는……. (단호하게) 진실이 가려져서는 안 돼요. 절 좀 이해해 주십시오. 제가 족보 없는 집안 출신이라고 해서 드리는 말씀은 아닙니다. 사회의 약자가 정부나 기성사회 제도에 품고 있는 불만이 무엇인지 뼈저리게 느끼고 있는 놈입니다. 민중에게 깨달음과 자존심을 불어넣어 주고 싶습니다.
스토크만 그건 이해합니다.
홉스타드 전 사회를 구성하고 있는 다수의 약자에게 더 많은 기회를 제공하는 언론인이 되려고 합니다. 어떤 집단에선 그런 걸 '선동'이라고 부르기도 합니다. 제멋대로 이름을 붙이는 거죠. 전 양심을 가지고 민중에게……
…….

스토크만 (말을 막으며) 거기엔 나도 동의합니다. 근데 이 일은 그저 온천수 공급에 관한 것으로서…… (문 두드리는 소리에) 뭐야, 들어오십시오.

아스락슨이 조용히 들어온다. 스토크만과 홉스타드는 놀란다.

아스락슨 (정중하게) 실례합니다…… 말씀 나누시는데…….
스토크만 아니, 아스락슨 사장님이 웬일로…….
홉스타드 절 찾으시는 겁니까?
아스락슨 아, 홉스타드 주필도 와 있었군. 박사님 좀 뵙고 싶어서…….
스토크만 앉으십시오.
아스락슨 마침 우리 주필도 와 있으니 더욱 잘된 것 같습니다. 대규모로 홍보운동을 벌이신다고 우리 빌링 기자한테 들었습니다.
스토크만 온천 요양원 일이지, 홍보운동은 아닙니다.
아스락슨 박사님을 백 프로 지지한다는 걸 말씀드리러 왔습니다.
홉스타드 (스토크만에게) 어떻습니까?
스토크만 아스락슨 사장님, 정말 감사합니다. 하지만 갑자기…….
아스락슨 저희도 중요한 일을 맡겠습니다. 박사님, 약자의 처지에서 관을 상대로 일을 추진하려면 다수의 힘을 얻어야 합니다. 다수가 지지하면 좋은 거 아닙니까? 다수가 움직여야 관에서도 반응을 보입니다.
스토크만 맞는 말씀입니다. 그런데 온천 물 문제는 단순하고 간단한 거 아닙니까?
아스락슨 그럴까요? 히스틴 온천은 우리 마을의 금광이나 다름없지 않습니까? 그 많은 땅임자들을 생각해 보십시오. 제가 온천개발지구 부협회회장으로 있기 때문에…….
스토크만 아, 네.
아스락슨 게다가 금주협회 홍보이사가 바로 접니다. 아시죠 박사님, 제가 주류제조 및 판매금지 운동에 앞장선 사람입니다.
스토크만 네, 애긴 들었습니다.

아스락슨 두 단체의 회원이 얼마나 되는지 아십니까? 그 밖에도 만나는 사람이 아주 많습니다. 한 번도 법을 어긴 적 없고, 그렇다고 상을 받은 적도 없지만 모범 시민으로서 제법 영향력도 갖고 있습니다.

스토크만 네, 잘 알고 있습니다.

아스락슨 그러니까 저 혼자 힘으로도 시위운동 같은 건 금방 조직할 수 있다 이겁니다.

스토크만 시위운동이요? 아니 무엇 땜에 시위를 합니까?

아스락슨 (웃음) 제 모토는 온건과 중용입니다. (시위하겠다는 뜻이 아님을 밝히고) 지금 주민들 사이에선 박사님 칭찬이 자자합니다. 그래서 온건하게 일을 추진하기만 하면 당국에 상처를 입히지 않고서도 큰 성과를 볼 수 있을 것입니다.

홉스타드 (아스락슨의 태도가 못마땅하여) 무능한 자들을 공직에서 퇴진시키지 않고서 무슨 성과를 본다는 말입니까?

스토크만 (홉스타드의 강한 마음을 누그러뜨리며) 나도 누군가가 다치는 걸 바라진 않아요.

아스락슨 홉스타드 주필, 자극적으로 공격해선 안 되네. 급진주의가 이번 일에 끼어선 곤란해. '얻는 게' 없어. 하지만 선량한 시민이 자기 의견을 자유롭고 소신 있게 발표할 수 있도록 언론은 나설 거라네. 조금도 걱정 말고 박사님의 계획대로 일을 진행시켜 주게.

스토크만 (아스락슨의 손을 잡고 흔들며) 아스락슨 사장님. 민중매일신보 발행인께서 이렇게 직접 지지해 주시니 내 마음이 벅차오릅니다. 기쁩니다. 정말 기뻐요. 저, 포도주 한잔할까요?

아스락슨 전, 금주협회 회원인데요. 전…….

스토크만 그럼 맥주라도 한잔?

아스락슨 (생각해 본다) 아, 저, 사양하겠습니다. 한 방울도 안 마십니다. 가 보겠습니다. 그저 평범한 민중의 한 사람이지만 박사님 뒤에 바위처럼 서 있다는 사실을 잊지 마십시오.

스토크만 감사합니다. 그럼 안녕히 가십시오.

아스락슨 주필, 박사님과 충분히 얘길 나누고 나중에 사무실에서 만나세. 박사님, 무슨 일이든 힘이 되어 드리겠습니다.

홉스타드 저 기회주의적 속물의 말을 다 믿지 마십시오.

스토크만 (놀라서) 왜요? 저분은 진실한 분이 아닙니까?

홉스타드 입으로는 자유롭고 진보적 사상을 늘어놓으면서도 마음은 권력을 향하고 있는 해바라기예요. 저 사람도 정리대상입니다. (박사의 반응에 화제를 돌린다) 박사님 보고서를 신문에 싣겠습니다.

스토크만 우선 우리 형님 말을 들어보고요.

홉스타드 그럼 그동안 사설을 먼저 써놓겠습니다. 만일 시장께서 반대하신다면요?

스토크만 그럴 리가 있나요!

홉스타드 제 느낌은 달라요. 반대할지도 모릅니다, 박사님.

스토크만 날 믿어요. 우릴 따를 거요. 그때 가서 내 보고서를 신문에 실으시오. 한 줄도 빼지 말고.

홉스타드 약속하시는 거죠?

스토크만 (원고를 주며) 여기, 가져가시오. 당신이 먼저 읽는다고 해로울 건 없으니까. 나중에 돌려주시오.

홉스타드 안녕히 계십시오, 박사님.

스토크만 잘 가시오. 아마 주필이 생각한 것보단 잘 풀릴 거요!

홉스타드 저도 그렇게 되길 진심으로 바랍니다. 시장님 말씀이 떨어지면 바로 연락해 주십시오. (떠난다)

음악이 낮게 들려온다. 스토크만은 창가로 걸어간다. 창문의 커튼이 바람에 날린다. 문이 열리며 카트린과 페트라가 들어온다.

스토크만 (식당을 들여다보고) 여보, 어, 페트라도 벌써 왔구나.

페트라 (들어오면서) 학교에서 막 오는 길이에요.

카트린 (들어오며) 아주버님은 아직 안 오셨어요?

스토크만 여보, 지지자가 생겼어.

카트린 누군데요?

스토크만 평범한 민중.

카트린 좋은 건가요?

스토크만 좋은 거냐고? 기가 막힌 거야. 아마 당신은 내 기분 모를 거야. 온 주민이 모두 형제같이 느껴지는 이 기분. 어릴 때부터 살던 이 마을에서 이렇게 편안해 본 적은 처음이야. (문밖에서 인기척이 느껴진다)

카트린 누가 왔네요.

스토크만 형님이야. 들어오세요.

시장 (현관으로 들어서며) 나다!

스토크만 어서 오세요, 형님.

카트린 어서 오세요. 별고 없으시죠?

스토크만 보고서 읽으셨습니까?

시장은 목을 가다듬고 제수와 조카를 쳐다본다.

카트린 우린 들어가자. (페트라와 함께 안으로 들어간다)

스토크만 보고서 읽어 보셨습니까?

시장 (잠시 뒤) 너, 나 몰래 뒷구멍으로 조사를 꼭 해야 했니?

스토크만 저 스스로 확신을 갖기 전엔 밝힐 수가 없었······.

시장 이젠 확신을 가졌냐?

스토크만 그럼요. 형님은 안 그래요? (잠깐 침묵) 화학과 교수들이 검증해 준 건데······.

시장 넌 이 서류를 온천개발이사회에 공식적으로 제출하려고 했지? 온천의료담당 책임자?

스토크만 물론이죠. 조치를 취해야죠. 빨리요.

시장 넌 왜 그렇게 늘 강한 표현만 골라 쓰냐? 보고서에 보니까, "당국이 관광객들에게 치명적인 감염을 보증하는 경우"라고?

스토크만 형님, 그럼 달리 어떻게 표현합니까? 사실인데?

시장 그래서, 쓰레기 처리 시설을 꼭 건설해야 한다고 대책 없이 결론짓고, 뭐, 수로관을 다 갈아야 한다고? 응?

스토크만 그럼 다른 방법이 있나요? 뭐죠?

시장 오늘 아침에 우리 시청 엔지니어에게 농담 삼아 먼 장래에 할 일이라고 하면서 수로 변경안의 규모에 대해서 넌지시 물어봤다.

스토크만 지금 당장 해야 하는 일입니다.

시장 들어봐. 내 제안이 너무 황당했는지 엔지니어는 웃으면서 몇 가지 사실을 알려 주었다. 넌 이 변경안이 얼마나 비용이 드는지 짐작이나 하겠니? 생각이나 해봤어?

스토크만 생각해 본 적 없어요.

시장 당연하겠지. 너의 그 조그만 보고서가 자그마치 시 1년 예산의 두 배가 넘어!

스토크만 (깜짝 놀라며) 그렇게나 많아요?

시장 그렇게 이상한 표정은 짓지 마라. 돈은 그렇다고 치자. 더 끔찍한 일이 뭔지 아니? 수로관을 바꾸는 데 2년이나 걸린다는 얘기야.

스토크만 2년이요?

시장 빨리 해도 그렇단다. 그동안 온천은 어떻게 되는 거냐? 틀림없이 문을 닫겠지? 온천 수질이 오염됐다고 소문이 나봐라. 누가 찾아오겠냐? 넌 실제로 우리 마을을 파괴할 힘을 갖고 있다 이거야.

스토크만 전 아무것도 파괴하고 싶지 않습니다.

시장 히스틴 온천은 우리 마을의 생명줄이다. 우리가 가진 유일한 미래야. 이제 엉뚱한 짓 그만하고 생각을 돌려라.

스토크만 세상에! 그럼 저더러 어떻게 하란 말입니까?

시장 네 보고서가 주장하는 위험한 상황이 이해가 안 간다.

스토크만 사실, 온천 상태는 보고서보다 더 악화돼 있어요. 여름이 오면 어떡하죠? 날씨가 더워지면?

시장 과장하지 마라. 능력 있는 의사라면 현상을 치료할 수 있는 현실적인 처방을 내놔야 하는 거 아니냐?

스토크만 현실적인 처방이요?

시장 온천으로 들어오는 썩은 물은 다만 하나의 현상일 뿐이다. 현상은 현상대로 다뤄야지. 네가 현실적인 대안을 내어놓아야 온천개발이사회에서도 보수를 고려할 거 아니냐?

스토크만 그런 속임수에 제가 넘어갈 것 같습니까?

시장 속임수이라니?

스토크만 네, 속임수, 사기, 공갈, 거짓말! 공공 대중과 사회를 상대로 저

지르는 속임수는 아주 끔찍한 범죄 행위입니다!

시장 네가 주장하는 위험에 대해서 난 확신을 못하겠다니까.

스토크만 아, 그러니까 보고서의 내용을 부정하시려고요? 제 보고서는 사실에 근거한 겁니다. 문제는 온천 수로를 지금의 자리에 짓자고 고집을 부린 형님과 행정관리들이에요. 문책 당하기 싫어서 그런 거죠? 제 눈엔 그런 수작이 다 보여요.

시장 좋다! 그게 사실이라고 치자. 그래, 나도 명예에 대해서 신경을 쓰고 사는 사람이다. 하지만 이 일은 전체의 이해관계를 놓고 따져야 해. 도덕적 권위 없이 체제란 있을 수 없다. 그래서 이 보고서가 이사회에 가지 않도록 막는 게 내 의무다. 시간을 가지고 이 문제를 토론에 부쳐보겠어. 그동안 이 얘기가 주민들에게 새어 나가선 안 돼.

스토크만 과연 막을 수 있을까요?

시장 막을 자신 있다.

스토크만 안 될걸요. 벌써 아는 사람들이 너무 많아요.

시장 (격분하며) 뭐야? 누구야? 민중일보인가 뭔가 하는 기자 놈들이지?

스토크만 맞아요. 진보적 자주적인 민주언론이 우뚝 서서 함께합니다.

시장 넌 정말 무책임하기 짝이 없는 놈이로구나. 토마스! 너한테 어떤 결과가 올지 알고 하는 소리냐?

스토크만 무슨 결과요?

시장 난 형으로서 너희 가족을 책임질 의무가 있다. 하지만 이젠 내 생각도 좀 해야겠다.

스토크만 지금껏 보살펴 주신 것에 대해선 늘 고맙게 생각하고 있습니다.

시장 인사치레할 것 없어. 네 직장을 알선해 준 건 문제를 일으키고 다니지 말라는 뜻이었으니까.

스토크만 형님 입장 때문이었다, 그 말씀이죠?

시장 부정하지 않겠다. 시장이 친인척 문제로 골치를 썩으면 공직사회에서 어떻게 되는지 아냐?

스토크만 제가 문제를 일으킬까봐서요?

시장 넌 남 생각하지 않고 사는 '애' 아니냐. 넌 머리가 자동으로 돌아가지? 어떤 생각이 떠오르면 앞뒤 재보지도 않고 몽유병처럼 언론에다 글을 써댄단 말이다.

스토크만 주민들과 새로운 생각을 함께 나누는 게 민주 시민의 의무라고 생각하지 않으십니까?

시장 우리 주민들한테 새로운 생각 따윈 필요 없다. 옛날 생각으로도 잘 살 수 있어.

스토크만 시장이 그런 말을 지껄이고도 부끄럽지 않으세요?

시장 (참으며) 봐라, 어쨌든 이번 일은 정리해야겠다. 넌 권위에 대해서 불만이 너무 많다. 누가 너한테 명령을 내리면 억압한다고 하질 않나, 상관한테 대들기로 작정하면 눈에 뵈는 게 없지. 좋아. 더 이상 널 설득하진 않겠다. 그 대신 명령을 내리겠다. 직장에서 일어난 일이니 넌 복종해야 돼.

스토크만 (당당하게) 무슨 명령입니까?

시장 이 소문을 공식적으로 부정하는 거다.

스토크만 어떻게요?

시장 수질 검사를 다시 철저하게 했더니 결과가 다르더라고 말이야.

스토크만 아, 네.

시장 그리고 개선해야 할 문제가 발견되면 당국에서 철저하게 개선할 것을 확신한다고 말이야.

스토크만 확신은 수질 상태에서 나왔어요. 수질이 변해야 확신도 변합니다.

시장 (폭발한다) 확신 같은 소리하고 있네. 넌 공무원이야. 공무원이 일하는데 무슨 확신이 필요해!

스토크만 전 의사이고 과학자예요.

시장 여기서 과학이 왜 나와?

스토크만 형님, 전 이 세상에서 일어나는 모든 일에 대해서 의견을 표현할 권리와 의무가 있습니다.

시장 우리 온천에 대해선 안 돼. 내가 금지한다.

스토크만 금지한다고요? 무슨 권리로 말입니까?

시장 네 상관으로서 금지한다. 넌 내 명령에 복종해야 돼.

페트라 (문을 열어젖히고) 아버지! 이런 말도 안 되는 경우가 어디 있어요?

카트린 (따라 나오며) 페트라, 페트라야!

시장 너희 엿듣고 있었냐?

카트린 너무 큰 소리로 말씀하셔서 그냥 들었어요.

페트라 아뇨, 다 엿들었어요!

시장 장하다!

스토크만 그 명령을 거부하면요?

시장 나도 민심을 가라앉히기 위해서 성명서를 발표하겠다.

스토크만 어디 해보세요. 전 거기에 반대하는 글을 또 내겠어요. 내 의견을 밝히고 형님이 틀린 걸 증명해 보이겠어요.

시장 네가 속한 히스틴 온천을 상대로 싸운다면 넌 온천개발이사회에 남을 자격이 없다. 온천 요양원에서 해고할 거야! (모두 움찔한다)

스토크만 (화를 애써 억누르며) 감히 그렇게 할 수 있나 봅시다.

시장 못할 게 어디 있어?

페트라 큰아버지, 우리 아버지를 어떻게 그런 식으로 대하세요?

카트린 페트라, 가만있어.

시장 어린것이 주장이 당당하구나. 핏줄은 못 속이는군. (카트린에게) 제수 씨, 이 집에서 제정신을 가진 사람은 제수씨 한 사람밖에 없소. 제 가족을 어디로 끌고 가려는지 걱정일세.

스토크만 집안일은 제가 알아서 합니다.

시장 네가 사는 마을도 생각해야지.

스토크만 누가 더 이 마을을 사랑하는지 보여드리죠. 부패한 정책이 썩는 냄새를 맡게 되면 누가 이 마을을 더 사랑하는지 알게 됩니다.

시장 마을의 생명줄을 파괴하려는 자가 마을을 사랑한다고?

스토크만 파괴가 아니에요. 땅속 물길에 독이 들었다고요. 죄 없는 사람들에게 부패와 오물을 팔아서 배를 채우겠단 말입니까?

시장 그 소린 개인의 의견과 확신을 넘어선 얘기다. 불신을 조장하는 자는 '사회의 반역자'야!

스토크만 (화가 나서 시장에게 달려들며) 나한테 그런 말을 할 수 있어요?

카트린 (사이에 끼어들며) 여보!

페트라 (아버지의 팔을 잡으며) 아버지, 그만두세요.

시장 (위엄을 부리며) 난 폭력을 사양하겠다. 이미 경고했다. 너 자신과 가족에 대한 의무를 생각해 봐라. 나, 간다.

시장이 문을 박차고 나간다. 충격적인 음악이 들린다.

스토크만 (무대 위 아래로 걸어다니며) 저도 모욕을 느꼈겠지, 느꼈을 거야!
카트린 창피한 일이에요.
페트라 큰아버지한테 내 마음 한구석이라도 나누어 줄 수만 있다면!
스토크만 다 내 잘못이야! 처음부터 강하게 밀고 나갔어야 하는 건데. 날 보고 '사회의 반역자'라고? 내가? 에이, 어디 두고 보자!
카트린 생각해 봐요. 형님은 힘을 가지고 있어요.
스토크만 안다고. 하지만 내겐 진실이 있어.
카트린 힘없는 진실이 무슨 소용이에요.
페트라 엄마, 어떻게 그런 말을…….
스토크만 여보, 그런 소리 마. 내게도 진보적인 언론과 민중이 있어. 그것은 힘이 아닌가?
카트린 여보, 약속해요. 그러지 않을 거죠?
스토크만 뭘 약속하라는 거야?
카트린 형님과 공개적으로 싸우지 않겠다고.
스토크만 그럼 당신은 나보고 어떻게 하라는 거야?
카트린 손해 볼 짓은 하지 마요. 위에서 안 하겠다면 안 되는 거 몰라요? 당신한테 돌아오는 건 해고통지서라잖아요.
스토크만 난 내 의무를 지킬 거야. 여보, 나보고 '사회의 반역자'래!
카트린 그럼 당신이 책임질 가족은 어떻게 되는 거예요?
페트라 엄만 왜 말끝마다 우릴 먼저 생각하라는 건데요!
카트린 말이라고 다하는 거 아니다! 최악의 상태가 돌아오면 넌, 너 하나만 돌보면 돼. 애들은 어떻게? 당신하고 나는요?
스토크만 당신 왜 그래? 그놈들 발바닥이나 핥아먹고 사는 비굴한 짐승이 되라는 거야? 내가 내 인생을 책임지지 못하면 앞으로 행복할 거 같아?
카트린 여보, 세상은 본디 다 그런 거예요. 맞춰가며 살아야 하는 거 아니에요? 당신이 그런 식으로 나가면 아이들이나 우린 또 거지 신세가 된다고요. 돈 한 푼 없이 북쪽으로 쫓겨가서, 우리가 어떻게 살았는지 잊어버렸어요? 그런 생활은 한 번이면 족한 거 아닌가요? (아이들이 들어온다) 저 애들 좀 봐요. 해고되면 깡통 차야 돼요.

스토크만 그만! (아이들을 본다. 아이들에게 가서) 애들아, 학교에서 뭘 배웠니?

모텐 (가족을 보며 어리둥절해서) 곤충에 대해서 배웠어요.

스토크만 그래.

아일리프 무슨 일 있었어요? 왜 그래요?

스토크만 아니다, 아무것도 아냐. 애들아, 내가 말이다, 앞으로 인간이 뭔지 가르쳐 줄게. 응?

스토크만은 아내를 쳐다본다. 카트린이 흐느낄 때, 막이 내린다.

제3막

어둠 속에서 윤전기 돌아가는 소리, 타자기 소리, 모스 전송 소리가 들린다. 음악과 함께 막이 오른다.

민중매일신보 편집실. 방 뒤편 왼쪽에 식자실로 통하는 문이 있다. 그 근처 왼쪽 벽에 다른 문이 하나 더 있다. 무대 오른편이 출입구. 방 한가운데 원고, 신문, 책들이 널려 있는 탁자가 하나 있다. 그 주변에는 의자들이 몇 개 놓여 있다. 오른쪽 벽에는 책상이 하나 놓여 있다. 그 방은 음침하고 활기가 없으며 가구는 초라하다.

빌링과 아스락슨은 원고를 읽고 있고, 홉스타드는 이들의 반응을 보며 담배를 피우고 있다.

홉스타드 어떻습니까?
빌링 (주저하며) 통쾌합니다. 스토크만 박사는 정말 대단해요. 윗자리에 앉아 있는 배부른 자들이 그렇게 한심한 줄 몰랐어요. (원고를 살짝 흔든다) 여기서 혁명의 굉음이 납니다. 낼 거죠?
아스락슨 시장이 반대하면 꽤 어려워질걸세. 알고들 있지?
홉스타드 방해하려면 해보라고 하죠. 상인들과 주민들이 들고일어날 테니까요.
빌링 (기뻐서) 주주들이 돈을 엄청 잃겠죠.
홉스타드 완전히 거덜 날 거요. 그동안 이 마을에서 날뛰던 자들이 얼마나 바보였는지 독자들이 훤하게 알 테고, 보고서 다섯 장이 마침내 행정을 투명하게 바꿔 놓는 겁니다.
빌링 오늘은 역사적인 순간입니다. '진실이 태동하는 순간', 내일자 신문은 역사의 박물관에 영원히 남을 것입니다.

아스락슨 근데, 아무래도, "이건 겨우 시작에 불과하다"란 표현이 맘에 걸려.

빌링 왜 갑자기 겁을 내시죠?

아스락슨 난 여기서 뿌리를 내리고 살 사람이야. 중앙정부나 다른 기관을 깐다면 몰라도 이 지역 행정부 전체를 깐다는 건 좀…….

빌링 무슨 차이가 있죠? 나쁜 건 나쁜 거죠.

아스락슨 차이가 있지. 중앙정부를 공격해보게. 아무리 공격해도 변하질 않아. 그러니까 거긴 까발려도 상관없어. 하지만 지방은 좀 달라. 잘못 깠다간 화살이 되돌아와 다 망하는 수가 있어. 내가 보호해야 할 조직이 한 둘이 아냐. 이 신문사도 그렇고…….

빌링 초록은 동색이라 그거죠? 그저 돈이 도는 곳에선 진실은 지옥에 떨어진다니까요.

아스락슨 이봐, 난 자네보다 인생을 더 살았어. 급진주의자들의 다음 단계가 무엇인지 내 눈으로 똑똑히 봤어. 자네 책상에서 누가 일했는지 아나? 시의원 스텐스포드야. 현 시의원이라고!

빌링 그런 철새들이 시를 이끌어 가니 이런 문제가 생기지…….

아스락슨 당신도 정치하겠다는 사람 아냐? 정치가가 어떻게 풀릴지 아무도 장담 못해. 뭐, 행정관 비서직에 이력서 냈다면서?

홉스타드 (놀란다. 웃으며) 아, 그래? 자네가?

빌링 그게 어떻습니까? 더 나은 자리를 찾는 건 당연하죠. 그 자리가 유능한 사람들을 많이 추천할 수 있는 자립니다.

아스락슨 난 선동적인 웅변은 못하는 사람이지만 신념을 버린 적은 없어. 진보주의자의 신념이 세다고들 하지만 잘 넘어가더라고. 난 중도 온건파야. 중도 온건파는 변하지 않아. 온건주의는 언제 어디서건 설 자리가 있어. 온건주의는 말이야…….

빌링, 홉스타드가 웃는다.

아스락슨 왜들 웃고 그래?

홉스타드 연설은 사양합니다. 자. 내일 날짜로 나갑니다.

빌링 (손뼉을 친다)

홉스타드 시간 없습니다. 빨리 교정 보고 인쇄합시다. 내일 날짜는 부수를 두 배 늘리세요.

아스락슨 좋아. (빌링에게) 나 같은 발행인 있으면 또 나와 보라고 해.

빌링 어휴, 저, 겁쟁이. 저 친구하고 헤어질 수 없나? 인쇄비용 댄다고 발행인 이름을 빌려 주었더니 이젠 훈계조야. 저거 서너 평짜리 조그만 인쇄실 굴리는 주제에…….

홉스타드 참아요, 참아. 저 사람이 인쇄비용을 다 대잖아요. 그렇게 나쁜 사람은 아니오.

빌링 저, 스토크만 박사한테 돈 좀 대라고 하면 어떨까요? 그럼 신문다운 신문을 만들 수 있는데!

홉스타드 거긴 돈이 어디 있어서?

빌링 장인!

홉스타드 모텐 히일, 그 영감? 돈 있소?

빌링 돈을 깔고 산다는데요. 알부자라고 소문났어요.

페트라가 책을 한 권 들고 들어온다.

페트라 안녕하세요?

홉스타드 아니, 여길 다 오고. 웬일이죠? 앉아요.

페트라 (책을 펼치기 시작하며) 물어볼 게 있어서 왔어요.

빌링 번역 부탁한 소설 아닙니까?

홉스타드 번역 잘되어 갑니까?

페트라 (진지하게 의문을 품고) 해석이 안 되는 대목이 너무 많아요.

홉스타드/빌링 ……?

페트라 이 소설은 선생님들이 주장하는 사상과 아주 반대되는 주제를 다룬 작품이에요. 아세요?

홉스타드 다를 수도 있겠죠.

페트라 들어보세요. "하늘의 섭리는 인간의 힘으로는 어쩔 수 없다. 선한 인간에게는 종말을 행복하게 마감해 주는 초자연적인 힘이 작용한다. 악한 인간이 벌을 받는 것도 같은 이치이다. 세상의 순리대로 살아갈 때 하늘의 섭리를 알게 된다." 그래, 언제부터 세상이 이런 식으로 되어 왔죠?

홉스타드 (솔직하게) 신문 연재용이요. 그런 걸 읽고 싶어하는 독자가 많거든요. 그러니까 신문을 사는 거죠. 우리가 쓰는 정치기사만 가지고선 지면을 채울 수도 없고, 그런 게 있어야 급진주의적인 주장도 빛이 납니다. 어차피 신문은 대중을 위한 거니까요.

페트라 (화가 나서 책을 책상에 던진다)

홉스타드 (페트라를 막으며) 난 그 책 읽어 보지도 않았어요. 빌링이 추천한 책이에요.

페트라 (상대의 눈을 뚫어지게 쳐다보다가) 전 그 사람이 진보주의 언론인이라고 믿었는데요.

홉스타드 동시에 행정관 비서직에 이력서를 낼 수도 있는 인물이죠.

페트라 네? 행정관 비서직요? 그 사람은 사무실에서 '개혁이나 진보'란 단어도 입 밖에 꺼내지 못하게 하는 사람이라면서요?

홉스타드 그런 논쟁은 여기서 하지 맙시다. 난, 다만 당신이 날 오해한 채 이 방을 떠나지 않기를 바랄 뿐이에요. 아는지 모르겠지만, 난 페트라 씨같이 진보적인 '숨찬 여자'를 존경하는 사람입니다. 처음으로 이런 얘길 하죠? 기회가 없었죠. 내 맘을 알아줘요. 네? (미소를 짓는다)

페트라 (긴 한숨) 하아…… 네. 미안해요. 책을 읽다가 화가 났어요. (짧은 침묵) 왜 우리 아버지를 지지하시죠?

홉스타드 당연하죠. 원칙에 관한 거니까.

페트라 이런 걸 (책을 가리키며) 신문에 내는 건 무슨 원칙이죠?

홉스타드 페트라, (웃으며) 정말…….

페트라 (말을 막으며) 아버지를 닮았다 그거죠? (단호하게) 우리 아버지한테 도움이 안 되는 거 같아요. (가려 한다)

홉스타드 잠깐! (손을 잡는다)

페트라 속셈이 뭐죠? 제 손목을 잡아 보고 싶어서 그러세요?

홉스타드 원칙을 가지고 사시는 아버님을 존경합니다. 그래서 지지합니다.

페트라 반대급부를 노리시는 거 아녜요? 신문사엔 왜 계시죠?

홉스타드 지금 누굴 비난하는 거요? 번역 의뢰한 건 빌링이지 내가 아니잖소.

페트라 그걸 연재하려고 했잖아요? 그게 뭐가 달라요? 아버질 이용하려는 거 아네요? 원칙이 없는 거 같아요. 왜 신문사에서 일하세요?

아스락슨이 인쇄실로부터 황급히 나온다.

아스락슨 이봐 주필.
페트라 내 평생에 오늘처럼 놀라긴 처음이에요. (나간다)
홉스타드 (쫓아가며) 제발 날 오해하지 마세⋯⋯.
아스락슨 (막으며) 이봐, 시장이 저기 계셔!
홉스타드 시장님이요?
아스락슨 당신을 만나러 온 거야. 뒷문으로 오셨어. 눈에 띄지 않으시려고.
홉스타드 왜 오셨죠? (식자실 문 쪽으로 간다) 어, 시장님!
시장 (들어서며) 음, 나요.
홉스타드 어떻게 오셨습니까? 시장님, 좀 앉으시죠.
시장 (탁자에 단장을 놓으며) 오늘 아주 속상한 일이 있었어요. 주필 선생.
홉스타드 그러십니까?
시장 내 아우가 무슨 글을 썼다면서요? 온천에 대한 거.
홉스타드 글쎄요⋯⋯.
시장 아우한테 그 얘기 들었죠?
홉스타드 ⋯⋯.
아스락슨 (긴장해서 원고를 감추며 나가려 한다) 교정 볼 게 좀 있어서⋯⋯.
시장 원고 교정은 나도 잘 봅니다. (손을 내민다) 내가 좀 도와드릴까요?
아스락슨 아닙니다. 라틴어가 섞여 있어서, 시장님께선 라틴어 잘 모르시잖아요?
시장 무슨 소리요. 내 동생 라틴어 숙제는 내가 늘 도와줬소.

아스락슨이 기세에 눌려 원고를 건네준다. 시장이 첫 페이지에 적혀 있는 제목을 본다. 그리고 그와 눈을 맞추지 않으려는 홉스타드를 비난하듯 쳐다본다.

시장 "이건 시작에 불과하다!" 낼 거요?

홉스타드 약속한 기사를 거절할 수는 없습니다. 약속이 되면 저자의 권리가 생기거든요.

시장 아스락슨 사장은 허락할 셈이오?

아스락슨 전 발행인이지 편집인이 아닙니다. 편집권은 독립되어 있습니다.

시장 그거 맘에 드는군요.

아스락슨 (원고를 집으려 하며) 자, 다 보셨으면……

시장 보긴 봤죠. (원고를 손으로 움켜쥔다) 온천의 시설 보수 건은 말이오.

아스락슨 알고 있습니다, 사장님. 주주들이 엄청난 희생을 해야 한다면서요?

시장 주주들뿐만이 아니오. 내가 시장으로 있는 한 온천 시설을 다 바꾸려면 시에서 모든 비용을 대야만 합니다.

아스락슨 하지만 온천은 개발주식회사 거 아닙니까?

시장 그렇죠. 주식회사가 주주 돈으로 온천을 개발했죠. 근데 이용할 주민들이 시설을 다 바꾸자고 한다면 그것을 바꾸는 데 들어가는 돈은 당연히 주민들이 내야 하는 거 아뇨? 회사는 돈 낼 책임이 없어요. 수로관 시설은 시의 소관이란 말이오.

홉스타드 세금을 더 올리겠다는 말씀입니까?

아스락슨 (홉스타드에게) 그건 말도 안 되지! 주민들이 세금 더 내는 걸 찬성할 리가 있나?

시장 총공사 비용이 얼만지 알고들 있겠죠? 고통 분담 차원에서 세금을 더 내자고 하면 재산이 없는 가난한 사람들은 설득이 잘 됩니다. 문제는 재산을 가진 납세자들인데, 언론이 세금 인상에 협조해 줘야겠어요.

아스락슨 (시장에게) 실제 상황입니까, 시장님 개인 의견이십니까?

시장 실제 상황이오. 시설을 바꾸는 데는 그 방법밖에 없어요. 더 중요한 건 시간이오. 시설을 다 바꾸는 데 2년 이상이 걸린다는 사실은 무얼 의미합니까? 손안에 들어오는 수입은 없고, 세월은 흐르고, 세금은 올라간다? 상상할 수 있겠소? 주민들의 고통을? (감정이 오른다. 원고를 쥔 손에 힘을 주며) 전염병균이 우글거리는 시궁창 속에 살고 있다는 몽상, 이 따위 환상 때문에 그렇게 된 거요.

홉스타드 그건 과학적 사실에 근거한 겁니다.

시장 (원고로 탁자를 내리치며) 우리에게 앙심을 품고 과학의 이름으로 (원고로 계속 내리치며) 주민의 생활을 파괴하려는 거요. 미치광이의 몽상이지, 과학이나 건설과는 아무런 관계도 없소. 파괴요, 완전한 파괴! 주민들에게 이 사실도 정확히 알리시오!

아스락슨 (홉스타드에게) 세금 문제를 다룰 자신 있어?

홉스타드 (긴장하며) 솔직히 세금 문제는 생각도 못했어요. 전…… (시장에게) 주민들에게 피해를 주는 건 싫습니다. 세금을 더 내게 되리라고는 전혀 생각을 못 해봤습니다.

시장 당신들 세금 인상에 반대하는 사람들 아니오? 당신네 자유, 민주, 진보 언론의 독자가 세금 많이 내는 걸 바라진 않겠죠? 그 점은 당신네들이 나보다 더 잘 알 거요. 박사가 제기한 문제에 나도 현실적 대안을 찾아냈소. 이것도 다른 전문가가 작성한 보고서인데 "감독을 잘 하기만 하면 수질 문제는 걱정할 게 없다"는 결론이오. (보고서를 꺼낸다) 물론 빠른 시일 안에 시설을 약간 변경해야 한다는데, 그 정도 비용은 시의 추경예산으로도 충당할 수 있어요.

홉스타드 볼 수 있을까요?

시장 (다른 보고서를 준다) 잘 검토해 보시오.

빌링 (급히 들어오며) 스토크만 박사를 만나기로 하셨습니까?

시장 (몹시 놀라서) 그자가 왔나?

빌링 지금 길을 건너오고 있습니다.

시장 마주치면 곤란한데…… 어디 다른 방이 있소?

홉스타드 이리 오십시오.

아스락슨 (출입문에서 망을 보며) 빨리 들어가세요.

시장 (빌링과 함께 자리를 옮기며) 금방 보내시오. (나간다)

홉스타드 탁자!

아스락슨이 탁자 위에 흩어진 종이를 서랍 속에 쑤셔 넣는다. 홉스타드는 책상에 앉아서 뭔가를 쓰는 척하고 있다. 스토크만이 들어온다.

스토크만 교정쇄 나왔습니까? (아무도 자기를 쳐다보지 않자) 언제 나옵니까?
아스락슨 (외면한 채로) 얼마 동안은 좀 어렵겠습니다.
스토크만 그럼 좀 기다리죠.
홉스타드 그런 게 아니라, 시간이 한참 걸릴 것 같습니다.
스토크만 (웃으며 홉스타드 등에 손을 얹고) 내 맘 몰라요? 인쇄된 글을 빨리 보고 싶어 죽을 지경이오.
홉스타드 저희는 지금 바쁘거든요.
스토크만 (문 쪽으로 가며) 내가 방해하고 있군요. 음, 바쁘겠죠 바빠야죠. 우리 마을을 보석처럼 빛내줄 테니까요. (문을 연다. 다시 돌아서서는) 한 가지만 얘기하고 가죠.
홉스타드 나중에 말씀하시면 안 될까요?
스토크만 잠깐이면 돼요. 길을 걸어오다가 사람들을 봤어요. 가게 안에 있는 사람들, 길을 건너는 사람들, 차를 타고 가는 사람들을 보다가 갑자기 감동을 느끼기 시작한 거요. 사람들의 순진한 모습을 보고 말이오. 이 폭로 기사가 나가면 사람들은 나를 마치 거룩한 성인처럼 대할지도 모른다는 생각이 들었어요. 그래서 아스락슨 발행인께선 한 가지를 약속해 주세요. 날 위해서 저녁 연회 같은 건 열지 않겠다고 말이오.
아스락슨 (스토크만에게 몸을 돌리며) 박사님 사실은 말이죠······.
스토크만 내 분명히 말하지만 저녁 연회 같은 덴 절대로 안 갈 거요.
홉스타드 (일어서며) 차라리 다 털어놔요!

카트린이 들어온다.

카트린 여보, 집으로 가요. 페트라 애길 들어보세요.
스토크만 무슨 일이야, 당신이. 여긴 웬일이야?
홉스타드 아가씨에게 무슨 일이 생겼습니까?
카트린 (홉스타드에게 비난의 표정을 지으며) 홉스타드 선생님! 스토크만 박사님은 세 아이의 아버지입니다.
스토크만 그걸 누가 모릅니까?
카트린 (남편에게 치밀어오르는 분노를 자제하며) 박사님은 선생님을 친자식처럼 대해줬는데 이젠 바보로 만드실 건가요?

홉스타드 제가 언제 박사님을 바보로······.

스토크만 여보, 주필 선생한테 무슨 태도야!

카트린 (홉스타드에게) 온천 때문에 직장을 잃게 된다는 사실을 알고 계신 건가요? 기사가 나가면 저들이 저 사람을 넝마처럼 찢어발길 텐데요?

스토크만 여보, 왜 그래? 이거 미안합니다.

카트린 홉스타드 선생님, 뭘 원하시는 거죠?

스토크만 그런 버릇없는 말투가 어디 있어?

카트린 어서 집으로 가요. 저 사람은 당신편이 아녜요.

스토크만 이분은 내 친구야. 누구든지 내 짐을 함께 지는 사람은 내 친구야. 이 사건이 폭로되면 사람들은 거리로 뛰쳐나와서······.

스토크만은 탁자에서 시장의 지팡이를 집어든다. 그게 무얼 뜻하는지 깨닫자 말을 멈춘다. 지팡이로부터 눈길을 돌려 아스락슨과 홉스타드를 쳐다본다. 그들은 반응을 보이지 않는다. 책상 위에 있는 시장의 모자를 발견하고서 지팡이 끝으로 모자를 집어든다. 분노하며 믿을 수 없다는 표정을 짓는다.

스토크만 (걸음을 옮기며) 그 작잔 지금 어디 있어? 무슨 음모를 꾸몄어? 홉스타드! (홉스타드는 꼼짝도 하지 않는다) 어디 숨겼어?

그는 왼쪽에 있는 문을 열어젖힌다. 스토크만이 연 문으로 시장이 빌링과 함께 들어온다. 시장은 당황한 표정을 감추려고 애를 쓴다.

스토크만 형님, 언론까지 오염시키려고 왔소? (출입문으로 가로질러간다)

시장 모자 이리 내. 지팡이도. (스토크만이 모자를 쓴다) 무슨 짓이야? 그건 공직의 상징이야!

스토크만 (모자를 벗어서 쳐다본다) 민주 사회에서는 아무나 이 모자를 쓸 수 있습니다. 자유로운 시민은 이걸 만지는 걸 겁내지 않습니다. (모자를 건네준다) 시장님! 이 지휘봉도 민중의 손에서 손으로 넘어가게 돼 있어요. (지팡이도 건네준다) 그렇게 흐뭇해하지 마세요. 민중은 아직 입을 열지 않았습니다. (홉스타드와 아스락슨에게) 내겐 진실이 있고 민중이 함께합니다.
홉스타드 그 기사를 싣지 않겠습니다. 신문을 희생시킬 수 없습니다.
스토크만 (아스락슨에게) 광고지로 만들어 주시오. 돈을 내겠소.
아스락슨 신문과 마을을 망치고 싶지 않습니다. 박사님네 가족도요.
카트린 집안 애긴 빼세요. 사람을 놀라게 하는 재주도 대단하시군요.
스토크만 원고를 돌려주시오.
아스락슨 (원고를 돌려주며) 이 마을에서는 절대로 내지 못하십니다.
시장 이제 잊어버릴 수 없겠니? (홉스타드와 아스락슨을 가리키며) 저 사람들 봐라, 모두들……
스토크만 잊어버릴 수 없어요. 형님이 죽을 때까지 잊어버리지 못할 거예요. 대중 집회를 소집하겠습니다.
시장 장소를 어디서 빌려?
스토크만 그럼 북을 들고 거리에 나가서, 온천은 오염됐으며 정치도 썩었다고 외치겠습니다. (문 쪽으로 간다)
시장 넌 미친 놈 취급 당할 거다.
스토크만 미쳐요? 형님! 난 아직 내 목소리를 내지도 않았어요. 여보?

　　스토크만이 손을 내밀자 카트린은 팔짱을 낀다. 음악이 흐른다. 둘은 당당하게 나간다.
　　시장은 출구 쪽을 아쉬운 듯 바라본다. 그러고는 자기 원고를 꺼내서 홉스타드에게 준다. 홉스타드는 빌링에게, 빌링은 아스락슨에게 건네준다. 아스락슨은 원고를 받아들고 퇴장한다. 시장은 모자를 쓰고 출입구로 간다.
　　조명이 어두워지면서, 막이 내린다.

제4막

장면 전환을 하는 사이에 무대 앞에서는 여러 사건이 벌어진다.

목사가 무대 앞에 나와 시장의 성명서가 실린 신문기사를 소리 내어 읽는다. 목사는 기사의 내용을 음미한 다음에 고개를 저으며 퇴장한다.
페트라가 두 동생을 데리고 무대 다른 쪽에서 등장한다. 아버지의 강연 소식을 알리는 광고지를 붙인 다음에 관객에게 강연 안내를 한다. 페트라는 아이들과 무대를 가로질러 가다가 호스터를 만난다. 아이들이 호스터에게 매달리고 좋아한다.
그 사이 군중 하나가 지나가다가 광고지를 발견하고 광고지를 찢는다.
호스터는 페트라와 헤어져서 지나가다가 찢어진 광고지를 발견한다. 빌링이 시내 분위기를 취재하러 나왔다가 호스터를 만난다. 빌링은 호스터에게 몇 마디 물어본다. 호스터는 빌링에게 건성으로 대답하고 둘은 어색하게 헤어진다.
잠시 뒤 술 취한 남자가 나와서 소란을 떤다. 이제는 막 앞이 호스터의 집 앞이 된 셈이다. 호스터가 나와서 술꾼을 맞는다.

술꾼 누가 나오는 거야? 후보가 어떤 놈이야?
호스터 이 사람이 술 취했어? 나가요 나가!
술꾼 술 한잔했다고 투표하지 말란 법이 어딨어, 어딨어?
호스터 혼 좀 나볼래? 나가!
술꾼 나도 한 표야, 유권자라고!
호스터 스토크만 박사의 강연장이야!
술꾼 여기가 투표하는 데 아뇨? 이 사람들은 다 뭐요? 밀지 말아요, 듣기 싫어. 이거 놔. 시장한테 이를 거야. 당신 잡아가라고. (관객에게) 당신들은 뭐야? 혁명을 일으키려는 거요? 아니면 꼭두각시요?

사람들이 웃고 떠든다. 술꾼도 웃는다. 호스터가 술꾼을 밖으로 내쫓는다. 이때 막이 오른다.

무대가 밝아지면 군중이 모여 있다. 스토크만의 가족이 한곳에 모여 있다. 호스터가 그들에게로 간다. 사람들이 입구 쪽에서부터 술렁이더니 시장이 들어온다. 사람들은 그에게 박수를 보낸다. 시장이 답례한다. 시장이 빌링의 안내로 자리에 앉는다.

스토크만 (소란을 가라앉히며) 반갑습니다, 여러분. 주목해 주세요. (목을 가다듬고) 오늘의 쟁점은 간단합니다.
빌링 박사님, 사회자 먼저 선출해야 합니다.
스토크만 이건 토론회나 공청회가 아닙니다. 난 강연하려고 집회를 열었습니다.

주민들 사이에 다양한 반응이 나온다. 스토크만은 전혀 예상치 못한 반응에 놀란다.

주민 1 시장님, 시장님이 사회를 보세요.
스토크만 사회자가 왜 필요합니까, 이건 강연회인데…….
주민 2 강연 도중에 싸움이 나면 누가 책임집니까? 싸움날 게 뻔한데…….
스토크만 누가 누구하고 싸운다는 거요? 내가 무슨 말을 할지 어떻게 아시고 그런 얘길 하십니까?
주민 3 당신 얘긴 뻔해요. 이 동네에서 살기 싫으면 짐 싸가지고 조용히 떠나시오. 난리 피우지 말고…….

군중 속에서 동의와 재청이 나온다. 스토크만은 새로운 반응에 더 놀란다.

스토크만 여러분은 나에 대해서 모르고 계십니다.

주민 4 우린, 박사님을 잘 알고 있습니다.
스토크만 어떻게 알아요? 신문에 났어요? 내가 이 마을을 싫어한다고 당신들이 어떻게 알아요? (원고를 꺼낸다) 난 이 마을의 생명을 구하기 위해 여기에 나왔습니다.
시장 (재빨리) 잠깐, 회의를 원만하게 진행하기 위해선 사회자가 있어야 합니다. 그게 민주적이죠.
주민 5 시장님을 추천합니다.

동의와 재청 소리가 들린다.

시장 난, 아닙니다. 중립적인 인물을 선출하세요. 아스락슨 씨를 추천합니다.

동의와 재청이 나오자 스토크만은 물러선다.

스토크만 알겠습니다. 여러분이 원한다면 할 수 없죠. (시장에게) 신문에도 못 내는 얘기, 말로라도 전달할 수 있다면 상관없습니다. 아스락슨 씨?

아스락슨이 단상에 오르고 스토크만이 내려갈 때 히일이 교활한 눈빛으로 주변을 둘러보며 들어온다.

아스락슨 사회를 보기 전에 한마디 하겠습니다. 오늘 저녁에 어떠한 경우에도 가장 고귀한 시민의식을 발휘해 주시기를 부탁드립니다. 그것은 (스토크만을 바라보고) '온건한 질서'입니다. 그럼 시작하겠습니다.

스토크만이 일어나려는데 갑자기 술꾼이 들어온다.

술꾼 (아스락슨을 가리키며) 이거 짜고 치는 고스톱 아냐? 입을 다 맞춰놓고 잘들 한다. (웃음이 나오고 사람들이 그를 몰아낸다) 내 시장한테 찌를 거야!
(사람들이 그를 내보내고 문을 닫는다)
아스락슨 자, 조용히 하십시오. 누가 먼저 말씀하시겠습니까?

스토크만이 손을 들고 앞으로 나온다. 시장도 손을 든다.

시장 사회자!
아스락슨 (재빨리 시장을 바라보고) 시장님께서 먼저 발언하시겠습니다.

스토크만이 멈춰서 시장을 쳐다본다. 한마디 하려다 참고 자리로 돌아간다. 시장은 단상에 오른다. 시장이 단상에 오르자 히일이 그 자리에 앉는다.

시장 여러분, 우리는, 오늘 제기된 문제를 빨리 매듭짓고 다시금 조용하고 평화로운 일상으로 돌아가야 합니다. 오늘의 의제는 이렇습니다. 스토크만 박사는, 이런 말을 꺼내기가 참 괴롭습니다만, 우리 히스틴 온천, 온천 요양원 전체를 파괴하려고 합니다.
스토크만 형님!
아스락슨 (손에 들고 있던 작은 종을 울리며) 경고합니다. 회의를 방해하지 말아주십시오.
시장 난 여러분께서 저 사람의 동기가 무엇인지 알아야 한다고 생각합니다. 우리 당국을 난처하게 만들고, 조롱하고, 곤경에 처하게 하지 않으면 마음이 편하지 못한 사람이며, 늘 그래 왔습니다. 온천 사업을 공격함으로써 행정 당국이 큰 실수를 했다고 공격하고 있습니다.
스토크만 (아스락슨에게) 나도 한마디 하게 해주시오!
아스락슨 시장님 말씀이 아직 끝나지 않았습니다.
시장 민주 사회에서 누구나 자유롭게 말할 권리가 있다고 생각하시는 분들도 계시겠죠. 네, 나도 보통 때 같으면 누구든지 아무 말이든 할 권리를 백 프로 인정하는 사람입니다. 그러나 지금이 어느 때입니까? 이 나라는 지금 파산 직전의 위기에 처해 있습니다. 어쩌다가 이런 지경에 이르렀습니까? 모두 개혁이라는 미명 아래 정의를 외쳐대는 사람들 때문이 아닙니까? 행정 당국이 파괴되면 남는 게 뭡니까? 혁명과 혼란을 원하십니까?
스토크만 지금 저게 말이 되는 소리입니까?
아스락슨 박사님, 조용히 하세요.
스토크만 난 강연을 하려 한 거요. 날 공격하라고 시장을 초청한 게 아닙니다. 시장은 신문을 통하거나 다른 집회를 열어 주장하면 되지만 난 오늘 저녁 이 모임밖에는 방법이 없잖습니까?

아스락슨 자꾸 그러시면 박사님 점수만 깎여요.

웃음과 야유가 터져나온다. 이 반응에 스토크만은 위축된다.

아스락슨 계속하십시오, 시장님.

시장 지금 위기를 보셨습니다. 우리 마을에 온천이 있었습니까? 그저 차나 다니는 길밖에 뭐가 있었습니까? 솔직히 말해서 여긴 '한데' 취급을 받던 삼류 마을 아니었습니까? 그러나 지금은 최고의 휴양지로서 국제적으로도 이름이 나려는 시점에 와 있습니다. 난 5년 안에 여기에 모인 여러분들을 세계 최고의 부자 시민으로 만들 자신이 있습니다. 학교가 세워지고 최고의 시설이 들어설 것이며, 고속도로가 건설되고, 주택단지가 조성되며, 일류 패션 가게들이 저 태평로를 가득 채울 것입니다. 우리 마을의 이름이 더럽혀지지 않고 무고한 공격을 받지 않는다면, 세계에서 가장 부유하고 풍요로운 휴양지가 될 것을 믿어 의심치 않습니다. 여러분에게 묻겠습니다. 어떤 사람이 주장하는 대로 온천의 작은 문제를 확대하고 과장하여 우리의 앞길을 가로막는 '민주적 권리'를 주장해도 되겠습니까? ('아니요, 아닙니다'라는 반응이 들린다) 우리는 외부의 세계가 우리를 어떻게 바라보느냐에 따라서 죽을 수도 있고 살 수도 있습니다. 죽느냐 사느냐를 가르는 선은 분명하게 그어져야 하고 누군가 그 선을 넘을 때는 우리 민중은 그자의 목덜미를 움켜쥐고는 "안 돼!"라고 단호하게 선언해야 할 것입니다.

말이 끝나는 것과 동시에 함성이 터진다. 아스락슨이 종을 쳐댄다. 스토크만이 보고서를 들고 단상으로 오르려 한다.

시장 의장! 난 스토크만 박사의 보고서 낭독을 막아달라고 정식으로 요구하겠습니다.

시장은 히일이 차지하고 있던 자신의 자리로 돌아간다. 아스락슨이 열광

하는 군중을 진정시키느라고 종을 울린다. 스토크만이 보고서를 들고 단상으로 뛰어오른다.

아스락슨 조용히 하십시오, 여러분. 투표하는 게 좋다고 생각합니다.
스토크만 아니, 나한테는 발언할 기회도 안 주는 거요?
아스락슨 바로 그 문제를 놓고 투표하자는 거 아닙니까?
스토크만 그런 사회가 어디 있소? 나도 말할 권리가 있어요.
페트라 발언권 신청을 하세요.
스토크만 (딸의 귀띔을 받고) 그래, 발언권을 신청합니다.
아스락슨 (그제야 그에게 관심을 돌리며) 네, 박사님.

스토크만은 다음에 할 행동이 떠오르지 않아서 망설이다가 페트라의 얼굴을 쳐다본다.

페트라 투표 발제에 동의한다고 하세요.
스토크만 투표 발제 동의 발언을 하겠습니다.
아스락슨 아, 네. (시장을 흘끗 본다) 좋습니다. 나오십시오.
스토크만 여러분, (시장을 가리키며) 시장께선 나에 대한 얘기를 많이 하셨습니다. 그러나 '어떤 사실'에 대해선 한마디도 하지 않으셨습니다. (원고를 집어든다)

주민들이 반대의 반응을 보인다. 집어치우라는 고함이 터져나온다. 한 시민은 나팔을 불어댄다. 아스락슨은 종을 울린다. 스토크만은 점점 흥분된다. 놀라고 화가 난 표정을 짓는다. 원고를 내리고 좌절감을 느끼며 뒤로 물러선다.

아스락슨 제발 조용히들 하십시오. 소란을 피우지 마십시오. (분위기가 진정된다) 박사님, 박사님의 말씀을 듣기 전에 투표를 먼저 하는 게 좋을 것 같습니다. 다수의 원칙을 따라야 합니다.
스토크만 (돌아서서 원고를 군중에게 뿌린다. 사회자에게 몸을 돌려서) 투표할 필요도 없소. 다 알았습니다.

시장 사회자!

스토크만 (시장에게) 다만, 온천에 대해선 한마디도 하지 않겠습니다. 우리 온천보다 수천 배 수만 배나 더 중요한 걸 새로 깨달았어요. (아스락슨에게) 올라가도 될까요?

아스락슨 (군중에게) 주제가 한정되어 있다면 어떻습니까?

스토크만 온천은 더 이상 나의 주제가 아닙니다. (단상에 올라가 군중을 바라본다) 먼저, 저 홉스타드와 같은 급진주의자들에게 축하를 보냅니다.

홉스타드 급진주의자라니! 무얼 보고 날 그렇게 부르십니까? 증거가 있습니까?

스토크만 맞아요. 증거는 없소. 절대적인 증거는 없소. 그러나 오늘 밤에 보여 준 당신의 그 참을성, 그 자제력을 축하하는 거요. 여러 해 동안 표현의 자유를 위해, 언론의 자유를 위해 싸워왔던 당신의 그 참을성을.

홉스타드 난 민주주의자요.

빌링 박사께선, 열심히 살고 있는 선량한 민중을 그런 식으로 비난하실 겁니까?

스토크만 민중이라는 마법의 단어로 날 취하게 하지 마시오. 인간의 겉모습을 지녔다고 해서 저절로 민중이 되지는 않더란 말입니다. 민중의 명예는 반드시 성취해서 얻어야 하는 것입니다! 사람의 모습을 갖추고, 집을 지어 그 안에서 살고, 서로의 체면을 세워 준다고 해서, 또 주변 사람에게 동조한다고 해서 저절로 인간이 되는 것도 아닙니다. 인간이라는 이름도 역시 쟁취해야 하는 것입니다. 난 이제 온천에 대한 결론을 내리겠습니다.

시장 넌 그럴 권리가 없다!

스토크만 그렇게도 내가 무서우세요? 온천에 대해선 한마디도 하지 않겠어요. (다시 군중에게 말한다. 조용한 음악이 낮게 흐른다) 난 한때 다수의 민중이 내 편이라고 생각했습니다. 나에게는 다수가 있다. 그 느낌은 괜찮았습니다. 이 마을을 사랑했기에 보수도 없고, 다정하게 격려해 주는 말 한마디 없어도 수개월 동안 온천 개발 가능성을 찾아내었던 것입니다. 시장님이 원하는 것처럼 우리 마을이 번성해지는 것을 원해서라기보다, 아픈 사람을 고쳐 줄 수 있고 다른 나라에서 온 사람들을 만나고 뭔가 새로운 것을 배워 폭넓고 새로운 문명을 맛보고 싶어서였습니다. 다시 말해 더욱 인간답고, 더 민중다워지기 위해서였습니다.

어느 주민 혁명가는 물러가라! (한동안 시끌벅적한다)

스토크만 난 혁명가가 아닙니다! 아니, 정정하겠습니다. 그래요, 난 혁명가입니다! 다수가 늘 옳다고 믿는 허위의식에 반대하는 혁명가입니다!

홉스타드 이젠 귀족 행세를 하는군요.

스토크만 잘 들어두시오. 다수는 늘 옳지 않았습니다. 단언합니다.

시장 너 정신 나갔구나?

스토크만 예수가 십자가에 못 박힐 때 그 옆에 있던 다수는 옳았습니까? (잠깐 침묵) 지구가 태양의 주위를 돈다는 말을 듣지 않고, 갈릴레이 갈릴레오를 짐승처럼 무릎을 꿇게 만들었던 다수가 과연 옳았습니까? (짧은 침묵) 다수가 옳다고 인정받으려면 최소한 50년은 걸려야 합니다. 옳다는 증명을 받기 전까지, 다수는 결코 옳지 않습니다!

홉스타드 다수가 원하면 소수는 다수의 의견을 따라야 합니다.

스토크만 한마디 더 하겠습니다. 자, 일개 소대의 병력이 적진에서 행군을 하고 있다고 합시다. 소대 병력은 안전한 길을 가고 있다고 믿으며 걷고 있습니다. 저 앞에, 전방에, 척후병이 한 명 나가 있습니다. 뒤를 돌아보니 소대 병력 전체가 적이 파놓은 함정의 길목으로 들어서는 게 보입니다. 어떻게 해야 합니까? 그 척후병은 몸을 돌려 뛰어 돌아가야 하지 않겠습니까? 그가 믿는 위험이 사실이라면 소대원들에게 경고하고 다수와 논쟁을 하고 그들이 자기의 말을 믿지 못한다면 '다수'와 싸워야 하는 게 아닙니까? 그것이 척후병의 '권리'가 아닙니까? '다수'가 깨닫기 전에 먼저 한 사람의 '소수'가 알아야 하는 게 아닙니까? (열정이 드디어 군중의 소란을 가라앉힌다) 진리는 언제나 같습니다. '소수의 권리'는 '다수'에게 공격을 받더라도 신성한 것입니다.

시장 사회자! 저자의 입을 막으시오!

스토크만 모두 알아두셔야 합니다. 온천물은 오염되었습니다.

어느 주민 (단상으로 뛰어올라가 스토크만 얼굴에 주먹으로 위협하며) 오염이란 말을 한마디만 더 하면 가만 안 둔다!

군중이 고함을 지른다. 일부는 단상으로 돌진한다. 나팔 소리가 들린다.

아스락슨은 종을 흔든다. 시장이 손을 들고 일어나 앞으로 나온다. 히일은 조용하게 빠져나간다.

시장 진정하십시오. 이제 됐습니다. 폭력을 행사해서는 안 됩니다. (잠시 침묵이 흐른다. 스토크만에게) 이제 사회자에게 자리를 넘겨주고 내려오너라.
스토크만 (군중에게 새로운 눈빛을 보내며) 아직 끝나지 않았습니다.
시장 당장 내려오지 않으면 이후의 사태를 책임질 수 없다.
카트린 집으로 가요, 여보.
시장 사회자는 단상으로 올라가 연사를 내려가게 하시오.
소리 앉아라! 단상에서 내려와라.
스토크만 좋습니다. 이 나라 전체가 이 사실을 다 알 때까지 다른 도시에 가서 언론에 공개하겠습니다.
시장 맘대로 안 될 거다.
홉스타드 이 마을을 망치려고 환장한 거야. 마을을 망치려고…….
스토크만 썩어빠진 도덕의 토대 위에 사회를 건설하면 사회 전체가 썩어 버립니다. 자유와 진실을 말살시켜가며 번영해야 한다면 난 이렇게 외치겠습니다. "망하라, 민중이여! 사라져라, 민중이여!"

그는 단상을 떠난다.

어느 주민 (시장에게) 저놈을 체포하십시오. 체포하세요.
다른 주민 저놈은 간첩이오.

"적이다! 배반자! 반역이다" 등의 소리가 들린다.

아스락슨 (시장과 구수회의를 하고) 다음과 같이 결의문을 채택하겠습니다. 이 마을과 나라를 지키기 위해 모인 애국시민 일동은 히스틴 온천개발이사회의 의료주임 스토크만 박사를 '민중의 적이요, 사회의 반역자'라고 선언합니다.

동의의 고함 소리가 들린다.

호스터 (일어나며) 사실과 다릅니다. 이분은 우리 마을을 사랑합니다.
스토크만 바보들, 저주받을 바보들아!
아스락슨 폐회를 선언합니다.

고함 소리와 박수가 터져나온다. 스토크만은 호스터에게 간다.

스토크만 선장님, 미국 가는 배에 자리가 있을까요?
호스터 염려 마십시오.
스토크만 여보, 페트라?

세 사람은 문으로 향한다. 침묵 속에 위험스러운 분위기가 감지된다.

호스터 날 따라오세요. 뒷문으로.
스토크만 아니, 뒷문으로는 안 갑니다. (군중에게) 난 여러분을 그릇된 길로 이끌고 싶지 않습니다. 여러분의 '민중의 적'은 아직 할 일이 남아 있습니다.

음악이 흐른다. 호스터가 앞장을 서고 스토크만 가족이 그 뒤를 따르며 정문을 향한다.
군중은 "적이다, 적! 적이다, 적! 적이다, 적! 강물 속에 쳐 넣어라" 외쳐대기 시작한다. 스토크만 가족은 호스터와 함께 바른 자세로 군중 속을 헤치고 나간다. 군중이 뒤를 따르면서 고함을 지른다.

무대 아래쪽에서 시장, 빌링, 아스락슨, 홉스타드가 이를 보고 있다. "적이다, 적! 적이다, 적! 적이다 적!"이라는 외침이 무대를 출렁이듯 가득 채울 때, 막이 내린다.

제5막

다음 날 오전. 스토크만의 거실. 유리창이 깨어져 있고 방 안은 어수선하다. 막이 오르면 셔츠와 바지 위에 잠옷 가운을 걸친 스토크만이 바닥에서 돌을 줍는다.

스토크만 (책상 위에 쌓여 있는 돌더미 위에 돌을 더 올려놓으며) 이걸 부적처럼 간직하라고 유언장에 써놓고 싶구나. 애들이 장가가서라도 집에다 놓고 매일같이 쳐다보라고. (추워서 몸을 떤다)

스토크만이 허리를 굽혀 의자 아래에 있는 돌멩이를 줍는 사이에 돌멩이가 마지막으로 남은 유리창을 깨고 날아든다. 그는 창으로 나가본다. 카트린이 뛰어들어온다.

카트린 다치지 않았어요?
스토크만 (밖을 보며) 꼬마야! 도망치는 꼴 좀 봐! (돌멩이를 집어든다) 독이 빨리도 번지는군, 애들한테까지!
카트린 여기가 내가 살던 바로 그 동네란 생각이 들지 않아요. 장보기도 걱정이 되고, 나를 보면 머리채를 잡아 끌지도 몰라요.
스토크만 형님도 이걸 원친 않았을 거야…… 하지만 여론이 저러니…….
카트린 (겁에 질려서) 애들을 학교에 보내는 게 아닌데.
스토크만 그렇게 겁먹지 마.
카트린 집주인이 착해서 다행이에요. 주인이 당장 쫓아냈다면 길거리에서 사람들이 우릴 죽이려들 거예요.
스토크만 좀 참으라니까. 곧 미국으로 떠나면 모든 게 꿈처럼 멀어질 테니까.

카트린 난 미국에 가고 싶지 않아요. (남편의 바지가 찢긴 걸 본다) 이거 언제 찢어졌죠?

스토크만 (찢어진 자리를 살피며) 어젯밤에 그랬겠지.

카트린 새 바진데.

스토크만 좀 흉하지? "진실을 위해서 싸우러 나갈 땐 절대로 새 바지는 입지 마라." 어제 하나 배웠어. (안심 시키며) 괜찮아. 꿰매면 되지 뭐. 곧 3천 마일 밖으로 떠날 건데.

카트린 거기 가서 뭐가 어떻게 달라질지 누가 알아요?

스토크만 그야 모르지. 나라가 크다니까 사람들의 마음도 클 것 같아. 거기에도 확고부동한 다수는 존재하겠지만, 큰 나라니까 숨을 곳도 많겠지 뭐.

카트린 지구를 반바퀴 돌아서 다른 나라에 가서도 요 모양 요 꼴로 똑같이 살아야 한다면 지긋지긋해서 어떻게 견딜까요.

스토크만 어젯밤 사람들의 얼굴을 잊을 수 없을 거야.

카트린 그 생각 다신 하지도 말아요.

스토크만 어떤 녀석은 이빨을 다 드러냈어. 우리 속에 짐승이 따로 없더라고. 누가 이끌었지? 자유주의자, 진보주의자라고 불리는 인간들? (아내는 가구 수를 세기 시작한다) 군중이 고함을 지르고 난리를 피울 때 내 편에 섰던 자유주의자들은 다 어디 간 걸까? 길거리에 나가도 날 아는 척하는 놈은 하나도 없겠지. 당신 내 말 들어?

카트린 미국 갈 때 가구들을 어떻게 할지 생각하는 중이에요.

스토크만 남편이 얘기할 때 좀 들어.

카트린 왜 들어야 되죠? 당신이 옳기 때문에요?

페트라가 들어온다.

카트린 왜 학교에서 벌써 왔니?

스토크만 무슨 일 생겼니?

페트라 (감정이 격해서, 아버지를 보고 다가가 키스한다)

카트린 세상에!

페트라 보름 뒤부터 나오지 말래요. 그 소리를 듣고 어떻게 남아 있겠어요.

스토크만 (놀라서) 버스크 교장이 나가래? 그 교장이 어떻게 너한테 그럴 수가 있지?

페트라 우리 교장도 맘이 아팠나 봐요. 교장 선생님을 나무랄 수는 없어요. 아침에 받았다고 하는 편지 세 통을 보여 주더라고요.

스토크만 어디서 온 건데?

페트라 여러 단체가 서명한 편지예요.

스토크만 뻔하지. 분노를 감추고 있던 이름 모를 애국 단체들, 성명서나 내고 현수막이나 내거는 놈들이겠지. 뭐라고 썼어?

페트라 한 통을 보니까, 우리 집에도 왔었다는 어느 인사한테 들었다면서 제가 위험한 사상에 동조하는 말을 들은 적이 있다는 거예요. 기가 막혀서.

스토크만 어디서 많이 들어본 소리다. 어디선가 누구한테서 들었는데 좀 수상하더라는 얘기. 여보 얼른 짐을 쌉시다. 벌레가 온몸을 기어가는 것 같아.

호스터가 들어온다.

호스터 안녕히 주무셨습니까?

스토크만 선장님! 내가 만나고 싶은 사람은 당신뿐이오.

호스터 어떻게 주무셨는지 궁금해서요.

카트린 어제 너무 고생 많으셨어요. 저희 집까지 바래다 주셔서 정말 감사합니다.

페트라 집에 잘 가셨어요? 사람들이 선장님 집으로 쳐들어가지나 않을까 걱정했어요.

호스터 아무 일 없었습니다. 폭풍우가 몰아칠 때 한 가지만 잊어버리지 않으면 돼요. "시간이 지나면 물러간다!"

스토크만 그 사이에 죽진 말아야죠.

호스터 모질게 마음을 먹지 않아도 됩니다.

페트라 정말 떠나는 거예요?

스토크만 그럼. 언제 출항합니까?

호스터 사실은 그 문제 때문에 왔습니다.

스토크만 뭐, 배에 문제가 생겼습니까?

카트린 (기뻐서) 거봐요! 안 가도 되는 거죠?

호스터 배는 예정대로 떠납니다만 저는 못 타고 갑니다.

스토크만 저런!

페트라 해고당하신 거죠. 저도 아침에 쫓겨났어요.

카트린 아니, 선장님, 우리한테 장소를 빌려 주셔서……

호스터 저야 탈 배는 많이 있습니다. 우리 선주가 말이에요, 비크 씨가 어떻게 된 게 시장하고 같은 당 소속이에요. 당원들은 당에서 하라는 대로 하는가 봐요. 비크 씨는 정말 다른 선주들하고는 다릅니다.

스토크만 다를 게 뭐 있겠소? 정당이란 고기 가는 기계와 다를 게 없어요. 이것저것 다 집어넣고 가는 거요. 똑똑한 놈, 영악한 놈, 의리 있는 놈, 의리 없는 놈을 한데 집어 넣고 갈면 뭐가 나오는지 아쇼? 바보 천치!

현관에서 문 두드리는 소리가 들린다.

시장 할 얘기가 있다.

카트린 안으로 들어가시죠, 선장님.

호스터 나중에 계속하죠.

스토크만 곧 들어가겠소.

호스터는 페트라와 카트린을 따라 식당 문을 통해 나간다. 시장은 말없이 부숴진 실내를 살펴본다.

스토크만 모자를 쓰셔도 됩니다. 워낙 통풍이 잘돼서요.

시장 좀 앉겠다. (창문 근처에 있는 의자에 앉는다)

스토크만 거기 앉았다가는 믿음직스런 민중이 형님의 머리통을 박살낼지도 모릅니다. 이리 오세요.

조용한 음악이 흐른다.

민중의 적 223

둘은 함께 긴 의자에 앉는다. 시장이 큰 봉투를 꺼낸다.

스토크만 날 설득하려 들지 마세요.
시장 알겠다. (봉투를 준다)
스토크만 해고통지서죠?
시장 오늘 아침에 이사회가 열렸다. 여론에 대한 상황을 고려할 때 어쩔 수 없었다.
스토크만 (잠시 침묵) 걱정되십니까?
시장 넌 어디까지나 하나밖에 없는 내 동생이다.
스토크만 그래서요.
시장 이 동네에선 어떤 일자리도 구하지 못해.
스토크만 사람들은 언제나 의사가 필요해요.
시장 집집이 진정서가 돌고 서명을 받고 있다. 모두가 서명할 거야. 너한테 치료를 받지 않겠다고 말이다. 서명하지 않는 집은 한 집도 없을 거다.
스토크만 형님이 제일 먼저 서명했겠죠?
시장 사실 좀 지나친 면이 있다. 난 절대로 네가 망하는 걸 원치 않았다. 이번 진정서는 널 완전히 망칠 수 있는 거야.
스토크만 두고 봐야죠.
시장 일생에 단 한 번만이라도 책임 있는 행동을 할 수 없겠냐?
스토크만 내가 어디 다른 데 가서 온천에 관한 글을 발표할까 봐 두렵다는 말은 왜 못하시죠?
시장 애, 토마스야, 만일 네가 진정으로 이 마을을 사랑한다면 아무도 다치지 않고도 일을 성취할 수 있다.
스토크만 무슨 얘기죠?
시장 "마을을 위하는 순수한 열정에서 시작했으나 결국은 극단으로 흐르고 말았다"라고 성명서 하나만 발표하면 된다. 그걸 써주면 복직시켜 주마. 그리고 직급도 올려 주겠다.
스토크만 사람들이 독이 든 물에 썩어가는 동네에서 책임자로 일하란 말인가요?
시장 적당한 때를 봐서 네가 원하는 대로 온천시설을 바꾸겠다.

스토크만 언제요? 5년, 10년? 지금 이 순간조차, 돈이나 그 어떤 무엇으로도 매수할 수 없는 인간이 존재한다는 사실을 아십니까?

시장 넌 그런 류의 사람이 될 수 없다는 걸 잘 알고 있다. 넌 아냐.

스토크만 (사이) 그건 무슨 소리죠?

시장 모텐 히일, 네 장인!

스토크만 장인어른요?

시장 네 장인이 히스틴 온천의 주식을 몽땅 사들이고 있어. 아침부터 여기저기 다니면서 말이야.

스토크만 (의아한 채) 주식을 몽땅 사들여요?

시장 손이 닿는 대로 주식을 거둬들이고 있다.

스토크만 이거 도무지 영문을 모르겠군요. 주식이 어떻다는 거죠?

시장 (흥분하여 걸어다니며) 너, 순수한 척하면서 내게 마법을 걸지 마라.

스토크만 (짜증을 내며) 속 시원히 말씀해 보세요!

시장 좋다! 네가 아무리 연기한다고 해도 가면을 벗겨 버리겠다. 한 사내가 어느 사회의 자존심을 파괴하려고 무자비한 홍보운동을 벌였다. 혼자서 전체를 상대하느라고 대중 집회를 소집하기도 했어. 그다음 날 아침에 사람들이 아직도 충격에서 벗어나지 못한 상태에 있을 때 절반 이하로 뚝 떨어진 주식을 사 모으고 있다.

스토크만 (마침내 깨닫고는) 아이고, 아이고 세상에!

시장 그 짓을 하고서도 나한테 원칙을 들먹여?

스토크만 내가 그 짓을 했다고 진짜 믿는 거예요?

시장 난, 내 눈으로 본 것만 믿는다. 나는 모텐 히일을 위해서 추악하고 더러운 짓을 꾸민 장본인을 이 두 눈으로 보고 있다.

스토크만 하…… 세상에……

시장 어서 네 방으로 들어가 네가 주장한 사실을 부정하는 성명서를 써라. 그렇게 하지 않으면…….

스토크만 당장 나가세요. 더 이상 보기도 싫소!

시장 마지막 경고다! 만일 성명서를 쓰지 않으면 온천개발사업 방해 및 파괴음모죄로 널 고발하겠다. 난 네가 존경받는 인물이 되도록 평생을 신경 써 왔다. 이제 더 이상 네 편을 들 수 없다. 내 말 분명히 알아들었지?

스토크만 다시는 내 앞에 나타나지도 마세요!

히일이 들어온다. 시장은 그와 부딪칠 뻔한다.

시장 (히일을 가리키며) 흥! (돌아서서 나간다)

히일은 콧노래를 부르며 의자에 앉는다.

스토크만 장인어른, 무슨 짓을 하셨어요? 무슨 일이에요? 저를 어떤 놈으로 만들려고 그러십니까?

히일은 주머니에서 종이 뭉치를 꺼낸다. 스토크만은 그걸 보자 말을 멈춘다.

스토크만 그게 주식입니까?
히일 값이 떨어져 사기가 쉬웠네.
스토크만 장난치지 마십시오. 무슨 짓입니까?
히일 난 주식도 못 사나?
스토크만 설명 좀 해주십시오.
히일 (고개를 끄덕이며) 어제 보니까 사람들이 자넬 몹시 미워하더군.
스토크만 그래서요?
히일 신기한 건 말이야, 자넬 죽이고 싶도록 미워하면서도 자네 애길 또 믿더라고. (사이) 풍차골에서 흘러나온다는 썩은 물 말이야.
스토크만 정확하게 거기서 나오는 겁니다.
히일 그래, 거긴 내 가죽공장이 있는 데잖아?

스토크만이 천천히 자리에 앉는다.

스토크만 전, 장인어른의 가죽공장에서 버린 쓰레기가 오염의 주범이라는 사실을 감춘 적이 없습니다.
히일 그건 내 잘못이야. 전에 자네의 말을 듣지 않은 걸 후회하고 있다네.

그 공장은 우리 아버지한테 물려받았어. 아버진 또 아버지, 그 아버진 또 그 아버지한테서. 이렇게 대물림 내려오는 공장이 이 마을을 오염시키는 죽음의 사자라는 불명예를 안을 수 없네. 그래서 오염 문제를 막을 작정이야.

스토크만 잘하셨습니다. 역시 장인어른밖에 없습니다.

히일 그래, 자네는 막을 수 있어.

스토크만 제가요?

히일 그래서 이 주식을 산 거야.

스토크만 그건 헛 투자입니다. 온천은 망하게 되어 있어요.

히일 난 평생 실수해 본 적이 없네. 사실 이건 자네 돈으로 샀어.

스토크만 제 돈이라뇨?

히일 내가 손주 녀석들이나 어미한테 유산을 남겨두었지. (주식을 만지면서) 그 돈으로 몽땅 주식을 샀네.

스토크만 (천천히 일어서며) 자식들에게 남길 유산으로 쓰레기 같은 주식을 사다니요!

히일 난 외모는 이렇게 보여도 한 평생 깨끗하게 살아온 사람이야. 죽을 때에도 깨끗하게 죽고 싶어. 자네가 내 이름을 깨끗하게 해주게.

스토크만 장인어른!

히일 흥분하지 말게. 간단한 일이야. 수질 검사를 다시 하면 되는 거야.

스토크만 다시 할 필요는 전혀 없습니다.

히일 한 번 더 생각해보라고. 물에 대해서 자네 의견을 바꾸기만 하면…….

스토크만 물은 오염됐어요. 물은 오염됐습니다.

히일 물이 오염됐다고 계속 주장한다면, (주식을 높이 쳐들고) 이걸 보고서도 물이 오염됐다고 주장한다면 자넨 완전히 미친 놈이야. (주식을 다시 내려놓는다)

스토크만 맞아요. 전 미쳤어요.

히일 (더욱 강하게) 자넨 지독하게 나쁜 놈이야, 식구들 등가죽을 벗겨먹는 못된 가장이야.

스토크만 장인어른, 전 재산이라고는 한 푼도 없습니다. 주식을 사기 전에 왜 저하고 한마디 상의도 없었습니까?

호일 주식을 사서 보여 주면 말귀를 훨씬 더 잘 알아들을 거 같아서 그랬다 왜. (스토크만의 옷깃을 잡는다. 손에는 놀라운 힘과 눈에는 반짝이는 빛을 띤다) 저걸 보니까 정신이 번쩍 들지? 그 많은 물 중에서, 검사하러 보낸 물속에 다른 이상한 게 섞여 들어가지 말라는 보장이 어디 있어? 이상한 벌레가 어디서 난 거야? 다른 물도 다 검사해 봤어?

스토크만 (장인을 쳐다보지도 않고) 표본만 검사하면 됩니다!

호일 박테리아인지 뭔지 하는 그 조그만 벌레들이 자네가 떠낸 물에만 들어 있던 것인지 어떻게 알아? 나머지 물이 깨끗하지 않다는 보장을 누가 해? 어떻게 증명하겠어?

스토크만 그건 있을 수 없어요. 작년 여름에 병이 난 사람들 중에는…….

호일 그 사람들은 여기 오기 전부터 아팠던 사람들이야.

스토크만 (그에게서 빠져나오며) 장티푸스, 위장병은 달라요.

호일 (그를 쫓아가며) 그 병은 여기서만 앓나보지? 다른 동네에선 안 생기는 병인가? 음식을 잘못 먹고 생긴 병은 아닌가? 음식은 조사해 봤어?

스토크만 (장인에게 동조해 주고 싶은 심정으로) 음식 조사는 안 했어요.

호일 그러고서 왜 물만 죄인을 만들어?

스토크만 수질 검사를 했으니까요.

호일 (다시 그를 붙잡고) 여긴 우리 둘뿐이야! 솔직하게 털어놔! 자네도 백 프로 믿는 건 아니지?

스토크만 이 세상에 백 퍼센트 확신할 수 있는 건 없습니다.

호일 거봐, 일부는 상상 속에서 나왔지?

스토크만 상상이 아니라 과학입니다!

호일 그렇다면 정반대로 생각할 권리도 있는 거 아냐. 그것도 과학적 사고 아닌가? 살균제는 생각해봤나? 아마 생각하지 못했을 거야.

스토크만 그 많은 물에 살균제를 쓸 수는 없어요.

호일 왜 없어? 죄다 죽이는 게 과학 아냐? 또 있어! 나도 자네 형님을 싫어하지만 자네도 형님을 미워하지?

스토크만 우리 형이 싫어서 그 일을 한 건 아닙니다.

호일 요만큼도 미워하지 않아? 인정할 건 인정하라고. 마음속에 백 프로 믿지도 않으면서, 살균제를 사용할 수 있는 방법도 생각해보지 않고서, 뭐, 마치 한 점 의혹이 없는 것처럼, 문제를 해결하는 유일한 방법은 온천을 파멸시켜야 한다고 달려들었단 말이야. 형님을 괴롭히면서까지. 왜 그랬어? 거기엔 증오가 들어 있어. 증오. (주식을 가리키며) 저건 다 자네 것이 될 수 있어. 자, 증오를 다 벗어 내던지고, 발가벗으라고, 톡 까놓고 얘기하자고.

스토크만 제가 평생 지니고 살 신념에다가 가족의 장래를 걸고 도박을 하시려는 겁니까?

히일 으응, 자네의 신념은 확실한 게 아니니까.

스토크만 아녜요. 전 확신과 신념에 목을 걸 수 있어요. 남을 희생시킬 권리는 아무도 가지고 있지 못해요. 우리 식구들은 순진합니다. 제발 그 주식을 도로 팔아서 어미 몫은 어미한테 주세요. 전 빈털터리입니다.

히일 (주식을 다시 모은다) 수질 검사에 대한 확신을 거둬들이게, 내 말을 듣지 않으면 이건 자선 단체에 기증하겠어.

스토크만 전부 다요?

히일 내 딸 카트린에게만 상징적으로 조금 돌아간다. 난 좋은 이름을 남기는 게 더 중요해.

스토크만 좋은 이름을 얻기 위해서 자선합니까?

히일 자네가 해주지 않으면 자선 단체에 맡길 수밖에 없지!

스토크만 장인어른의 얼굴을 쳐다보면 악마의 얼굴이 떠오릅니다!

문이 열린다. 문밖의 인물에 관객보다 스토크만이 먼저 보고 놀란다.

스토크만 웬일이야?

아스락슨이 방어하는 자세로 들어온다.

아스락슨 제발 흥분하지 마십시오.

홉스타드가 들어온다. 두 사람은 히일을 보자 걸음을 멈추고 미소를 짓는다.

민중의 적 229

히일 배운 사람들이 너무 많군. 난 가네.

아스락슨 저, 박사님, 잠깐만 시간을 내주십시오.

스토크만 할 얘기가 없소.

히일 (문으로 가면서) 대답을 기다리겠다. 할 거면 빨리 해다오. (나간다)

스토크만 무슨 용건이요?

홉스타드 어젯밤 집회에서 저희가 보인 태도를 용서하시리라고는 기대하진 않습니다만…….

스토크만 (적합한 단어를 찾고 있다가) 응, 거, 뭐야, 갈보질도 그런 갈보질이 없더군요.

홉스타드 뭐라고 부르셔도 할 말 없습니다.

스토크만 시간이 없으니 요점만 말하시오.

아스락슨 속이 아주 깊으시고 뜻이 아주 높으신 그 얘기를 왜 저희한테 해주시지 않으셨습니까? 그랬다면 저희 신문이 끝까지 박사님을 밀어드릴 수 있었잖습니까?

홉스타드 대중의 여론을 끌고 가실 수도 있었습니다. 조금만이라도 귀띔을 해주시지 않고…….

스토크만 여보쇼. 난 피곤하니까 말 돌리지 말고, 무슨 얘기요?

홉스타드 (히일이 나간 문 쪽을 가리키며) 온천 주식이 벌써 바닥났다는데요? 쉬쉬할 일도 아닙니다.

스토크만 그게 어떻게 됐다는 거죠?

홉스타드 네, 다 말씀드리겠습니다. (아스락슨에게) 하십시오.

아스락슨 당신이 해.

홉스타드 저희는 처음에 박사님을 지원했습니다. 그러다가 대중을 격하게 만들지 않을까 하는 우려 때문에 지원을 계속 못하고…….

스토크만 대중을 광분하게 만든 건 당신네 언론이 아닙니까?

홉스타드 차근차근 말씀드리죠. (스토크만에게 내용을 뇌리에 박히게 하겠다는 듯이) 계속해서 박사님을 지원하지 못한 건 신문사 재정 기반이 취약했기 때문이죠. 박사님은 지금 대중에게 거절당한 거 아닌가요? 저희가 박사님 옆에 있었다면 저희 신문도 거절당했을 거란 얘깁니다.

아스락슨 잘 아시겠죠, 박사님.

스토크만 원하는 게 뭐요?

홉스타드 저희 민중매일신보는 두 달 안에 박사님을 영웅으로 모시는 홍보 운동을 다시 시작할 수 있습니다.

아스락슨 준비는 다 되어 있습니다.

홉스타드 박사님이 주식을 사들인 배경을 강조하겠습니다. "온천의 안전에 대하여 당국을 믿을 만한 계기가 마련되었다. 새로운 과학적 근거가 발견되었기 때문이다. 따라서 동요하는 민중을 안심시킬 방법을 찾아야만 했다. 가장 효과적인 방법으로 온천개발회사의 주식을 매입할 수밖에 없었다." 뭐, 이런 내용입니다.

스토크만 나한테 원하는 게 돈이요?

아스락슨 박사님!

홉스타드 (아스락슨에게) 솔직히 말하게. (스토크만에게) 우리가 다시 박사님을 지지하면 얼마 동안 구독률이 떨어집니다. 박사님께서, 아니면 히일 씨여도 괜찮고요. 적자를 메워주셨으면 합니다. 고비만 넘겨 손익분기점을 넘으면 이익도 배당해드리겠습니다.

아스락슨 박사님은 언론이 필요하시고, 저희는 박사님이 필요합니다.

스토크만 그래요. 언론이 필요합니다. 내 이름이 더럽혀졌다고 믿고 있지는 않지만 더럽혀진 건 씻어야지요. 난 미움받는 건 더 싫어요. 내 말뜻 알겠소?

아스락슨 네.

홉스타드 예산서를 보여드리세요.

아스락슨이 주머니에 손을 넣는다.

스토크만 잠깐, 제일 중요한 사실이 있어요. 자꾸 반복하게 되는데 그 물은 오염됐어요.

홉스타드 저, 박사님!

스토크만 이거 분명히 합시다. 시장은 온천 시설 재공사를 위해선 세금을 더 걷어야 한다고 했죠? 그러니까 이제 나를 지지함과 동시에 세금 인상도 지지할 것입니까?

아스락슨 세금은 인기 없는 쟁점입니다.

홉스타드 박사님이 다시 복직되면 우린 걱정할 게 없습니다.

스토크만 언론이 내 명예를 회복시켜 주면 오염문제가 저절로 해결됩니까?

홉스타드 모든 걸 한꺼번에 해결할 수는 없죠. 세금 문제는 잘못 다루면 난리가 납니다.

아스락슨 세금 인상을 지지하면 신문은 당장 망합니다.

스토크만 그럼 온천에 대해선 아무 일도 안 하겠다는 얘기요?

홉스타드 박사님이 복직하면 온천 문제는 가라앉을 겁니다.

스토크만 이 사람들 보자보자 하니까, 신문 비용 대라고 공갈칠 사람을 찾고 다니는 거 아니오?

홉스타드 (화를 내며) 우린 박사님의 명예를 회복시켜 드리려는 것입니다. 협조하기 싫다면 할 수 없죠.

스토크만 그래 협조 안 하면 어떻게 됩니까?

홉스타드 (아스락슨에게) 돌아갑시다. 틀렸어요.

스토크만 (그의 길을 막으며) 말해 봐요. 조금 전에는 날 영웅으로 만들어 준다고 하지 않았소? 내가 돈을 대지 않는다면 어떻게 할 거요?

아스락슨 주민들은 거의 광분 상태에 있습니다.

스토크만 그래서?

홉스타드 시장께선 온천개발사업 방해 및 파괴음모죄로 박사님을 체포할 셈인데, 언론에 줄을 대지 않으면 철창신세를 지는 거지 별 수 있습니까?

스토크만 날 영웅으로 만들어놓고 십자가에 못 박으려고 그러오? (홉스타드가 문 쪽으로 간다. 스토크만이 막는다) 홉스타드, 영웅에게 대답해 보시오.

홉스타드 (똑바로 쳐다보며) 당신은 미친 사람입니다. 이기심으로 정신이 돈 사람이 마치 휴머니스트인 것처럼 굴지 마시오. 자기 가족의 고통을 돌보지 않는 악마, 아내와 자식보다 온천물이 더 중요한 악마, 그 악마가 당신 가슴속에 들어 있소. 당신이야말로 "뿌린대로 거두리로다"가 딱 맞소!

스토크만은 홉스타드의 당당한 발언에 움찔거린다. 아스락슨은 그에게 다가와 예산서를 보여 준다.

아스락슨 (안절부절못하며) 박사님 생각해 보세요. 돈이 많이 들지도 않아요. 두 달 안에 상황이 완전히 바뀝니다.

무대 밖에서 카트린이 겁에 질려 "왜 그래? 무슨 일이야? 누가 그랬어?" 하는 소리가 들린다. 카트린이 문으로 달려간다. 스토크만도 문으로 달려간다. 아일리프와 모텐이 들어온다. 모텐의 머리에 상처가 나 있다. 페트라와 선장이 왼쪽에서 나온다.

카트린 무슨 일이 있었나 봐요. 애 좀 보세요.
모텐 아무것도 아녜요.
스토크만 (상처를 살피며) 어디 보자, 왜 그랬니?
모텐 아무것도 아녜요.
스토크만 무슨 일이야? 학교에서 그랬어?
아일리프 선생님이 주말까지 학교에 나오지 말래요.
스토크만 애들이 동생을 때렸니?
아일리프 애들이 놀렸어요. 쟤가 화가 나서 한 아이하고 싸우니까 애들이 막 때렸어요.
카트린 대꾸하지 말랬잖아!
모텐 (화가 나서) 아빠보고 반역자라고 하는데 어떻게 참아요.
아일리프 그냥 못 들은 척했으면 됐잖아.
카트린 애들은 많고 너희 둘뿐이야. 애들이 널 죽일 수도 있어.
모텐 그런 거 상관 안 해요.
스토크만 (아이를 진정시키랴, 자신의 감정을 진정시키랴 애를 쓰며) 모텐아.
모텐 (아빠에게서 빠져나오며) 이 새끼들 가만 안 놔둘 거야. 한 놈이라도 붙잡히면 돌멩이로 죽여 버릴 거야.

스토크만이 아이를 잡으려고 하자 아이는 자기를 나무라는 줄 알고 도망친다. 스토크만은 따라가 아이를 붙잡는다.

모텐 놔요, 놔.

스토크만 모텐아, 모텐아.
모텐 (울면서) 애들이 아빠가 반역자래요, 반역자! (흐느낀다)
스토크만 자, 가서 세수해라.

　카트린이 모텐을 데려간다. 스토크만이 몸을 바로 하고 아스락슨, 홉스타드와 마주 선다.

스토크만 잘들 가시오.
홉스타드 결심이 서면 알려 주세요.
스토크만 결심했소. 난 '민중의 적'이오.
카트린 여보, 그게 무슨 말이에요?
스토크만 자식들에게 주먹을 쓰라고 가르치는 부모들, 난 그런 부모들의 적이오. 당신들도 우리 아이들, 우리 가족들을 모두 적으로 대하겠죠?
아스락슨 박사님, 원하는 건 모두 다 가지실 수 있습니다.
스토크만 진실만은 안 됩니다! 물이 오염되었다는 사실만 빼놓고는 모두 다 가질 수 있겠죠.
홉스타드 박사님이 책임지면 되잖습니까?
스토크만 어떻게 책임을 집니까? 벌써 애들도 오염됐어요, 민중도, 오염된 그런 민중의 친구가 되기 위하여 부패를 책임져야 한다면 차라리 '민중의 적'으로 남겠어요. 물은 오염됐소! 내 마지막 말이오. 당장 나가시오!
홉스타드 당신, 여기서 볼장 다 봤소.
스토크만 어서 나가! (아스락슨의 손에서 우산을 빼앗는다)
카트린 여보, 왜 그래요!

　스토크만이 우산을 휘두르기 시작한다. 아스락슨과 홉스타드는 문 쪽으로 뒷걸음한다.

아스락슨 미친 놈, 정신 나갔어.
카트린 (우산을 뺐으려고 남편을 붙잡으며) 여보 그러지 마요.
스토크만 저놈들은 내가 신문사와 민중과 온천의 오염을 사주기를 바라는 놈들이야. 이 마을의 부패를 모두 다 사라고. 그 대가로 날 영웅으로 만들어주겠대. (격노하여 홉스타드와 아스락슨에게) 난 영웅이 아냐, 적이야. 내가 어떤 종류의 적인지 잘 봐둬. 난 내 펜을 칼처럼 갈아두겠어. 너희의 친구들인 민중은 내가 죽기 전에 먼저 피를 흘리게 될걸? 그래 진정서에 서명을 해. 아파도 날 찾지 말라고 말이야. 내 아이들을 때려! 그리고 저 앨, (페트라를 가리킨다) 다시 학교에 나오지 못하게 해. 저 애더러 티 없는 순수함마저 파괴해버리라고 해. 방어벽을 철저히 쳐놔라. 진실이 진군하고 있다. 종을 울리고 사이렌도 울려. 진실이 나타났다! 머지않아 진실은 우리를 뚫고 나온 호랑이처럼 거리를 뛰어다닐 테니까.
홉스타드 정말로 제정신이 아니군, 미친 놈!

아스락슨과 홉스타드가 문가로 간다.

아일리프 (그들에게 달려가며) 우리 아버지 욕하지 마!
스토크만 (카트린이 비명을 지르고 스토크만은 우산을 들고 그들에게 달려간다) 꺼져!

그들이 뛰어나간다. 스토크만은 우산을 던진 뒤에 문을 닫는다.
침묵. 가족을 마주 보고 문에 등을 기댄다. 음악이 낮게 흐른다.

스토크만 오늘 지옥에서 온 사자들을 다 만났다. 더는 안 올 거야. 여보, 애들아! 우린 포위를 당하고 말았다. 고립되었구나. 그들은 피를 부를 것이며 사람들을 채찍으로 다스릴 것이다. (돌멩이 하나가 남아 있는 유리창을 깨고 들어온다. 아이들이 창가로 달려간다) 애들아, 가지 마.
카트린 선장님이 배를 알아봐준다고 했어요.
스토크만 안 떠난다!
페트라 여기에 남나요?
카트린 학교도 갈 수 없어요. 집 밖으로 나가지도 못하게 할 거예요.
스토크만 여기에서 살아간다.
페트라 좋아요.

스토크만 이제 조심해야 한다. 고통을 견뎌내야 하니까. 얘들아, 학교에 안 가도 된다. 내가 너희를 가르쳐 주마, 누나도 도와줄 거다. 거리에서 돌아다니는 아이들을 불러 모으자.

아일리프 좋아요, 우린요…….

스토크만 열 명도 좋고 스무 명도 좋다. 학교를 열자! 아무것도 몰라도 된다. 착하고 미개한 아이들이면 더 좋다. 선장! 집을 좀 빌려도 될까요?

호스터 쓰십시오. 저야 늘 비우니까요.

스토크만 그래, 다시 시작하는 거다, 페트라. 우린 세금 내는 사람, 신문 독자들처럼 우왕좌왕하고 눈치 보는 사람들을 만들어 내는 게 아니라 자유롭고 독립적인 인간, 진리에 목마른 인간을 길러내는 거야. 아, 페트라야, 할아버지한테 다녀오너라. 가서 '거절'한다고 전해라.

호스터 무슨 얘기예요? 그게 무슨 뜻이죠?

스토크만 (아내에게 다가가서) 그건, 여보, 우리만 남았다는 뜻이야. 새 아침이 밝아오기까지 긴 밤을 지내야 해.

돌멩이 하나가 깨진 창틀을 통해서 떨어진다. 호스터가 창가로 간다. 군중이 다가오는 소리가 들린다.

호스터 동네 사람들이 다 모였군.

카트린 어떻게 되는 거예요? 여보, 우린 어떻게 돼요?

스토크만 (아내를 진정시키려고 두 손을 올리고 불안과 용기가 섞인 떨리는 목소리로) 나도 모르겠어. 하지만 다들 잘 들어둬. 우린 진리를 위해서 싸우는 거다. 그래서 외로운 거야. 하지만 외로움은 우리를 강하게 키워줄 거야. 우린 이 세상에서 가장 강한 사람들이다…….

밖에서 성난 군중의 아우성이 들려온다. 돌멩이 하나가 또 날라 들어왔다.

스토크만 그리고 강한 사람은 그 외로움을 배워 이겨내야만 하는 거란다!

군중의 웅성거림이 점점 더 커진다. 그는 무대 위쪽 창가로 걸어간다. 그를 향하여 바람이 불어 커튼이 날린다. 군중의 요란스러운 구호, '민중의 적' 함성이 점점 다가온다. 이에 맞서듯이 스토크만이 창가로 다가간다. 천천히 막이 내린다.

Vildanden
들오리

등장인물

거상 베를레 제재소 등의 경영자
그레거스 베를레 거상 베를레의 아들
엑달 노인 퇴역 중위, 거상 베를레의 옛 친구
얄마르 엑달 엑달 노인의 아들, 사진사
지나 엑달 얄마르의 아내
헤드비 얄마르와 지나의 딸, 14세
쇨비 부인 베를레 집안의 가정부
렐링 의사
몰빅 퇴학한 신학생
그로베르크 경리
페테르센 베를레 가문의 하인
옌센 임시고용 급사
뚱보 신사
대머리 신사
근시 신사
기타 여섯 명의 신사 베를레 가문에 초대받은 손님
임시고용 급사들 다수

제1막은 거상 베를레의 집, 뒤이은 네 막은 사진사 엑달의 집이 무대.

제1막

거상 베를레의 집. 호화롭고 쾌적하게 꾸며진 서재. 책장과 붙박이 가구가 있고, 방 한가운데에 서류 등이 올라간 책상이 있다. 녹색 갓을 씌운 등이 방을 부드럽게 비춘다. 방 안쪽에는 아코디언 주름 모양의 칸막이가 활짝 열려 있고, 커튼이 묶여 있다. 그 너머로, 등과 가지 달린 촛대가 환하게 비추는 넓고 화려한 방이 보인다. 서재 오른쪽 앞에 사무실로 통하는, 나사(羅紗)*로 짠 장식품을 바른 문이 있다. 왼쪽 앞에는 난로가 있는데, 석탄불이 시뻘겋게 타오른다. 그 안쪽에 식당으로 통하는 쌍여닫이가 있다.

제복을 입은 베를레 집안의 하인 페테르센과 검은 옷을 입은 임시고용 급사 옌센이 서재를 치우고 있다. 안쪽의 큰 방에서도 임시고용 하인 두세 명이 방을 정리하고 불을 더 지피고 하느라 분주하다. 식당에서 떠들썩한 말소리며 웃음소리가 들려온다. 누군가가 나이프로 유리잔을 두드린다. 잠시 침묵이 흐르고, 건배 소리가 울려 퍼진다. 박수가 일고 다시 시끌벅적한 말소리가 들린다.

페테르센 (난로 위 등불을 켜고, 갓을 씌운다) 옌센, 지금 나리가 셸비 부인을 위해 저렇게 길게 건배하는 거지?
옌센 (팔걸이의자를 앞으로 밀면서) 그 소문, 진짜야? 두 분이 그렇고 그런 사이라는?
페테르센 글쎄.
옌센 저래 봬도 나리가 왕년에 기가 막힌 멋쟁이였다던데?
페테르센 그렇겠지.

＊양털로 짠 두툼한 방모 직물.

들오리 241

옌센 오늘 만찬은 도련님을 위해 준비한 거라지?

페테르센 응. 도련님이 어제 돌아오셨으니까.

옌센 베를레 나리에게 아들이 있다니, 난 금시초문이었다니까.

페테르센 왜, 엄연히 한 명 있었지. 그런데 헤이달 산에 있는 공장에 가시더니 감감무소식인 거야. 내가 이 집에서 일한 지도 꽤 되는데, 그동안 한 번도 마을로 나온 적이 없었지.

임시고용 급사 (방문에서) 페테르센, 어떤 영감이 오셨는데.

페테르센 (투덜대며) 쳇, 이 시간에 누구야!

엑달 노인이 오른쪽에서 방으로 들어온다. 커다란 옷깃이 달린 구식 외투를 입고, 털실로 짠 장갑을 끼고 있다. 지팡이와 털가죽 모자를 들고, 갈색 종이 꾸러미를 옆구리에 끼고 있다. 더럽고 불그죽죽한 가발을 쓰고, 희끗희끗한 콧수염을 길렀다.

페테르센 (노인에게 다가가며) 뭐야, 영감이었어요? 무슨 볼일이에요?

엑달 (문간에서) 사무실에 볼일이 있어서 왔네, 페테르센.

페테르센 사무실은 1시간 전에 닫았어요. 게다가…….

엑달 그건 현관에서 들었어. 하지만 그로베르크는 아직 있잖나. 부탁이네, 페테르센, 이쪽으로 좀 들여보내 주게. (나사 장식이 있는 문을 가리키며) 전에도 저쪽으로 들어간 적이 있다고.

페테르센 알았어요. (문을 열며) 하지만 돌아갈 땐 조심해서 저쪽 문으로 나오셔야 해요. 손님이 잔뜩 오셨으니까요.

엑달 알겠네. 으흠! 고맙네, 페테르센! 역시 자네밖에 없어. 고맙네! (입속으로 중얼거린다) 건방진 놈!

엑달, 사무실로 들어간다. 페테르센이 그 문을 닫는다.

옌센 저 영감도 사무실 사람이야?

페테르센 바쁠 때만 사무실에서 필사를 대신 해주는 사람이지. 저 엑달 영감도 옛날에는 번듯한 직업이 있었다는구먼.

옌센 응, 그러고 보니 어딘가 고상한 것 같아.

페테르센 그렇겠지. 그 직업이란 게 중위였다고 하니까!

옌센 뭐? 중위?

페테르센 그래. 퇴역해서는 재목상이다 뭐다를 했었대. 한번은 베를레 나리를 상대로 크게 한탕 한 적이 있는 모양이야, 소문이지만. 헤이달 산에 있는 공장을 둘이서 같이 경영했었다지. 어때, 엑달 영감 일이라면 모르는 게 없지! 에릭센 아주머니네 가게에서 함께 엄청나게 마셔댔거든.

옌센 남한테 한턱낼 정도로 돈이 있어 보이진 않던데.

페테르센 얼어 죽을, 한턱내는 건 내 쪽이라고. 쪽박 찬 사람한테는 친절을 베풀어야 한다는 게 내 원칙이거든.

옌센 그럼 저 영감은 파산한 건가?

페테르센 아니, 더 나쁘지. 쇠고랑을 찼었거든.

옌센 교도소에서?

페테르센 구치소라고 하지. (귀를 쫑긋 세우며) 쉿! 식사가 끝난 것 같아.

두 하인이 식당 문을 안쪽에서 연다. 셸비 부인이 손님 두 명과 이야기를 나누며 나온다. 다른 손님들도 줄줄이 따라나온다. 그중에 베를레도 있다. 얄마르 엑달과 그레거스 베를레가 마지막으로 나온다.

셸비 부인 (지나가며) 페테르센, 음악실로 커피 좀 갖다 줘.

페테르센 네, 부인.

셸비 부인과 두 신사, 응접실로 들어가 오른쪽으로 사라진다. 페테르센과 옌센도 같은 방향으로 퇴장.

뚱보 신사 (대머리 신사에게) 기가 막힌 식사였습니다! 다 먹느라 힘이 다 빠졌어요!

대머리 신사 세 시간이나 되는데 그럴 마음만 있으면 왜 다 못 먹겠습니까.

뚱보 신사 그렇죠, 하지만 그다음이 남아 있으니까요, 그다음이요!

세 번째 신사 음악실에서 커피와 술을 대접한답니다.

뚱보 신사 그것참 고마운 말이로군! 게다가 셸비 부인이 뭔가 곡을 연주해 주시겠죠.
대머리 신사 (소곤대며) 우리를 조롱하는 곡이 아니면 좋을 텐데요.
뚱보 신사 에이, 설마. 그런 식으로 오랜 친구의 뒤통수를 치다니, 벨타는 그런 여자가 아닙니다.

일동, 웃으며 큰 방으로 사라진다.

베를레 (낮고 신경질적인 목소리로) 아무도 알아채지 못한 것 같은데, 그레거스.
그레거스 (상대방을 바라보며) 알아채다니요, 뭘요?
베를레 너도 몰랐느냐?
그레거스 제가 알아채야 할 게 뭐 있었나요?
베를레 열세 명이란 말이다, 식탁에 앉은 사람이.
그레거스 그래요? 열세 명이나 있었어요?
베를레 (얄마르 엑달을 흘끔 보고) 집에 손님을 초대할 때는 늘 정원을 열두 명으로 맞추는데. (다른 사람들에게) 자, 이리들 오시죠.

베를레와 다른 손님들, 오른쪽으로 사라진다. 얄마르와 그레거스가 뒤에 남는다.

얄마르 (지금 이야기를 엿듣고) 나는 초대하지 말지 그랬나, 그레거스.
그레거스 무슨 소리야! 오늘 만찬은 나를 위해 준비한 거라고. 그런 자리에 유일한 친구를 초대하지 않는단 말이야?
얄마르 하지만 자네 아버진 달가워하지 않으시는 것 같은데. 애초에 난 이 집에 초대받은 적이 한 번도 없으니까.
그레거스 그랬지. 하지만 난 꼭 자넬 만나 이야기 나누고 싶었어. 곧 다시 이 집을 떠날 테니까. 사실 우리는 오랜 학교 친구면서 꽤 오래 못 만났잖아, 안 그래? 벌써 16~7년이나 보지 못했지?
얄마르 그렇게 되나?

그레거스 그렇다니까. 그런데 자넨 어떻게 지내? 몸은 건강해 보이는데. 살도 좀 찐 것 같고. 다부진 느낌이라고나 할까.

얄마르 응. 다부지다고까진 할 수 없지만, 이전보다 튼튼해진 건 사실이야.

그레거스 그렇지? 딱 보기에 고생 없이 사는 것 같은데.

얄마르 (조금 침울한 목소리로) 그렇지 않아, 그레거스. 실제는 아주 다르지. 자네도 알다시피, 자네와 헤어지고 나서 나와 우리 가족은 큰 시련을 겪었으니까.

그레거스 (목소리를 낮추고) 아버지는 지금 어떻게 지내셔?

얄마르 그 이야기는 하지 말자. 물론, 불쌍한 아버지는 나와 함께 지내셔. 이 넓은 세상에 의지할 사람이 나밖에 없거든. 하지만 괴로우니까 이 이야기는 그만두지. 그것보다, 자넨 어떻게 지내? 산에 있는 공장 이야기 좀 해봐.

그레거스 외롭지만, 아주 멋지게…… 그렇게 지냈지……. 이런저런 생각을 할 여유도 듬뿍 있고 말이야. 이리 와서 좀 앉아. 편하게 이야기하자고.

그레거스, 난로 앞 팔걸이의자에 앉으며 얄마르에게 옆 의자를 권한다.

얄마르 (감상적으로) 어쨌든 그레거스, 만찬회에 초대해 줘서 기쁘네. 자네가 이제 날 거부하지 않는다는 사실을 알게 되었으니까.

그레거스 (놀라며) 어째서 그런 생각을 하지? 내가 자넬 거부해?

얄마르 처음엔 그랬지.

그레거스 처음이라니?

얄마르 그 소동이 있었을 때. 하긴, 무리도 아니지. 자네 아버지도 하마터면 말려들 뻔했으니까. 그…… 그 고약한 사건에.

그레거스 그 일 때문에 내가 자네에게 앙심을 품고 있으리라고 생각하는 거야? 대체 누가 그런 소릴 해?

얄마르 그레거스, 자네 아버지가 직접 해준 말이야.

그레거스 (어이없어하며) 우리 아버지가? 맙소사! 그래서 자네한테서 편지가 안 왔던 거로군…… 한 통도!

얄마르 그래.

그레거스 그때도 그랬겠지? 자네가 사진사가 되기 전인가 된 뒤에도?

얄마르 자네 아버지가 그렇게 말씀하셨지. 알려봤자 소용없으니 아무것도 알리지 말라고.

그레거스 (멍하니) 그래…… 아마 아버지가 말한 대로였겠지. 그건 그렇고, 얄마르. 어때, 지금은 다 잘 되지?

얄마르 (가볍게 한숨을 내쉬며) 응, 그럭저럭. 불평해서 해결될 일은 아니니까. 처음에는 좀 이상한 생각이 들었어. 환경이 완전히 바뀌었으니까. 그뿐만이 아니지. 그 밖에도 모든 것이 변했으니까. 아버지에게 닥친 그 끔찍한 시련…… 수치와 오명, 그레거스…….

그레거스 (동정하며) 응, 알지, 알아.

얄마르 공부를 계속할 생각은 꿈도 못 꿨어. 손안에는 한 푼은커녕, 있는 거라곤 빚더미뿐이었지. 그것도 대부분은 자네 아버지에게서 빌린 돈이었고.

그레거스 흠!

얄마르 그래서 눈 딱 감고 끊어 버리는 게 상책이다 싶었지. 그때까지의 생활과 습관을 깨끗이 말이야. 그걸 가장 강력하게 권했던 사람이 바로 자네 아버지야. 그 뒤로는 자네 아버지가 나를 여러모로 보살펴 주셨지…….

그레거스 아버지가?

얄마르 응, 자네도 알잖아? 사진 기술을 배우고, 작업실을 만들고, 가게를 열고……. 나한테 그런 돈이 어디 있었겠어? 죄다 돈이 드는 일인데.

그레거스 그걸 우리 아버지가 다 내주셨단 말이야?

얄마르 그래, 그레거스, 몰랐던 거야? 난 자네 아버지가 편지로 다 알린 줄 알았는데.

그레거스 한 말씀도 없으셨어. 분명 잊어버렸을 테지. 사업과 관계된 일이 아니라면 편지를 주고받은 적이 없으니까. 그래, 아버지였군, 그랬어!

얄마르 그래. 남한테는 절대 비밀로 하셨지만…… 자네 아버지야. 내가 결혼할 수 있게 도와주신 분도 자네 아버지고. 설마 이 사실도 모르진 않겠지?

그레거스 전혀 몰랐지. (상대방의 팔을 툭 치며) 하지만 얄마르, 이런 이야기를 들어서 난 뭐라 말할 수 없이 기뻐졌네. 한편으론 좀 부끄럽기도 하고.

아무래도 난 어떤 점에서 아버지를 제대로 보지 못하고 있었나 봐. 그런 건 인정이 있다는 증거지? 아버지에게도 양심이 있다고 말해도 좋은 거잖아…….

얄마르 양심?

그레거스 아니 뭐, 그걸 어떻게 부르든 그건 자네 자유지만. 어쨌든, 아버지가 그랬다는 소리를 들으니 정말 기쁜걸. 그럼 자넨 결혼했군, 얄마르! 난 따라잡지도 못하겠는걸. 그래, 결혼 생활은 순조롭고?

얄마르 응, 순조롭지. 아주 부지런하고 똑 부러지는 여자야. 흠잡을 데 없는 아내지. 교육도 좀 받았고.

그레거스 (조금 놀라며) 대단한 부인을 얻었는걸.

얄마르 뭐, 생활 자체가 교육이지. 날마다 나와 붙어 있으니까. 꽤 배운 친구도 한두 명 자주 찾아오고. 자넨 지나를 만나도 누군지 몰라볼 거야, 분명.

그레거스 지나?

얄마르 그래, 그 여자 이름이 지나였다는 걸 잊은 거야?

그레거스 지나가 누구더라? 생각이 안 나는데…….

얄마르 왜, 이 집에서 잠깐 일했었잖아.

그레거스 (상대방의 얼굴을 바라보며) 지나 한센?

얄마르 그래, 그 지나 한센.

그레거스 우리 어머니의 병이 위중해진 뒤로 집안일을 맡아 보던 그 지나?

얄마르 그래. 하지만 내 결혼소식은 아버지에게서 전해 들은 줄로 아는데.

그레거스 (일어서서) 응, 듣기야 들었지. 하지만 정작 중요한…… (방 안을 서성거리며) 잠깐…… 편지에 쓰여 있었나? 아, 그러고 보니……. 하지만 아버지는 늘 편지를 짧게 쓰셔서……. (의자 팔걸이에 걸터앉고) 얄마르, 대체…… 이거 재미있는 걸…… 대체 지나랑…… 아니, 부인이랑 어떻게 알게 된 거야?

얄마르 아주 간단한 이야기야. 지나는 이 집에서 그리 오래 일하지 않았어. 당시 어머니가 아프셔서 집안 분위기가 꽤 수선스러웠으니까……. 지나한테는 짐이 너무 무거웠던 거지. 그래서 그녀는 이 집을 나왔어. 자네 어머니가 돌아가시기 전 해였던가…… 아니, 그 해였는지도 모르겠군.

그레거스 그 해였어. 난 그 무렵엔 산에 있는 공장에서 지냈으니까. 그래서?

얄마르 응, 지나는 어머니 집으로 돌아갔는데, 그 한센 부인은 퍽 수완 좋고 부지런한 사람으로, 조그만 카페를 운영했지. 거기에 전세방도 하나 딸려 있었는데, 아주 깔끔하고 아늑한 방이었어.

그레거스 자네가 마침 그 방을 얻은 거고?

얄마르 그렇지. 실은 자네 아버지가 알려 주셨어. 아무튼, 난 지나와 거기서 처음 만났지.

그레거스 그리고 약혼한 거로군?

얄마르 응. 우린 젊었으니까. 서로 좋아하는데 뜸들일 거 뭐 있어? 흠……

그레거스 (일어서서 그 주위를 거닐며) 약혼이라…… 그 뒤인가, 아버지가 자네에게…… 그러니까, 그 뒤인가, 자네가 사진을 배우려고 한 게?

얄마르 그래. 뭔가 일을 찾아서 한시라도 빨리 안정을 찾고 싶었거든. 게다가 사진을 하는 게 최상책이라는 데에 자네 아버지와 내 의견이 완전히 일치했었어. 지나도 같은 생각이었고. 실은 다른 이유가 하나 더 있는데…… 지나가 사진 수정 기술을 막 배운 참이었거든.

그레거스 딱 맞아떨어졌는데 그래.

얄마르 (기분이 좋아져서 일어서며) 그래, 그레거스! 모든 게 딱이었지, 안 그런가?

그레거스 응, 그렇게밖에 말할 수 없군. 아버진 자네에게 신과 같은 존재였구먼.

얄마르 (감동해서) 자네 아버진 옛 친구의 아들을 몰락하게 놔두시지 않았어. 참 인정 많으신 분이야.

셸비 부인 (베를레와 팔짱을 끼고 들어온다) 베를레 나리, 억지 부리지 마세요. 그렇게 밝은 곳에 오래 계시면 안 돼요. 건강에 안 좋으니까요.

베를레 (팔짱을 풀고 눈에 손을 갖다 대며) 당신 말이 맞는 것 같군.

페테르센과 옌센이 쟁반을 들고 들어온다.

셀비 부인 (건넛방에 있는 손님들에게) 여러분, 펀치를 드시고 싶은 분들은 이쪽으로 오셔서 드세요.

뚱보 신사 (셀비 부인 쪽으로 오며) 그런데 말입니다, 우리 애연가들에게 담배를 피우지 말라고 그토록 강조하셨는데, 진심으로 하신 말씀입니까?

셀비 부인 그래요. 여긴 베를레 나리의 방이라서 금연이랍니다.

대머리 신사 담배를 피우는 데 그렇게 엄격한 단속 조항을 도입한 건 언제부터입니까, 셀비 부인?

셀비 부인 아까 식사를 마치신 다음부터죠. 어떤 분인지 담배를 입에 달고 있는 분이 계시더라고요.

대머리 신사 그 규칙을 조금이라도 깨는 사람이 있으면 어쩌실 건가요, 벨타 부인?

셀비 부인 절대로 안 되죠, 발레 나리.

어느덧 손님 대부분이 베를레의 방에 모여 있다. 하인들이 펀치를 나눠 준다.

베를레 (탁자 저편에 서 있는 얄마르에게) 그런 곳에 서서 뭘 보는 건가, 엑달?
얄마르 사진첩을 좀 보고 있었습니다, 베를레 씨.
대머리 신사 (주위를 서성이며) 아! 사진! 사진으로 먹고사는 사람이니 사진에 관심이 가나 보군.
뚱보 신사 (팔걸이의자에 앉아) 자네가 찍은 사진은 갖고 오지 않았나?
얄마르 네, 안 갖고 왔습니다.
뚱보 신사 갖고 왔으면 좋았을걸. 앉아서 사진을 구경하는 건 배를 꺼뜨리는 데 좋으니까.
대머리 신사 흥을 더욱 돋우는 덤 역할도 하고!
근시 신사 덤이라면 뭐든 환영이지요.
셀비 부인 엑달 씨, 지금 이분들은 식사 초대를 받았으면 뭔가 보답하라고 말씀하시는 거예요.
뚱보 신사 그런 훌륭한 식사를 대접받았는데 어떻게 가만히 있을 수 있겠습니까!
대머리 신사 심신이 모두 건강해지고 싶으면 그래야지요…….

셸비 부인 옳은 말씀이네요!

웃음과 농담 속에 대화가 이어진다.

그레거스 (조용히) 자네도 끼어야지, 얄마르.
얄마르 (어깨를 움츠리며) 무슨 이야기를 해야 좋지?
뚱보 신사 베를레 씨, 토카이 포도주는 비교적 위에 부담이 덜 가지 않습니까?
베를레 (난로 앞에서) 아까 드신 토카이라면 보증할 수 있지요. 가장 품질이 좋았던 해에 생산한 거니까요. 물론, 눈치채셨겠지만.
뚱보 신사 아닌 게 아니라 정말 훌륭한 맛이었습니다.
얄마르 (쭈뼛대며) 해에 따라 차이가 있습니까?
뚱보 신사 (웃으며) 이거 재미있는 질문인걸!
베를레 (미소 지으며) 자네한텐 고급 포도주를 대접해도 보람이 없겠구먼.
대머리 신사 토카이 포도주도 사진과 같다네, 엑달 군. 햇볕이 필요하지, 그렇지 않나?
얄마르 그렇습니다. 확실히 빛이 필요하지요.
셸비 부인 그럼 궁전 하인들이랑 똑같군요. 그 사람들도 볕이 드는 곳에 있어야 한다고 들었는데.
대머리 신사 맙소사, 그런 케케묵은 농담을.
근시 신사 셸비 부인이 슬슬 본심을…….
뚱보 신사 게다가 우릴 소재로 쓰다니. (위협하듯이) 벨타! 벨타!
셸비 부인 아무튼, 해에 따라 질이 완전히 다르다는 건 사실인 것 같군요. 오래 묵은 건 역시 좋아요.
근시 신사 그 오래 묵은 것에 저도 넣어 주시겠습니까?
셸비 부인 어머나, 말도 안 되죠.
대머리 신사 내 그럴 줄 알았지! 그럼 난 어떻습니까, 셸비 부인?
뚱보 신사 난 어떻습니까! 몇 년산 포도주에 넣어 주시렵니까?
셸비 부인 여러분은 달콤한 해죠.

셀비 부인, 펀치를 홀짝인다. 손님들이 웃으며 그녀와 농담을 계속한다.

베를레 하여간 셀비 부인의 말솜씨는 알아준다니까. 언제든 막히는 법이 없어. 그런데 여러분, 잔이 비지 않는군요. 페테르센, 어서 더 따라 드려! 그레게스, 너도 와 마셔라. (그레게스는 움직이지 않는다) 엑달, 함께 한 잔하지? 식탁에서는 자네에게 건배할 기회가 없었잖나.

경리 그로베르크가 나사 장식을 바른 문에서 얼굴을 내민다.

그로베르크 죄송합니다, 나리, 나갈 수가 없어서.
베를레 또 갇혔나?
그로베르크 프락스타가 열쇠를 들고 가 버린 바람에…….
베를레 어쩔 수 없지. 이쪽으로 나가게.
그로베르크 실은 한 명이 더 있습니다만…….
베를레 괜찮아, 둘이 나가도 괜찮아. 어려워할 것 없네.

그로베르크와 엑달 노인이 사무실에서 나온다.

베를레 (저도 모르게) 앗!

손님들의 웃음과 웅성거림이 뚝 멎는다. 아버지를 보고 흠칫 놀란 알마르가 술잔을 내려놓고 난로 쪽으로 몸을 돌린다.

엑달 (시선을 떨어뜨린 채 여기저기 굽실거리며 중얼댄다) 죄송합니다, 주제넘게 방해해서. 문이 잠겨서, 문이 잠겨서 그만……. 죄송합니다.

엑달과 그로베르크, 방 벽을 따라 오른쪽으로 사라진다.

베를레 (어금니를 깨물며) 그로베르크 자식!
뚱보 신사 왜 그러십니까? 저 사람은 누구죠?

그레거스 아무것도 아닙니다. 경리와 그 친구예요.
근시 신사 (얄마르에게) 저 사람을 압니까?
얄마르 모르겠는데요……. 자세히 안 봐서…….
뚱보 신사 (일어서서) 도대체 무슨 일이지? (수군대는 사람들 쪽으로 간다)
셀비 부인 (급사에게 속삭인다) 밖에서 뭐 좀 살짝 갖다 드려라. 좋은 걸로.
페테르센 (고개를 끄덕이며) 알겠습니다. (나간다)
그레거스 (낮지만, 흥분한 목소리로 얄마르에게) 그럼 역시 그랬군.
얄마르 응.
그레거스 그런데도 자넨 거기 서서 모른다고 한 거군!
얄마르 (기침하며, 속삭이듯이) 어째서 내가……?
그레거스 저 사람이 자기 아버지라고 당당하게 말할 수 있나?
얄마르 (괴로운 듯이) 자네도 내 상황이었다면…….

낮게 수군대던 손님들의 대화가 갑자기 일부러 꾸민 듯이 밝아진다.

대머리 신사 (친한 척하며 얄마르와 그레거스에게 다가와) 여어! 학창시절 추억담으로 이야기꽃이 피었군요, 응? 담배는 어떠신지요, 엑달 군? 불을 빌려 드릴까요? 아참! 여기선 안 되지…….
얄마르 아, 괜찮습니다! 전 어차피 안 피우거든요.
뚱보 신사 엑달 군, 뭔가 멋진 시를 낭독해 주지 않겠나? 전에는 꽤 잘했었잖아.
얄마르 다 잊어버려서…….
뚱보 신사 그것참 애석하군. 그럼 이제 뭘 하지, 발레?

두 손님은 방을 가로질러 다른 방으로 들어간다.

얄마르 (침울하게) 그레거스, ……난 이만 가네. 누구든 운명에 한 번 짓밟혀 보면……. 아버지께 대신 인사 전해 주게.
그레거스 알겠네. 곧장 돌아갈 거지?
얄마르 응. 왜?

그레거스 아니…… 나중에 잠깐 들러볼까 하고.

얄마르 안 돼. 집은 곤란해. 우리 집은 우울하다고, 그레거스. 이렇게 호화로운 연회를 벌인 뒤에는 더더욱 안 되지. 만날 거면 시내에서 만나던가.

셸비 부인 (다가와 작은 목소리로) 벌써 가시게요, 엑달 씨?

얄마르 네.

셸비 부인 지나에게 안부 전해 주세요.

얄마르 고맙습니다.

셸비 부인 조만간 찾아가겠다고 말씀해 주세요.

얄마르 네, 그러죠. (그레거스에게) 조용히 빠져나갈 테니 걱정 마. (살며시 방을 가로질러 안쪽 방 오른쪽으로 사라진다)

셸비 부인 (돌아와 급사에게 은근한 목소리로) 그래, 영감한테 뭣 좀 가져다 드렸어?

페테르센 네, 브랜디 한 병을 몰래 가져다 드렸죠.

셸비 부인 좀 더 괜찮은 것도 있었을 텐데?

페테르센 무슨 말씀을요. 그 영감은 브랜디를 최고로 생각하는데요.

뚱보 신사 (문간에서 악보를 들고) 다같이 뭔가 하나 하시죠, 셸비 부인?

셸비 부인 그래요, 해요.

손님들 브라보, 브라보!

셸비 부인과 손님들 모두가 방을 빠져나가 오른쪽으로 사라진다. 그레거스는 난로 앞에 그대로 서 있다. 베를레가 책상에서 뭔가를 찾고 있는데, 그레거스가 나가 주었으면 하는 눈치다. 그레거스가 움직일 기미가 없자 베를레가 출구 쪽으로 간다.

그레거스 잠깐만요, 아버지.

베를레 (멈춰 서서) 뭐냐?

그레거스 잠깐 할 이야기가 있는데요.

베를레 손님들이 돌아가실 때까지 못 기다리느냐?

그레거스 못 기다려요. 아버지와 단둘이 될 시간은 지금뿐일 것 같으니까.

베를레 (다가와서) 그게 무슨 뜻이냐?

다음 대화가 이어지기까지 음악실에서 피아노 소리가 희미하게 들려온다.

그레거스 저 일가가 그렇게까지 몰락하도록 모두 왜 지켜보고만 있었을까요?

베를레 엑달 일가를 말하는 것 같구나?

그레거스 그래요, 엑달 일가 말이에요. 엑달 중위는 한때 아버지의 친구였잖아요.

베를레 그래, 너무 친해서 탈이었지. 덕분에 그 뒤 몇 년이나 그놈 때문에 골치를 앓았어. 내 평판이 안 좋아진 것도 그 사람 때문이니까.

그레거스 (부드럽게) 정말 모든 잘못이 그분한테 있었나요?

베를레 그럼 또 누가 있다고 그러냐?

그레거스 그 산 매입은 아버지와 그분이 같이하신 일이잖아요. 그렇죠?

베를레 하지만 그 측량도…… 그 엉터리 지도를 만든 건 엑달이잖냐? 나라 산림을 불법으로 벌채한 것도 그놈이고. 산에 대한 일은 모두 그놈 책임이었다. 엑달 중위가 무슨 짓을 했는지 난 전혀 몰라.

그레거스 엑달 중위도 자기가 무슨 짓을 하는지 몰랐잖아요.

베를레 그럴지도 모르지. 하지만 사실은 그는 유죄를 받고 나는 무죄를 받았다는 거야.

그레거스 네, 증거를 찾지 못했다는 건 저도 잘 압니다.

베를레 무죄는 무죄지. 그런데 왜 갑자기 그런 케케묵은 이야기를 끄집어내는 거냐? 내 머리가 센 것도 다 그 일 때문이다. 공장에 틀어박혀서 내내 생각한 게 고작 그런 거였냐? 그레거스, 말해 두겠는데, 마을 사람들은 그런 일은 벌써 옛날에 잊어버렸다, 적어도 내가 아는 한은.

그레거스 엑달 일가는 어떡하고요?

베를레 그래, 그 사람들한테 어떻게 해줘야 직성이 풀리겠느냐? 엑달은 교도소에서 나올 때 이미 폐인이 되어 있었어. 구제할 길이 없다고. 세상에는 총알 한두 방에 맥없이 밑바닥까지 잠겨서 두 번 다시 떠오르지 못하는 사람이 있는 법이야. 거짓말이 아니다, 그레거스. 나도 할 수 있는 건 다 했어. 의혹이나 가십거리를 뿌리고 다니지도 않았고…….

그레거스 의혹이요? 아, 그렇군요.

베를레　엑달에게는 사무소에서 필사하는 일만 시키고 실제보다 훨씬, 훨씬 높은 임금을 주고 있어…….

그레거스　(고개를 돌리며) 흥! 어련하시겠어요.

베를레　지금 비웃는 거냐? 거짓말이라고 생각하는구나? 그래, 장부에는 그런 게 적혀 있지 않지. 그런 비용은 적지 않고 있으니까.

그레거스　(찬웃음을 지으며) 그렇죠, 적지 않는 편이 좋은 비용도 있으니까요.

베를레　(흠칫하며) 그게 무슨 뜻이냐?

그레거스　(용기 내어) 얄마르 엑달에게 사진을 가르쳐 준 돈은 장부에 적으셨나요?

베를레　내가? 어째서 그런 걸 장부에 적어야 하냐?

그레거스　다 알아요. 그 돈을 낸 사람이 아버지라는 것쯤. 이 사실도 알죠, 얄마르를 돌봐 주고 개업까지 시켜 준 사람도 아버지라는 것을요.

베를레　그래, 그걸 알고도 내가 엑달 일가에게 아무것도 해주지 않았다고 말하는 거냐! 그 사람들 때문에 내가 얼마나 많은 돈을 쓴 줄 아느냐?

그레거스　그런 돈을 한 푼이라도 장부에 적으셨나요?

베를레　그런 걸 묻는 이유가 뭐냐?

그레거스　이유야 많죠. 찬찬히 따져 볼까요? 아버지가 옛 친구 아들에게 그런 도움을 주시려고 마음먹은 것은 얄마르가 마침 결혼을 결심했던 때 아니었나요?

베를레　뭐라고? 이번엔 또 뭣 때문에 그런 옛날 이야기를 꺼내는 거냐?

그레거스　그때 아버지는 제게 편지를 주셨어요. 물론 사무적인 편지였지만, 추신에 간단히 이런 말이 적혀 있었죠. "얄마르 엑달이 한센 양과 결혼한다"고.

베를레　그래, 그랬지. 그게 그 여자의 이름이니까.

그레거스　하지만 그 한센 양이 우리 집에서 가정부로 일하던 지나 한센이라는 사실은 적지 않으셨죠.

베를레　(억지로 비웃음을 지으며) 그랬지. 설마 네가 우리 집에서 가정부로 있던 여자에게 그토록 흥미를 가졌을 줄은 몰랐으니까.

그레거스　흥미가 있어서가 아니에요. 하지만…… (목소리를 낮추어서) 이 집

들오리　255

엔 그 여자에게 무척 관심이 있던 사람이 있긴 있었죠.

베를레 그게 누군데? (펄쩍 뛰며) 설마 날 말하는 건 아니겠지!

그레거스 (조용하지만 단호히) 아니요, 아버지 맞습니다.

베를레 이런 건방진 자식! 어디서 그런 소릴 나불거려! 게다가 그놈, 그 배은망덕한 사진사 놈……, 감히 잘도 그런 험담을 늘어놓았구나!

그레거스 얄마르는 그런 소리 입 밖에도 내지 않았어요. 녀석은 이 사실은 털끝만큼도 눈치 못 챘을 거예요.

베를레 그럼 넌 그런 소릴 어디서 들은 거냐? 대체 누가 그런 소릴 지껄여?

그레거스 가엾고 불행한 우리 어머니요. 그것도 마지막으로 어머닐 뵈었을 때.

베를레 어머니라고! 그렇군, 그랬어. 네 어머니와 넌 늘 한편이었으니까. 그 여자구나, 나한테 대들라고 너를 처음부터 부추겼던 사람이.

그레거스 아니요, 제가 이러는 건 어머니가 견디다 견디다 드디어 마지막엔 손도 제대로 못 써보고 그렇게 비참하게 돌아가신 그 순간 때문입니다.

베를레 그렇게 미련하게 참을 필요는 눈곱만큼도 없었어. 있다손 치더라도, 세상에는 흔해 빠진 일이지. 병에 걸려 신경이 예민해진 사람한테 뭘 어떻게 해야 좋으냐? 난 그걸 절절히 깨달았다. 그런데 이번에는 너까지 그런 의심을 하고, 자기 부모와 관련된 낡은 소문이며 시시한 험담을 있는 대로 파헤치려 하는구나. 그레거스, 너 정도 나이를 먹었으면 좀 더 번듯한 일을 해야 하지 않겠니?

그레거스 네, 그래야 할 때죠.

베를레 그러면 이런 시시한 일에 안달복달할 여유도 없어질 거다. 일 년 내내 산속 공장에만 틀어박혀 있으니, 대체 어쩔 셈이냐? 일반 사무원처럼 비지땀을 흘리면서, 정해진 급료 말고는 한 푼도 받으려 하지 않다니, 정말 어처구니가 없다.

그레거스 저도 알아요.

베를레 난 도무지 모르겠다. 넌 내 도움 없이 독립하고 싶은 거지? 그렇다면 지금이 딱 좋구나. 이 기회에 멋지게 독립하려무나.

그레거스 정말요? 하지만 어떻게요?

베를레 그러니까 당장 마을로 내려오라고 편지를 썼던 건…… 으흠…….

그레거스 네, 대체 그 볼일이란 게 뭐죠? 종일 그걸 묻고 싶어서 기다렸어요.

베를레 회사 경영을 같이 해보자는 거다.

그레거스 제가요? 회사를요? 공동경영자가 되란 말인가요?

베를레 그래. 어느 한쪽이 책임을 져야 할 일도 없어질 테고. 네가 마을에서 사무를 총괄하면 나는 공장으로 가고 하는 식으로.

그레거스 아버지가요?

베를레 그래. 나도 몸이 예전 같지 않아서. 눈도 좀 쉬어야 하고. 그레거스, 아버진 시력이 점점 떨어지고 있단다.

그레거스 눈은 전부터 그랬잖아요.

베를레 지금만큼 나쁘진 않았지. 게다가…… 여러 사정이 생겨서 아무래도 산에 가 있는 편이 좋을 것 같아…… 당분간만이라도.

그레거스 아닌 밤중에 홍두깨라더니, 지금이 딱 그러네요.

베를레 그레거스, 확실히 우리 사이에는 여러 이유로 깊은 골이 파여 있다. 하지만 결국은 부모·자식 간이잖냐. 어떻게든 서로 이해하게 되리라 생각한다.

그레거스 겉으로는요, 그렇죠?

베를레 그거라도 좋다. 잘 생각해 봐라, 그레거스. 너도 그렇게 생각하지 않느냐?

그레거스 (차갑게 아버지를 바라보며) 뭔가 꿍꿍이가 있죠?

베를레 뭐야?

그레거스 절 어디에 이용할 생각인 거죠?

베를레 우리처럼 끊으려야 끊을 수 없는 관계에 있는 사람이 상부상조하는 건 당연하지 않니?

그레거스 사람들은 그렇게들 말하니까요.

베를레 난 네가 꼭 잠시 집에 있었으면 좋겠구나. 아버진 외롭다, 그레거스. 난 지금까지 계속 외롭게 지냈어. 그런데 나이를 먹으니 그 외로움을 견딜 수가 없구나. 누군가 곁에 있어 주었으면 좋겠어.

그레거스 셀비 부인이 있으시잖아요.

들오리 257

베를레 그렇긴 하지. 이제 난 그 사람 없인 못 살겠다. 그 사람은 쾌활하고 구김살이 없어. 집안을 활기차게 해주지. 그 점에서는 불만 없다.

그레거스 그렇겠죠. 하지만 그걸로 충분하잖아요.

베를레 그래. 하지만 그게 언제까지 갈까? 여자가 이런 환경에 있으면 사람들은 곧 이러쿵저러쿵 입방아를 찧어대지. 너도 그렇게 생각하지? 그런 소문은 남자한테도 좋지 않다고.

그레거스 지금 같은 만찬회를 열 정도의 남자라면 그런 것쯤은 문제가 아니죠.

베를레 그래. 하지만 그 사람은 어떨까, 그레거스? 못 견딜 것 같지 않니? 만약 견딜 수 있다고 해도, 그러니까 내게 헌신하는 마음에서 갖가지 소문이나 험담을 다 무시한다 하더라도 말이다. 그렇게 생각하지 않니, 그레거스? 너의 그 강한 정의감에서 봐서 말이다…….

그레거스 (말을 끊으며) 빙빙 돌리지 말고 솔직히 말씀하시죠. 그 사람과 결혼할 생각입니까?

베를레 그렇다면 어쩔 테냐?

그레거스 제가 묻고 싶은 질문이군요. 대체 어쩔 생각이십니까?

베를레 끝까지 반대할 생각이냐?

그레거스 천만에요. 그러지 않을 겁니다.

베를레 난 이런 생각이 들었다. 혹시 네가 죽은 엄마 생각이 나서…….

그레거스 전 그런 신경과민이 아닙니다.

베를레 그 말을 들으니 마음이 한결 가볍구나. 네가 찬성해 주어서 한숨 놓았어.

그레거스 (아버지의 얼굴을 노려보며) 아, 이제야 아버지의 꿍꿍이를 알겠군요.

베를레 꿍꿍이라니? 그게 무슨 말버릇이냐!

그레거스 말버릇이 지금 무슨 상관입니까, 어차피 둘밖에 없는데. (짧게 웃고) 그랬군! 제길, 그래서 내가 이 마을로 되돌아와야 했던 거예요. 화목한 가족인 체해야 했으니까. 그것도 다 셀비 부인을 위해. 부자간의 정다운 장면을 연출해 준 거죠! 참 기발한 생각이군요.

베를레 이, 이놈 말하는 것 좀 보게!

그레거스 이 집에 언제 '화목한 가족'이라는 게 있었죠? 제가 기억하는 한 그런 건 한 번도 없었는데요! 그런데 그런 게 갑자기 필요해졌던 겁니다. 늙은 아버지 결혼식에 아들이 한달음에 달려왔다. 지극한 효심으로! 이런 말을 들으면 체면이 서니까요. 그렇게 되면, 그간 소문은 다 거짓말이었는데 불쌍한 어머니가 그걸 진지하게 받아들이고 괴로워하다가 죽었을 뿐이라는 이야기가 되지요. 어머니는 헛되이 죽은 겁니다! 아들이 한방에 그 소문을 부정했으니까.

베를레 그레거스, 아무래도 넌 내가 미워 죽겠는 모양이구나.

그레거스 (조용히) 아버질 이렇게 가까이서 보고 있다 보니.

베를레 네 엄마의 눈으로 날 보는구나. (조금 목소리를 떨어뜨리고) 하지만 잊지 마라, 그녀의 눈도…… 때로는 흐렸다는 걸.

그레거스 (몸서리치며) 아버지가 무슨 말을 하려는지 압니다. 하지만 어머니가 왜 그 불행한 결점을 갖게 되었는데요? 아버지와 여자들 때문 아닙니까! 그 마지막이 그 여자였고, 단물이 다 빠지자 얄마르 엑달에게 떠넘겼죠. 퉤!

베를레 (어깨를 으쓱하고) 한 마디 한 마디가 네 엄마랑 똑같구나.

그레거스 (그 말을 무시하고) 그런데 얄마르는 마음을 푹 놓고, 기만의 한복판에 순진하게 정착해 있어요. 그런 여자와 한 지붕 아래 살며 '가정'이라고 부르는 것이 실은 거짓과 위선 위에 세워진 줄은 꿈에도 모른 채. (한 발짝 다가서며) 아버지가 저지른 짓들을 돌이켜 보니, 처참하게 짓밟힌 시체가 사방에 나뒹굴고 있는 게 꼭 전쟁터를 둘러보는 기분이군요.

베를레 우리 사이에 생긴 골이 어마어마하게 깊은 것 같구나.

그레거스 (딱딱하게 고개 숙여 인사하고) 제 결론도 그렇습니다. 그러니 오늘부로 끝내도록 하죠.

베를레 끝낸다고? 집을 나가겠다는 거냐?

그레거스 드디어 삶의 목표가 생겼거든요.

베를레 목표라니?

그레거스 얘기해 봤자 웃기밖에 더 하시겠어요?

베를레 외로운 사람은 웃을 일이 그리 없단다, 그레거스.

그레거스 (방 안쪽을 가리키며) 오, 저기 손님들이 셀비 부인하고 술래잡기를 하는군요. 그럼 안녕히 주무십시오.

그레거스는 무대 오른쪽으로 퇴장한다. 손님들이 웃고 장난하는 소리가 들리고, 이윽고 그 손님들이 바깥방으로 모습을 드러낸다.

베를레 (그레거스의 뒷모습을 바라보며 경멸스럽다는 듯이 중얼거린다) 흥, 한심한 놈! 정신 나간 놈!

제2막

알마르 엑달의 작업실. 넓은 방이지만, 다락방 같은 느낌이 든다. 오른쪽에 커다란 창이 달린 지붕이 경사가 지는데, 파란 커튼으로 반쯤 가려져 있다. 오른쪽 구석에 출입구. 그 앞에 거실로 통하는 문. 왼쪽 벽에 똑같은 문이 두 개 달려 있고, 그 사이에 철제 난로가 놓여 있다. 오른쪽 문 사이에 벽에서 조금 떨어진 채 소파가 놓여 있고, 탁자와 의자 등도 놓여 있다. 탁자에는 갓을 씌운 등이 켜져 있다. 난로 한쪽 구석에 낡은 안락의자. 각양각색의 사진 도구와 기구들이 방 여기저기에 널려 있다. 정면 벽으로 난 쌍여닫이 왼편에 있는 책장에는 책 네다섯 권, 상자, 화학약품이 든 병, 각종 기구와 도구류 등등이 놓여 있다. 사진, 펜, 종이 등 잡동사니가 탁자 위에 올려져 있다.

지나 엑달이 탁자 앞에 앉아 바느질하고 있다. 헤드비가 소파에 앉아 두 손으로 눈에 차양을 만들고 양쪽 귀에 엄지를 댄 채 책을 읽고 있다.

지나 (근심스럽게 두세 번 헤드비를 힐끔 보고서) 헤드비!

헤드비는 듣지 못한다.

지나 (더 크게) 헤드비!
헤드비 (두 손을 떼고 눈을 들며) 왜요, 엄마?
지나 착한 아이니까 책은 인제 그만 읽으렴.
헤드비 엄마 조금만 더 읽을게요. 조금만 더요!
지나 안 돼. 책은 치워라. 아빠가 싫어하시잖니. 밤에는 절대로 읽지 마.
헤드비 (책을 덮고) 맞아요, 아빤 책을 별로 좋아하시지 않죠.

지나 (바느질거리를 내려놓고, 탁자에서 연필과 작은 공책을 꺼내며) 오늘 버터를 얼마에 샀더라?

헤드비 1크로네 65외레요.

지나 그랬지. (적어 넣는다) 우리 집은 왜 이렇게 버터를 많이 먹지? 그리고 소시지하고 치즈가…… 이거고…… (적으며) 그리고 햄…… 흠…… (더한다) 다 된 것 같은데…….

헤드비 맥주도 샀잖아요.

지나 아참, 그렇지. (적으며) 식료품비가 꽤 드는구나. 하지만 어쩔 수 없지.

헤드비 그래도 아버지가 안 계시니까 이 정도로 끝난 거예요. 우리 둘뿐이니까요.

지나 그래, 다행이지. 거기에 사진값이 8크로네 50외레 들어오고.

헤드비 어머나! 그렇게나 많아요?

지나 틀림없이 8크로네 50외레란다.

　침묵. 지나는 다시 바느질감을 집어 든다. 헤드비는 종이와 연필을 꺼내 오른손으로 눈에 차양을 만들고 뭔가를 그리기 시작한다.

헤드비 아버지가 베를레 씨네서 열리는 대연회에 가 계신 걸 생각하면 정말 기뻐요!

지나 베를레 댁에 간 게 아니란다. 초대는 그 아들이 한 거지. (잠시 뜸 들이고) 베를레 씨하고 우리하고는 아무 관계도 아니니까.

헤드비 아버지가 빨리 오셨으면 좋겠어요. 셀비 부인한테서 멋진 걸 얻어다 주신다고 약속했거든요.

지나 응, 그 집엔 좋은 물건이 잔뜩 있으니까.

헤드비 (계속 그리며) 배가 좀 고픈 것 같은데.

　엑달 노인이 현관문에서 들어온다. 종이 꾸러미를 옆구리에 끼고 있다. 외투 주머니에 다른 꾸러미가 들어 있다.

지나 오늘은 늦으셨네요, 아버님.

엑달 사무실 문이 잠기는 바람에 그로베르크의 방에서 계속 기다렸거든. 그러다 나오느라 이렇게 늦었구나…… 흠.

헤드비 또 필사 일을 받으셨어요, 할아버지?

엑달 이렇게나 많이. 자, 봐라!

지나 잘됐네요.

헤드비 주머니에 든 건 뭐예요?

엑달 응? 아이고, 이런! 아무것도 아니다. (지팡이를 방구석에 놓고) 지나, 이로써 당분간 일이 생겼구나. (무대 정면 여닫이문 한쪽 문짝을 조금 당기고) 쉿! (잠시 안을 들여다보고 나서 다시 조심스럽게 문을 닫고) 으흠! 으흠! 다들 잠들었군. 저것도 바구니 안에서 자고 있고. 으흠! 으흠!

헤드비 저 바구니, 괜찮을까요? 얼어 죽지 않을까요, 할아버지?

엑달 얼어 죽긴 왜 얼어 죽느냐! 저렇게 지푸라기가 잔뜩 들어 있는데. (왼쪽 구석 쪽 문으로 걸어가며) 성냥이 좀 있던가?

지나 성냥은 장롱 위에 있어요.

엑달, 자기 방으로 들어간다.

헤드비 할아버지가 저렇게 일거리를 많이 가져오셔서 다행이네요.

지나 그렇구나. 할아버지한텐 안됐지만, 저걸로 조금은 용돈을 벌 수 있으니까.

헤드비 이제 꼴 보기 싫은 에릭센 아주머니네 가게에서 아침부터 죽치고 있을 수도 없게 됐고요.

지나 그래.

짧은 침묵.

헤드비 아직 연회 중일까요?

지나 글쎄다. 그럴지도 모르지.

헤드비 아빠도 멋진 식사를 하고 계시겠죠! 분명 잔뜩 기분이 좋아져서 돌아오실 거예요. 그렇게 생각하지 않아요, 엄마?

지나 그렇겠지. 하지만 셋방이 다 찼다고 말할 수 있다면 더 좋을 텐데.

헤드비 하지만 그건 꼭 오늘 밤이 아니어도 되잖아요.

지나 지금은 아무 도움도 안 되잖니.

헤드비 그렇지 않아요. 어차피 아빤 기분이 좋을 테니까 그 이야기는 오늘 밤에 하지 않아도 돼요. 방 문제는 다음에 말하는 게 좋아요.

지나 (헤드비를 바라보며) 너, 아버지가 돌아오시면 뭔가 좋은 이야기를 하고 싶은 거냐?

헤드비 네. 그러면 더 기분이 좋아질 테니까요.

지나 (생각에 잠기며) 일리가 있구나.

엑달 노인이 다시 들어왔다가 왼편 앞쪽 문으로 나간다.

지나 (의자에 앉은 채 고개를 반쯤 돌리고) 부엌에 무슨 볼일이 있으세요, 아버님?

엑달 응, 조금. 일어나지 마. (나간다)

지나 불 좀 뒤적여 주세요! (잠시 기다리다가) 할아버지가 뭘 하시는지 좀 가 봐라, 헤드비.

엑달 노인, 뜨거운 물이 든 작은 주전자를 들고 돌아온다.

헤드비 물 끓이셨어요, 할아버지?

엑달 그래. 좀 필요해서. 뭣 좀 쓰려는데 잉크가 죽처럼 끈적거리질 않냐, 에헴!

지나 아버님, 그러기 전에 저녁부터 드세요. 차려져 있어요.

엑달 지금 저녁이 문제가 아니다, 지나. 보다시피 무척 바쁘거든. 아무도 방에 들어오지 마라. 아무도……. 흠!

엑달 영감, 자기 방으로 들어간다. 지나와 헤드비, 얼굴을 마주 본다.

지나 (작은 목소리로) 어디서 돈을 받아 오셨을까?
헤드비 당연히 그로베르크죠.
지나 그럴 리 없다. 그로베르크는 언제나 내게 직접 돈을 보내는걸.
헤드비 그럼 어디서 한 병 외상으로 사셨겠죠.
지나 가난뱅이 노인한테 누가 외상을 준다니?

  얄마르 엑달이 오른쪽에서 들어온다. 외투를 입고, 회색 펠트 모자를 쓰고 있다.

지나 (바느질감을 내던지고 일어서며) 어머! 벌써 오세요?
헤드비 (동시에 벌떡 일어나며) 빨리 오셨네요, 아빠!
얄마르 (모자를 내려놓으며) 응, 손님들도 거의 돌아가셨거든.
헤드비 이렇게 빨리요?
얄마르 그래. 식사만 하고 끝났지. (외투를 벗으려고 한다)
지나 도와드릴게요.
헤드비 저도요.

  두 사람이 함께 외투를 벗긴다. 지나가 그것을 정면 벽에 건다.

헤드비 손님은 많았어요, 아빠?
얄마르 아니, 별로 없던걸. 식탁에 열두 명인가 열네 명 정도밖에 없었어.
지나 그럼 모두와 이야기를 나누셨겠네요.
얄마르 응, 그럭저럭. 하지만 거의 그레거스한테 붙잡혀 있느라 그리 많이는 못 했어.
지나 그레거스 씨는 여전히 무서운 얼굴을 하고 있던가요?
얄마르 응, 그렇게 좋은 얼굴은 아니더라고. 아버지는 아직 안 들어오셨어?
지나 아니요, 저쪽 방에서 뭘 좀 쓰고 계세요.
얄마르 무슨 말씀 안 하셨어?
지나 무슨 말씀이요?

얄마르 아무 말씀 없으셨다고? 분명 그레거스네 오셨었다고 들었는데. 잠깐 가 봐야겠군.

지나 안 돼요. 안 가시는 게 좋아요…….

얄마르 왜? 나더러 들어오지 말라서?

지나 아무도 들어오지 말래요, 오늘 밤은…….

헤드비 (주의를 끌려고) 흠! 흠!

지나 (눈치채지 못하고) 아까 손수 물을 끓여서 가지고 들어가셨어요…….

얄마르 그래? 그럼 하고 계신 건가……?

지나 네, 분명 그걸 거예요.

얄마르 아, 아…… 머리도 하얗게 세신 양반이 불쌍하기도 하지……! 그래, 가만 내버려 두는 편이 좋겠어.

엑달 노인이 잠옷 차림으로 담뱃대를 문 채 자기 방에서 나온다.

엑달 왔느냐? 네 목소리가 들리는 것 같아서 나왔다.

얄마르 지금 막 왔어요.

엑달 아까 날 보지 못했냐?

얄마르 네. 하지만 아버지가 오셨다는 얘길 듣고 같이 돌아오려고 했었죠.

엑달 으흠! 그거 고맙구나, 얄마르! 그래, 어떤 사람들이 모였더냐?

얄마르 여러 사람이 있었죠. 시종 프롤, 시종 발레, 시종 카스펠센, 또 시종 누구누구…… 전 잘 모르는…….

엑달 (고개를 끄덕이며) 지나, 들었지? 상류층 사람들과 같이 있었단다.

지나 네. 요즘 그 댁, 이상하게 고상해졌다는 소문이던데요.

헤드비 아빠, 누가 노래를 부르거나 낭독했나요?

얄마르 아니, 시끌벅적하기만 하던걸. 누가 아빠한테 낭독해달라고 부탁했지만, 거절했다.

엑달 아니, 왜 거절을 해?

지나 하지 그랬어요?

얄마르 시킨다고 내가 냉큼 할 것 같아? (방을 왔다 갔다 하며) 그런 건 딱 질색이라고.

엑달 그렇지, 얄마르는 그렇게 값싼 사람이 아니지.

얄마르 가끔 파티 같은 데 참석한다고 해서 구경거리를 제공할 의무는 없잖아. 그런 건 하고 싶은 사람더러 하라고 해. 그놈들은 날마다 이 집 저 집 돌아다니며 먹고 마시는 게 전부니까. 배 터지게 대접받은 보답으로 그런 재주쯤은 선보여도 좋잖아.

지나 설마 그런 말을 한 건 아니겠죠?

얄마르 (콧노래 한다) 흠—흠—. 왜, 할 말 다 했지…….

엑달 말했다고! 그 높은 분들한테!

얄마르 뭐 어때요? (아무것도 아니라는 듯이) 그리고 토카이 포도주를 놓고 토론을 좀 벌였죠.

엑달 토카이 포도주? 그거 아주 좋은 포도주 아니냐, 응?

얄마르 (걸음을 멈추고) 그렇죠. 하지만 해마다 똑같은 포도주가 만들어지는 건 아니거든요. 포도가 얼마나 볕을 받았느냐에 따라 품질이 달라지죠.

지나 어머나, 당신은 모르는 게 없군요!

엑달 그걸 주제로 토론을 꺼냈다고?

얄마르 그럼요. 그게 마지막에는 "궁전 하인들도 포도주와 똑같다"는 결론으로 끝났죠. 볕을 얼마나 받느냐에 따라 잘되고 못 되고가 결정된다는 걸 알았으니까요.

지나 세상에, 기발한 생각도 다 하셨네요!

엑달 에헴, 에헴! 아니지, 높으신 양반들도 곰곰이 생각해 볼 일이야!

얄마르 얼굴대고 말했으니 당황했겠죠.

엑달 들었느냐, 지나? 양반들 면상에 대고 말했단다.

지나 정말 놀랍군요! 얼굴을 보고 말하다니!

얄마르 그래, 하지만 이 이야긴 여기서만 하고 말았으면 좋겠군. 소문이 퍼지면 골치 아파질 테니까. 시비 걸 마음으로 한 말도 아니고. 그들은 모두 싹싹하고 유쾌한 사람들이야. 그들을 모욕할 마음이 있을 리 없잖아? 그렇고말고!

엑달 하지만 면상에 대고 말하다니…….

헤드비 (어리광부리듯이) 아빠가 연미복을 입으니 정말 멋져요. 아주 잘 어울려요, 아빠!

들오리 267

얄마르 그렇지? 게다가 이 연미복은 아빠 몸에 자로 잰 듯이 딱 맞는구나. 겨드랑이 밑이 조금 끼는 것 같지만. 벗는 걸 도와주렴, 헤드비. (웃옷을 벗는다) 재킷을 입을까? 재킷은 어디 있지, 지나?

지나 여기요. (재킷을 가져와 입는 걸 도와준다)

얄마르 아참! 그건 잊지 말고 내일 아침 몰빅에게 돌려줘.

지나 (연미복을 옆에 내려놓고) 걱정하지 마세요.

얄마르 (기지개를 켜며) 아, 역시 이 옷이 편해. 게다가 이렇게 어깨에 힘이 들어가지 않은 평상복이 나한테 더 잘 어울리고. 그렇지 않니, 헤드비?

헤드비 맞아요, 아빠. 아주 잘 어울려요!

얄마르 그리고 이렇게 넥타이 끝이 팔랑거리게 묶으면…… 자, 어떠냐! 응?

헤드비 그렇게 하니까 아빠의 콧수염과 꼬불꼬불한 머리에 잘 어울려요.

얄마르 '꼬불꼬불'이라고 말하지 마라. 고수머리라고 표현해 주렴.

헤드비 그래요, 그렇게 부드럽게 말려 있으니까요.

얄마르 그러니까 고수머리라고 말해라.

헤드비 (잠시 침묵. 아버지의 재킷을 잡아당기며) 아빠.

얄마르 왜?

헤드비 왜 그러는지 다 아시면서.

얄마르 정말 모르겠는데.

헤드비 (반은 웃고 반은 우는 낯으로) 아빠, 다 아시잖아요. 너무 뜸 들이지 마세요.

얄마르 대체 뭘?

헤드비 (아버지를 흔들며) 아이, 정말. 아버지, 잘 기억해 보세요. 멋진 걸 가져다주시겠다고 약속했잖아요.

얄마르 아, 그랬나! 까맣게 잊고 있었는걸!

헤드비 그런 말로 절 놀리시는 거죠, 아빠? 정말 너무하세요! 어디에 숨기셨어요?

얄마르 잠깐! 대신 이걸 가지고 왔다, 헤드비.

얄마르, 방을 가로질러 연미복 주머니를 뒤진다.

헤드비 (방방 뛰면서 손뼉을 친다) 보세요, 엄마, 엄마!

지나 어디 보자! 좀 가만히 있어라…….

얄마르 (종이쪽지를 들고) 자, 이거다.

헤드비 이거요? 이건 그냥 종이쪽지잖아요.

얄마르 이게 메뉴다, 헤드비. 요리 이름이 다 적혀 있지. 여기 "차림표"라고 쓰여 있지? 즉, 메뉴란 말이다.

헤드비 다른 건 없어요?

얄마르 잊어버렸다고 했지 않니. 아빠 말 잘 들어라, 이런 걸 다 먹었다고 해서 그렇게 좋을 것도 없어. 자, 저 탁자에 앉아서 이 차림표에 뭐가 쓰여 있는지 읽어 보렴. 어떤 요리가 어떤 맛인지 나중에 아빠가 들려줄게. 알겠지, 헤드비?

헤드비 (눈물을 삼키며) 네.

헤드비는 자리에 앉았지만, 읽을 생각이 없다. 지나가 그녀에게 눈짓하는 것을 얄마르가 힐끔 본다.

얄마르 (방을 서성이며) 아버지 노릇이란 정말 귀찮군. 온갖 것에 신경을 써야 하니까. 아주 사소한 걸 잊어버려도 금방 뾰로통해지니, 원. 뭐, 익숙해지는 수밖에 없지. (난로로 다가가 노인 옆에 멈춰 서서) 오늘 밤은 살펴보셨어요, 아버지?

엑달 봤지. 바구니 안에 있더구나.

얄마르 정말요? 바구니 안에요? 익숙해졌나 보군요.

엑달 응, 그러게 내가 뭐랬냐. 그런데 아직 좀…….

얄마르 고칠 게 있나요?

엑달 그래야 할 것 같다.

얄마르 그럼 의논해 봐요, 어떻게 개조하면 좋을지. 자, 소파에 앉으세요.

엑달 그러자꾸나. 흠! 그전에 담뱃대를 채워 오마. ……청소도 좀 해야겠는걸, 흠! (자기 방으로 사라진다)

지나 (얄마르에게 미소 지으며) 담뱃대를 청소하다니!

얄마르 그러시게 둬. 하고 싶은 대로 하시게. 불쌍한 패배자니까. ……자,

들오리 269

그럼 개조는…… 내일 당장 해볼까?

지나 내일은 그렇게 한가하지 않아요.

헤드비 (끼어들며) 한가해요, 엄마!

지나 추가 인화해야 할 사진이 있잖아요, 수정할 거요. 손님이 얼마나 재촉한다고요.

얄마르 뭐야, 또 추가 인화야? 도대체 왜 그러는지 모르겠군. 새로 들어온 주문은 없고?

지나 네, 아쉽게도. 내일은 그 두 장뿐이에요.

얄마르 그게 다야? 그렇겠지, 멍하니 팔짱만 끼고 있으면…….

지나 그럼 뭘 더 어쩌란 거죠? 신문 광고도 할 수 있는 한 냈다고요.

얄마르 흥, 신문 따위. 그런 게 얼마나 도움이 되겠어? 방도 아직 보러 온 사람 없지?

지나 그래요.

얄마르 우린 월세로 먹고살아야 한다고. 그러니까 지나, 그렇게 손 놓고 있지 말고 뭐라도 좀 해봐!

헤드비 (아버지에게 다가가) 플루트 가지고 올까요, 아빠?

얄마르 관둬라. 플루트 연주 따위 하고 싶지 않구나. (서성거리며) 좋아, 내일은 제대로 일할 테니 걱정하지 마. 쓰러질 때까지 일할 테니…….

지나 그러라고 한 말은 아니었어요.

헤드비 아빠, 맥주는 어때요? 좀 가져올까요?

얄마르 됐다. 아무것도 필요 없어. (멈춰 서서) 맥주? 지금 맥주라고 그랬냐?

헤드비 (쾌활하게) 네, 아빠. 차가운 맥주요.

얄마르 그래……네가 정 그렇게 말한다면 한 병쯤 마실까?

지나 그러세요. 그럼 기분이 좋아질 거예요.

헤드비, 부엌 문쪽으로 달려간다.

얄마르 (난로 옆에서 헤드비를 잡아 세우고 얼굴을 바라보다가, 두 손으로 그녀의 머리를 가슴으로 끌어당겨 안으며) 헤드비! 헤드비!

헤드비 (눈물을 글썽이며 방긋 웃는다) 아빠, 사랑해요!

얄마르 그런 말 하지 마라. 아빤 조금 전까지 부자의 식탁에서 먹고 마시고 …… 산더미처럼 쌓인 음식들을 배 터지게 먹었다……! 그런 주제에 나는…….

지나 (탁자 앞에 앉으며) 바보 같은 소리 마세요.

얄마르 아니, 사실이야. 하지만 날 너무 비난하지 마라. 뭐니 뭐니 해도 나한텐 우리 가족이 제일 소중하니까.

헤드비 (아버지를 껴안으며) 우리도 아빠가 좋은걸요!

얄마르 그러니까 아빠가 가끔 벽창호처럼 굴어도…… 음, 그러니까 말이다! 아빠가 무척 힘들다는 사실을 잊지 말아 주렴. 자! (눈을 훔치고) 이런 때 맥주는 어울리지 않지. 플루트를 갖고 오렴.

헤드비, 책장으로 달려가 플루트를 꺼내 온다.

얄마르 고맙다! 아, 행복하구나. 손에는 플루트가 있고, 옆에는 아내와 딸이 있으니!

헤드비는 탁자로 가서 지나 옆에 앉는다. 얄마르는 왔다 갔다 하며 보헤미안 춤곡을 자신 있게 불기 시작한다. 그러나 감정이 과해서 박자가 구슬프게 늘어진다.

얄마르 (연주를 중단하고, 왼손을 지나에게 내밀며 감동에 젖은 목소리로) 지나, 고생스럽고 가난해도 좋지 않아? 이래도 우린 가족이니까. 난 이렇게 말하겠어. "이 집이라서 행복하다."

얄마르, 다시 불기 시작한다. 곧 문을 두드리는 소리가 들린다.

지나 (일어서며) 잠깐만요! 누가 왔나 봐요.

얄마르 (플루트를 책장에 도로 넣고) 드디어 왔군!

지나가 가서 문을 연다.

그레거스 베를레 (문밖에서) 실례합니다만…….
지나 (약간 머뭇거리며) 어머!
그레거스 사진사 엑달 씨 계십니까?
지나 네, 그런데요.
얄마르 (문으로 가서) 그레거스! 역시 자네였군! 어서 들어와.
그레거스 (들어와서) 찾아온다고 했잖아.
얄마르 오늘 올 줄은 몰랐지. 손님들은 어쩌고?
그레거스 오늘 밤은 손님이고 아버지 집이고 안중에 없어. 부인, 절 알아보시겠습니까?
지나 그럼요. 베를레 씨라면 금방 알죠.
그레거스 네, 어머니를 쏙 빼닮았다고 하니까요. 어머니를 기억하시죠?
얄마르 집을 나온 거야?
그레거스 응, 호텔로 옮겼어.
얄마르 맙소사! 어쨌든, 왔으니 겉옷을 벗고 앉게.
그레거스 고맙네.

그레거스, 외투를 벗는다. 아까와는 다르게, 시골에서 지은 소박한 회색 양복 차림이다.

얄마르 이 소파가 푹신해. 편히 앉게.

그레거스는 소파에, 얄마르는 탁자 옆 의자에 앉는다.

그레거스 (주위를 둘러보며) 여기가 자네 집이군, 얄마르. 이런 곳에 살았어.
얄마르 여긴 작업실이야.
지나 여기가 더 넓어서 저희도 그냥 여기서 지내요.
얄마르 전에는 더 괜찮은 곳에 살았지만 말이야. 하지만 이 집에도 꽤 좋은 점이 한 가지 있어. 별실이 붙어 있다는 거지…….

지나 복도 건너편에 방 하나가 더 있고요. 월세를 놓을 수 있죠.

그레거스 (얄마르에게) 그럼 하숙도 치는 건가?

얄마르 아직은 아니지만. 갑자기 구하기는 어려워. 이제부터 찾아야지. (헤드비에게) 맥주가 있댔지?

헤드비, 고개를 끄덕이고 부엌으로 사라진다.

그레거스 딸인가?

얄마르 응, 헤드비라고 하네.

그레거스 딸 하난가?

얄마르 응, 외동딸이야. 저 애가 있어서 우리도 힘내서 사는 거지……. (목소리를 줄이고) 저 애한테 큰 문제가 있어, 그레거스.

그레거스 무슨 일인데?

얄마르 그게…… 시력을 잃을 것 같아.

그레거스 시력을 잃다니!

얄마르 응. 아직 조짐이 살짝 나타난 정도라서, 당장 어떻게 되지는 않는 모양이지만. 의사가 조심하라더군. 손 쓸 도리가 없는 것 같아.

그레거스 큰일이군. 어쩌다 그렇게 됐나?

얄마르 (한숨 쉬며) 유전이라나 봐.

그레거스 (깜짝 놀라며) 유전!

지나 이이 어머님께서도 시력이 안 좋으셨거든요.

얄마르 응, 아버지가 그러시더라고. 나는 기억 못하지만.

그레거스 딱하기도 하지. 그래, 저 애는 어떻게 생각하나?

얄마르 그런 사실을 알렸을 것 같나? 저 앤 아무것도 몰라. 밝고 쾌활하고, 즐겁게 재잘대는 새 같은 아이지. 그렇게 끝없는 어둠 속으로 날아가는 거야. (괴로워져서) 아, 난 견딜 수가 없네, 그레거스!

헤드비가 맥주와 잔을 쟁반에 받쳐 들고 들어와 탁자에 올려놓는다.

얄마르 (헤드비의 머리를 쓰다듬으며) 고맙다, 헤드비.

헤드비, 아버지 목에 양팔을 두르고 뭔가 귓속말한다.

얄마르 샌드위치는 됐다. (그레거스를 보고) 그레거스, 먹을 텐가?
그레거스 (고개를 저으며) 아니, 됐네.
얄마르 (아직 침울한 목소리로) 어쨌든, 뭘 좀 가져오렴. 빵이 좀 있으면 좋으련만. 버터는 듬뿍 바르렴.

헤드비, 기쁜 듯이 끄덕이고 다시 부엌으로 사라진다.

그레거스 (헤드비의 뒷모습을 눈으로 쫓다가) 그것 말고는 건강해 보이는군.
지나 네. 덕분에 다른 데는 나쁘지 않아요.
그레거스 점점 부인을 닮을 것 같군요. 지금 몇 살입니까?
지나 딱 열네 살이에요. 모레가 생일이거든요.
그레거스 나이에 비해 크군요.
지나 네. 요새 부쩍 키가 컸어요.
그레거스 아이가 크는 모습을 보면 내가 나이를 먹는다는 걸 실감하죠. 결혼하신 지 몇 년이나 되셨습니까?
지나 저희가 결혼한 지…… 글쎄요, 15년째인 것 같은데요.
그레거스 그렇게 오래됐습니까?
지나 (갑자기 상대방을 경계하며) 네, 정말로 그런데요.
얄마르 응, 그렇다네. 두세 달 모자라지만, 15년이 맞아. (화제를 바꾸며) 자네도 산속 공장에서 지낸 지 꽤 되지?
그레거스 거기서 지낼 때는 오래된 것 같았지. 하지만 지금 돌이켜 보면, 눈 깜짝할 새에 지나가 버린 것 같아.

엑달 노인이 자기 방에서 나온다. 담뱃대는 물고 있지 않지만, 옛날 군모를 쓰고 있다. 다리를 조금 휘청거린다.

엑달 얄마르, 이제 앉아서 의논하자꾸나. 그…… 으음……. 뭐였더라?
얄마르 (아버지에게 다가가) 아버지, 손님이 오셨어요. 그레거스 베를레…….

기억하세요?

엑달 (일어선 그레거스를 보며) 베를레? 베를레 씨네 아드님? 제게 무슨 볼일이오?

얄마르 볼일이 있어서 온 게 아니에요. 절 만나러 온 겁니다.

엑달 아! 그럼 걱정할 일 아니구나.

얄마르 네, 걱정할 것 없어요.

엑달 (두 손을 휘휘 내저으며) 아니야, 겁먹어서 이러는 게 아니라니까. 다만……

그레거스 (엑달에게 다가가며) 그냥 인사하러 온 겁니다, 당신의 옛 사냥터에서요, 엑달 중위님.

엑달 사냥터라니?

그레거스 공장이 있는 헤이달 산이요.

엑달 아, 그 산 말이군! 나도 젊었을 때는 그곳에서 꽤 날렸지.

그레거스 옛날엔 대단한 사냥꾼이었으니까요.

엑달 그렇고말고. 자넨 이 모자를 알아보는군. 집에서는 누구 눈치도 보지 않고 쓸 수 있지. 이걸 쓰고 한길로만 안 나가면 돼……

헤드비가 빵과 버터를 쟁반에 받쳐 들고 와 탁자에 올려놓는다.

얄마르 아버지, 앉아서 맥주 한잔하세요. 그레거스, 한 잔 따라 드려.

엑달, 뭔가를 중얼거리며 소파로 휘적휘적 걸어간다. 그레거스가 가까운 의자에 앉고, 얄마르가 그 맞은편에 앉는다. 지나는 탁자에서 조금 떨어진 곳에 앉아 바느질을 시작하고, 헤드비는 아버지 옆에 선다.

그레거스 엑달 중위님, 기억하십니까? 여름방학이나 크리스마스 때 얄마르와 제가 그리로 자주 놀러 갔던 것을요?

엑달 얄마르와 자네가? 아니, 기억이 안 나는데. 어쨌든, 내 입으로 말하긴 쑥스럽지만, 난 곰도 쏴 죽일 정도로 사냥 명수였지. 내가 잡은 곰이 아홉 마리는 될걸.

그레거스 (상대방을 동정하듯이 바라보며) 이제 사냥은 안 하세요?

엑달 꼭 그렇다고는 볼 수 없지. 요즘도 가끔은 하거든. 물론 그렇게는 말할 수 없지. 숲이…… 그러니까 숲이…… 숲이……! (맥주를 마시고) 그 숲은 지금도 잘 있나?

그레거스 옛날처럼 울창하진 않습니다. 나무를 꽤 많이 베어냈거든요.

엑달 베어내? (목소리를 죽이고, 겁먹은 듯이) 위험해, 위험해. 천벌을 받을 거야. 숲이 복수할 거야.

얄마르 (아버지의 잔에 맥주를 따르며) 더 드세요, 아버지.

그레거스 중위님은 야외 생활을 아주 좋아하셨잖아요. 그런데 어째서 이런 도시의, 사방이 벽에 둘러싸인 갑갑한 곳에서 지내세요?

엑달 (쿡 웃고 얄마르를 흘끗 보며) 여기도 나쁘지 않아. 조금도 나쁘지 않지.

그레거스 그 시절 중위님 몸에 그토록 깊이 배어 있던 것들은 다 어디로 간 겁니까? 시원한 산들바람, 산짐승이며 새들과 어우러져 지내던 그 숲과 고원에서의 자유로운 생활…….

엑달 (히죽 웃으며) 얄마르, 보여 주랴?

얄마르 (당황해서 조금 난처한 듯이) 아니요, 아버지. 오늘 밤은 안 돼요.

그레거스 뭘 보여 주신다는 거야?

얄마르 아무것도 아니야. 곧 보여 주겠네.

그레거스 (노인에게 말한다) 엑달 중위님, 지금 생각한 건데, 중위님은 역시 산속 공장으로 돌아가셔야 합니다. 저랑 함께요. 저도 곧 돌아가거든요. 필사 일은 거기도 많아요. 게다가 여기엔 정말로 중위님이 좋아하시는 것, 중위님 삶의 보람이 되는 것이 전혀 없잖아요.

엑달 (깜짝 놀라 그레거스를 바라보며) 나의? 내 뭐가 여기에 없다는 거지……?

그레거스 물론 얄마르는 있죠. 하지만 얄마르에겐 얄마르의 가족이 있잖아요. 게다가 중위님은 늘 야생의 소리에 마음을 빼앗기시던 분이고…….

엑달 (탁자를 쾅쾅 두드리며) 얄마르, 이렇게 된 이상 보여 줘야겠다.

얄마르 하지만 아버지, 무슨 수로요? 이렇게 어두운데…….

엑달 멍청한 소리! 달이 나왔잖냐. (일어서서) 보여 준다면 보여 주는 거지. 비켜라. 이리 와 도와주렴, 얄마르!

헤드비　아버지, 뭐 어때요.
얄마르　(일어서서) 알았다.
그레거스　(지나에게) 대체 뭔데요?
지나　별로 신기한 건 아니에요.

　엑달과 얄마르는 이미 안쪽으로 가서 여닫이문을 양쪽으로 활짝 연다. 헤드비가 엑달 영감을 부축한다. 그레거스는 소파 옆에 선 채다. 지나는 조용히 바느질을 계속한다. 열린 문으로 넓고 기묘하게 생긴 창고가 보인다. 여기저기가 불쑥 튀어나왔고, 아래층 방에서 뻗은 난로 굴뚝 두 개가 가로지르고 있다. 천장에 뚫린 창문들로 밝은 달빛이 이곳저곳을 비춰 주지만, 다른 곳은 캄캄하게 그늘져 있다.

엑달　(그레거스에게) 더 가까이 와 보게.
그레거스　(그에게 다가가서) 뭔데요?
엑달　눈을 크게 뜨고 잘 보라고. 으흠!
얄마르　(조금 안절부절못하며) 이게 다 아버지 거야.
그레거스　(문간에 서서 안을 들여다보며) 새를 기르시는군요, 엑달 중위님!
엑달　그래, 새를 기르지. 지금은 다 잠들었지만, 낮에 자세히 관찰했으면 좋겠구먼.
헤드비　저기도요…….
엑달　쉿! 쉿! 떠들지 마라.
그레거스　비둘기도 있는 것 같은데요.
엑달　그럼! 비둘기쯤이야 있지! 처마 밑에 새장이 있어. 비둘기란 놈은 높은 곳을 좋아하거든.
얄마르　그런데 다 보통 비둘기가 아니야.
엑달　보통이라니! 당치도 않지! 공중제비비둘기도 있고, 파우터* 비둘기 암수도 있지. 그것보다, 이쪽으로 와 보라고! 저쪽 벽에 상자가 보이지?
그레거스　네. 저게 뭡니까?

＊ 모이주머니를 내밀어 우는 집비둘기의 일종.

엑달 밤이 되면 토끼가 저 안에 들어가서 잔다네.

그레거스 우와! 토끼도 있습니까?

엑달 그럼, 토끼가 없어서야 되나! "토끼도 있습니까"란다, 얄마르! 흥! 이번에는 정말로 놀랄걸! 자자! 저리 비켜라, 헤드비! 자, 이리 오시게. 자, 여기 와서 밑을 봐. 짚을 깐 상자가 있지?

그레거스 네, 있습니다. 상자 안에 새가 한 마리 있는 것 같은데요.

엑달 흠…… "새"라고……?

그레거스 오리 아닙니까?

엑달 (발끈하며) 오리인 줄 아는군.

얄마르 어떤 오리인 것 같나?

헤드비 그냥 오리가 아니에요…….

엑달 쉿!

그레거스 터키오리는 아닌 것 같고.

엑달 이봐, 베를레 군, 이건 그냥 오리가 아니라 들오리야.

그레거스 네, 정말입니까? 들오리요?

에그달 그렇다네. 자넨 새라고 하겠지만, 들오리지. 우리 집 들오리라고.

헤드비 내 들오리예요. 저건 내 거니까요.

그레거스 하지만 이런 창고에서 키워도 괜찮습니까?

엑달 헤엄을 칠 수 있도록 수조도 놔 줬는걸.

얄마르 이틀에 한 번 물을 갈아 주지.

지나 (얄마르를 돌아보며) 여보, 방이 추워졌어요.

엑달 흠. 그만 닫을까? 다들 자는데 방해하는 것도 좀 그렇고. 헤드비, 할아비를 부축해다오!

얄마르와 헤드비, 문을 닫는다.

엑달 다음엔 자세히 구경시켜 주겠소. (난로 앞 안락의자에 앉고) 들오리란 녀석은 여간 재미있는 새가 아니라오.

그레거스 저걸 어떻게 잡았나요, 엑달 중위님?

엑달 잡은 게 아니오. 이 마을 사람한테서 받은 거지.

그레거스 (깜짝 놀라) 혹시 우리 아버지 아닙니까?

엑달 맞소! 바로 그렇소! 당신 아버지! 으흠!

얄마르 단번에 알아맞히다니 놀라운걸, 그레거스.

그레거스 자네가 아까 말했잖아. 아버지가 여러모로 돌봐 주신다고. 그래서…….

지나 하지만 저 오리는 베를레 씨한테 직접 받은 게 아니에요.

엑달 호콘 베를레가 준 거나 마찬가지다, 지나. (그레거스에게) 그가 보트를 저어서 저 오리를 노렸지. 그런데 자네 아버진 요새 시력이 좀 좋지 않으셔. 으흠! 그래서 날개만 맞혔지.

그레거스 아하! 찰과상만 입은 거군요!

얄마르 응, 두세 발쯤 맞았을까?

헤드비 날개 밑을 맞아서 날아가지 못했어요.

그레거스 그래서 곧장 잠수했고?

엑달 (졸린 듯이 무거운 말투로) 그래, 그래. 들오리란 게 버릇이니까. 곧장 바닥으로 잠겼지. 들어갈 수 있는 만큼 끝까지. 그러고는 온갖 물풀에 닥치는 대로 매달려 두 번 다시 물 밖으로 나오지 않는 거지.

그레거스 하지만 중위님, 저 들오리는 결국 올라왔잖아요.

엑달 자네 아버지가 엄청나게 영리한 개를 데리고 있었어……. 그 개가 물속에 뛰어들어 오리를 잡아 왔지.

그레거스 (얄마르를 돌아보며) 그걸 자네 집에서 얻어 온 거군?

얄마르 곧바로는 아니야. 처음에는 자네 아버지가 집으로 가지고 가셨지만, 자네 집에서는 도저히 키울 수가 없어서 페테르센에게 알아서 처리하라고 명령하셨지…….

엑달 (반쯤 잠든 채) 흥! 페테르센! 그 멍청이가…….

얄마르 (낮은 목소리로) 그래서 우리 아버지가 얻어온 거야. 페테르센이랑 아는 사이니까. 들오리 이야기를 듣고 달라고 부탁하신 거지.

그레거스 그 오리가 지금 저 창고에서 건강하게 자라고 있군.

얄마르 그래, 이상하리만치 건강하게. 살도 통통하게 오르고. 무엇보다 자네 집에서 오래 지낸 탓에 진짜 야생 생활이 어떤 건지 잊어버렸어. 여기서 잘 지내는 건 바로 그것 때문이지.

그레거스 그렇겠지, 얄마르. 바다나 하늘을 절대로 못 보는 이상……. 그건 그렇고, 난 이만 가봐야겠네. 아버지도 잠이 드셨으니까.

얄마르 상관할 것 없네만…….

그레거스 아, 그렇지. 이 집에 빈 셋방이 있다고 했지?

얄마르 응, 왜, 누구 적당한 사람이라도 생각났나……?

그레거스 나한테 빌려 주지 않겠나?

얄마르 자네한테?

지나 당신이요, 베를레 씨……?

그레거스 빌려 주게. 내일 아침 날이 밝자마자 짐을 옮기겠네.

얄마르 응, 그럼 기꺼이…….

지나 하지만 베를레 씨, 거긴 도저히 당신 같은 분이 묵으실 만한 방이 아니에요.

얄마르 지나, 무슨 소리야?

지나 그 방은 넓지도 않고 밝지도 않잖아요. 게다가…….

그레거스 그런 건 상관없습니다, 부인.

얄마르 난 그렇게 나쁘지 않다고 생각하는데. 깔끔하고, 가구도 그만하면 쓸 만하고.

지나 하지만 아래층에 그 두 사람이 살잖아요.

그레거스 어떤 사람들입니까?

지나 한 사람은 가정교사고…….

얄마르 몰빅 군이라고 하네.

지나 또 한 사람은 렐링 씨라는 의사 선생님이세요.

그레거스 렐링? 그렇다면 나도 좀 아는 사람인데. 헤이달에서 잠깐 병원을 열었었거든.

지나 둘 다 방탕한 분들이시죠. 저녁이면 술을 마시러 나갔다가 어김없이 오밤중에 돌아오죠. 물론 날마다 그러는 것도 아니지만…….

그레거스 그런 건 금방 익숙해집니다. 저 들오리처럼 익숙해지면 되죠…….

지나 그렇지만 하룻밤 동안 곰곰이 잘 생각해 보세요.

그레거스 부인은 제게 방을 빌려 주시기 싫은 눈치군요.

지나 그렇지 않아요. 왜 그런 말씀을 하세요?

얄마르 그래, 당신 정말 이상해, 지나. (그레거스에게) 그럼 자네, 당분간 이 마을에서 지낼 작정인가?

그레거스 (외투를 입으며) 응, 그럴 생각이야.

얄마르 그런데 왜 아버지 집에서 지내지 않고? 대체 뭘 하려고 그러나?

그레거스 뭘 하려는지 내가 알면 이렇게 고생하지는 않겠네, 얄마르. 하지만 "그레거스"라는 이름을 등에 업고 있으면……! "그레거스" 다음에 "베를레"가 오니까! 지금까지 이렇게 증오스러운 이름을 들어 본 적 있나?

얄마르 그렇게 생각하지 말게.

그레거스 퉤! 그런 이름을 가진 자가 있다면 침을 뱉어 주고 싶다고. 하지만 일단 나처럼 "그레거스 베를레"라고 불릴 숙명을 짊어지면…….

얄마르 (웃는다) 하하! "그레거스 베를레"가 싫다면 대체 뭐가 되고 싶은 건가?

그레거스 될 수만 있다면 영리한 개가 되고 싶어.

지나 개라니요!

헤드비 (저도 모르게) 어머나, 싫어라!

그레거스 그래, 아주 영리한 개가 되고 싶어. 들오리가 잠수해서 진흙 속 물풀 틈으로 파고들어도 끝까지 쫓아가는 개 말이야.

얄마르 이봐, 그레거스. 자네 지금 자신이 무슨 말을 지껄이는지 모르지?

그레거스 대단한 의미는 없어. 그럼 내일 아침 일찍 이사 올 테니 그리 알게. (지나에게) 폐는 끼치지 않겠습니다. 제가 알아서 할게요. (얄마르에게) 나머지는 내일 다시 얘기하세. 안녕히 주무십시오, 부인. (헤드비에게) 잘 자렴!

지나 안녕히 주무세요, 베를레 씨.

헤드비 안녕히 주무세요.

얄마르 (등불을 켜고) 잠깐만……. 등을 가지고 가겠네, 계단이 어두우니까.

그레거스와 얄마르, 현관문으로 나간다.

들오리 281

지나　(무릎에 바느질감을 내려놓고, 멍하니 앞을 바라보며) 개가 되고 싶다니, 별 희한한 말을 다 하네.

헤드비　엄마, 저분은 뭔가 다른 의미로 말한 걸 거예요.

지나　다른 의미라니? 어떤 거?

헤드비　몰라요. 하지만 저 사람, 처음부터 입으로 말하는 것하고 다른 걸 생각하는 것 같았어요.

지나　그래? 그러고 보니 이상하긴 이상했지.

얄마르　(돌아와서) 아직 등불이 켜져 있더군. (불을 끄고 내려놓으며) 맙소사, 이제야 겨우 살 만하겠는걸. (빵을 먹기 시작한다) 안 그래, 지나? 조금만 신경 써 주면……

지나　뭘 신경 써요?

얄마르　드디어 방이 나갔잖아. 그것도 그레거스 같은 오랜 친구한테!

지나　글쎄, 어떻게 될지 모르죠.

헤드비　엄마, 너무 신경 쓸 것 없어요.

얄마르　도대체 왜 그러는지 모르겠네. 전에는 그렇게 세를 주고 싶어 안달이더니, 막상 누가 방을 얻는다니까 왜 싫어하는 거야?

지나　그야 당연하죠. 평범한 사람이 아니잖아요……. 안 그래요? 베를레 씨가 대체 뭐라고 하겠어요?

얄마르　베를레 아저씨? 아저씨하고는 상관없어.

지나　그 둘 사이에 뭔가 안 좋은 일이 있었던 게 분명해요. 그래서 그레거스 씨가 집을 나온 거고요. 당신도 알잖아요, 그 두 사람이 서로 어떤 사인지.

얄마르　그야 그렇지만…….

지나　그러니 이제 베를레 씨는 당신이 뒤에서 조종했다고 생각하시겠죠.

얄마르　생각하려면 맘대로 생각하라지! 물론 난 베를레 씨의 은혜를 많이 입었어. 암, 그건 사실이지. 하지만 그렇다고 해서 영원히 그 사람 말을 들으란 법은 없잖아.

지나　하지만 아버님도 난처해지실 거예요. 그로베르크 씨네 사무실에서 받는 쥐꼬리만 한 돈도 이제 안 들어오게 될지 모른다고요.

얄마르　그럼 차라리 잘됐지! 백발이 성성한 아버지를 거지처럼 빌어먹게 하다니, 사나이로서 그렇게 부끄러운 일이 또 어디 있어? 하지만 조만간 때가 되면 어떻게 될지 모르는 일이야. (빵 한 조각을 더 집어들고) 나도 사람으로서의 사명감은 있어. 그 사명을 다해야지!

헤드비 그래요, 아빠, 그 말이 맞아요!

지나 쉿! 할아버지 깨시겠다.

얄마르 (목소리를 낮추고) 해내고 말겠어. 그날이 오면……. 그러니 마침 잘 됐지 뭐야, 세가 들어오다니. 이로써 독립심도 더욱 왕성해질 테니까. (안락의자 옆으로 가서 크게 감동하며) 불쌍한 백발의 아버지! 이 얄마르에게 맡겨 주세요! 제 어깨는 튼튼하고 듬직한 어깨랍니다. 뭘 하든지요. 언젠가 볕 들 날이 반드시 올 거예요……. (지나에게) 그렇게 생각하지 않아?

지나 (일어서며) 그렇게 생각해요. 어쨌든, 아버님을 어딘가에 뉘여 드려야겠어요.

얄마르 그러지.

두 사람은 노인을 조심스럽게 안아 올린다.

제3막

얄마르 엑달의 작업실. 아침. 경사진 지붕에 뚫린 커다란 창문에서 햇살이 들어온다.

얄마르가 탁자 앞에 앉아 사진을 수정하고 있다. 눈앞에 사진 몇 장이 더 놓여 있다. 조금 뒤 지나가 현관에서 들어온다. 모자에 코트 차림. 뚜껑 달린 바구니를 들고 있다.

얄마르 벌써 왔어?
지나 네. 할 일이 산더미니까요. (의자에 바구니를 내려놓고, 모자, 코트 따위를 벗는다.)
얄마르 그레거스의 방은 들여다봤어?
지나 네, 봤어요. 그런데 그렇게 처참한 꼴은 처음이에요. 도착하기가 무섭게 온 방을 엉망진창으로 만들어 놨다니까요.
얄마르 응?
지나 그래요, 그 사람, 뭐든 자기가 알아서 하겠다고 했잖아요. 그 말대로 스스로 난로에 불을 붙이려고 한 거죠. 그런데 흡진기를 나사로 조여 놓기만 하는 바람에 온 방이 연기로 꽉 찼지 뭔가요. 아, 매워서 혼났네! 정말이지……
얄마르 맙소사!
지나 하지만 이건 새 발의 피예요. 이번에는 연기를 없애려고 세면대에서 물을 받아와 난로 안에 들이붓는 바람에 바닥이 아예 진창이 되어 버렸거든요.
얄마르 그건 곤란한데!
지나 관리인 아주머니에게 청소를 부탁했지만, 뭐 이건 돼지우리예요. 보아하니 정오가 지날 때까지 안에 못 들어갈 것 같던데.

얄마르 그동안 녀석은 뭘 할 생각이래?

지나 어디 좀 갔다 오겠다던데요.

얄마르 나도 슬쩍 보고는 왔어. 당신이 나간 다음에.

지나 그랬다면서요? 점심에 초대했다고 그러더군요.

얄마르 간단한 요기는 해야지. 첫날이니까 어쩔 수 없잖아. 집에 뭐가 좀 있나?

지나 찾아볼게요.

얄마르 너무 대충 차리지는 마. 렐링과 몰빅도 올 거니까. 계단에서 우연히 렐링하고 마주치는 바람에 그만……

지나 그럼 그 두 사람도 온다고요?

얄마르 여보…… 한두 명쯤 더 온다고 어떻게 되는 건 아니잖아.

엑달 (자기 방 문을 열고 고개를 빠끔 내밀며) 얄마르, (지나를 발견하고) 어…… 그러니까…….

지나 무슨 일이세요, 아버님?

엑달 아니다, 아무것도 아니야. 으흠! (고개를 쏙 집어넣는다)

지나 (바구니를 집어들며) 아버님께서 밖에 나가시지 않도록 잘 지켜보세요.

얄마르 아, 그렇지……. 지나, 청어 샐러드가 조금 있으면 좋겠는데. 렐링과 몰빅은 어젯밤에도 마시러 갔었으니까.

지나 너무 일찌감치 들이닥치지 않으면 좋을 텐데…….

얄마르 걱정하지 마. 시간은 충분히 있으니까.

지나 알았어요. 당신도 그사이에 일을 좀 할 수 있겠군요.

얄마르 지금 하고 있잖아! 열심히 하고 있잖아.

지나 아니요, 그때까지는 마무리되겠다는 뜻이에요.

　지나는 바구니를 들고 부엌으로 사라진다. 얄마르는 앉아서 사진 위에 펜을 놀리지만, 아무래도 흥이 나지 않는다.

엑달 (얼굴을 내밀고 작업실을 둘러보다가 조용히) 얄마르, 바쁘냐?

얄마르 네, 보시다시피 이 별 볼 일 없는 사진하고 씨름 중이라서요…….

엑달 그래? 바쁘면 됐다. ……으흠! (다시 고개를 집어넣지만, 문은 열린 채다)

들오리 285

얄마르 (잠시 잠자코 일에 열중하다가 펜을 내려놓고 문쪽으로 가서) 아버지, 바쁘세요?

엑달 (안에서 중얼거린다) 네가 바쁜데 나라고 안 바쁘겠냐, 으흠!

얄마르 그럼 됐어요. (다시 일을 시작한다)

엑달 (잠시 뒤에 다시 문간에 나타나서) 으흠! 얄마르, 사실은 그렇게 바쁘지 않다.

얄마르 필사 일로 바쁘시잖아요.

엑달 그까짓 게 뭐라고! 그로베르크더러 하루 이틀 기다리라고 하면 되지. 목숨이 달린 문제도 아닌데.

얄마르 그래요. 게다가 아버진 노예가 아니니까요.

엑달 그럼 그놈을, 그러니까, 저 안에 있는…….

얄마르 네, 들어갈까요? 문을 열까요?

엑달 별 탈 없을 거다.

얄마르 (일어서서) 그렇게 하면 그 녀석이 정리할 테니까요.

엑달 그럼, 그럼. 내일 아침까지 완벽하게 해놔야지. 내일까지지? 응?

얄마르 네, 맞아요. 내일까지예요.

얄마르와 엑달, 양쪽에서 각각 문을 잡아당긴다. 아침 햇살이 천장 창문으로 들어온다. 비둘기 두세 마리가 날아다니고, 횃대에서 구구 우는 비둘기도 있다. 창고 구석에서 닭의 울음소리가 이따금 들린다.

얄마르 그럼 시작하세요, 아버지.

엑달 (들어가며) 넌 안 오느냐?

얄마르 아, 저는……. (부엌문으로 지나를 살피며) 저요? 전 쉴 틈이 없어요. 일이 있거든요. 이 장치는 어떨까요?

얄마르가 끈을 잡아당기자 안쪽에서 커튼이 내려온다. 커튼은 아랫부분이 낡은 돛천으로, 윗부분이 핀과 팽팽한 고기잡이 그물로 되어 있다. 이로써 창고 아래쪽이 보이지 않게 된다.

얄마르 (탁자 쪽으로 걸어가며) 좋아! 이제 당분간 일에 집중할 수 있겠군.

지나 아버님, 또 거기서 뭐 하세요?

얄마르 에릭센 아주머니네 틀어박혀 있었으면 좋겠어? (앉아서) 왜, 무슨 할 말이라도 있어?

지나 식사를 거기다 차려도 좋은지 물어보려고요.

얄마르 되고말고. 꼭두새벽부터 찾아오는 손님도 없을 테니까.

지나 맞아요. 오늘 손님은 같이 찍고 싶다는 그 연인뿐이니까.

얄마르 쳇, 그 두 사람은 다른 날 예약받을 수 없었어?

지나 괜찮아요. 당신이 식사를 마치고 낮잠 잘 시간에 예약되어 있으니까.

얄마르 그럼 상관없지. 여기다 차리라고.

지나 알았어요. 하지만 탁자는 천천히 치워도 돼요. 서두르지 말고 일하세요.

얄마르 일은 보다시피 열심히 하고 있잖아.

지나 그 일이 끝나면 자유니까, 알았죠? (다시 부엌으로 사라진다)

   짧은 침묵.

엑달 (창고 문, 그물 뒤편에서) 얄마르!

얄마르 네!

엑달 역시 수조를 옮겨야겠어.

얄마르 제가 그랬잖아요.

엑달 으흠, 으흠, 으흠!

   엑달, 문간에서 다시 사라진다. 얄마르는 잠시 일을 계속하다가 창고 쪽을 힐끔 보고 엉덩이를 들썩인다. 헤드비가 부엌에서 들어온다.

얄마르 (당황해서 도로 앉으며) 왜 그러냐?

헤드비 그냥 아빠 일하는 거 구경하려고요.

얄마르 (잠시 침묵하다가) 왜 그렇게 기웃거리느냐? 엄마가 아빠를 감시하라든?

헤드비 그런 거 아녜요.

들오리 287

얄마르 엄만 지금 저기서 뭐 하시니?

헤드비 청어 샐러드를 만들고 계세요. (탁자로 다가와) 제가 도울 것 없어요, 아빠?

얄마르 없다. 아빤 뭐든 혼자 하는 게 좋아, 힘이 닿는 한. 그러니 아빠 몸이 건강한 이상 도움은 필요 없단다, 헤드비······.

헤드비 싫어요, 아버지! 그런 불길한 말씀 하지 마세요.

헤드비는 주변을 어슬렁거리다가, 열린 문 옆에 서서 창고를 들여다본다.

얄마르 할아버지는 뭘 하시니, 헤드비?

헤드비 수조에 길을 새로 만들고 계시는 것 같아요.

얄마르 할아버지가 그런 일을 어떻게 하셔! 나는 여기서 꼼짝도 못하는데······!

헤드비 (아버지에게 다가와) 저한테도 펜을 주세요, 아빠. 저도 할 수 있어요.

얄마르 실없는 소리 하지 마라. 눈만 나빠져.

헤드비 괜찮아요. 어서 펜을 주세요.

얄마르 (일어서서) 그럼 잠깐만이다. 금방 끝날 테지만.

헤드비 흠! 눈이 나빠지다니, 어떻게 나빠진단 말씀이죠? (펜을 들고) 자, 그럼. (앉아서) 여기 표본도 있고.

얄마르 눈 나빠지지 않게 조심해라! 알겠지? 아빤 모른다, 그렇게 되면 다 네 책임이야. 알아듣겠니?

헤드비 (수정하며) 네, 네, 알겠어요.

얄마르 헤드비, 솜씨가 좋구나. 그럼 딱 2분만 해라.

얄마르, 커튼 끝자락에서 창고로 살며시 들어간다. 헤드비는 작업을 계속한다. 얄마르와 엑달이 두런두런 이야기하는 소리가 안쪽에서 들려온다.

얄마르 (그물 너머에서 나타나) 헤드비, 선반에 있는 장도리 좀 다오. 톱도. (뒤를 돌아보며) 아버지, 잘 보세요. 일단 제 말대로 해보시라니까요.

헤드비가 장도리와 톱을 선반에서 꺼내어, 안에 있는 아버지에게 건넨다.

얄마르 고맙다. 역시 아빠가 와 보길 잘했지 뭐냐.

얄마르, 문에서 사라진다. 망치 소리, 말소리 등이 안에서 들린다. 헤드비는 그 자리에 서서 그들을 지켜본다. 잠시 뒤, 현관문 두드리는 소리. 헤드비는 그 소리를 듣지 못한다. 그레거스 베를레가 들어와 문간 옆에 선다. 모자도 쓰지 않았고, 외투도 입지 않았다.

그레거스 에헴!
헤드비 (몸을 돌려 그레거스에게 가면서) 안녕하세요! 들어오세요.
그레거스 고맙구나. (창고 쪽을 보며) 목수가 왔나 보구나.
헤드비 아니요, 아빠랑 할아버지예요. 오셨다고 알리고 올게요.
그레거스 됐다. 조금 기다리지, 뭐. (소파에 앉는다)
헤드비 이렇게 지저분한데…… (사진 따위를 정리하기 시작한다)
그레거스 그냥 놔둬라. 그 사진, 아직 수정 중이잖니.
헤드비 네, 제가 좀 도와 드리던 중이었어요.
그레거스 아저씬 신경 쓰지 말고 하던 일 계속하렴.

헤드비, 주변을 조금 더 정리하고 다시 일을 시작한다. 그레거스는 잠자코 그녀를 주시한다.

그레거스 저 들오리, 어젯밤엔 잘 잤니?
헤드비 네, 물어봐 주셔서 고맙습니다. 잘 잤을 거예요.
그레거스 (창고 쪽으로 고개를 돌리고) 낮에 보니까 어젯밤 달빛으로 봤을 때랑 느낌이 전혀 다르구나.
헤드비 네, 아주 다르죠. 아침과 대낮도 다르고, 비 오는 날과 맑은 날도 달라요.
그레거스 그 차이를 알겠니?
헤드비 당연히 알죠. 누구나 알 걸요.

그레거스 너도 저기서 들오리랑 함께 있는 게 좋으냐?

헤드비 네, 시간이 날 때는요…….

그레거스 그렇지만 시간이 별로 없지? 학교도 가야 하고.

헤드비 아니요, 지금은 그만뒀어요. 눈이 나빠진다면서 아빠가 걱정하셔서요.

그레거스 그럼 아버지가 여러 과목을 가르쳐 주시는가 보구나.

헤드비 그러기로 약속하긴 하셨는데 시간이 좀처럼 나질 않아서…….

그레거스 아버지 말고 가르쳐 줄 사람은 없고?

헤드비 몰빅 씨가 계시죠. 하지만 그분은 늘 정신이 나가 있어요……. 방탕하고…… 거기다…….

그레거스 주정뱅이라지?

헤드비 그래요.

그레거스 그럼 시간은 충분히 있는 셈이구나. 게다가 저 안은 저것만으로 훌륭한 하나의 세계가 아니니, 그렇지?

헤드비 그러네요. 그러고 보니 저 안엔 뭐든 있어요. 신기한 것도 잔뜩 있고.

그레거스 그래?

헤드비 책이 들어 있는 커다란 선반장도 있고요. 그림책이 아주 많아요.

그레거스 오호라!

헤드비 서랍도 있고, 칸칸이 나뉜 낡은 찬장도 있고, 불쑥 나왔다가 도로 들어가는 인형이 달린 커다란 시계도 있어요. 하지만 시계는 이제 움직이지 않아요.

그레거스 그럼 들오리 옆에 있으면 시간도 지나가지 않겠구나.

헤드비 그러네요. 그리고 오래된 그림물감 상자 같은 자질구레한 게 있어요. 책도 많이 있고요.

그레거스 그런 책을 읽나 보구나?

헤드비 네. 읽을 수 있을 때는요. 하지만 대부분 영어라서 전 읽지 못해요. 그래도 그림은 볼 수 있죠. 《해리슨의 런던 역사》라는 책이 있는데 벌써 백 년도 더 된 책이라나 봐요. 그 책 속에 삽화가 잔뜩 있어요. 표지에는 모래시계를 든 죽음의 신과 소녀의 그림이 있지요. 얼마나 으스스하다고요. 하지만 교회며, 성이며, 큰길이며, 커다란 배가 바다 위를 달리는 그림 같은 것도 많이 있어요.

그레거스 그런 훌륭한 책들을 어디서 얻었니?

헤드비 아, 전에 늙은 선장이 이 집에 살았었거든요. 그 사람이 갖고 오셨어요. 모두 그 사람을 "떠돌이 네덜란드인"이라고 불렀죠. 이상하죠? 사실 네덜란드 사람도 아니었거든요.

그레거스 네덜란드 사람이 아니었어?

헤드비 네. 그런데 어느 날 바다에 나갔다가 영영 돌아오지 않았어요. 그래서 그런 책들이 남아 있는 거죠.

그레거스 저기 앉아 그런 책을 보고 있으면, 너도 밖으로 나가 넓은 세상을 직접 보고 싶다는 생각이 들지 않니?

헤드비 아니요! 전 계속 이 집에서 아빠랑 엄마 일을 돕고 싶어요.

그레거스 사진 수정 같은 일?

헤드비 그뿐만이 아니에요. 제가 가장 배우고 싶은 건 영어로 된 책에 들어간 것 같은 판화를 만드는 일이에요.

그레거스 흠! 아버진 뭐라시는데?

헤드비 아빠 못마땅해하세요. 아빠 그런 점이 이상해요. 바구니 짜기나 버들가지 공예 같은 거나 배우라지 않겠어요! 그런 걸 배워서 어디다 쓴다고.

그레거스 그렇구나! 쓸모없는 기술 같은데.

헤드비 하지만 아빤 이렇게 말씀하세요. "네가 바구니를 짤 줄 알면 들오리한테 새 바구니를 짜 줄 수 있을 텐데"라고요. 일리는 있는 말이죠.

그레거스 그래, 짤 수 있으면 그렇구나. 게다가 그런 일을 해도 좋은 건 너뿐이고.

헤드비 제 들오리니까요.

그레거스 물론이다.

헤드비 그래요. 제 들오리예요. 하지만 아빠나 할아버지가 계실 때는 늘 빌려 드리죠.

그레거스 그러냐? 빌려 주면 뭘 하시는데?

헤드비 먹이도 주시고, 집도 손 봐 주시고, 하는 일은 많죠.

그레거스 그렇구나. 저 창고에 있는 것 중 들오리가 가장 소중하니까.
헤드비 맞아요. 진짜 들오리니까요. 그런데 친구가 될 만한 게 없어서 참 불쌍해요.
그레거스 토끼처럼 가족이 있는 게 아니니까.
헤드비 그래요. 닭들도 병아리 때부터 함께 자라는데, 들오리는 친구조차 없으니. 이것 말고도 들오리한테는 이상한 점이 많아요. 저 들오리에 대해 아는 사람도 없고, 어디서 왔는지도 모른다니까요.
그레거스 본디 '심해'에 있었는데 말이다.
헤드비 (그레거스를 흘끔 쳐다보고 웃음을 참으며 묻는다) 왜 '심해'라고 하세요?
그레거스 그럼 뭐라고 하니?
헤드비 '바다 밑'이나 '해저'라고 하면 되잖아요.
그레거스 그게 '심해'랑 뭐가 다르냐?
헤드비 그렇죠. 하지만 누가 '심해'라고 하면 너무 이상한 걸요.
그레거스 어째서지? 말해 보렴.
헤드비 싫어요. 비웃으실 걸요.
그레거스 그러지 않을 거다. 자, 왜 웃었는지 말해다오.
헤드비 왜냐면…… 저기에 있는 것들이 정말로 신기하게 느껴질 때면, 딱히 그렇게 생각하는 것도 아닌데, 문득 저 방과 저 안에 있는 모든 것이 '심해'에 있는 것처럼 보이거든요. 우습죠?
그레거스 아니, 우습지 않은데.
헤드비 뭘요. 본디 그냥 창고일 뿐인데.
그레거스 (헤드비를 가만히 바라보며) 그럴까?
헤드비 (놀라서) 창고 맞잖아요.
그레거스 정말 그렇게 생각하니?

헤드비는 입을 멍하니 벌린 채 말없이 그레거스를 쳐다본다. 지나가 식탁보를 들고 부엌에서 나타난다.

그레거스 (일어서서) 제가 너무 일찍 왔습니다.
지나 괜찮아요. 어차피 어디로 사라지고 없으니까요. 어쨌든, 식사 준비는

다 됐어요. 헤드비, 탁자 위를 치우렴.

헤드비가 탁자를 치운다. 다음 대사를 할 때까지 그녀와 지나는 식탁을 차린다. 그레거스는 안락의자에 앉아 사진첩을 뒤적인다.

그레거스 부인도 사진을 수정하실 줄 아신다죠?
지나 (상대방을 흘끗 곁눈질하고) 네, 알아요.
그레거스 그럼 마침 잘됐군요.
지나 무슨 말씀이신지……?
그레거스 얄마르가 사진사가 되었으니까요.
헤드비 엄마도 사진을 찍을 줄 알아요.
지나 네. 저도 기술을 좀 배웠거든요.
그레거스 그럼 부인께서 이 사진관을 운영하시는 겁니까?
지나 네, 남편이 바쁠 때는…….
그레거스 제가 보기에 얄마르는 아버님 곁에 딱 붙어 있는 것 같군요.
지나 그래요. 그것도 있지만, 남편 같은 사람한테 종일 사진만 찍으라곤 할 수 없잖아요.
그레거스 그것도 일리가 있는 말씀입니다만, 일단 그런 길로 접어든 이상은…….
지나 남편은 그렇고 그런 사진사들하고는 달라요, 베를레 씨.
그레거스 그건 압니다. 하지만…….

창고 안에서 총소리가 난다.

그레거스 (벌떡 일어나) 무슨 소립니까!
지나 맙소사! 또 총을 쏘네!
그레거스 또 쏘다니요?
헤드비 둘이서 사냥을 하는 거예요.
그레거스 뭐라고요? (창고 문으로 다가가) 사냥을 하다니, 얄마르?
얄마르 (그물 뒤에서) 왔어? 전혀 몰랐네. 좀 바빴거든. (헤드비에게) 왜 알리

들오리 293

지 않았니? (작업실로 들어온다)

그레거스 창고에서 사냥을 한다고?

얄마르 (2연발 권총을 보이며) 이거야.

지나 농담이 아니라, 조만간 두 분 다 그 총포에 크게 당할 테니 두고 보세요.

얄마르 (발끈하며) 몇 번 말해야 알아들어? 이런 건 총포가 아니라 권총이라고 한다니까.

지나 별 차이는 없잖아요?

그레거스 얄마르, 자네도 사냥을 배운 게로군?

얄마르 가끔 토끼 사냥을 하는 게 다야. 대개는 아버지 곁에 있어 드리는 거지.

지나 남자란 참 이상해요! 언제든 기분전환거리를 찾으니까.

얄마르 (화내며) 당연하지. 우리한테는 언제나 기분전환이 필요해.

지나 누가 뭐래요?

얄마르 그럼 됐어! (그레거스에게) 저 창고는 사냥하기에 안성맞춤이야. 저런 곳에 있다 보니, 권총을 쏴도 바깥에는 들리지 않거든. (책장 맨 위 선반에 권총을 올려놓고) 권총을 만지지 마라, 헤드비! 아직 총알이 한 발 들어 있으니까.

그레거스 (그물 사이로 안을 들여다보며) 엽총도 있군.

얄마르 옛날에 아버지가 쓰시던 거야. 이젠 방아쇠가 고장 나서 쓸 수 없지만. 하지만 가끔 분해해서 청소도 하고 기름칠도 하고 다시 조립하다 보면 아주 즐거운 기분이 들거든. 물론 그런 소일거리는 주로 아버지가 하시지.

헤드비 (그레거스 옆으로 와서) 지금이라면 들오리가 잘 보일 거예요.

그레거스 안 그래도 보던 참이다. 한쪽 날개가 조금 늘어져 있는 것 같구나.

얄마르 이상할 것도 없지. 총에 맞은 곳이니까.

그레거스 한쪽 다리도 절룩이는 것 같은데?

얄마르 아주 조금.

헤드비 저 다리를 개한테 물렸거든요.

얄마르 그것 말고는 멀쩡해. 그러니 신기하지 않은가. 총에 맞고 개한테 물리기까지 했는데…….
그레거스 (헤드비를 힐끔 보고) 게다가 오랫동안 '심해'에 있기까지…….
헤드비 (방긋 웃으며) 맞아요.
지나 (식탁을 차리며) 그저 들오리, 들오리! 들오리 없이는 한시도 못 살지!
얄마르 흥! 점심은 아직 멀었어?
지나 조금만 더 기다려요. 헤드비, 이리 와서 엄마 좀 도우렴.

지나와 헤드비, 부엌으로 사라진다.

얄마르 (작은 목소리로) 그런 곳에서 아버지를 엿보지 마. 싫어하시거든.

그레거스, 창고 문에서 멀어진다.

얄마르 다른 손님들이 오기 전에 닫는 편이 좋겠어. (손을 휘휘 저어 새들을 쫓아내며) 휘이! 휘이! 저리 가라! (커튼을 올리고 문을 닫으며) 이 장치는 내가 발명한 거야. 난 이런 걸 만들거나 부서진 걸 수리하는 게 정말 즐거워. 또 토끼나 닭이 작업실에 들어오는 걸 지나가 싫어해서 할 수밖에 없고.
그레거스 당연하지. 게다가 작업실을 운영하는 사람은 부인 아닌가?
얄마르 보통은 마누라한테 맡기지. 그렇게 해두면, 거실에 들어앉아 더 중요한 일에 전념할 수 있으니까.
그레거스 중요한 일이란 게 대체 뭔데?
얄마르 왜 안 물어보나 이상하게 생각하던 참이네. 그럼 발명에 대해서는 아직 들은 바가 없나?
그레거스 발명? 아니, 못 들었는데.
얄마르 그래? 못 들었어? 아, 그렇겠군. 그런 두메산골에 있었으니…….
그레거스 자네, 뭔가 발명한 게로군!
얄마르 다 완성한 건 아니야. 지금 한창 만드는 중이지. 설마 내가 손님들 사진을 찍는 데만 만족해서 사진에 평생을 바칠 결심을 했다고 생각하진 않겠지?

그레거스 그래, 부인도 아까 그런 말을 하더군.

얄마르 난 다짐했어. 이 일이 천직이라면, 기왕 이 일에 종사한 이상은 어떻게든 이 사진을 예술인 동시에 과학인 경지로 끌어올리겠다고. 그래서 이 대발명에 몰두하는 거지.

그레거스 그래, 그 발명이란 게 어떤 건데? 뭘 도와주는 물건이지?

얄마르 자세한 내용은 아직 묻지 말게. 시간이 걸리는 일이거든. 그리고 허영심 때문에 이런 일을 하는 거라고도 생각하지 않았으면 하네. 난 내 명예 따위에는 눈곱만큼도 관심 없어. 자나 깨나 늘 머릿속에 있는 건, 나한테는 사명이 있다는 생각뿐이지.

그레거스 어떤 사명?

얄마르 잊었나? 저 백발노인을?

그레거스 자네 아버지? 하지만 아버지한테 뭘 해드릴 수 있는데?

얄마르 엑달이라는 이름에 다시 한 번 명예와 감격을 되찾아 주어 아버지의 자존심을 회복시켜 줄 거야.

그레거스 자네의 사명이란 게 그건가?

얄마르 그래. 난 저 좌초된 불쌍한 사람을 구해 낼 생각이야. 아버지는 폭풍우를 만나기가 무섭게 난파한 거야. 저 무시무시한 심문을 받는 사이에 아버지는 자아를 잃어버리셨어. 저기 있는 권총 말이야, 그레거스, 저건 토끼를 사냥할 때 쓰는 건데 저것도 엑달 가문의 비극에 한몫 단단히 한 물건이지.

그레거스 저 권총이?

얄마르 마침내 징역형이 구형되었을 때 아버지가 저걸 들고는…….

그레거스 아버님께서?

얄마르 응, 하지만 실행은 하지 않으셨어. 용기가 없었거든. 그때 이미 그만큼 정신이 피폐했던 거야. 그만큼 타락했던 거야. 이해하겠나? 아버지는 군인이셨어. 곰을 아홉 마리나 잡은 사나이였어. 중사를 두 명이나—물론 동시에 두 명은 아니지만—배출한 가문 출신이었어……. 그레거스, 내 말 무슨 말인지 알겠나?

그레거스 알지, 알아.

얄마르 난 모르겠어. 아무튼, 저 권총은 우리 집안 역사에 다시 등장했네.

아버지가 연행되어 감옥에 들어갔을 때……. 아, 그때는 정말 견딜 수가 없었지. 나는 양쪽 창문에 줄곧 블라인드를 내리고 있었어. 밖을 내다보면 태양이 평소처럼 빛나고 있질 않겠나. 난 그걸 이해할 수 없었어. 거리를 보면 사람들이 웃는 낯으로 천진난만하게 떠들면서 걷고 있었지. 난 그게 이해가 안 갔어. 모든 것이 정지해야 할 것만 같은 생각이 들었던 거야, 일식 같은 것이 일어났을 때처럼.

그레거스 나도 어머니가 돌아가셨을 때 그런 기분이었네.

얄마르 바로 그런 때였어, 이 얄마르 엑달이 저 권총을 가슴에 들이댄 것은.

그레거스 자네도……?

얄마르 그래.

그레거스 하지만 쏘진 않았고?

얄마르 응. 막판에 나 자신을 이긴 거지. 살아가기로 한 거야. 그런데 말야, 그런 처지에서 삶을 선택하기란 상당히 용기가 필요한 일이라고.

그레거스 그야 그렇겠지.

얄마르 그래, 절대로 그렇다니까. 하지만 그러길 잘했어. 곧 내 발명품도 완성될 테니까. 그렇게 되면 렐링 의사가 말했듯이—나도 그렇게 생각하지만—아버지도 다시 군복을 입을 수 있게 되겠지. 그것만으로 보상은 충분해.

그레거스 아버님께서 그 정도로 군복을 좋아하시나……?

얄마르 그럼. 그게 아버지의 최대 소원인걸. 그것 때문에 내가 얼마나 고생했는지 자네는 모를 걸세. 지나와 나의 결혼기념일 같이 집에서 무슨 축하할 일이라도 생기면, 아버지는 반드시 그 한창 잘나가던 시절의 장교 군복을 입으시는 거야. 그런데 노크 소리라도 나면 당황해서 당신 방으로 순식간에 도망가시지, 저 휘청대는 다리로 말이야. 그런 모습을 남한테 보이면 창피하니까. 아들로서 그런 모습을 보노라면 얼마나 가슴이 찢어지는지 아나, 그레거스?

그레거스 그 발명품은 대충 언제쯤 완성될 것 같나?

얄마르 무슨 수로 언제쯤이라고 못 박겠나? 발명이란 말이야, 생각대로 되는 게 아니야. 대부분 영감—육감이라고도 하지—거기에 의존해야 하는

데, 그것도 언제 찾아올지 예상할 수 있는 게 아니라고.

그레거스 진전은 있지?

얄마르 당연하지. 하루라도 발명을 쉬지 않고 거기에 몰두하니까. 점심을 먹고 나면 거실에 틀어박히지. 거실에서는 집중이 잘 되거든. 하지만 처음부터 옆에서 감 놔라 배 놔라 하면 될 것도 안 돼. 렐링도 그러더라고.

그레거스 그러면서 저 창고에는 저런 것들을 기르나? 일에 방해가 되거나 정신이 산만해지지 않아?

얄마르 당치 않은 소리. 그렇게 말하면 곤란하네. 나라고 일 년 내내 한 가지 문제만 생각하며 사는 줄 아나? 기분전환거리가 있어야지. 영감이나 계시 같은 건 다 때가 돼야 오는 거야. 애간장 태운다고 오는 게 아니라니까.

그레거스 얄마르, 자네한테는 들오리 같은 구석이 있군.

얄마르 들오리? 무슨 의미지?

그레거스 자네는 물속에 들어가서, 바닥에 난 물풀에 매달려 있는 거야.

얄마르 그걸 말하는 거군. 그 일격. 하마터면 아버지도 쏴 죽여서 내 신세까지 망치려고 했던?

그레거스 그런 뜻이 아니야. 자네 신세가 망가졌다는 이야기를 하려던 게 아니라고. 하지만 자네가 독이 든 진창 속에 빠져 있는 건 사실이네, 얄마르. 자넨 잠행성 질병에 걸려 있어. 그래서 자꾸만 물속으로 파고드는 거네. 어둠 속에서 죽으려고.

얄마르 내가? 어둠 속에서 죽는다고? 이봐, 그레거스, 그런 이야기는 집어치우게.

그레거스 그렇게 당황할 것 없어. 조만간 내가 재기시켜 줄 테니까. 나도 내 사명이 어디에 있는지 그 정도는 똑똑히 안다고. 어제 그걸 깨달았지.

얄마르 그건 잘된 일이지만, 나는 내버려 두었으면 좋겠군. 분명히 말해 두지만, 우울한 천성을 제외하고는 어디에도 불만이 없으니까.

그레거스 불만이 없다는 사실 자체가 독에 감염됐다는 증거야.

얄마르 그만하세, 그레거스. 질병이니 독이니 하는 이야기는 그만두자고. 그런 이야기는 익숙하지 않아. 식구들은 그런 듣기 싫은 소리가 내 귀에 들어오지 않도록 조심하니까.

그레거스 그래 보여.

얄마르 그래, 나한테 좋을 것 없으니까. 그리고 자네가 말한 것 같은 독이 든 진창이든 이 집엔 없으니까. 물론 여긴 별 볼 일 없는 사진사에 어울리는 초라한 집이야. 그리 넓지도 않고. 하지만 난 발명가야. 한 집의 가장이고. 그래서 이런 궁상맞은 환경에서도 당당하게 있을 수 있지. 아, 식탁이 다 차려졌군!

지나와 헤드비가 병맥주, 디캔터에 담긴 브랜디, 술잔 및 식사 도구들을 가지고 들어온다. 동시에 렐링과 몰빅이 복도에서 들어온다. 둘 다 모자를 쓰지 않았고, 외투도 입지 않았다. 몰빅은 검은 옷을 입었다.

지나 (도구들을 식탁에 차리면서) 어머, 딱 맞게 오셨네요.

렐링 몰빅이 청어 샐러드 냄새가 난다면서 고집을 부려서요. 말릴 수가 없어서 따라왔네요. 엑달 씨, 다시 인사드리죠. 안녕하세요.

얄마르 그레거스, 소개하지. 이쪽은 몰빅 군이고, 이쪽은 의사……. 아, 그렇지, 렐링은 알지?

그레거스 응, 조금.

렐링 아, 베를레 씨의 아드님 되시는군요. 그래요, 당신하고는 한두 번 대화를 나눈 적이 있지요. 헤이달 산에 있는 공장에서. 이리로 이사를 오셨다고요?

그레거스 오늘 아침에 왔습니다.

렐링 몰빅과 저는 당신 방 바로 밑에 삽니다. 의사와 신부가 필요할 땐 금방 찾을 수 있으니 얼마나 편리합니까.

그레거스 그러네요. 하긴 그런 일이 없으리란 보장은 없지요. 어제는 식탁에 앉은 게 열세 명이었으니까.

얄마르 또 그 소리! 그만두게!

그레거스 괜찮아, 엑달. 자네가 신경 쓸 건 없어.

얄마르 적어도 가족을 위해서라도 그러길 바라네. 어쨌든, 다들 앉읍시다. 즐겁게 먹고 마시자고요.

그레거스 아버님은 안 기다려도 되나?

얄마르 응, 아버진 당신 방에서 드실 거야. 자, 어서들 앉아요!

남자들, 식탁에 앉아 먹기 시작한다. 지나와 헤드비는 부엌을 들락날락하며 필요한 것을 나른다.

렐링 몰빅은 어젯밤에 아주 떡이 되도록 마셨답니다, 부인.
지나 어머, 어젯밤에도요?
렐링 제가 오밤중에 업어 왔죠. 그 소리 못 들으셨어요?
지나 못 들었어요.
렐링 다행이군요. 어제 몰빅은 눈 뜨고 못 볼 꼴이었거든요.
지나 정말이에요, 몰빅 씨?
몰빅 어젯밤 일은 비밀입니다, 비밀. 그런 일은 저의 더 좋은 본질과 아무런 관계도 없으니까요.
렐링 (그레거스에게) 그게 하늘의 계시처럼 이 사람한테 찾아오는 겁니다. 그러면 저는 야단법석 속에서 선생을 끌어내는 수밖에 없죠. 몰빅은 악마 같아요.
그레거스 악마?
렐링 네, 악마요.
그레거스 흠!
렐링 악마 같은 사람은 세상을 똑바로 걸을 수 없게 만들어져 있어요. 무슨 일이 생기면 난리법석을 부리죠. 그건 그렇고, 여전히 당신은 그 산에 있는 지저분한 공장에서 지내십니까?
그레거스 지금까지는 그랬죠.
렐링 당신이 입에 달고 살던 그 요구는 어떻게 되었나요?
그레거스 요구? (상대방의 말뜻을 깨닫고) 아, 그거요!
얄마르 요구라는 게 뭔가, 그레거스?
그레거스 아무것도 아니야.
렐링 아무것도 아닌 게 아니죠. ……이분은 노동자 숙소를 모조리 돌아다니며 "이상(理想)의 요구"라는 요리를 팔고 다녔어.
그레거스 그땐 젊었지.

렐링 그래요, 아주 젊었죠. 그래서 제가 그곳에 있는 동안 한 사람도 그 "이상의 요리"의 신자가 되지 않았죠.

그레거스 그 뒤에도 실패였습니다.

렐링 그럼 조금 눈을 낮추자는 판단력은 생기셨겠군요?

그레거스 아니요. 정신이 올바로 박힌 사람이라면 그런 짓은 하지 않습니다.

얄마르 아무렴, 그렇고말고. 버터 좀 줘, 지나.

렐링 몰빅에게 고기도 좀 주십시오.

몰빅 웁! 고기는 안 돼!

창고 문을 두드리는 소리.

얄마르 헤드비, 열어 드려라. 할아버지가 나오고 싶으신가 보다.

헤드비가 가서 문을 살짝 연다. 엑달 영감이 지금 막 벗긴 토끼 가죽을 들고 나타난다. 헤드비, 문을 닫는다.

엑달 안녕하십니까들! 오늘 사냥은 대단했어요. 큰 놈을 잡았지요.

얄마르 제가 없는 동안에 가죽까지 벗기셨군요……!

엑달 고기는 소금에 절여 놨다. 토끼 고기는 그렇게 해야 부드러워서 좋아. 설탕처럼 달콤한 맛도 나고. 그럼 천천히들 드세요! (자기 방으로 들어간다)

몰빅 (일어서서) 실례합니다……. 아무래도 안 되겠어요……. 밑에 좀 다녀 오겠습니다…….

렐링 이봐, 소다수를 좀 마셔!

몰빅 (허둥대며) 웁! 웁! (현관문으로 뛰어나간다)

렐링 (얄마르에게) 위대한 늙은 사냥꾼에게 건배!

얄마르 (그 잔에 자기 잔을 부딪치며) 무덤가에 서 있는 사냥꾼에게!

렐링 희끗희끗한…… (마시고) 대체 그걸 희끗희끗하다고 해야 하나 백발이라고 해야 하나?

얄마르 사실 그 중간이지. 어느 쪽이건 머리털은 별로 남지 않았으니까.

렐링   인간은 가발을 쓰고도 살 수 있잖아. 엑달 군은 정말 행복한 사나이야. 멋진 사명이 있어서 헌신할 수 있으니까.

얄마르   그래서 열심히 하잖나.

렐링   씩씩한 아내도 있고. 봐, 펠트로 만든 덧신을 신고 엉덩이를 흔들면서 저렇게 소리도 없이 집 안을 누비며, 불편함이 없도록 부지런히 자네를 보필해 주잖아.

얄마르   응, 지나는……. (그녀에게 고개를 끄덕여 보이며) 당신은 내 소중한 인생의 동반자야.

지나   어머나, 식사 중에 저에 대해 이러쿵저러쿵하지 마세요.

렐링   그리고 자네한텐 헤드비도 있지. 안 그런가, 엑달?

얄마르   (감동해서) 그래, 내 새끼! 뭐니 뭐니 해도 자식이 제일이지. 헤드비, 이리 오렴. (헤드비의 머리를 쓰다듬으며) 내일이 무슨 날이었지?

헤드비   어머나, 아빠, 말하면 안 돼요!

얄마르   이 아빤 아무것도 해줄 게 없다고 생각하면 괴롭구나. 저 창고에서 간단한 축하를 하는 정도밖에는…….

헤드비   전 그래서 더 기대되는 걸요.

렐링   그 훌륭한 발명품이 완성될 때까지 기다려라, 헤드비!

얄마르   그래, 두고 봐라! 이 아빠가 말이다, 헤드비, 네 인생을 걱정 없이 만들어 주마. 넌 평생 아무 불편 없이 살게 될 거야. 네가 어떤 걸 손에 넣을 수 있도록 이 아빠가 열심히 할 거다. 그게 이 가난한 발명가의 유일한 보수니까.

헤드비   (아버지 목에 팔을 두르고 속삭인다) 아, 사랑하는 우리 아빠!

렐링   (그레거스에게) 어때요, 화목한 가정에서 식사대접을 받는 것도 신선해서 좋지 않습니까?

얄마르   응, 이런 식사는 정말 좋지.

그레거스   나는 독에 찌든 분위기에는 약한 편이라네.

렐링   독에 찌든 분위기?

얄마르   자네 또 그 소린가? 그만두라니까!

지나   그게 무슨 말씀이세요? 이 집에서 그런 냄새가 나요, 베를레 씨? 하루도 빼놓지 않고 통풍시키는데.

그레거스 (식탁에서 일어서서) 제가 말한 악취는 통풍 정도로는 빠지지 않습니다!

얄마르 악취라니!

지나 그게 무슨 소리세요!

렐링 잠깐……. 혹시 그 악취는 저 산에서 당신이 가지고 온 게 아닌가?

그레거스 내가 이 집에 가지고 온 것이 악취라니, 그것참 당신다운 표현이군.

렐링 (그레거스에게 다가서며) 이보시죠, 베를레 도련님! 아무래도 당신은 아직 그 "이상의 요구"라는 걸 그냥 바지 주머니에 쑤셔 넣고 다니는 것 같군.

그레거스 가슴에 품고 다니지.

렐링 어디에 넣고 다니건 당신 맘이지만, 이 집에서 그걸 강매하는 일만큼은 피하는 게 좋을 거요, 적어도 내가 있는 동안은 말이지.

그레거스 그래도 한다면?

렐링 계단에서 거꾸로 처박히게 되겠지.

얄마르 (일어서서) 그만해, 렐링!

그레거스 할 수 있으면 어디 해봐…….

지나 (두 사람 사이에 끼어들며) 그만두세요, 렐링 씨. 분명히 말씀드리겠는데요, 베를레 씨, 자기 집 난로도 제대로 청소 안 하는 사람이 남의 집에 와서 악취다 뭐다 떠들 권리는 없잖아요.

현관문 두드리는 소리.

헤드비 엄마, 누가 왔어요.

얄마르 그렇군! 오늘따라 손님이 많은걸.

지나 누구지……? (가서 문을 열고는 놀라 부들부들 떨며 뒷걸음질한다) 세상에!

털가죽 외투를 입은 호콘 베를레가 안으로 한 발짝 들어온다.

베를레 미안합니다. 제 아들놈이 이 집에서 신세를 지고 있다기에.

지나 (숨을 들이마시고) 네.
얄마르 (다가와서) 누추하지만 들어오시지요…….
베를레 고맙네. 아들놈한테 할 이야기가 있어서 왔네.
그레거스 여기 있습니다. 뭡니까?
베를레 네 방에서 이야기하고 싶구나.
그레거스 제 방이요……? 그러죠. (나가려고 한다)
지나 안 돼요. 아직 정리가 덜 돼서…….
베를레 그럼 복도에서 하자꾸나. 단둘이 이야기하고 싶으니까.
얄마르 여길 쓰십시오, 베를레 씨. 렐링, 자넨 거실로 가세.

얄마르와 렐링, 오른편으로 사라진다. 지나는 헤드비를 데리고 부엌으로 사라진다.

그레거스 (짧은 침묵 뒤) 이제 단둘이군요.
베를레 어젯밤 네가 이상한 말들을 했었다……. 그래 놓고 이렇게 엑달의 집으로 이사를 와 있으니, 네가 나한테 반항할 마음이라고밖에는 생각되지 않는구나.
그레거스 제가 생각하는 건 얄마르 엑달의 눈을 뜨게 해주는 일입니다. 자기가 어떤 꼴을 당했는지 똑똑히 알아야 하니까요. 그것뿐입니다.
베를레 그게 어제 네가 말한 네 사명이냐?
그레거스 네. 아버지가 제게 주신 건 그것뿐이니까요.
베를레 네 머리가 돌아버린 것도 내 탓이란 거냐, 그레거스?
그레거스 아버지가 제 인생을 망친 겁니다. 어머니에 관한 건 그래도 괜찮습니다……. 하지만 제가 지금까지도 양심의 가책에 괴로워하는 건 아버지 때문입니다.
베를레 내 참! 참 이상한 양심도 다 있구나!
그레거스 전 아버지에게 반항했어야 했습니다. 엑달 중위 앞에 함정을 놓았을 그때 말입니다. 그분에게 경고할 걸 그랬어요. 결과가 어떨지는 저에게도 훤히 들여다보였으니까요.
베를레 그럼 그때 말하지 그랬냐.

그레거스 용기가 없었습니다. 전 무서웠어요. 패기가 너무 부족했습니다. 그땐 아버지가 너무 무서웠어요. ……아니, 지금도 그렇지만.

베를레 지금은 무서워하지 않는 것 같은데.

그레거스 아무래도요. 저와…… 다른 누군가가 엑달 영감에게 저지른 죄는 절대로 돌이킬 수 없습니다. 하지만 얄마르는 그 거짓과 위선에서 아직 구해낼 수 있어요. 내버려 두면, 저 녀석은 파멸할 겁니다.

베를레 그게 좋은 일이라고 생각하는 거냐?

그레거스 당연하지요.

베를레 넌 정말로 얄마르 엑달이 그런 친절을 고마워할 사람이라고 생각하느냐?

그레거스 그럼요! 그런 사람이지요!

베를레 흠! 그럴까?

그레거스 저도 앞으로 계속 살아가려면, 이 상처받은 양심을 어떻게든 치료해야 하고요.

베를레 그런 건 치료할 수 없다. 네 양심은 어릴 적부터 쭉 병을 앓았어. 그건 네 엄마의 유산이다, 그레거스. 네 엄마가 너에게 유일하게 남기고 간 거야.

그레거스 (모멸적인 미소를 띠고) 엄마가 한 재산 갖고 오실 줄 알았는데 그 예상이 빗나가서 얼마나 아쉬우셨어요?

베를레 쓸데없는 소리 마라. ……넌 끝내 네가 옳다고 생각하는 방향으로 엑달을 끌고 갈 생각이구나?

그레거스 그럴 각오입니다.

베를레 그래? 그렇다면 일부러 여기까지 올 필요도 없었군. 이제 와서 집으로 돌아오라고 해봐야 소용없겠지?

그레거스 네.

베를레 회사 경영도 안 할 거고?

그레거스 안 합니다.

베를레 그래, 알았다. 그런데 내가 지금 재혼을 준비 중이라서 재산을 너와 나눠야 한단다.

그레거스 (말이 끝나기가 무섭게) 아니요, 그런 건 필요 없습니다.

베를레 필요 없어?

그레게르스 필요 없습니다. 양심이 허락하지 않으니까요.

베를레 (짧은 침묵 뒤) 공장으로 돌아갈 거냐?

그레게르스 아니요. 이제 아버지 회사에서는 일하지 않을 생각입니다.

베를레 그럼 이제 어쩔 셈이냐?

그레게르스 제 사명을 다할 겁니다. 그뿐입니다.

베를레 그다음엔? 어떻게 먹고살려고?

그레게르스 월급에서 조금씩 떼어 둔 게 있습니다.

베를레 그게 얼마나 갈 것 같으냐!

그레게르스 살아 있는 동안은 충분할 겁니다.

베를레 그게 도대체 무슨 뜻이냐?

그레게르스 질문은 그만하면 됐잖아요.

베를레 그래, 그럼 잘 있어라, 그레게르스.

그레게르스 안녕히 가세요.

호콘 베를레, 떠난다.

얄마르 (방문으로 고개를 내밀고) 돌아가셨나?

그레게르스 응.

얄마르와 렐링이 들어온다. 지나와 헤드비도 부엌에서 나온다.

렐링 산통 다 깨졌군.

그레게르스 외투를 입게, 얄마르. 함께 걷고 싶어.

얄마르 그래. 아버지는 어떤 일 때문에 오셨나? 나하고 관계있는 일이야?

그레게르스 뭐……. 아무튼, 가지. 할 이야기가 있어. 나도 외투를 입고 오겠네. (현관문으로 나간다)

지나 나라면 거절하겠어요.

렐링 그래, 그만둬. 가지 않는 게 좋아.

얄마르 (모자와 외투를 들고) 무슨 소리야. 오랜 친구가 하고 싶은 이야기가 있다는데……!

렐링 모르는 소리! 저 자식은 미쳤어. 머리가 돌아버렸다니까. 그걸 모르겠나!

지나 그래요! 그 말이 맞아요! 저분 어머니도 걸핏하면 저렇게 발작을 일으키셨다고요.

얄마르 그럼 더욱더 친구의 위로가 필요하겠군. (지나에게) 저녁은 제시간에 부탁해. 알겠지? 그럼, 실례. (현관문으로 나간다)

렐링 저런 녀석은 헤이달 산에서 구덩이에 떨어져 죽었어야 했어.

지나 맙소사! 왜 그런 소릴 하세요?

렐링 (중얼대며) 다 이유가 있어요.

지나 베를레 도련님은 정말 미친 걸까요?

렐링 아니오! 애석하게도 정상인과 다를 바 없군요. 그래도 딱 한 군데 이상한 구석은 있습니다.

지나 어디가 아픈 건가요?

렐링 확실히 말씀드리자면요, 부인. 급성 '정의(正義)병'입니다.

지나 정의병이요?

헤드비 그런 병이 있어요?

렐링 있지. 국민적 병이란다. 아주 드물게 발병하지만. (지나에게 고개 숙여 인사한다) 잘 먹었습니다! (현관문으로 나간다)

지나 (안절부절못하며 방 안을 서성인다) 그래, 그레거스 베를레는 옛날부터 기분 나쁜 사람이었어.

헤드비 (식탁 옆에 서서 어머니의 얼굴을 의아스럽게 쳐다보며) 다들 이상해.

제4막

얄마르 엑달의 작업실. 촬영이 막 끝난 참이다. 덮개를 덮은 사진기, 작업대, 의자 몇 개, 접이식 탁자 등이 널려 있다. 해가 저물어 가는 늦은 오후의 햇살. 이윽고 어두워지기 시작한다.

지나가 작은 케이스와 젖은 건판을 들고, 활짝 열린 현관문에 서서, 밖에 있는 사람과 이야기한다.

지나 네, 문제없어요. 약속했으니 틀림없을 겁니다. 처음 열두 장은 월요일에 완성될 거예요. 그럼 안녕히 가세요. 고맙습니다!

계단을 내려가는 사람의 발소리가 들린다. 지나가 문을 닫고 건판을 케이스에 집어넣은 다음, 덮개가 덮인 사진기 안에 그것을 끼운다.

헤드비 (부엌에서 나와) 이제 가셨어요?
지나 (주변을 정돈하며) 그래. 겨우 끝났구나.
헤드비 아빠 왜 아직 안 오실까?
지나 아래층 렐링 씨 방에 가 봤니?
헤드비 네, 없어요. 뒷계단으로 재빨리 가 봤는걸요.
지나 저녁 준비도 다 됐는데 식어 버리겠네.
헤드비 정말 무슨 일일까! 거의 식사 시간은 딱 맞춰서 오시는데.
지나 너무 걱정하지 마라. 금방 오실 거야.
헤드비 정말 빨리 오셨으면 좋겠어요. 오늘은 다들 이상하단 말이야.
지나 (큰 소리로) 봐라, 오시는구나!

얄마르가 현관문으로 들어온다.

헤드비 (아버지를 맞이하며) 아빠, 얼마나 기다렸다고요.
지나 (그쪽을 흘끔 쳐다보고) 시간 가는 줄 모르셨나 봐요?
얄마르 (지나의 얼굴은 보지 않고) 응, 조금.

　얄마르, 외투를 벗는다. 지나와 헤드비가 도우려고 하자 몸서리치며 거부한다.

지나 베를레 씨하고 무슨 일 있었어요?
얄마르 (외투를 걸며) 아니.
지나 (부엌문으로 걸어가며) 식사를 가져올게요.
얄마르 밥은 됐어. 아무것도 먹고 싶지 않아.
헤드비 (곁으로 가서) 기분이 안 좋으세요, 아빠?
얄마르 기분? 아니, 대단한 것 아니다. 그레거스랑 너무 걸었나 봐.
지나 그러면 어떡해요. 걷는 데 익숙하지도 않은 양반이.
얄마르 흥! 세상에는 사나이로서 익숙해져야만 하는 일이 얼마든지 있다고. (방 안을 왔다 갔다 하며) 내가 없는 사이에 누가 왔었어?
지나 그 약혼자 연인이요.
얄마르 새로 들어온 주문은 없고?
지나 네, 오늘은 없어요.
헤드비 내일은 있을 거예요, 아빠. 분명 있을 거예요.
얄마르 그랬으면 좋겠구나. 내일부터는 성실히 일할 생각이니까.
헤드비 내일? 내일이 무슨 날인지 잊으셨어요, 아빠?
얄마르 아참, 그렇지……. 그럼 모레. 모레부터는 뭐든 스스로 할 거야. 누구의 손도 빌리지 않고 나 혼자.
지나 그게 어디에 도움이 된다고 그래요? 혼자 피곤할 뿐인데. 사진 일은 내가 할 수 있으니 당신은 발명에만 전념하세요.
헤드비 그리고 들오리랑 닭이랑 토끼도…….
얄마르 흥, 웃긴 소리! 오늘부터 저 창고에는 절대 발을 들여 놓지 않을 줄 알아.
헤드비 하지만 아빠, 약속했잖아요. 저기서 내일 축하하기로…….

얄마르 흠, 그렇군……. 그럼 모레부터. 재수 없는 들오리 새끼, 모가지를 비틀어 죽이고 싶다고.

헤드비 (비명을 지르며) 들오리를 왜요!

지나 그런 심한 말을!

헤드비 (아버지를 흔들며) 아빠, 저건 제 들오리잖아요!

얄마르 그래서 안 하잖아. 할 마음도 없어……. 네가 불쌍하니까, 헤드비. 하지만 마음속으로는 꼭 그러고 싶다. 그런 자식한테 받은 건 이 집에서 한 마리도 기를 수 없으니까.

지나 맙소사, 아무리 아버님께서 미천한 페테르센한테 얻어 오신 새라 해도…….

얄마르 (서성거리며) 어떤 요구라는 게 있어……. 뭐라고 해야 좋으려나? 이상의 요구라고나 할까. 사나이로서 무시할 수 없는, 무시하면 반드시 영혼이 상처 입는, 이른바 양심의 명령이지.

헤드비 (아버지를 따라 걸으며) 하지만 제발 들오리는…… 그 오리는 건드리지 마세요!

얄마르 (멈춰 서서) 걱정하지 마라, 아무 짓도 안 해. 네가 불쌍하니까. 깃털 하나 뽑지 않을 거다. 그보다 중요한 문제가 있어. 헤드비, 산책할 시간이지? 알맞게 어두워졌다.

헤드비 됐어요. 지금은 산책할 기분이 아녜요.

얄마르 다녀와. 눈을 그렇게 깜빡거리면서. 이 방은 가스가 잘 차서 너한테는 좋지 않단다.

헤드비 그럼 뒷계단으로 내려가서 조금 걷다 올게요. 모자와 외투는? 내 방에 있지, 참. 하지만 아빠, 제가 없는 동안에 들오리를 어떻게 하면 안 돼요.

얄마르 머리에 난 깃털 하나 뽑지 않는다니까. (헤드비를 끌어당겨 안고) 헤드비, 너와 난, 우리 둘은……! 자, 다녀와라.

헤드비, 부모님에게 손을 흔들고 부엌으로 나간다.

얄마르 (눈을 내리깐 채 서성이며) 지나.

지나 네?

얄마르 내일부터는…… 아니, 모레부터라도 좋아. 가계부는 내가 직접 작성하지.

지나 가계부까지 혼자 작성한다고요?

얄마르 그래. 적어도 수입 정도는 알아둬야 하니까.

지나 그런 건 금방 알 수 있어요.

얄마르 그럴 수는 없어. 당신은 돈을 너무 아끼는 경향이 있으니까. (멈춰 서서 지나를 쳐다보며) 왜 그러지?

지나 헤드비와 나한테는 돈이 그다지 들지 않으니까요.

얄마르 베를레 씨한테서 얻어 오는 필사 일로 아버지가 꽤 수입이 짭짤하다던데, 사실이야?

지나 짭짤한지 어떤지는 몰라요. 그런 일에 대개 얼마를 쳐 주는지 모르니까.

얄마르 대충 얼마나 받는데?

지나 때에 따라 다르지만, 대개 식비를 쓰면 용돈이 조금 남는 정도죠.

얄마르 식비? 그런 말은 나한테 한 번도 한 적 없잖아!

지나 어떻게 말해요? 당신은 아버지를 자기가 부양하는 줄로 착각하고 있는데.

얄마르 그 돈이 다 베를레한테서 나오는 거라고!

지나 뭐 어때요? 그 사람한테는 새 발의 피도 안 될 텐데.

얄마르 등불을 켜줘!

지나 (등불을 켜고) 그리고 진짜 그 사람한테서 나오는 돈인지 아닌지도 모르잖아요. 어쩌면 그로베르크가…….

얄마르 왜 여기서 그로베르크가 나와?

지나 몰라요. 그냥 그런 생각이 들어서…….

얄마르 흥!

지나 아버님에게 그 일을 준 건 제가 아니라 벨타 씨에요. 그 사람이 우리 집에 찾아온 그때요.

얄마르 목소리는 왜 떠는 거야?

지나 (등에 갓을 씌우고) 그래요?

들오리 311

얄마르 손도 떨고 있잖아?

지나 (단호히) 당신, 확실히 말하세요. 그 사람, 당신을 데리고 나가서 나에 대해 무슨 말을 했죠?

얄마르 사실이야? 당신이 그 집에서 일할 때 베를레 씨와 그렇고 그런 사이였다는 게……?

지나 거짓말이에요. 그런 일 없었어요. 베를레 씨가 날 끈질기게 쫓아다닌 건 사실이에요. 그래서 마님이 착각하시고 그런 난리를 피우셨죠! 나까지 괴롭히면서 저주를 퍼부었어요. 그래서 쫓겨난 거고요.

얄마르 그다음 이야기도 있잖아.

지나 그래요. 그래서 난 집으로 돌아왔어요. 그러자 어머니가…… 우리 어머닌 당신이 생각하는 그런 사람이 아니에요. 그 어머니가 나한테 쓸데없는 소릴 늘어놓잖아요……. 그땐 베를레 씨도 홀아비가 되어 있었으니까요.

얄마르 그래서?

지나 그래요, 속 시원히 털어놓는 게 좋겠군요. 그 사람은 자기 뜻을 이룰 때까지 포기하지 않았어요.

얄마르 (두 손을 마주 잡고) 이런 사람이 내 자식의 엄마라니! 잘도 그런 과거를 숨기고 살았군!

지나 그래요, 내가 나빴어요. 진작 얘기했어야 했는데.

얄마르 그때 얘기했으면 좋았잖아. 그랬으면 당신이 어떤 여잔지 알았을 텐데.

지나 그래도 나랑 결혼했을 거예요?

얄마르 웃기는 소리!

지나 그것 보세요! 그래서 당시 아무 얘기도 못 한 거라고요. 난 당신이 정말 좋았는걸요. 내 인생을 망가뜨리는 그런 짓을 어떻게…….

얄마르 (서성거리며) 이런 사람이 헤드비의 엄마라니! 그러고 보니 눈에 들어오는 물건이란 물건은…… (의자를 걷어차며) 내 집에 있는 물건은 모조리 그 고마운 놈 덕분이잖아! 이 빌어먹을 색정 베를레 놈!

지나 우리가 함께 살아온 14년, 15년 세월을 후회해요?

얄마르 (지나 앞에 멈춰 서서) 그럼 묻지. 당신은 어때, 매일 매시간 날 거짓

된 거미줄에 꽁꽁 묶어 놓고 후회한 적 없어? 어떠냐고! 잘못을 뉘우치며 괴로워한 적이 정말로 없어?

지나 하지만 당신은 그것 말고도 생각할 문제가 산더미였잖아요. 집 문제라든가 그런 것들……

얄마르 그럼, 자기 과거도 되돌아본 적 없나?

지나 그런 지난 일은 들춰 뭐하겠어요? 벌써 다 잊어버렸죠.

얄마르 맙소사, 잘도 신경 끄고 살았어! 정말 산 넘어 산이군. 그래 놓고 뻔뻔스럽게……

지나 하지만 당신, 나 같은 마누라가 없었으면 어떻게 됐겠어요?

얄마르 당신 같은 마누라!

지나 그래요. 난 모든 면에서 당신보다 세상 물정에도 밝고, 부지런하잖아요. 당신도 그렇게 생각할 걸요? 물론 나이는 당신보다 한두 살 많지만.

얄마르 어떻게 됐겠냐니?

지나 처음에 만났을 때 당신은 좋지 않은 일을 하고 있었잖아요. 그런 적 없다고 잡아뗄 수 없을 걸요.

얄마르 지금 그걸 좋지 않은 일이라고 말하는 거야? 당신은 사나이가 비탄과 절망에 빠지면 어떻게 되는지 몰라. 특히 나처럼 흥분 잘하는 성격은.

지나 네, 네. 그렇다고 치죠. 그런 걸로 트집 잡을 마음은 없어요. 당신은 가정을 꾸리자마자 좋은 남편으로 변했으니까. 그리고 이렇게 안락하고 편안하게 살 수 있게 되었죠. 헤드비도 나도 음식이나 옷에 조금은 돈을 쓸 여유가 생기기 시작했어요.

얄마르 그래, 이 사기로 가득한 진창에 빠진 덕에 말이지.

지나 흥! 재수 없는 저 양반은 이 집에 대체 뭘 바라고 기어들어온 건지!

얄마르 난 우리 집은 제대로 된 집안이라고 늘 생각했었어. 그런데 그렇지 않다니…… 이제 와서 대체 어디를 가야 발명품을 완성하는 데 필요한 힘을 얻을 수 있지? 그 발명은 아마도 나와 함께 운명을 달리하게 될 거야. 지나, 그 발명을 죽인 건 바로 당신의 과거야.

지나 (울먹이며) 그런 말 하지 마세요. 난 당신한테 가장 좋은 일만 생각하면서 지금까지 살아왔는데.

얄마르 그럼 이 집 주인의 꿈은 대체 어떻게 되는 거지? 난 저기 저 소파에 누워서 발명에 대해 곰곰이 생각할 때면 내 힘을 끝까지 쥐어 짜내는 기분이었어. 내가 특허를 따내는 날에는 나도 인생의 마지막을 맞이하게 될 거라는 생각도 했지. 또 이런 몽상도 했어. 당신은 죽은 발명가의 미망인에 어울리게 분명 안락한 인생을 살아갈 거라고.

지나 (눈물을 닦으며) 그런 얘기는 그만 하세요. 과부가 되다니, 절더러 어떻게 견디라고요!

얄마르 제길, 될 대로 되라지! 이제 다 끝났어. 다!

그레거스 베를레가 현관문을 조용히 열고 들여다본다.

그레거스 들어가도 되겠나?

얄마르 들어와.

그레거스 (즐거운 표정으로 들어와 두 사람에게 손을 내민다) 자네, 부인……! (순서대로 두 사람의 얼굴을 보고 얄마르에게 속삭인다) 아직인가?

얄마르 (큰 소리로) 말했어.

그레거스 정말?

얄마르 인생에서 가장 괴로운 순간을 경험했네.

그레거스 가장 숭고한 시간이기도 했을 거야.

얄마르 어쨌든, 속 시원히 얘기했어.

지나 베를레 씨, 정말 심술궂은 분이군요.

그레거스 (깜짝 놀라며) 그런데 도통 모르겠군.

얄마르 뭘 몰라?

그레거스 자네 부부는 서로 숨김없이 털어놓았어. 그렇게 솔직하게 이야기했기에 이제는 건설할 수 있지, 완전히 다시 태어난 새 삶을! 진실하고, 모든 허위에서 해방된 공동의 삶을…….

얄마르 그래, 알아.

그레거스 난 확신했었어. 문을 열고 들어오면 남편 얼굴에도 아내 얼굴에도 지혜의 빛이 빛나고, 그것이 분명 나를 맞이해 줄 거라고. 그런데 눈에 들어온 건 무겁게 가라앉은 음침한 표정뿐이군…….

지나 그럼 이렇게 할까요? (등에서 갓을 치운다)

그레거스　부인은 제 마음을 이해하지 못하실 것 같군요. 하지만 부인은 천천히 아셔도 됩니다……. 그런데 얄마르, 난 자네 부부의 대화가 자네에게 한층 고귀한 해결책을 주었을 것 같은데.
얄마르　물론 그렇다네. 어떤 의미에서는 말이야.
그레거스　실수를 용서하고 사랑의 손으로 다시 한 번 이끌어 주는 멋진 기쁨은 또 없으니까.
얄마르　내가 지금 마신 쓴 약을 아무나 쉽게 마실 수 있다고 생각하나?
그레거스　설마! 보통 사람은 마시기 어렵지. 하지만 자네 같은 남자라면……!
얄마르　아, 알아, 알아. 하지만 채근하진 말게, 그레거스. 시간이 필요해.
그레거스　얄마르, 자넨 마치 들오리 같군.

현관문으로 렐링이 들어온다.

렐링　뭐야! 들오리가 또 어떻게 됐어?
얄마르　베를레 씨한테 한 방 맞고 다친 그 들오리.
렐링　베를레 씨? 지금껏 그 사람 이야기를 한 거야?
얄마르　그 사람하고…… 우리에 대해서.
렐링　(낮은 목소리로) 이 자식!
얄마르　뭐라고?
렐링　여기 있는 이 돌팔이 의사한테, 빨리 옛 보금자리로 돌아가 주었으면 하는 진심에서 한 소리야. 이 선생이 여기에 있으면 자네들 두 사람이 파멸할지도 모르니까.
그레거스　둘 다 파멸하지 않습니다, 렐링 씨. 얄마르는 물론, 아시는 바와 같은 남자니까요. 부인도 속으로는 심지가 굳고 사리판단이 올바른 분이고요…….
지나　(거의 울먹이며) 그러길 바라면 지금까지처럼 그냥 내버려 두지 그러셨어요.
렐링　(그레거스에게) 갑작스러운 질문일지 모르지만, 당신, 대체 이 집에서 뭘 하려는 수작이오?

들오리　315

그레거스 진짜 결혼 생활의 기초를 닦아 주려는 거지요.

렐링 당신은 엑달의 결혼 생활이 만족스러워 보이지 않으시오?

그레거스 물론 여느 부부와 다를 바 없지요. 하지만 진짜 결혼 생활은 아니라고 생각하오.

얄마르 자네는 이상의 요구라는 걸 잘 모르네, 렐링.

렐링 별 시답지 않은 소릴 다 듣겠군! 베를레 씨, 좀 물어나 봅시다. 대체 당신은 지금까지 진짜 결혼 생활이란 걸 얼마나 보아 왔소?

그레거스 한 번도 못 봤습니다.

렐링 저둡니다.

그레거스 하지만 그 반대 종류는 많이 보아 왔죠. 게다가 그런 결혼이 부부를 어디까지 파멸시키는지 그 참담한 광경을 불행하게도 가까이서 지켜봤죠.

얄마르 남자의 삶을 지탱하는 정신의 기초가 와르르 무너지는 꼴이니까…… 아주 무서운 일이지.

렐링 난 결혼한 적이 없어서 아는 체는 못 하지만, 결혼에는 자식이 반드시 따라붙는다는 것쯤은 아네. 자식은 가만히 내버려 둬야 한다는 것도.

얄마르 아, 헤드비! 사랑하는 헤드비!

렐링 그래, 헤드비만큼은 이 소동에 휘말려 들지 않도록 조심하라고. 자네들은 어른이야. 자네 부부가 어떻게 난리를 부리고 어떻게 괴로워하든 그건 자네들 마음이야. 하지만 이것만은 말해 두지. ……헤드비만큼은 조심해서 다뤄. 그러지 않으면 그 아이를 큰 위험에 빠뜨리게 될 테니.

얄마르 큰 위험이라니?

렐링 그 애가 무슨 짓을 저지를지 모른다는 말이야. 그것 말고 다른 위험도 많고.

지나 그런 걸 렐링 씨가 어떻게 알죠?

얄마르 그 애 눈이 금방 어떻게 되는 건 아니겠지?

렐링 눈 이야기는 꺼내지도 않았어. 하지만 헤드비는 예민한 나이야. 어떻게 엇나갈지 모른다고.

지나 그래요, 그 애라면 그럴지도 몰라요! 요전에 부엌에서 불을 쑤시는데 그 방법이 영 못마땅하더라고요. 그런데 그게 글쎄 불장난이라는 거예요.

난 그 애가 집에 불을 지를까 봐 몇 번이나 조마조마했는지 몰라요.

렐링 그것 보십시오. 제 말대로죠.

그레거스 (렐링에게) 하지만 그게 왜 그렇게 이어집니까?

렐링 (경멸하며) 즉, 사춘기란 말입니다.

얄마르 그 애에게 내가 있는 한……! 내가 버젓이 살아 있는 한……!

문 두드리는 소리

지나 쉿! 누가 왔어요. (문에 대고) 들어오세요.

외출복을 입은 셀비 부인이 들어온다.

셀비 부인 안녕하세요!

지나 (맞이하며) 어머, 벨타 씨 아니세요!

셀비 부인 네. 그런데 제가 대화를 방해한 것 같군요?

얄마르 당치 않습니다. 댁에서 무슨 소식이라도 가지고 오셨습니까……?

셀비 부인 (지나에게) 사실 지금쯤이라면 신사분들은 안 계실 줄 알았어요. 그래서 부인하고 이야기를 좀 나누다가 작별 인사를 할 생각으로 한걸음에 달려왔죠.

지나 어딜 가세요?

셀비 부인 네, 내일 아침 일찍 헤이달로요. 베를레 씨는 벌써 오후에 출발했답니다. (그레거스에게 넌지시) 안부 전해달라 하셨어요.

지나 세상에!

얄마르 베를레 씨가 가셨다고요? 부인은 쫓아가시고요?

셀비 부인 그래요. 그게 뭐 어쨌다는 거죠, 엑달 씨?

얄마르 그럼 조심하십시오.

그레거스 내가 설명하지. 아버지와 셀비 부인은 결혼할 사이야.

얄마르 결혼!

지나 벨타 씨, 드디어 결혼하시는군요!

렐링 (떨리는 목소리로) 설마 그런 일이!

셸비 부인 렐링 씨, 사실이랍니다.

렐링 재혼하는 겁니까?

셸비 부인 그런 셈이죠. 베를레 씨가 결혼허가증을 받았어요. 우린 산속 공장에서 조용히 식을 올릴 생각이죠.

그레거스 그럼 착한 의붓아들로서 축하를 드려야겠군요.

셸비 부인 고마워요, 진심으로 말하는 거라면. 그 말이 나와 베를레 씨를 행복하게 해주었으면 좋겠군요.

렐링 그거라면 안심하십시오. 베를레 씨는 술에 취해 해롱거리는 일은 없을 겁니다, 제가 아는 한은요. 지금은 죽은 어떤 수의사처럼 자기 마누라를 패는 못된 버릇도 없을 테고요.

셸비 부인 지금 셸비 얘기는 왜 꺼내세요? 그리고 그 사람에게도 좋은 면이 있었다고요.

렐링 베를레 씨한테는 더 좋은 면이 있겠죠.

셸비 부인 어쨌든, 쓸데없이 장점을 깎아 먹는 짓은 하지 않아요. 누구든 그런 짓을 했다간 반드시 천벌을 받는데 왜 그런 짓을 하겠어요?

렐링 좋아, 오늘 밤은 몰빅과 한잔하러 가야겠군.

셸비 부인 오, 렐링 씨. 가지 마세요. ……절 위해서.

렐링 그럴 수는 없지요. (얄마르에게) 괜찮으면 자네도 오지.

지나 안 돼요. 남편은 당신과 함께 가지 않을 거예요.

얄마르 (작은 목소리로 화내며) 왜 끼어들고 야단이야!

렐링 그럼 안녕히 가십시오, 베를레 부인! (현관문으로 사라진다)

그레거스 (셸비 부인에게) 렐링과는 꽤 친분이 있는 모양이군요.

셸비 부인 네. 알고 지낸 지 벌써 몇 년이나 되지요. 한때는 연인 사이로 발전할 뻔도 했고요.

그레거스 그렇게 되지 않아 다행이군요.

셸비 부인 네, 그럴지도 모르죠. 하지만 전 순간의 충동에 휩쓸리지 않도록 늘 자제하죠. 모름지기 여자는 그렇게 쉽게 자신을 내던져선 안 되니까요.

그레거스 제가 그런 과거를 아버지에게 고자질할까 봐 두렵지는 않으세요?

셸비 부인 어머, 그런 일이라면 벌써 내 입으로 말했는걸요.

그레거스 그렇습니까?

셀비 부인 아버지는 사람들이 나에 대해 어떻게 말하고 다니는지 다 알고 계세요. 그중에는 물론 사실도 있지만, 어쨌든 모조리 이야기했죠. 그분 마음을 똑똑히 알고서 내가 처음으로 한 일이 그거랍니다.

그레거스 당신은 남들보다 솔직하군요.

셀비 부인 난 옛날부터 솔직했어요. 자고로 여자란 솔직해야 하는 법이니까요.

얄마르 당신은 어때, 지나?

지나 글쎄요. 여자라고 다 같을 수 있나요. 이런 사람도 있고 저런 사람도 있는 거지.

셀비 부인 하지만 지나, 난 나처럼 행동하는 게 가장 현명하다고 생각해요. 베를레 씨도 나한테 숨기는 것 없이 모조리 이야기해 주었어요. 우리를 하나로 묶은 것은 거의 이런 것들이죠. 요즘은 그분, 어린아이처럼 뭐든지 다 털어놓으세요. 그런 일은 지금까지 한 번도 없었는데 말이에요. 청년 때부터 장년이 될 때까지 그분이 들은 거라곤, 자기가 저지른 죄에 관한 설교뿐이었대요. 그렇게 건강하고 정력적인 분이 말이에요. 그런데 이야기를 들어 보니, 그 설교란 게 대체로 근거 없는 중상모략 아니겠어요?

지나 네, 그 말이 맞아요.

그레거스 부인들 이야기가 길어질 것 같으면 전 이만 실례하는 게 좋을 것 같군요.

셀비 부인 아, 그렇다면 괜찮아요. 이 이야기는 이 정도로 끝낼 테니까. 다만, 당신이 분명히 알아주길 바라는 마음에서 이야기한 거예요. 내가 어떤 수작을 부린 게 아니라, 모든 건 공명정대했다는 것을 말이죠. 보기에 따라서는 내가 대단한 행운을 거머쥔 것처럼 보일 테고, 어떤 의미에서는 그것도 맞는 말이죠. 하지만 그와 동시에 난 내가 남에게 주는 것 이상을 그 사람에게서 빼앗는다고는 생각하지 않아요. 난 절대로 그 사람을 버리지 않을 거예요. 그리고 그 사람이 거동을 못 하게 되더라도, 남들은 할 수 없을 만큼 극진하게 돌보고 병구완할 생각이랍니다.

얄마르 거동을 못 하다니요?

그레거스 (셀비 부인에게) 아, 그 말은 여기서 하면 안 됩니다.

셀비 부인 아무리 그 사람 뜻이 그렇다 해도, 끝까지 숨길 수는 없잖아요.

그 사람은 곧 시력을 잃는답니다.

얄마르 (충격을 받고) 시력을 잃어? 그 사람도 시력을 잃다니, 그건 너무 이상한데.

지나 그런 사람이 어디 한둘이겠어요?

셸비 부인 사업하는 사람에게 그게 얼마나 큰 고통인지 이해하시겠죠? 난 내 눈을 최대한 그 사람을 위해 쓸 생각이에요. 아, 슬슬 가 봐야겠네. 아직 할 일이 많이 남아서요. 아참, 엑달 씨에게 할 말이 있었지. 베를레 씨에게 볼일이 있거든 그레거스를 통해 연락하래요.

그레거스 그런 부탁은 얄마르 엑달이 거절할 겁니다.

셸비 부인 정말요? 지금까지 그런 적 없었잖…….

지나 그래요, 벨타! 남편은 이제 베를레 씨한테서 아무것도 받을 필요가 없어요.

얄마르 (거들먹거리며 느릿한 말투로) 미래의 남편분에게 안부 전해 주시지요. 그리고 조만간 그로베르크 씨를 찾아갈 생각이니…….

그레거스 뭐? 그거 진심인가?

얄마르 그로베르크를 찾아가서, 내가 그놈 주인한테 얼마를 빚졌는지 외상 장부를 보여 달라고 할 거야. 명예의 빚을 다 갚아 버리겠어, 하하하! 명예의 빚, 그거 멋진 말이지! 하지만 이제 지긋지긋해. 깔끔하게 갚아 버리겠어, 5부 이자를 붙여서.

지나 여보, 집에 그런 돈이 어디 있다고 그래요?

얄마르 미래의 남편분에게 전해 주십시오. 제가 쉬지 않고 발명에 몰두하고 있다고요. 이렇게 정력이 필요한 일을 견딜 수 있는 건, 끔찍한 빚을 청산하고 싶은 마음 덕분이라고요. 그게 발명하는 이유죠. 거기서 나오는 모든 이익은 당신 미래의 남편에게서 빌린 돈을 갚는 데 쓸 생각입니다.

셸비 부인 댁에 무슨 일 있었어요?

얄마르 네, 있었지요.

셸비 부인 알겠어요. 그럼 전 이만 실례하죠! 지나, 당신하고는 조금 더 하고 싶은 이야기가 있었지만, 다음에 하도록 하죠. 그럼 안녕히 계세요!

얄마르와 그레거스, 고개만 까딱한다. 지나, 셸비 부인을 문까지 배웅하러

간다.

얄마르 문밖까지 배웅할 거 없어, 지나!

셸비 부인, 사라진다. 지나, 문을 닫는다.

얄마르 그레거스, 이로써 빚더미는 내려놓았군.
그레거스 당분간은.
얄마르 내 태도가 정당했다고 생각하지 않나?
그레거스 자넨 역시 내가 생각하던 그대로야.
얄마르 때에 따라서는 이상의 요구를 무시할 수 없으니까. 한집안의 가장인 이상, 어떤 괴로움이 있어도 웃으면서 참아내는 수밖에 도리가 없겠지. 이건 보통 일이 아니라고. 땡전 한 푼 없는 인간이 케케묵은 빚을, 그것도 망각의 먼지에 파묻혀 있던 빚을 들춰내는 일이니. 하지만 괜찮아. 나도 사나이로서 자존심이란 게 있다 이거야.
그레거스 (얄마르의 어깨에 손을 올리고) 얄마르, 내가 오길 잘했지?
얄마르 그래.
그레거스 내 덕분에 모든 사실을 알게 됐으니 잘됐잖아?
얄마르 (조금 신경질적으로) 그래, 잘됐어. 그런데 내 정의감에 비추어 못마땅한 게 한 가지 있네.
그레거스 그게 뭔데?
얄마르 그게……. 음, 그러니까, 솔직히 말하자면 자네 아버지에 관한 이야기인데…….
그레거스 어려워하지 말고 말해 봐.
얄마르 그럼 말하겠네. 즉, 진정한 결혼 생활을 하는 건 내가 아니라 자네 아버지라고 생각하면 견딜 수가 없어.
그레거스 바보 같은 소리!
얄마르 하지만 그렇잖아. 자네 아버지와 셸비 부인은 모든 걸 솔직히 털어놓음으로써 완전한 신뢰를 바탕으로 결혼 생활에 들어서는 거야. 둘 다 숨기는 건 하나도 없지. 거짓도 없고 비밀도 없어. 따지고 보면, 상대방의 죄를 서로 용서한다는 건 하나의 계약이야.

그레거스 그게 어쨌다는 건데?

얄마르 음, 그게 전부 아닐까? 자네 표현을 빌리자면, 이런 곤란을 극복하고 나서야 참된 결혼 생활이 다져지는 거지.

그레거스 그거랑 이거랑은 달라, 얄마르. 자네랑 자네 부인을 그 두 사람과 비교할 수는 없잖아……? 그렇지 않은가?

얄마르 하지만 난 이번 일로 정의감에 상처를 입었어. 난 견딜 수가 없네. 세상이 엉망진창이 되어 버린 것 같아.

지나 여보! 그런 소리 마세요!

그레거스 으흠, 이런 이야기는 이제 그만두세.

얄마르 그래도 운명은 공평한지 몰라. 그가 곧 실명한다니.

지나 어머, 꼭 그렇게 된다는 건 아니잖아요.

얄마르 반드시 그렇게 될 거야. 적어도 우리가 그걸 의심해서는 안 되지. 그거야말로 인과응보니까. 그는 옛날에 충실한 한 친구의 눈을 멀게 했어……

그레거스 애석하게도 많은 사람의 눈을 멀게 했지.

얄마르 그러니 이번엔 그 신기하고도 가혹한 운명이 찾아와서 그의 눈을 멀게 할 거야.

지나 맙소사, 어떻게 그런 끔찍한 말을! 소름이 다 돋네요.

얄마르 때로는 인생의 어두운 면에 빠져 보는 것도 나쁘지 않지.

모자를 쓰고 외투를 입은 헤드비가 기쁜 얼굴로 헐떡이며 현관문에서 들어온다.

지나 벌써 왔니?

헤드비 네, 별로 걷고 싶지 않았거든요. 그런데 마침 입구에서 반가운 분을 만났지 뭐예요.

얄마르 셸비 부인 말이냐?

헤드비 네.

얄마르 (주변을 서성이며) 앞으로는 그 사람하고 만나지 마라.

침묵. 헤드비는 분위기를 살피려는 듯이 눈을 동그랗게 뜨고 부모님의 낯빛을 교대로 살핀다.

헤드비 (얄마르에게 다가가 애교 부리며) 아빠!
얄마르 응, 왜 그러냐, 헤드비?
헤드비 셀비 아줌마가 제게 뭔가 주셨어요.
얄마르 (멈춰 서서) 네게?
헤드비 네. 내일 생일 선물이래요.
지나 벨타 씨는 해마다 네 생일 때 선물을 주셨으니까.
얄마르 뭔데?
헤드비 그건 아직 비밀이에요. 내일 제가 일어나기 전에 엄마가 베개 밑에 놓아 주실 거예요.
얄마르 나한테 또 뭘 숨기는 거야!
헤드비 (당황해서) 보고 싶으면 지금 보세요. 큰 편지예요. (외투 주머니에서 편지 한 통을 꺼낸다)
얄마르 편지도 있어?
헤드비 편지뿐이에요. 진짜 선물은 배달되겠죠. 하지만 편지라니, 멋지지 않아요? 편지를 받는 건 처음인 걸요. 게다가 받는 사람에 "아가씨"라고 쓰여 있어요. (읽는다) "헤드비 엑달 아가씨." 봐요. 절 말하는 거예요.
얄마르 어디 보자.
헤드비 (편지를 아버지에게 건넨다) 좋아요.
얄마르 베를레 씨의 글씨체잖아.
지나 정말이에요?
얄마르 직접 확인해 봐.
지나 어머, 제가 그걸 어떻게 알아요?
얄마르 헤드비, 이 편지, 아빠가 열어서 봐도 되겠니?
헤드비 그러고 싶으시면 그러세요.
지나 오늘 밤은 보지 마세요. 생일은 내일이잖아요.
헤드비 (상냥하게) 뭐 어때요! 분명히 좋은 소식이 들어 있을 거예요. 그럼 아빠도 기뻐하실 거고, 그럼 저도 기쁠 거예요.

얄마르 그럼 뜯어도 되겠지?

헤드비 그럼요. 무슨 내용일지 궁금해요.

얄마르 좋아. (봉투를 뜯고 편지를 읽더니 조금 당황한 기색) 이게 뭐야……?

지나 뭐라고 쓰여 있는데요?

헤드비 아빠, 가르쳐 주세요.

얄마르 가만히 좀 있어 봐. (다시 한 번 읽는다. 낯빛을 바꾸지만, 자제하며) 선물을 보내 준단다, 헤드비.

헤드비 아이, 좋아라! 뭐가 올까?

헤드비, 등불로 달려가 잠시 편지를 읽는다.

얄마르 (주먹을 불끈 쥐고 낮은 목소리로) 저 눈! 저 눈! 게다가 저 편지.

헤드비 (읽기를 멈추고) 그런데 이거 왠지 할아버지한테 온 것 같은데요.

얄마르 (헤드비에게서 편지를 빼앗으며) 지나, 당신은 알겠어?

지나 제가 그걸 무슨 수로 알아요? 대체 왜 그래요?

얄마르 베를레 씨가 헤드비에게 이렇게 썼어. 헤드비의 할아버지는 이제 필사 일을 하지 않아도 된다. 앞으로는 매달 100크로네씩 사무실에서 지급할 것이다…….

그레거스 아하!

헤드비 100크로네래요, 엄마. 저도 읽었어요.

지나 할아버지에게 좋은 소식이구나.

얄마르 아버지가 필요한 동안은 100크로네씩……. 그럼 아버지가 돌아가시기 전까지란 얘기네.

지나 아버님, 이젠 마음 놓으시겠네요.

얄마르 더 있어. 헤드비, 자세히 읽지 않았구나. 그다음엔 네 몫이 될 거다.

헤드비 제 거요? 그 돈이?

얄마르 똑같은 금액을 평생 네게 지급한다고 쓰여 있다. 지나, 아는 내용이야?

지나 처음 듣는 내용이에요.

헤드비 아, 그렇게 많은 돈을 받게 되다니! (아버지를 흔들며) 아빠, 아빠, 기쁘지 않아요?

얄마르 (헤드비에게서 벗어나며) 기쁘지! (주변을 서성이며) 아, 이로써 모든 게 확실해졌군. 설마 했던 일이 모두 사실이었어! 헤드비야! 그놈이 이렇게 후하게 구는 건 다 헤드비 때문이야!

지나 당연하죠. 생일을 맞은 사람은 헤드비니까……

헤드비 아빠 것이기도 해요. 전 엄마랑 아빠한테 제 돈을 다 드릴 생각이거든요.

얄마르 당연히 엄마한텐 드려야지!

그레거스 얄마르, 이건 자네를 빠뜨리려는 함정이야.

얄마르 또 함정을 팠다는 거야?

그레거스 아버지가 오늘 아침 이 집에 찾아왔을 때 말했어. "얄마르 엑달은 네가 생각하는 그런 사람이 아니다"라고.

얄마르 그런 사람이 아니다……?

그레거스 "두고 보라"고.

얄마르 내가 돈에 매수되는 걸 두고 보라는 얘긴가……!

헤드비 엄마, 아빠 왜 그래요?

지나 자, 모자랑 외투를 벗고 오렴.

헤드비, 울 듯한 표정으로 부엌문으로 나간다.

그레거스 어때, 얄마르? 이제 아버지와 나 중 누가 옳은지 알겠지?

얄마르 (편지를 천천히 둘로 찢어서 탁자에 내려놓는다) 이게 대답일세.

그레거스 그래야지.

얄마르 (난로 앞에 서 있는 지나에게 다가가 낮은 목소리로) 모든 걸 솔직히 말해. 그 일이 깔끔하게 정리된 뒤라면, 당신이…… 당신은 당신이 날 좋아하게 되어서 그랬다고 말했지만…… 그때 왜 그놈이 우리 결혼을 허락했지?

지나 우리 집이라면 언제든 편하게 다녀갈 수 있다고 생각했던 거겠죠.

얄마르 그것뿐이야? 무슨 일이 일어날까 봐 겁냈던 건 아니고?

지나 무슨 소린지 모르겠어요.

얄마르 내가 알고 싶은 건…… 당신 자식에게 이 집에서 살 권리가 있느냐 하는 거야.

지나 (벌떡 일어나 눈을 번득이며) 지금 뭐라고 그랬어요?

얄마르 솔직히 대답해. 헤드비가 내 자식이야…… 아니면……? 어서!

지나 (차갑고 반항적인 눈빛으로 상대방을 노려보며) 몰라요.

얄마르 (희미하게 떨며) 모른다?

지나 나 같은 사람이 그걸 어떻게 알아요……!

얄마르 (조용히 지나에게 등을 돌리고) 이 집하고는 이제 끝이야.

그레거스 침착하게 잘 생각해, 얄마르!

얄마르 (외투를 입으며) 이렇게 된 이상 다시 생각하고 말고 할 게 어디 있어. 난 그렇게 못 해.

그레거스 아니, 할 수 있어. 생각할 거야 얼마든지 있지. 넓은 아량으로 모든 걸 용서하겠다는 마음만 먹으면, 자네들 세 식구는 함께 살아갈 수 있어.

얄마르 미안하지만, 그렇게는 못하겠네. 절대로, 절대로! 모자가 어디 있지? (모자를 집어 들고) 내 가정은 무참하게 박살 났어! (울음을 터트리며) 그레거스, 나한텐 자식이 없어!

헤드비 (부엌문을 열고 듣고 있다가) 무슨 소리예요? (아버지에게 다가가) 아빠! 아빠!

지나 여보, 좀 보세요.

얄마르 가까이 오지 마라, 헤드비! 저리 가! 차마 네 얼굴을 못 보겠구나. 아, 그 눈……! 그럼 이만. (문으로 가려 한다)

헤드비 (아버지에게 매달려, 찢어지는 목소리로) 싫어요! 싫어요! 가지 마세요.

지나 (외치며) 보세요, 이 애를 좀 보세요, 여보! 보시라고요!

얄마르 싫어! 그럴 수 없어! 날 내버려 둬. 난 모든 걸 뿌리치고 나가겠어. (헤드비에게서 몸을 떼고 현관문으로 나간다)

헤드비 (절망적인 눈초리로) 엄마, 아빠가 가 버렸어요. 가 버렸어요. 이제 돌아오지 않을 거예요!

지나 울지 마라, 헤드비. 분명히 돌아오실 거야.

헤드비 (흐느껴 울며 소파에 몸을 던지고) 틀렸어요. 돌아오지 않을 거예요.

그레거스 전 잘되라고 했던 일입니다, 부인.

지나 그야 그러시겠죠. 어쨌거나 당신이 저지른 일이에요.

헤드비 (소파에 엎드린 채) 아, 죽는 편이 낫겠어요! 제가 대체 무슨 잘못을 한 거죠? 엄마, 왜 아빠를 붙잡지 않아요?

지나 그래, 그래. 좀 진정하렴. 엄마가 나가서 찾아올 테니까. (나갈 준비를 하며) 아마 렐링 씨네 있을 거다. 그러니 그런 데 엎드려서 울면 안 돼, 알았니?

헤드비 (격렬하게 흐느끼면서) 아빠만 돌아오면 안 울 거예요.

그레거스 (나가려는 지나에게) 내버려 두는 편이 좋지 않을까요? 혼자서 실컷 괴로워하도록.

지나 그런 건 나중에라도 할 수 있어요. 그보다 이 애를 안심시켜야죠. (현관문으로 나간다)

헤드비 (몸을 일으키고 눈물을 닦으며) 도대체 무슨 일인지 가르쳐 주세요. 왜 아빠가 절 보기 싫다고 하는 거죠?

그레거스 그런 질문은 더 어른이 될 때까지 하지 마라.

헤드비 (흐느끼며) 하지만 이렇게 비참한 기분으로는 어른이 될 때까지 기다릴 수 없어요. 나, 아빠가 왜 저러시는지 알아요. 제가 아빠의 친딸이 아닌 거죠?

그레거스 (불안스럽게) 왜 그런 말을 하니?

헤드비 전 엄마가 주워 온 자식인지도 몰라요. 그런데 아빠가 그걸 알게 된 거예요. 그런 이야기, 책에서 읽은 적 있는 걸요.

그레거스 그래, 하지만 그렇다 해도······.

헤드비 그렇다면 아빤 날 지금보다 더 귀여워하셔야죠. 저 들오리도 다른 데서 받아온 거지만, 제가 얼마나 예뻐한다고요.

그레거스 (화제를 돌리려고 헤드비를 능숙하게 유도하며) 아, 들오리. 그렇지. 들오리 이야기를 좀 할까, 헤드비?

헤드비 불쌍한 들오리! 아빤 들오리도 보고 싶지 않대요. 목을 비틀어 죽여 버리고 싶다느니 그런 말씀을 하세요.

그레거스 그러지 않을 거다.

헤드비 네, 하지만 그렇게 말씀하셨어요. 전 그런 말을 하는 아버지가 어쩐지 무서워서 들오리를 위해 밤마다 기도해요. 죽거나 나쁜 병에 걸리지 않도록 해달라고요.
그레거스　(헤드비의 얼굴을 바라보며) 날마다 기도한다고?
헤드비　네.
그레거스　기도는 누구한테 배웠니?
헤드비　혼자 익혔어요. 언젠가 아빠가 지독한 병에 걸려서 목에 거머리를 붙이고 피를 빨아 먹게 한 일이 있었어요. 그때 아빠는 가망이 없다고 했었죠.
그레거스　그래서?
헤드비　그래서 제가 병상으로 가서 아빠를 위해 기도했죠. 그 뒤부턴 계속해 왔어요.
그레거스　그래서 지금은 들오리를 위해서도 기도한다고?
헤드비　들오리를 위해서도 기도하는 게 좋을 것 같아서요. 처음에는 허약했거든요.
그레거스　아침에도 기도하니?
헤드비　아침에는 안 해요.
그레거스　왜 아침에는 안 하지?
헤드비　아침은 밝아서 하나도 무섭지 않으니까요.
그레거스　네가 그렇게 아끼는 들오리를 아빤 목 비틀어 버리고 싶어 한다고?
헤드비　그게 아니에요. 할 수 있다면 그러고 싶다는 거죠. 하지만 그러지 않을 거래요, 절 위해서요. 그러니까 아빤 좋은 사람이에요.
그레거스　(조금 다가서며) 아빠를 위해 네가 그 들오리를 알아서 처리하면 어떻겠니?
헤드비　(벌떡 일어서며) 들오리를요?
그레거스　아빠를 위해, 이 세상에서 네가 가장 아끼는 보물을 스스로 희생하면 어떻겠니?
헤드비　그게 도움이 될까요?
그레거스　한번 해보렴, 헤드비.
헤드비　(조용히 눈을 빛내며) 네, 해볼게요.

그레거스 그만한 용기가 있니?
헤드비 할아버지한테 대신 쏴 달라고 부탁하죠.
그레거스 그게 좋겠구나. 엄마한테는 비밀로 해라!
헤드비 왜요?
그레거스 엄마는 우리 마음을 이해 못 하실 거야.
헤드비 들오리 말이죠? 내일 아침에 할게요.

지나가 현관문으로 들어온다.

헤드비 (맞이하며) 찾았어요, 엄마?
지나 아니. 하지만 렐링 씨네 들렀다가 함께 나갔다는구나.
그레거스 확실합니까?
지나 네. 관리인 아주머니가 그랬으니 확실해요. 몰빅 씨도 함께 나갔대요.
그레거스 이런 때엔 혼자서 충분히 생각해야 하는데……!
지나 (외투를 벗으며) 남자란 모두 변덕쟁이니까요. 렐링 씨는 그이를 대체 어디로 끌고 갔을까? 에릭센 씨네 가게에도 가 봤지만 거긴 없었어요.
헤드비 (울음을 애써 참으며) 아빠가 이대로 영영 안 돌아오시면 어떡하지!
그레거스 돌아오실 거다. 내일 아침에 아저씨가 아빠한테 편지를 보내면 반드시 돌아오실 거야. 그러니 마음 놓고 푹 쉬렴, 헤드비. 그럼. (현관문으로 나간다)
헤드비 (흐느껴 울며 어머니 품에 매달려) 엄마! 엄마!
지나 (헤드비의 등을 쓸어내리며 한숨 쉬고) 렐링 씨 말이 맞았어. 저 미치광이가 찾아와서 요구니 뭐니 허튼소리를 하는 바람에 이 지경이 됐잖아.

제5막

얄마르 엑달의 작업실. 아침의 차가운 잿빛 햇살이 떠돌고 있다. 커다란 천창 유리에 촉촉한 눈이 쌓여 있다.

덧옷을 걸친 지나가 빗자루와 걸레를 들고 부엌에서 나와 거실 문 쪽으로 걸어간다.

그때 헤드비가 현관으로 뛰어들어온다.

지나 (멈춰 서서) 알아봤니?
헤드비 네, 엄마. 아무래도 렐링 씨네 계신 것 같아요…….
지나 거 보렴!
헤드비 관리인 아주머니가 그랬어요. 어젯밤에 렐링 씨가 돌아왔을 때, 다른 사람이 두 명 더 있었다고요.
지나 그럴 줄 알았다.
헤드비 하지만 집으로 돌아오지 않으면 소용없잖아요.
지나 엄마가 잠깐 가서 얘기하고 오마.

엑달 노인이 잠옷에 슬리퍼 차림으로 담뱃대를 문 채 자기 방 문에 나타난다.

엑달 얄마르! 얄마르는 어디 있지?
지나 외출했어요.
엑달 이렇게 일찍? 이렇게 눈이 내렸는데? 어쩔 수 없지, 오늘 아침은 혼자 하는 수밖에.

엑달, 창고 문을 열어젖힌다. 헤드비가 그것을 돕는다. 노인이 안으로 들어가자 헤드비가 문을 닫는다.

헤드비   (작은 목소리로) 엄마, 할아버지는 아빠가 집을 나갈 생각이라는 말을 들으면 뭐라고 하실까요?

지나   무슨 소리를 하니! 할아버지가 조금이라도 아시는 날엔 큰일 난다. 어제 그런 난리통에 안 계셔서 얼마나 다행인지 몰라.

헤드비   네, 하지만······.

그레거스가 현관문으로 들어온다.

그레거스   뭐 좀 알아낸 게 있습니까?
지나   렐링 씨네 있다나 봐요.
그레거스   렐링네! 정말 그들과 나갔습니까?
지나   그런 것 같아요.
그레거스   왜 그런 짓을! 혼자서 진지하게 생각해야 할 때에······.
지나   당신이라면 그랬겠죠.

렐링이 현관으로 들어온다.

헤드비   (렐링에게 다가가며) 우리 아빠, 아저씨네 계세요?
지나   (동시에) 댁에 있나요?
렐링   네, 있습니다.
헤드비   그런데 왜 알려 주지 않으셨어요!
렐링   아저씨는 짐승이야. 하지만 다른 짐승 한 마리를, 그 악마 같은 선생을 돌봐야 했거든. 돌아오자마자 떡이 돼서 잠드는 바람에······.
지나   오늘은 뭐래요?
렐링   아무 말도 안 했는데요.
지나   전혀요?
렐링   전혀.
그레거스   나도 그 마음 이해할 것 같군.
지나   그럼 뭘 하는데요?

렐링 소파에 누워서 코를 골고 있습니다.
지나 그이가요? 그렇죠, 그이는 코 골기 명수니까.
헤드비 자고 계세요? 정말 잠이 올까?
렐링 그런 것 같더라.
그레거스 무리도 아니지! 정신적인 격투로 녹초가 되었을 테니까…….
지나 게다가 밤을 새워 본 일이 없는 양반이니까.
헤드비 아빠한테는 잠이 보약이죠, 엄마.
지나 엄마도 그렇게 생각한다. 그러니 푹 자게 해주자꾸나. 고맙습니다, 렐링 씨. 그럼 먼저 집안을 좀 청소해야겠다. 헤드비, 엄마 좀 도우렴.

지나와 헤드비, 거실로 사라진다.

그레거스 (렐링 쪽으로 몸을 돌리고) 얄마르 엑달은 지금 정신적으로 동요하고 있습니다. 당신은 그걸 어떻게 보십니까?
렐링 당치 않아요. 선생은 동요 따위 조금도 하지 않았어요.
그레거스 뭐라고요! 자기 일생이 온통 새로운 기초 위에 놓인 이 중요한 순간에……? 얄마르 같은 개성을 지닌 사람이 어째서…….
렐링 개성? 선생에게? 개성 같은 이상한 징후를 보인 적이 많았을지 몰라도, 장담컨대 그건 선생이 어렸을 때 뿌리째 사라진 게 분명합니다.
그레거스 그거 이상한걸. 그 친구는 사랑을 듬뿍 받으며 소중히 자랐는데.
렐링 그 괴팍하고 신경질적인 노처녀 숙모들한테 말입니까?
그레거스 말해 두는데, 그 부인들은 절대로 이상의 요구에서 눈을 돌린 적이 없는 사람들입니다. 어차피 당신은 또 비웃겠지만.
렐링 그럴 마음은 없습니다. 게다가 전 다 알거든요. 선생이 그 두 사람을 "마음의 어머니"라고 부르면서 얼마나 칭찬했는지 몰라요. 하지만 숙모들에게 그렇게 고마워할 것 없지요. 엑달의 불행은 좁은 범위의 인간관계에서 유일한 빛으로 떠받들어진 데서 비롯한 거니까…….
그레거스 그럼 당신은 그걸 인정하지 않으시오? 그러니까, 본성에 있는 것을 말이오.
렐링 그런 징후는 조금도 본 적이 없군요. 선생의 아버지가 그렇게 착각하든 말든. 뭐, 있을 수 있는 일이죠. 그 중위는 옛날부터 머리가 조금 이상했으니까.

그레거스 그분은 옛날부터 어린아이 같은 마음을 지닌 분이셨소. 당신이 그걸 알 턱이 없지.

렐링 알았소, 알았소! 어쨌든, 우리 친애하는 얄마르는 학창 시절에 접어들자마자, 빛나는 미래가 기다리는 사나이라며 친구들에게 인기를 끌었소. 선생은 잘생긴 데다, 여자들이 홀딱 만할 만큼 멋진 사나이였으니까. 거기에 얼마간 감상적인 면도 있고, 목소리도 매력 있고, 남의 시나 문장을 능숙하게 낭독하는 기술도 알고 있었고……

그레거스 (분개하며) 얄마르 엑달을 그런 식으로 말하지 마시오!

렐링 당신에게는 안됐지만, 사실이오. 당신들이 무릎 꿇고 숭배하는 저 우상도 이런 내막을 가지고 있다는 소리지.

그레거스 나도 그 정도로 눈이 멀진 않았소.

렐링 아니, 멀었지. 적어도 먼 거나 마찬가지요. 당신도 병자니까.

그레거스 그게 뭐 어때서.

렐링 그렇다면 말하지만, 당신 병은 복잡해. 먼저, 그 성가신 정의감. 거기에 더 난처한 것이, 당신은 영웅 숭배라는 격렬한 발작을 일으키기 쉽다는 거요. 당신은 뭔가 숭배할 대상을 찾으려고 여기저기 찔러보고 다녀야 직성이 풀리지.

그레거스 당연하지요. 나보다 훌륭한 것을 찾으려면.

렐링 하지만 그런 멋진 우상을 가까이에서 발견할 수 있으리라는 생각에 결국 어처구니없는 잘못을 저지르고 말지. 이번에도 그렇지 않소? 그 요군지 뭔지를 들고, 잘 살고 있는 가난뱅이를 공연히 찾아왔으니. 이 집엔 그런 요구에 응할 사람이 한 명도 없는데 말이오.

그레거스 얄마르 엑달을 그 정도로밖에 생각하지 않는다면, 일 년 내내 함께 어울려 다녀도 조금도 즐겁지 않겠네요.

렐링 어림없는 소리. 미안하지만, 난 이래 봬도 일단은 의사라고. 같은 지붕 아래에 사는 병자를 불쌍해서 못 본 척할 수 있나.

그레거스 뭐라고! 얄마르 엑달을 병자 취급하는 거요?

렐링 슬프게도 사람은 대부분 병자지.

그레거스 그럼 얄마르에게는 어떤 치료를 하고 있소?

렐링 늘 하는 거. "인생의 거짓"이라는 주사를 놓아 체력을 회복시키지.

그레거스 인생의…… 거짓? 혹시 내가 잘못 들었소……?

렐링 아니, 제대로 들었소. 인생의 거짓. 인생의 거짓이란 놈은 사람에게 기운을 주는 힘을 지니고 있거든.

그레거스 그럼 묻겠는데, 얄마르에게 주사한 것은 어떤 인생의 거짓이오?

렐링 그건 말하지 않도록 하겠소. 이런 비밀 요법은 돌팔이 의사들에겐 공개하고 싶지 않거든. 당신은 특히 위험하고. 병자를 더 심각한 상태로 만드니까. 하지만 이건 검증된 요법이오. 몰빅에게도 써 봤는데, 그 녀석을 '악마'로 만들었지. 그 녀석에겐 꼭 필요한 특수 요법이었던 셈이오.

그레거스 그럼 그는 악마가 아니란 말이오?

렐링 원 세상에. '악마'라는 말을 무슨 뜻으로 해석한 거요? 그런 건 그 녀석을 살리려고 내가 생각해 낸 엉터리에 불과하오. 그렇게라도 하지 않았다면 녀석은 벌써 오래전에 삶을 포기하고 말았을 거요. 이 집에 사는 늙은 중위도 마찬가지요. 다만, 이쪽은 스스로 효과 좋은 요법을 찾아냈지.

그레거스 엑달 중위가? 어떤 요법을 말이오?

렐링 당신은 어떻게 생각하시오? 저 곰 사냥의 명수를? 저기 저 창고에서 토끼 사냥을 하는 그를? 저곳에서 잡동사니 사이를 헤집고 다닐 때의 영감만큼 행복한 사냥꾼은 세상에 없을 거요. 영감은 저기에 말라빠진 크리스마스트리를 네다섯 그루 심었는데, 영감한텐 그게 헤이달의 그 울창한 숲과 다를 바 없지. 닭들은 나뭇가지에 앉은 산새고, 깡충깡충 뛰어다니는 토끼들은 저 용감무쌍한 사냥꾼이 잡으려고 하는 곰이라오.

그레거스 엑달 중위도 불쌍한 노인이오. 젊은 시절의 이상을 점점 단념하고 있는 게 틀림없소.

렐링 잊기 전에 말해 두는데, 베를레 도련님, 그 '이상'인지 뭔지 하는 잘난 말은 쓰지 않기로 합시다. '거짓'이라는 편리한 말이 있으니까 그걸로 충분하지 않소?

그레거스 그 두 단어에 공통점이라도 있다는 거요?

렐링 그럼. 티푸스와 발진티푸스 정도는 되지.

그레거스 렐링 선생, 난 얄마르를 당신 손아귀에서 구해낼 때까지 절대로 물러서지 않을 거요!

렐링 얄마르에겐 귀찮은 일이군. 평범한 사람에게서 인생의 거짓을 빼앗는 건 그 사람에게서 행복을 빼앗는 것과 같은 거요. (거실에서 나온 헤드비에게) 귀여운 들오리 엄마, 아저씨는 이제 내려가서 네 아빠가 아직 드러누워 그 훌륭한 발명을 생각하고 있는지 보고 오마. (현관문으로 사라진다)

그레거스 (헤드비에게 다가가서) 그 표정을 보아하니, 아직 아무것도 하지 않은 게로구나.

헤드비 뭘요? 아, 들오리요? 아무것도 안 했어요.

그레거스 보아하니, 막상 실행에 옮길 때 용기가 꺾인 게로군.

헤드비 그렇지 않아요. 그런데 오늘 아침 일찍 눈을 떴을 때, 그 이야기가 생각나서 이상한 기분이 들었어요.

그레거스 이상한 기분?

헤드비 네. 잘은 모르겠지만, 어젯밤에 그 말을 들었을 때는 아주 멋진 생각 같았는데, 하룻밤 자고 다시 생각해 보니 그렇게 좋은 생각이 아닌 것 같더라고요.

그레거스 그랬구나. 너도 이 집에서 자랐으니 어딘가 모자란 부분이 있을 거다.

헤드비 그런 건 아무래도 좋아요. 아빠만 돌아오신다면…….

그레거스 아, 네 눈이 크게 떠져, 인생에서 뭐가 가장 중요한지 깨달으면 좋을 텐데! 네가 진정한 용기로 넘치는 희생정신을 지녔더라면, 어떻게 해야 아빠가 돌아오실지 이해할 텐데. 하지만 아저씬 아직 널 믿는다, 헤드비.

그레거스, 현관으로 사라진다. 헤드비는 하릴없이 방 안을 거닐다가 부엌으로 가려고 한다. 그때 창고에서 문을 두드리는 소리가 들린다. 헤드비, 그쪽으로 가서 문을 살짝 연다. 엑달 노인이 나온다. 자기 손으로 문을 다시 닫는다.

엑달 흥! 혼자서 아침 산책을 하는 건 별로 재미가 없어.

헤드비 사냥을 하고 싶진 않아요, 할아버지?

엑달 오늘은 그런 날씨가 아니다. 어두워서 도무지 감을 잡을 수가 없거든.
헤드비 토끼 말고 뭔가 다른 걸 잡고 싶은 생각이 든 적은 없어요?
엑달 토끼는 시시하다는 거냐?
헤드비 그런 건 아니고요. 혹시 들오리는 어때요?
엑달 하하! 이 할아비가 네 들오리를 쏠까 봐 걱정되는 게로구나. 괜찮다! 들오린 쏘지 않아!
헤드비 그게 아니라 쏘지 못하는 거잖아요. 들오리를 맞추긴 어렵대요.
엑달 내가 못 쏜다고? 할아빈 못 쏘는 거 없다.
헤드비 어떻게 쏴요, 할아버지? 제 들오리 말고 다른 들오리 말이에요.
엑달 나라면 가슴을 노리겠다. 그게 가장 확실하니까. 그것도 깃털 반대 방향으로 쏴야 해. 깃털이 자란 방향으로 쏘면 안 돼.
헤드비 그러면 죽어요, 할아버지?
엑달 당연히 죽지, 잘만 맞추면. 옷이나 갈아입어야겠다. 흠, 흠!

엑달, 자기 방으로 들어간다. 헤드비는 잠시 기다리다가 거실을 살핀 뒤 책장으로 걸어간다. 까치발을 들고 2연발 권총을 선반에서 꺼내어 들여다본다. 지나가 빗자루와 걸레를 들고 거실에서 돌아온다. 헤드비는 재빨리 권총을 본디 자리로 돌려놓는다.

지나 아빠 물건 함부로 만지면 안 돼, 헤드비.
헤드비 (책장에서 떨어지며) 정리 좀 한 거예요.
지나 그보다 부엌으로 가서 커피가 아직 따뜻한지 좀 보고 오렴. 아빠 상태를 보러 갈 때 가지고 갈 테니까.

헤드비, 사라진다. 지나는 작업실 청소를 시작한다. 잠시 뒤 현관문이 조심스럽게 열리더니 얄마르 엑달이 모습을 드러낸다. 외투는 입고 있지만, 모자는 쓰지 않았다. 세수도 하지 않고, 머리카락도 다 헝클어졌으며, 눈은 멍하니 생기가 없다.

지나 (청소를 그만두고 빗자루를 든 채 얄마르를 바라보며) 여보…… 돌아온 거예요?

얄마르 (안으로 들어와 쭈뼛대며) 돌아왔어. 하지만 곧 다시 나갈 거야.
지나 네, 네, 그럴 줄 알았어요. 그런데 꼴이 그게 뭐예요?
얄마르 꼴?
지나 보세요! 그 좋은 겨울 외투가 엉망이 됐잖아요.
헤드비 (부엌문에서) 엄마, 잠깐 여기 좀……? (얄마르를 보고 기쁜 나머지 비명을 지르며 그쪽으로 뛰어가면서) 아, 아빠! 아빠!
얄마르 (뿌리치듯이 몸을 비틀며) 안 돼! 저리 가! (지나에게) 오지 못하게 하랬잖아!
지나 (낮은 목소리로) 거실에 가 있어라, 헤드비.

헤드비, 잠자코 거실로 간다.

얄마르 (책상 서랍을 거칠게 열며) 책을 가지고 가야 해. 책이 어디 있지?
지나 무슨 책이요?
얄마르 과학책. 기술 잡지 말이야. 발명에 필요해.
지나 (책장을 뒤지며) 여기 있어요. 이 철 되지 않은 거죠?
얄마르 그래, 그거야.
지나 (잡지 한 뭉텅이를 탁자에 올려놓고) 헤드비에게 페이지를 자르라고 할까요?
얄마르 필요 없어.

침묵.

지나 그럼 역시 우릴 두고 나가겠다는 마음은 변함없는 거군요?
얄마르 (잡지 더미를 뒤적이며) 당연하잖아.
지나 그래요.
얄마르 (발끈하며) 이렇게 속이 뒤집어지는 집에서 어떻게 지내란 말이야!
지나 날 그렇게까지 괘씸하게 생각하다니, 너무해요.
얄마르 아니라는 증거 있어?
지나 당신이야말로 맞다는 증거가 있다면 어디 말해 보세요.

들오리 337

얄마르 그런 과거가 있는데도 할 말이 있어? 요구라는 게 있다고. 이상의 요구라고 부르고 싶은 요구가.

지나 아버님은 어떡하고요? 불쌍한 아버님은 어떡해요?

얄마르 주제넘은 참견 마. 아버지는 내가 모시고 갈 거야. 시내로 가서 그 준비를 하고 와야지……. 흠! (주저하며) 계단에서 내 모자 못 봤어?

지나 아니요. 모자를 잃어버렸어요?

얄마르 어젯밤에 돌아왔을 때는 분명히 쓰고 있었는데, 오늘은 어디론가 사라져 버렸어.

지나 어쩔 수 없죠! 대체 저 멍청한 사람들이랑 어디에 갔던 거예요?

얄마르 그런 쓸데없는 질문은 그만둬. 그런 걸 일일이 떠올릴 기분인 줄 알아?

지나 감기나 걸리지 않았으면 좋겠네요. (부엌으로 사라진다)

얄마르 (서랍에서 물건들을 죄 꺼내며 작게 혼잣말로 투덜댄다) 천하의 못된 렐링 자식. 그 불한당. 파렴치한. 확 뒈져 버려라!

얄마르, 오래된 편지 몇 통을 옆으로 치워 둔다. 어제 찢은 편지를 발견하고 유심히 들여다본다. 지나가 들어오자 황급히 다시 내려놓는다.

지나 (탁자에 아침 식사가 담긴 쟁반을 내려놓고) 따뜻한 음식 좀 들지 않겠어요? 빵하고 버터, 그리고 소금에 절인 고기 조금 가져왔어요.

얄마르 (쟁반을 흘끔 보고) 고기? 이 집에서는 먹고 싶지 않아! 거의 하루 동안 음식이라곤 아무것도 안 먹었지만, 그런 건 아무래도 좋아. 공책은 어디 있어! 자서전 첫 부분은! 일기와 중요 서류는 어디 있는 거야! (거실문을 열다가 뒷걸음질하며) 너, 아직 여기 있었냐?

지나 저 애더러 어디로 가란 거예요?

얄마르 이리 나와라.

얄마르, 가까이 다가간다. 헤드비, 흠칫흠칫 떨며 작업실로 들어온다.

얄마르 (문고리를 잡고 지나에게) 한 번쯤은 내 집이란 곳에서 마지막 시간을

보내야지. 그러니 급한 일 아니면 방해하지 마. (거실로 들어간다)

헤드비 (어머니에게 달려가 떨리는 목소리로 조용히 묻는다) 지금 저한테 한 말이죠?

지나 부엌에 있으렴, 헤드비. 아니면…… 그렇지, 네 방에 있으면 되잖니. (얄마르가 들어간 방으로 뒤따라 들어가며 남편에게) 여보, 장롱 안을 그렇게 헤집으면 어떡해요. 필요한 게 있으면 제가 가져다 드릴게요.

헤드비, 공포와 당혹감에 잠시 멍하니 서 있다. 울음을 참으려고 입술을 깨물고, 손을 마주 잡았다 풀었다 한다.

헤드비 (조용히) 들오리!

헤드비, 책장으로 살금살금 걸어가 선반에서 권총을 꺼낸다. 그리고 창고를 살짝 열고 안으로 들어가 문을 닫는다. 얄마르와 지나가 거실에서 투닥거리기 시작한다.

얄마르 (공책 몇 권과 낡은 서류 한 뭉텅이를 가져와 탁자에 올려놓고) 그런 낡은 가방으로 어쩌란 말이야? 가져가야 할 게 산더미인데.

지나 (가방을 들고 뒤를 따라다니며) 그럼 다른 건 당분간 놔두고, 당장 입을 셔츠 한 장하고 바지 두 장만 가져가면 되잖아요.

얄마르 쳇! 집 나가기도 귀찮군! (외투를 벗어 소파에 던져 놓는다)

지나 커피가 다 식겠어요.

얄마르 흠! (무의식중에 한 모금 마시고, 다시 한 모금 마신다)

지나 (의자 등받이를 닦으며) 이제 가장 큰 문제는 토끼를 기를 만한 저런 넓은 창고를 구하는 일이군요.

얄마르 뭐야! 토끼까지 데려가라고?

지나 아버님께선 토끼가 없으면 심심하실 테니까요.

얄마르 그 정도는 참으셔야지. 나도 토끼 따위보다 더 소중한 걸 포기해야 한다고.

지나 (책장의 먼지를 닦으며) 플루트를 챙길까요?

얄마르 플루트 같은 건 필요 없어. 권총이나 챙겨 줘.

지나 권총이 필요하다고요?

얄마르 그래. 총알이 든 권총.

지나 (찾으며) 없어요. 아버님께서 들고 가셨나 봐요.

얄마르 아버지는 창고에 계신가?

지나 분명 그럴 거예요.

얄마르 흠. 아버지도 심심하실 테지. (샌드위치를 한 입 베어 먹고, 커피를 다 마신다)

지나 저 방, 세를 놓지 말걸. 그랬으면 당신이 저 방을 써도 되는데.

얄마르 나더러 한 지붕 아래에 계속 살라는 거야……? 싫어! 싫다고!

지나 그럼 적어도 하루 이틀 거실에서 지내 줄 순 없어요? 혼자 내버려 둘게요.

얄마르 이 집 안은 싫어!

지나 그럼 렐링 씨랑 몰빅 씨네로 가면 어때요?

얄마르 그 자식들 이름은 듣고 싶지 않아. 그 자식들 생각만 해도 속이 메스껍다고……. 그렇지! 난 폭풍우와 눈보라가 몰아치는 속으로 나가겠어. 집집이 돌아다니며, 아버지와 내 피난처를 구해야지.

지나 하지만 당신, 모자가 없잖아요. 모자를 잃어버렸잖아요. 안 그래요?

얄마르 에잇, 망할 자식들. 그놈들을 믿은 내가 바보지! 모자는 도중에 어떻게든 해보겠어. (샌드위치를 한 입 더 먹는다) 준비를 빈틈없이 해야 하는데. 나도 목숨이 위태로워지는 건 싫으니까. (쟁반 위에서 무언가를 찾는다)

지나 뭘 찾아요?

얄마르 버터.

지나 지금 갖고 올게요. (부엌으로 사라진다)

얄마르 (뒤에 대고 소리친다) 됐어. 버터 없이도 빵은 먹을 수 있으니까.

지나 (버터 접시를 들고 와서) 자요. 만든 지 얼마 안 돼서 신선할 거예요.

지나, 남편 컵에 커피를 새로 따라 준다. 얄마르는 소파에 앉아 빵에 버터를 듬뿍 바른 뒤 잠시 잠자코 먹는다.

얄마르 정말 누구의 방해도 받지 않고 저 거실에서 하루 이틀 지내도 되겠어?

지나 당신만 그래 준다면 당연히 괜찮죠.

얄마르 이렇게 갑자기 아버지 물건을 가져 나가려니 만만치가 않아서 그래.

지나 또 있잖아요. 이제 우리랑 이 집에서 같이 못 살겠다는 말도 해야죠.

얄마르 (커피잔을 치우며) 응, 그것도 있지. 이 복잡한 경위를 아버지가 잘 이해하시도록 설명해야지……. 한숨 돌리고 곰곰이 생각해야 해. 이런 무거운 짐은 하루 이틀 만에 짊어질 수 있는 게 아니니까.

지나 그래요. 게다가 바깥은 저렇게 날씨가 궂잖아요.

얄마르 (베를레의 편지를 만지며) 이 편지가 아직도 이런 곳에 있네.

지나 네. 그대로 놔뒀어요.

얄마르 나한텐 아무 의미도 없는 쓰레기지만…….

지나 저한테도 아무 의미 없어요.

얄마르 그렇다고 버릴 수도 없잖아. 짐을 나르는 와중에 없어지기라도 하면…….

지나 제가 잘 보관할게요.

얄마르 누가 뭐래도 이건 아버지한테 온 편지야. 이용할지 말지는 아버지한테 정하라고 하면 돼.

지나 (한숨을 내쉬며) 그래요. 아버님께 정하라고 하세요.

얄마르 방심은 금물이야……. 풀은 어딨지?

지나 (책장으로 가서) 여기요.

얄마르 솔은?

지나 솔도 여기요. (그것들을 가지고 온다)

얄마르 (가위를 들고) 튼튼하게 종이를 덧대야지……. (종이를 잘라 뒤에 붙인다) 남의 재산에 손을 댈 생각은 없어. 하물며 무일푼 노인의 돈은. 물론 누구의 돈이라도 그렇지만. 됐다. 잠시 이렇게 둬. 다 마르면 가지고 갈 거야. 두 번 다시 그런 편지는 보고 싶지 않아. 절대로!

그레거스 베를레가 현관으로 들어온다.

그레거스 (조금 놀라며) 뭐야! 여기 있었나, 얄마르?

얄마르 (당황해서 일어서며) 지쳐서 녹초가 됐어.

그레거스 아침은 먹었나?

얄마르 몸뚱이도 가끔은 그런 요구를 하니까.

그레거스 어쩌기로 했나?

얄마르 나 같은 사람한테 선택할 길이 하나밖에 더 있겠나? 소중한 물건을 정리하는 중이었다네. 하지만 그러기엔 시간이 걸려.

지나 (조금 답답한 듯이) 지금 방을 정리해야 하는 거예요, 가방을 싸야 하는 거예요?

얄마르 (그레거스를 신경질적으로 흘끔거리며) 가방도 싸고, 방도 정리해 두는 거지.

지나 (가방을 들고) 좋아요. 그럼 셔츠랑 몇 가지를 챙겨 두죠. (거실로 들어가 문을 닫는다)

그레거스 (짧은 침묵 뒤) 이런 결과가 될 줄은 꿈에도 몰랐네. 꼭 집을 버리고 나가야겠나?

얄마르 (불안스레 서성이며) 그럼 어쩌란 말이야? 불행을 견디라니, 나한텐 무리야, 그레거스. 난 안심하고 평화롭게 살 수 있는 환경에 있어야 해.

그레거스 못 할 거 뭐 있어? 일단 해보는 거야. 기초는 단단히 다져져 있으니, 처음부터 다시 시작하기만 하면 되잖아. 발명이라는 보람 있는 사명도 있고.

얄마르 이제 발명 같은 뜬구름 잡는 이야기는 그만두게.

그레거스 뭐라고?

얄마르 대체 뭘 발명하라는 건가? 필요한 건 거의 다른 사람들이 발명했잖아. 기술은 날로 어려워지고 있어.

그레거스 그토록 정열을 쏟았으면서!

얄마르 날 그렇게 만들었던 건 그 불한당 같은 렐링 놈이었어.

그레거스 렐링?

얄마르 그래. 그 자식이 처음에 그러더라고. 나라면 사진에 관련한 멋진 발명을 할 수 있을 거라고.

그레거스 오호라! 렐링이었군!

얄마르 물론 그 발명 덕분에 진정으로 행복했었어. 발명 그 자체 덕분이라기보다, 헤드비가 그걸 믿고…… 동심에 진지하게 믿어 주었거든……. 아니, 그 애가 믿는다는 걸 내가 철석같이 믿고 있었지.

그레거스 정말 그렇게 생각해? 헤드비가 자넬 속인 거라고?

얄마르 이렇게 된 마당에 무슨 생각이야 못 하겠어? 다 헤드비 때문이야. 그 애가 내 인생에서 태양을 송두리째 빼앗아 가 버렸어.

그레거스 헤드비! 헤드비가 그랬다니! 어째서 그 애가 그런 짓을 했다고 생각하는 거야?

얄마르 (거기에는 대답하지 않고) 난 그 애를 금지옥엽으로 아꼈어. 가난하긴 했지만, 내가 집에 돌아오면 그 애가 상냥하고 귀여운 눈을 깜빡거리며 달려올 때마다 얼마나 행복했는지 몰라. 에잇, 사람도 볼 줄 모르는 바보! 나는 말로 표현할 수 없을 만큼 그 애를 아꼈어. 그리고 내 멋대로 망상했지. 그 애도 진심으로 나를 좋아했다고.

그레거스 어떻게 망상이라고 단정하나?

얄마르 알 게 뭐야. 지나한테서는 어떤 대답도 이끌어낼 수 없는데. 게다가 어차피 그 앤 이런 사태가 관념적으로 어떤 측면을 가졌지 이해할 능력도 전혀 없어. 아무튼, 그레거스, 자네한테는 꼭 털어놓고 싶은 게 있네. 헤드비가 날 정말로 사랑한 적이 없을 거라는 무서운 의혹 말이야…….

그레거스 그런 거라면 손쉽게 증거를 찾을 수 있을 거야. (귀를 기울이고) 저게 무슨 소리지? 들오리 울음소리 같은데.

얄마르 들오리가 울고 있네. 아버지가 안에 계시거든.

그레거스 아버님께서? (기쁨으로 얼굴을 빛내며) 내가 말했잖아, 자네는 헤드비를 오해하고 있지만, 헤드비가 사실 자네를 사랑한다는 증거를 손쉽게 찾을 수 있을 거야!

얄마르 증거 같은 게 어디 있어! 그 애가 어떤 말을 하건 난 못 믿어.

그레거스 헤드비는 절대로 거짓말할 애가 아니야.

얄마르 아니, 그레거스. 그거야말로 위험한 생각이라니까. 지나와 셀비 부인이 여기 앉아서 무슨 말을 속닥거렸을지 어떻게 알아. 더구나 헤드비는 귀가 밝은 애야. 저 편지가 선물이라고 왔을 때도 사실 전혀 놀랍지 않았을 수도 있어. 그런 편지가 올 거라는 걸 알고 있었던 거지.

들오리 343

그레거스 그게 뭐야. 그거야말로 망상이잖아.

얄마르 나는 눈이 떠졌어. 두고 봐. 저 편지 따위는 시작에 불과했다는 사실을 조만간 알게 될 테니. 안 그래도 셀비 부인은 그 애를 무척 귀여워했어. 그런데 이젠 그 애한테 뭐라도 해줄 수 있는 능력을 갖추게 되었잖아. 그들은 언제든 나한테서 그 애를 빼앗아 갈 수 있다고.

그레거스 헤드비는 절대로, 절대로 자네를 떠나지 않을 거야.

얄마르 그 말을 믿으라고? 그들이 어느 날 갑자기 미끼를 잔뜩 들고 찾아와 저 애를 낚아채 가면 어떡하지……? 그런 줄도 모르고 난 저 애에게 사랑을 쏟은 거야! 겁에 질린 아이의 손을 잡고 어둡고 황폐하고 커다란 방을 지나가는 것처럼, 따뜻하게 그 애의 손을 잡아 이끌어 준다면 얼마나 행복할까 그런 생각을 했어! 그런데 봐, 현실은 절대로 녹록치 않다는 사실이 분명히 드러난 거야. 이런 가난한 다락방에 사는 사진사 따위, 그 애한테는 아무 가치도 없는 거야. 그 애는 그저 때가 올 때까지 이 사진사의 비위나 맞추며 가식을 떨어댄 거라고.

그레거스 설마 진심으로 그렇게 믿는 건 아니겠지, 얄마르?

얄마르 그러기엔 너무 무섭지 않은가. 먼저 뭘 믿어야 좋을지 모르겠어. 아마 영원히 알 수 없겠지. 자네도 내 말이 우습지만은 않지? 하하! 자네는 이상의 요구라는 걸 너무 의지하고 있어, 친애하는 그레거스! 만일 어떤 사람이 손에 미끼를 가득 들고 와서 보여 주며 그 애에게 "아빠 같은 건 버리고 날 따라오렴. 이쪽엔 즐거운 삶이 기다리고 있단다" 이렇게 말한다면…….

그레거스 (서둘러) 그러면?

얄마르 그때 내가 그 애한테 이렇게 질문한다고 치자. "헤드비, 아빠를 위해 그 삶을 포기해 주겠니?" (자조적으로 웃으며) 아, 끔찍하군! 대답 따위 듣지 않아도 뻔하지!

창고에서 권총 소리가 한 번 울린다.

그레거스 (큰 소리로 기쁜 듯이) 얄마르!

얄마르 아버지가 쐈군!

지나 여보, 아버님께서 혼자 창고에 들어가셔서 사냥하시나 봐요.

얄마르 보고 오지.

그레거스 (황급히, 흥분해서) 잠깐! 저게 무슨 소린지 아나?

얄마르 당연히 알지.

그레거스 아니, 자넨 몰라. 하지만 난 알지. 저게 내가 말한 증거야!

얄마르 무슨 증거?

그레거스 그 애의 희생적인 행위 말이야. 그 애는 자네 아버지에게 들오리를 쏴 달라고 부탁했어.

얄마르 들오리를 쏘다니!

지나 세상에, 그런 일이······!

얄마르 왜 그런 짓을 한단 말이야?

그레거스 그 애는 자네를 위해 자기가 가진 가장 소중한 보물을 희생하고 싶었던 거야. 그러면 자네가 분명 자기를 다시 귀여워해 줄 것이라 생각한 거지.

얄마르 (감동하여 부드러운 목소리로) 아, 그 애가!

지나 딱하기도 하지!

그레거스 그 애가 오로지 바랐던 건 자네의 사랑을 되찾는 일이었어, 얄마르. 자네가 사랑해 주지 않으면 그 애는 살아갈 수 없어.

지나 (눈물을 참으며) 그것 보세요, 여보.

얄마르 지나, 헤드비는 지금 어디 있지?

지나 (콧물을 훌쩍이며) 처량하게 부엌에 있겠죠.

얄마르 (가서 부엌문을 살짝 열고) 헤드비, 나오렴! 아빠한테 와! (둘러보고) 뭐야, 없는데.

지나 그럼 자기 방에 있겠죠.

얄마르 (밖에서) 아니, 여기에도 없어. (들어와서) 밖으로 나갔나 봐.

지나 그래요. 당신 때문에 집 안에 있기가 괴로웠던 거예요.

얄마르 아, 빨리 돌아와 주었으면······. 그러면 똑바로 이야기해 줄 텐데······. 이제 다 잘될 거야, 그레거스. 이번에야말로 우리도 다시 태어나 새 삶을 시작할 수 있을 것 같아.

그레거스 (침착하게) 난 알고 있었어. 그 애가 열쇠가 되리란 걸 알고 있었다고.

　엑달 노인이 자기 방 문간에 나타난다. 군복을 잘 갖춰 입고, 허리에 삽을 차려고 열심이다.

얄마르　(깜짝 놀라) 아버지! 왜 그런 곳에 계세요!
지나　방 안에서 쏘신 거예요, 아버님?
엑달　(씩씩거리며 성큼성큼 다가온다) 어떻게 나를 빼고 혼자 사냥할 수가 있니, 얄마르?
얄마르　(놀라고 당황하며) 창고에서 총을 쏜 사람이 아버지가 아니었어요?
엑달　내가? 총을? 흠!
그레거스　(얄마르에게 외친다) 그 애가 자기 혼자서 들오리를 쏜 거야!
얄마르　그런 일이! (창고 문쪽으로 뛰어가 한쪽 문을 열고 고개를 들이민 채 외친다) 헤드비!
지나　(문으로 달려가며) 맙소사, 이게 무슨 일이야!
얄마르　(안으로 들어가며) 바닥에 쓰러져 있어!
그레거스　헤드비가! 쓰러져 있다고! (얄마르를 따라 들어간다)
지나　(동시에) 헤드비! (안으로 들어가며) 아, 어쩌면 좋아! 어쩌면 좋아!
엑달　오호라! 그 애도 사냥을 한 거냐, 응?

　얄마르, 지나, 그레거스가 헤드비를 작업실로 나른다. 그녀는 오른손을 축 늘어뜨린 채 여전히 권총을 꼭 쥐고 있다.

얄마르　(미친 듯이) 권총을 쐈어. 총알을 맞은 거야. 의사를 불러! 의사를!
지나　(현관으로 뛰어가 아래층에 대고 고함지른다) 렐링 씨! 렐링 씨! 렐링 선생님! 빨리 좀 와 주세요!

　얄마르와 그레거스가 헤드비를 소파에 눕힌다.

엑달　(조그만 목소리로) 숲이 복수하고 있어!

얄마르 (헤드비 옆에 무릎 꿇고) 곧 정신이 들 거야. 곧 정신이 들 거야……. 그래, 틀림없어.

지나 (돌아와서) 어디를 맞았어요? 어디에도 상처가…….

렐링이 황급히 들어온다. 그 뒤에 몰빅. 몰빅은 조끼도 옷깃도 달지 않고, 저고리 단추도 채우지 않았다.

렐링 무슨 일입니까?
지나 헤드비가 자기를 쐈어요.
얄마르 이쪽이야!
렐링 자기를 쏴요? (탁자를 옆으로 치우고, 헤드비를 진찰한다)
얄마르 (걱정스레 렐링을 올려다보며) 대단한 상처는 아니지, 렐링? 피는 거의 나지 않아. 분명 괜찮은 거지?
렐링 왜 이런 일이 벌어진 거야?
얄마르 그런 걸 내가 어떻게 알아……!
지나 들오리를 쏘려고 했었나 봐요.
렐링 들오리?
얄마르 분명 총알이 튕긴 거야.
렐링 흠! 그렇군!
엑달 숲이 복수하는 거야. 하지만 난 무섭지 않아. (창고로 들어가, 안에서 문을 닫는다)
얄마르 렐링, 왜 가만히 있는 거야?
렐링 총알은 가슴에 맞았어.
얄마르 응, 하지만 살아날 수 있지?
렐링 헤드비가 이미 죽은 걸 모르겠어?
지나 (왈칵 울음을 터트리며) 헤드비, 이게 무슨 일이니!
그레거스 (갈라진 목소리로) 심해에서…….
얄마르 (벌떡 일어나며) 아니, 안 돼. 이 애는 살아나야 해! 렐링, 부탁이야. 아주 잠깐이면 돼. 내가 이 애를 언제나 얼마나, 얼마나 사랑했는지, 그걸 말할 시간만 있으면 돼!

렐링 심장을 관통했어. 내출혈로 즉사야.

얄마르 그런데도 난 이 앨 더러운 것 취급하듯 내쫓았어. 그래서 이 애는 간이 철렁 내려앉아 창고로 몰래 들어가서 죽은 거야. 바로 나 때문에! (흐느껴 울며) 이제 돌이킬 수 없어! 이 애와 이야기도 나눌 수 없어……. (두 손을 꼭 쥐고 허공에 대고 외친다) 오, 하늘에 계신 아버지! 당신이 정말 거기 계신다면, 어째서 저에게 이런 시련을 주시나이까!

지나 여보, 그런 어리석은 소리 그만해요. 분명 우리한테는 이 애를 곁에 둘 자격이 없었던 거예요.

몰빅 이 애는 죽지 않았어. 잠을 자는 거야.

렐링 바보 같은 소리!

얄마르 (다소 진정하고, 소파로 걸어가 팔짱을 끼고 헤드비를 내려다보며) 딱딱하게 굳은 채 조용히 잠들어 있어.

렐링 (권총을 떼려 하며) 완전히 굳었는걸.

지나 렐링 씨, 손가락이 부러지겠어요. 권총은 그대로 놔 두세요.

얄마르 그대로 갖고 있게 둬.

지나 네, 그렇게 해주세요. 하지만 이 애를 이런 곳에 그냥 놔둘 수는 없지요. 적어도 자기 방으로 옮겨 줍시다. 여보, 좀 도와주세요.

얄마르와 지나, 앞뒤에서 헤드비를 들어 올린다.

얄마르 (나르며) 아, 지나, 당신은 이 사태를 견딜 수 있어?

지나 서로 도와 극복해야지요. 이 애는 뭐니 뭐니 해도 우리 두 사람의 아이니까요.

몰빅 (두 팔을 뻗고 중얼댄다) 주님을 찬양하라. 흙에서 태어나 흙으로 돌아갈지니……. 흙에서 태어나 흙으로 돌아갈지니…….

렐링 (속삭인다) 시끄러워! 이 주정뱅이야!

얄마르와 지나, 부엌문으로 시체를 나른다. 렐링이 그 뒤에서 문을 닫는다. 몰빅, 살그머니 현관을 나간다.

렐링 (그레거스에게 다가가서) 누가 뭐래도 사고는 아닌 것 같군요?

그레거스 (몸서리치며 일어나 딱딱한 표정으로) 어떻게 이런 끔찍한 일이 벌어졌는지 누가 어떻게 알겠소?

렐링 옷이 화약에 그을어 있소. 저 앤 총부리를 가슴에 딱 대고서 방아쇠를 당긴 게 분명해.

그레거스 헤드비의 죽음은 헛되지 않았소. 모르겠소? 슬픔이 저 남자가 품고 있던 숭고함을 얼마나 일으키게 했는지?

렐링 죽은 사람을 앞에 두고 눈물을 흘리면, 대개는 숭고한 마음이 드는 법이지. 하지만 이 선생의 그 영광이 언제까지 이어질까요?

그레거스 당연히 평생 지속되며 점점 훌륭하게 발전하겠지!

렐링 일 년도 지나지 않아 저 불쌍한 헤드비도 저 사람에게는 잔치 때 낭독할 소재거리 정도로 전락하게 될 거요.

그레거스 얄마르 엑달을 그런 식으로 말하다니!

렐링 이 이야기는 저 애 무덤에 풀이 자랄 무렵 다시 하지요. 그 무렵이면 저 선생도 분명 말할 수 있게 될 거요. "사랑스러운 내 딸, 아빠 마음을 송두리째 빼앗아 간 어여쁜 아이야"라고. 그리고 그 감상과 자기 예찬과 자기 연민에 완전히 빠져 지내겠지. 두고 보라니까.

그레거스 당신 말이 옳고 내가 틀렸다면 인생은 살아갈 가치가 없군.

렐링 인생도 그렇게 하찮은 것만은 아니오. 상대를 가리지 않고 그 이상의 요군지 뭔지를 강요하러 오는 오지랖쟁이가 우리 가난뱅이들을 가만히 내버려 두기만 한다면 말입니다.

그레거스 (허공을 노려보며) 그렇다면 난 내 운명을 확실히 알게 되어 기쁘오.

렐링 미안합니다만, 당신의 운명이란 게 대체 뭐죠?

그레거스 (나가려다가) 식탁에 앉은 열세 번째 사람이 되는 일이죠.

렐링 어이가 없군!

Fruen fra havet
바다에서 온 여인

등장인물

봔겔 의사
엘리다 봔겔의 두 번째 아내
볼레타 첫 번째 아내와의 사이에서 낳은, 봔겔의 큰딸
힐데 첫 번째 아내와의 사이에서 낳은, 봔겔의 작은딸
안홀름 볼레타의 옛 가정교사, 현재 교감선생
발레스테드 화가
링스트란드 조각가 지망생
낯선 사람
관광객들

제1막

의사 봔겔의 집은 베란다 정원에 둘러싸여 있으며 베란다 앞에는 깃대가 서 있다. 정원 오른쪽에는 정자나무가 한 그루 서 있고, 그 밑에 탁자와 의자들이 놓여 있다. 뒤쪽으로는 작은 대문이 나 있는 울타리가 있고, 그 울타리 너머로 흐르는 물을 따라 길이 보이는데 양옆에는 가로수들이 서 있다. 나무들 사이로 피오르가 보이고, 멀리 높은 산들이 뾰족한 산봉우리를 드러내고 있다.

때는 무더운 여름 아침, 아주 맑은 날씨이다.

중년 신사 발레스테드가 낡은 벨벳 외투에 넓은 테를 두른 예술가풍의 모자를 쓰고 깃대 밑에서 엉킨 줄을 풀고 있다. 깃발은 땅바닥에 놓여 있다. 조금 떨어진 곳에 화포가 얹혀 있는 삼각대가 서 있고 그 옆에 휴대용 접의자와 솔, 팔레트와 물감통이 놓여 있다.

볼레타 봔겔이 열려 있는 프랑스식 창문을 통하여 베란다로 나온다. 그녀는 큰 꽃병을 가지고 와서 탁자 위에 올려놓는다.

볼레타 아저씨, 일은 잘되어 가세요?

발레스테드 물론이지. 그렇게 어렵지 않았다. 그런데 이 깃발은 손님들이 오셔서 걸어놓나 보지?

볼레타 네. 아침 일찍 안홀름 교감선생님께서 오실 거예요. 어제저녁에 도착하셨대요.

발레스테드 안홀름이라고? 잠깐, 몇 년 전 여기에 안홀름이라는 가정교사가 있지 않았나?

볼레타 네. 바로 그분이에요.

발레스테드 그래, 그래서 그분이 이 지방에 다시 오셨구나.
볼레타 그것 때문에 우리가 깃발을 올리려는 거예요.
발레스테드 그래, 그건 아주 당연한 일이지.

볼레타가 다시 들어간다. 조금 뒤 링스트란드가 오른쪽에서 길을 따라온다. 그는 발걸음을 멈추고 흥미 있게 삼각대와 그림도구를 본다. 그는 호리호리한 청년으로 허약하고 초라해 보이지만 옷차림은 말쑥한 편이다.

링스트란드 (울타리 건너편에서) 안녕하세요?
발레스테드 (돌아다보며) 오, 안녕. (그는 깃발을 올린다) 아하! 풍선이 올라가는구나! (그는 줄을 빨리 당긴 뒤 서둘러서 삼각대 쪽으로 간다)
링스트란드 화가시죠?
발레스테드 물론 그렇고말고. 그렇게 안 보이나?
링스트란드 아닙니다. 화가이신 줄 금방 알 수 있겠는데요. 잠깐 들어가도 될까요?
발레스테드 보고 싶나?
링스트란드 네. 엄청 보고 싶습니다.
발레스테드 아직은 볼 게 별로 없네. 하지만 들어오게. 가까이 와서 봐야 해.
링스트란드 정말 고맙습니다. (정원 문으로 들어간다)
발레스테드 (그림을 그리면서) 내가 그리고 있는 건 저 섬들 사이에 있는 피오르일세.
링스트란드 네. 그렇군요.
발레스테드 아직 사람은 못 그려 넣었다네. 하지만 이 도시 어디에서도 모델을 구할 수가 없어.
링스트란드 사람도 그려 넣으시려고요?
발레스테드 그렇다네. 가장 잘 보이는 이 바위 위엔 죽어가는 인어를 그려 넣을 작정일세.
링스트란드 왜 하필 죽어가는 인어를?
발레스테드 그 인어는 넓은 바다에서 길을 잃었지. 돌아갈 길을 찾을 수 없는 거야. 바닷물은 짜고 그래서 여기 누워 있는 거지. 죽어가면서 말이야.

링스트란드 아! 알겠어요.

발레스테드 내게 그런 그림의 착상을 준 것은 이 집 부인이었다네.

링스트란드 그림이 다 완성되면 제목은 뭐라고 하실 건가요?

발레스테드 '인어의 죽음'이라는 제목을 붙일까 생각 중이야.

링스트란드 좋은 생각이군요! 아주 멋있는 그림이 되겠어요.

발레스테드 (링스트란드를 바라보며) 자네도 이 계통에 있는 모양이지?

링스트란드 화가 말인가요?

발레스테드 그렇지.

링스트란드 아닙니다. 조각가가 되려고 해요. 제 이름은 한스 링스트란드입니다.

발레스테드 조각가? 조각 역시 아주 아름답고 정교한 예술이지. 자네를 시내에서 한두 번 본 것 같군. 이 지방에서 산 지 오래됐나?

링스트란드 2주일밖에 안 됐어요. 하지만 여름이 끝날 때까지는 머물러 있을 작정입니다.

발레스테드 수영을 좋아하는군. 그렇지 않나?

링스트란드 네. 좀 건강해지고 싶어서요.

발레스테드 허약한 모양이지?

링스트란드 네, 그런 편이죠. 하지만 심각하지는 않아요. 숨 쉬기가 좀 거북할 뿐이에요.

발레스테드 하지만 수영은 소용없네. 훌륭한 의사한테 가봐야지.

링스트란드 네. 기회 있으면 여기 봔겔 박사님께 진찰을 받아볼까 생각했어요.

발레스테드 바로 그거야. (왼쪽을 내다보면서) 아, 배가 또 한 척 오는구먼. 여행자들로 가득 차 있어. 한두 해 사이에 여행자들이 부쩍 늘었네. 놀라운 일이야.

링스트란드 네. 이곳이 붐빌 것 같아요.

발레스테드 또 여름 관광객들로도 초만원이라네. 난 가끔 이 모든 외지인들이 우리의 아름다운 도시를 더럽히지나 않을까 걱정스러워.

링스트란드 여기가 고향이신 모양이죠?

바다에서 온 여인 355

발레스테드 꼭 그렇지는 않네. 내가 적응한 거야. 그 뒤로는 내가 거의 이 지방의 한 부분인 것처럼 느껴진다네.

링스트란드 그럼 이곳에서 꽤 오랫동안 사셨군요?

발레스테드 7, 8년 가까이 머물고 있네. 처음엔 스키브 유랑극단과 함께 왔었지. 그런데 재정상의 어려움으로 극단이 깨져 산산조각이 났다네.

링스트란드 그 뒤 선생님께서는 여기 남으셨어요?

발레스테드 그래, 그냥 주저앉았지. 그런데 모든 게 아주 잘되었어. 그 무렵 난 단지 극단의 배경 화가였다네.

볼레타가 흔들의자를 들고 나와서 베란다에 놓는다.

볼레타 (정원실 안으로 소리친다) 힐데야! 아버지의 자수 발판이 어디 있는지 봐.

링스트란드 (베란다로 와서 인사한다) 뵌겔 양 안녕하세요?

볼레타 오, 안녕하세요, 링스트란드 씨. 잠깐 실례해요. 지금 해야 할 일이 ……. (그녀는 다시 집으로 들어간다)

발레스테드 이 집 식구들을 알고 있는 모양이지?

링스트란드 잘 몰라요. 한두 번 만났지요. 뵌겔 부인과는 대화도 나눠보았고요. 지난번 전망대 음악당에서 있었던 음악회에서 부인을 만났는데 제게 집에 와도 좋다고 하셨어요.

발레스테드 지금이 어떤가? 자네도 그들과 교제하는 게 좋겠네.

링스트란드 네. 그래서 온 거예요. 하지만 적당한 핑계가 생각나지 않네요.

발레스테드 핑계라고? 도대체 무슨 핑계 말인가! (왼쪽을 내다보면서) 제기랄, 배가 벌써 부두에 도착했군. (자기 물건들을 놓으면서) 호텔에 내려가봐야겠네. 아마도 새로 온 이들 가운데 나를 필요로 하는 사람이 있을지도 몰라. 사실 나는 이발도 좀 할 줄 알거든.

링스트란드 선생님은 확실히 재주꾼이시네요.

발레스테드 오! 이런 작은 도시에서는 모든 것에 적응을 해야 하거든. 자네 머리 손질하는 데 필요한 것이 있으면, 포마드 같은 것 말일세. 댄스 교사 발레스테드에게 말하기만 하면 되네.

링스트란드 댄스 교사요?

발레스테드 아니면, 이 지방 관악대 단장을 찾게. 아무거나 좋을 대로. 우리는 오늘 저녁 전망대에서 음악회를 열겠네. 또 보세. 안녕.

발레스테드는 그림도구들을 들고 쪽문을 통해서 왼쪽으로 나간다. 힐데가 발판을 들고 나온다. 그리고 볼레타는 꽃을 많이 가져온다. 링스트란드가 정원에서 나오는 힐데에게 인사한다.

힐데 (난간에서 그의 인사에 답례도 하지 않고) 언니가 그러는데 오늘은 대담하게도 정원까지 들어오셨다고요?

링스트란드 네. 잠깐 마음대로 들어와 보았습니다.

힐데 아침 산책 안 나가셨어요?

링스트란드 오늘은 산책을 오래하지 않았습니다.

힐데 그럼 수영은 하셨어요?

링스트란드 했어요. 잠깐 들어갔다 나왔습니다. 힐데 양 어머니께서 거기 오셨던데요. 막 수영하러 들어가던 참이었어요.

힐데 누가요?

링스트란드 힐데 양 어머니 말이에요.

힐데 그래요? (흔들의자 앞에 발판을 갖다놓는다)

볼레타 피오르에 나가 있는 아버지 배를 보셨어요?

링스트란드 배 한 척이 떠 있는 건 보았지요.

볼레타 그게 아버지 배일 거예요. 아버지는 섬사람들을 진찰하러 가셨거든요. (탁자 위의 물건들을 정리한다)

링스트란드 (베란다 층계로 한 발짝 올라오면서) 아! 꽃이 이렇게 많다니!

볼레타 아주 멋있지 않아요?

링스트란드 네, 아름다워요. 집안에 축하할 일이 있는 모양이군요?

힐데 네, 맞아요.

링스트란드 혹시 아버지의 생신이신가 보죠?

볼레타 (힐데에게 경고하면서) 에헴.

힐데 (볼레타의 경고를 개의치 않고) 아니, 어머니의 생신이에요.

링스트란드 아, 어머니의 생신입니까?

볼레타 (화가 나서 작은 소리로) 힐데! 안 돼!

힐데 (역시 작은 소리로) 상관 마, 언니. (링스트란드에게) 이제 점심 식사하러 가실 거 아니에요?

링스트란드 (뒤로 물러서며) 그렇네요. 뭘 먹을까 생각해야 되겠군요.

힐데 식사는 호텔이 제일 좋을 텐데요.

링스트란드 나는 호텔엔 더 이상 가지 않을 거예요. 나에겐 너무 비싼 곳이거든요.

힐데 그러면 지금 어디에 계세요?

링스트란드 엔센 부인 댁에 있습니다.

힐데 어떤 엔센 부인 말인가요?

링스트란드 조산원 말입니다.

힐데 링스트란드 씨, 실례합니다만 할 일이 많아서……

링스트란드 오, 말하지 말걸 그랬나 봐요.

힐데 뭘 말이에요?

링스트란드 방금 말한 거 말입니다.

힐데 (귀찮다는 듯 그를 위아래로 훑어본다) 정말 무슨 뜻인지 모르겠어요.

링스트란드 물론 모르시겠죠. 이제 가봐야겠습니다.

볼레타 (걸어나오면서) 링스트란드 씨, 안녕히 가세요. 오늘 죄송합니다. 다음에 시간이 나면 오셔서 아버지를 만나보세요. 그리고 우리도 보고요.

링스트란드 고맙습니다. 정말 그러고 싶어요. (인사하고 정원 문을 통해서 나간 다음 오른쪽으로 길을 따라 지나가면서 다시 베란다를 향하여 인사한다)

힐데 (작은 소리로) 안녕. 엔센 할머니에게 안부 전해 주세요!

볼레타 (힐데의 팔을 흔들며 조용히 말한다) 힐데! 넌 장난꾸러기야. 그건 바보 같은 일이야. 링스트란드 씨가 네 말을 들었을지도 몰라.

힐데 쳇, 내가 걱정할 것 같아?

볼레타 (오른쪽을 내다보며) 아, 아버지가 오신다.

봔겔 의사가 외출복에 작은 가방을 들고 오른쪽 작은 길로 온다.

뷘겔 애들아, 내가 왔다! (쪽문을 통하여 들어온다)

볼레타 (정원으로 가 아버지를 맞는다) 아버지, 돌아오셔서 기뻐요.

힐데 (아버지에게 와서) 오늘 일은 다 마치셨어요?

뷘겔 아니다, 아직. 잠깐 진찰실에 가보아야 한다. 그런데 안홀름 선생님은 어떻게 되었지?

볼레타 네, 저희가 알아보러 호텔에 갔었어요.

뷘겔 그런데 아직 못 뵈었니?

볼레타 네, 못 뵈었어요. 하지만 분명히 아침나절엔 여기 오실 거예요.

뷘겔 그래. 반드시 그러실 거야.

힐데 (아버지를 잡아당기며) 아버지, 보세요!

뷘겔 (베란다를 바라보며) 축제 같구나.

볼레타 예쁘게 꾸몄죠?

뷘겔 정말 잘 꾸몄구나. 안에 누가 있니?

힐데 아뇨. 그 여자는 나갔어요.

볼레타 (빠르게 말을 막으면서) 어머니는 수영하러 내려가셨어요.

뷘겔 (볼레타를 사랑스럽게 바라보면서 머리를 톡톡 두드린다. 그리고 나서 주저하면서) 애들아, 여길 봐라. 이 장식물들을 온종일 놓아두려고 하니? 그리고 깃발도 그렇고 말이야.

힐데 하지만 아버지, 저희가 그걸 건다는 걸 잘 아시잖아요.

뷘겔 그렇지만……

볼레타 (아버지를 바라보며 고개를 끄덕이고 나서) 그렇지만 아버지는 이해가 안 가세요? 이 모든 건 안홀름 선생님에게 경의를 표하기 위한 거예요. 오랜 친구분이 아버지한테 인사드리러 올 때를 뜻하는 거라고요.

힐데 (미소를 지으면서 아버지를 흔들며) 아버지, 무엇보다 그분은 언니의 가정교사였잖아요!

뷘겔 (쓰디쓴 미소를 지으며) 너희는 작은 말괄량이 한 쌍이구나. 그렇고말고! 무엇보다 너희 어머니에 대해 생생하게 기억하는 것은 아주 당연한 일이야. 그렇지만…… 여기 있다, 힐데야. (가방을 힐데에게 주면서) 이걸 진찰실에 갖다놓아라. 그렇지만 애들아, 내가 저걸 어떻게 설명하지? 내가 허락하지 않았는데 너희가 한 걸 말이다. 이처럼 연례행사를 하는 것은…

… 하지만 너희가 그 밖에 달리 어떻게 할 수 있을지 나도 모르겠다. (힐데가 가방을 들고 정원을 통하여 왼쪽으로 가려다가 되돌아선다)

힐데 (손으로 가리키며) 저기 보세요. 누군가 언덕 위로 올라오고 있어요. 안홀름 선생님이 틀림없어요.

볼레타 (언덕 아래를 내려다보며) 뭐라고? 저 사람? 맙소사! 힐데, 넌 그것도 모르니? 선생님은 중년이 아니시잖아.

봔겔 볼레타, 잠깐만. 그럴 거야. 그래, 확실히 안홀름 선생님이구나.

볼레타 (놀라 바라보면서) 맙소사! 그런 것 같아요.

안홀름이 우아한 아침 옷차림에 금테 안경을 쓰고 가벼운 지팡이를 들고서 왼쪽에서부터 길로 들어선다. 좀 피곤한 것처럼 보인다. 그는 정원에 있는 그들을 보자 다정하게 인사하고 대문으로 들어온다.

봔겔 (가서 그를 맞으며) 환영합니다, 안홀름 선생님. 여기에 다시 돌아오신 걸 보니 여간 기쁘지 않군요.

안홀름 고맙습니다, 박사님. (그들은 손을 흔들며 함께 정원을 가로질러 온다) 애들이 저기 있군요. (손을 잡으면서 딸들을 쳐다본다) 두 사람, 몰라보겠어요.

봔겔 그럴 거예요.

안홀름 아마 볼레타죠? 맞아, 볼레타는 알아볼 수 있어요.

봔겔 알아보기 힘드실 거예요. 이 애를 마지막으로 본 지 거의 9년이 지났으니까요. 그 뒤로 여긴 아주 많은 변화가 있었어요.

안홀름 (둘러보며) 그렇진 않은 것 같습니다. 나무들은 꽤 많이 자랐군요. 맞아요. 그리고 저 정자나무는 못 보던 나무인데요.

봔겔 난 겉모습의 변화를 말하는 게 아니에요.

안홀름 (미소를 지으면서) 그리고 물론 장성한 두 딸이 이제는 집에 있고요.

봔겔 글쎄요. 한 아이만 성장했을 뿐이죠!

힐데 (작은 소리로) 오, 아버지! 방금 이야기 들렸어요!

봔겔 이제 베란다로 가서 앉는 게 좋겠어요. 거긴 좀 시원하니까요. 먼저 가세요.

안홀름 감사합니다. (그들은 올라가고 봔겔이 안홀름에게 흔들의자를 권한다)

뺜겔 자, 이제는 조용히 앉아서 좀 쉬십시오. 여행 뒤라서 그런지 좀 피곤해 보이시네요.

안홀름 괜찮습니다. 오랜만에 왔더니……

볼레타 (아버지에게) 정원실에 소다수와 설탕물을 갖다놓을까요? 밤이 되면 굉장히 더워질 거예요.

뺜겔 좋은 생각이다. 소다수와 설탕물, 그리고 브랜디도 좀.

볼레타 브랜디도요?

뺜겔 조금만. 마시고 싶으면 마실 수 있도록 말이다.

볼레타 좋아요. 힐데야, 진찰실에 가방 안 갖다놓을 거니?

볼레타가 정원실로 들어가서 문을 닫는다. 힐데는 가방을 들고 정원을 가로질러 왼쪽으로 해서 집 뒤로 간다.

안홀름 (볼레타를 바라보고 있다가) 아주 예뻐요. 따님들 아주 예쁘게 자랐어요!

뺜겔 (앉으면서) 네, 그렇죠?

안홀름 볼레타는 아주 놀랄 만하군요. 힐데도 그렇고요. 그런데 박사님은 어떠세요. 남은 생애를 여기서 보내실 건가요?

뺜겔 물론 그럴 것 같아요. 난 여기서 태어나서 여기서 자랐지요. 그리고 아내와도 여기서 정말 행복했어요. 그 사람이 우리를 남겨두고 떠나기 전까진 말입니다. 선생님도 그 사람을 아시지요?

안홀름 네, 네……

뺜겔 그런데 지금 난 두 번째 아내와도 아주 행복하게 지내고 있어요. 그래요. 전반적으로 볼 때 나의 운명은 좋았다고 말해야 될 겁니다.

안홀름 그런데 두 번째 부인에게서는 애들이 없으신가요?

뺜겔 아들이 하나 있었죠. 2년, 거의 3년 전이었어요. 그렇지만 태어난 지 몇 달 만에 죽었답니다.

안홀름 부인은 오늘 집에 안 계신가요?

뺜겔 이제 곧 돌아올 겁니다. 수영하러 갔지요. 집사람은 매년 이맘때면 하루도 거르지 않고 수영을 합니다. 날씨에 상관없이 말이에요.

안홀름 어디 편찮으신가요?

뵨겔 어디 아픈 데는 없어요. 신경이 좀 예민하지요. 이따금 그럽니다. 지난 몇 년 전부터 그랬죠. 왠지 모르겠어요. 그렇지만 바다에 나가기 시작하면서 아주 좋아지고 즐거워합니다.

안홀름 네, 기억나요.

뵨겔 (거의 알아보기 힘든 미소를 지으며) 아, 네, 선생님이 스콜드비켄에 교사로 계실 때 엘리다를 아셨죠?

안홀름 네, 그렇습니다. 목사님을 뵈러 가끔 갔었죠. 그리고 부인의 아버지를 뵙기 위해 제가 등대에 갔을 때 그녀를 만나곤 했어요.

뵨겔 그렇다면 선생님은 내 아내가 그곳에서의 생활로 어떤 깊은 영향을 받았는지 알아내실 수 있을 거예요. 이 도시 사람들은 그걸 전혀 이해하지 못해요. 사람들은 그녀를 '바다에서 온 여인'이라고 부르지요.

안홀름 아, 그렇습니까?

뵨겔 그래요. 선생님……. 옛 시절에 관해서 아내와 얘기를 좀 나눠주세요. 그게 그녀에게 많은 도움이 될 겁니다.

안홀름 (의아스러운 듯 뵨겔을 바라보며) 정말 그렇게 생각하세요?

뵨겔 분명히 그럴 거예요.

엘리다 (정원 밖 오른쪽에서) 여보, 당신 거기 계세요?

뵨겔 (일어서며) 그래요, 여보.

　엘리다 뵨겔 부인이 크고 가벼운 옷으로 몸을 감싸고 머리는 젖은 채로 어깨까지 늘어뜨리고 정자 옆 나무들이 있는 곳에서 나온다. 안홀름이 일어선다.

뵨겔 (미소 지으며 엘리다에게 손을 내민다) 우리 인어, 이리 와요!

엘리다 (베란다로 빨리 올라와서 그의 손을 잡는다) 당신, 고맙게도 무사히 돌아오셨네요. 언제 집에 도착했어요?

뵨겔 지금 막, 아니 몇 분 전에 왔소. (안홀름을 가리키며) 옛 친구에게 인사하지 않고 뭐하고 있소?

엘리다 (안홀름에게 손을 내민다) 안녕하세요? 나가 있을 때 오셔서 죄송해요.

안홀름 아, 아닙니다. 내게 격식은 차리지 마세요.

봔겔 오늘 물은 어땠소? 쾌적하고 신선했소?

엘리다 신선했냐고요? 여기 물은 전혀 신선하지 않아요. 느리고 미지근해요. 이 피오르의 물은 흐름이 완만하거든요.

봔겔 완만하다고?

엘리다 네, 완만해요. 그래서 그것이 우리도 그렇게 만드는 것 같아요.

봔겔 (미소를 지으며) 좋아. 그거 수원지 선전을 위해서는 아주 훌륭한 광고인걸!

안홀름 봔겔 부인, 부인은 바다와 특별한 친밀감을 가지고 있는 것 같군요. 그리고 해야 할 모든 것도 그렇고요.

엘리다 네, 그럴 거예요. 나도 자신을 거의 그렇게 생각해요. 아, 보세요. 아이들이 선생님을 위해서 저렇게 예쁘게 장식해 놓았군요.

봔겔 (난처해하며) 에…… (시계를 보면서) 자, 이제 가봐야 할 시각이 됐소.

안홀름 이게 정말로 나를 위한 건가요?

엘리다 분명히 그럴 거예요. 우리는 평상시에는 이렇게 장식하지 않거든요. 아, 더워서 숨이 막힐 것 같아요! (정원으로 내려간다) 이리 오세요. 여기는 적어도 신선한 공기가 조금은 있어요. (정자에 앉는다)

안홀름 (그녀를 따라가며) 여기 공기는 아주 신선하군요.

엘리다 선생님은 갑갑한 도시의 분위기에 익숙해지셨죠? 거긴 여름에는 아주 지독하다고 들었어요.

봔겔 (역시 정원으로 내려와서) 여보, 잠깐 가봐야 하니 우리 친구를 잘 모시구려.

엘리다 뭐 하실 일이 있으세요?

봔겔 그래요. 진찰실에 가봐야 하고, 옷도 갈아입어야 하오. 하지만 오래 걸리진 않을 거요.

안홀름 (정자 밑으로 들어와 앉으면서) 박사님, 서두르실 필요 없어요. 부인과 내가 그럭저럭 시간을 보낼 수 있을 겁니다.

봔겔 (고개를 끄덕이며) 물론 그러실 테죠. 그럼 잠깐 다녀오겠습니다. (대문을 통하여 왼쪽으로 나간다)

엘리다 (잠시 뒤에) 여긴 앉아 있기 좋은 장소죠?

안홀름 지금은 매우 좋군요.

엘리다 사람들은 이곳을 나의 정자라고 불러요. 이걸 계획한 건 나였거든요. 아니면 나를 기쁘게 하려고 남편이 만들었기 때문인지도 모르죠.

안홀름 보통 여기에 나와 앉아 계십니까?

엘리다 네, 거의 매일 나와 있어요.

안홀름 딸들도 함께 나와 있겠죠?

엘리다 아니에요. 애들은 대개 베란다에 있어요.

안홀름 박사님은요?

엘리다 그 양반은 왔다 갔다 하시죠. 어느 때는 나와 함께, 어느 때는 애들과 함께 베란다에 앉아 계세요.

안홀름 그래도 괜찮아요?

엘리다 그렇게 하는 게 우리 모두에게 어울리는 것 같아요. 우리는 늘 아래위에서 서로 소리를 질러요. 말할 게 있을 때는 말이에요.

안홀름 (잠깐 생각에 잠겼다가) 우리가 마지막 만났을 때가…… 스콜드비켄에서 말이에요. 오래전 일이죠?

엘리다 그래요. 선생님이 우리와 함께 그곳에 있었던 때가 아마 10년 전쯤 될 거예요.

안홀름 그래요. 10여 년 됐습니다. 등대에 있던 부인이 기억나요. 그때 할아버지인 목사님께서는 부인을 이교도라고 불렀죠. 부인의 아버지께서 부인의 이름을 기독교식 이름 대신 배 이름을 따서 지었기 때문에 말입니다.

엘리다 좋지 않아요?

안홀름 난 이곳에 와서 부인이 봔겔 박사님과 결혼한 것을 보고 뜻밖이었어요.

엘리다 그때 그분은…… 그때는 애들 어머니가 살아 있었어요.

안홀름 알아요. 그렇지만 그렇지 않다 하더라도, 봔겔 박사님께서 완전히 자유로운 몸이었다 하더라도 이렇게 될 줄은 몰랐습니다.

엘리다 나도 그랬어요. 그때는 말이에요.

안홀름 박사님은 참 좋은 분이세요. 아주 강직하고 모든 사람에게 친절하고 정이 많으시거든요.

엘리다 (다정스럽고 진지하게) 네, 정말 그래요.

안홀름 그렇지만 부인과 그분은 정반대의 사람이라고 생각합니다.
엘리다 네, 선생님 말이 맞아요. 우리는 아주 달라요.
안홀름 그런데 어떻게 일이 이루어졌나요? 이렇게 말입니다.
엘리다 그건 묻지 마세요. 설명할 수 없어요. 설명한다 하더라도 전혀 이해하지 못하실 거예요.
안홀름 음! (목소리를 낮추어서) 나에 대한 이야기를 그분에게 한 적이 있나요? 물론 내 말뜻은 내가 성급하게 부인에게 청혼했던 얘기 말입니다.
엘리다 하지 않았어요. 내가 어떻게 그 말을 하겠어요. 난 그분에게 한마디도 하지 않았어요. 선생님이 말한 것에 대해서는요.
안홀름 마음이 놓이는군요. 나는 그 생각 때문에 어찌할 바를 몰랐습니다.
엘리다 그러실 필요 없어요. 나는 그분에게 단지 완벽한 진실만을 얘기했어요. 내가 선생님을 대단히 좋아했고, 선생님은 내가 등대에서 사귄 친구들 가운데 가장 좋은 친구라는 것 말이에요.
안홀름 정말 고맙습니다. 하지만 내가 떠난 다음에 왜 나에게 편지하지 않으셨죠?
엘리다 선생님 마음을 상하게 해드릴지 모른다고 생각했어요. 선생님이 원하시는 걸 들어드릴 수 없는 사람한테서 소식을 들으면 말이에요. 옛 상처를 건드릴 것 같은 생각이 들었어요.
안홀름 그래요. 부인 생각이 옳았을지도 모르죠.
엘리다 하지만 선생님은 왜 편지를 안 하셨어요?
안홀름 (반은 꾸짖는 듯한 미소를 머금고 엘리다를 바라보면서) 내가? 먼저? 아마 내가 한 번 더 시도해 볼 거라고 생각했나 보죠? 그런 거절을 당하고도 말이에요.
엘리다 물론 안 하시겠죠. 무슨 뜻인지 알겠어요. 그런데 다른 여자에겐 청혼을 생각해 본 적이 없나요?
안홀름 없었어요. 나는 추억만을 간직해 왔습니다.
엘리다 (반농담으로) 말도 안 돼요. 좋지 않은 추억에 집착하지 말아요. 선생님은 행복한 결혼을 할 거라고 생각하시는 게 훨씬 좋을 것 같아요.
안홀름 그것도 젊었을 때 어울리는 말이지요. 죄송하지만 내 나이 벌써 서른일곱이 넘었다는 걸 생각해봐요.

엘리다 그러니 더욱 시간을 낭비하면 안 되는 거예요. (잠깐 침묵을 지키다가 낮은 목소리로 진지하게 말한다) 안홀름, 들어보세요. 나는 그때 내 생활을 위해서라도 선생님에게 말할 수 없었던 걸 지금 말씀드리겠어요.

안홀름 그게 뭔가요?

엘리다 그건, 선생님이 나에게 청혼했을 때 말이에요. 나는 그때 그 대답 말고는 다른 대답을 할 수 없었어요.

안홀름 알아요. 부인은 나에게 서로의 우정만을 말했었죠. 그건 알고 있어요.

엘리다 그렇지만 선생님은 내가 어떤 사람을 열렬히 사랑했다는 것은 모르셨잖아요?

안홀름 그때 이미?

엘리다 네.

안홀름 하지만 그럴 리 없어요. 부인은 지금 그때를 잘못 알고 있는 겁니다. 부인은 그때 뽠겔 박사님을 몰랐어요.

엘리다 난 지금 그분을 말하고 있는 게 아니에요.

안홀름 뽠겔 씨가 아니라고요? 하지만 그때 스콜드비켄에서 부인이 사랑에 빠질 만한 사람은 생각이 안 나는데요.

엘리다 물론 생각나지 않을 거예요. 모든 게 완전히 미친 짓이었으니까요.

안홀름 좀 더 자세히 말해봐요.

엘리다 내가 그때 자유로운 몸이 아니었다는 사실을 아는 것으로 충분치 않으세요? 그리고 이제 선생님은 그걸 알게 됐고요.

안홀름 부인이 자유로웠다면?

엘리다 그렇다면?

안홀름 내 편지에 대한 답장이 달랐을까요?

엘리다 어떻게 말할 수 있겠어요? 뽠겔 박사가 나타나서 내 답이 달라진 거예요!

안홀름 그렇다면 부인이 자유롭지 않았다고 나에게 말하는 것이 무슨 소용이죠?

엘리다 (고통스러운 듯 신경질적으로 일어서며) 누군가에게 얘기해야 하기 때문이에요. 아녜요. 일어서지 마세요.

안홀름 그러면 부인의 남편은 그걸 몰랐나요?

엘리다 처음엔 얘기했어요. 내가 한때 사랑에 빠졌었다고요. 그분은 더 이상 알기를 원치 않았어요. 그래서 우리는 그 뒤로 전혀 언급하지 않았죠. 어쨌든 그건 정말로 미친 충동이었을 뿐, 아무것도 아니었어요. 그리고 그건 곧 모두 끝났어요. 최소한 어느 정도는 말이에요.

안홀름 (일어서며) 단지 어느 정도라고요? 전부 다 끝난 게 아니고요?

엘리다 네, 전부예요! 안홀름 선생님, 그건 선생님이 생각하는 것과는 달라요. 매우 이해하기 어려운 것이어서 설명드릴 방법이 없어요. 선생님은 내가 아프거나 정신 나갔었다고만 생각하실 거예요.

안홀름 우리는 언제나 친한 친구잖아요. 이제 모두 사실대로 말해봐요.

엘리다 말하겠어요. 하지만 어느 누가 당신처럼 정말 이해할 수 있을지……. (주위를 둘러보고 말을 끊는다) 기다려요. 누가 와요.

링스트란드가 왼쪽에서 나와서 길을 따라 정원 안으로 들어온다. 그는 단춧구멍에 꽃을 꽂고 실크 리본이 달린 크고 예쁜 꽃다발을 종이에 싸서 들고 온다. 그는 머뭇거리다가 베란다 앞에 불안하게 서 있다.

엘리다 (정자에서) 링스트란드, 우리 애들을 찾고 있어요?

링스트란드 (돌아서며) 아, 안녕하세요? 봔겔 부인. (인사하고 엘리다에게 다가간다) 아니에요. 아가씨들을 찾는 게 아니라 부인을 뵈러 왔어요. 와도 좋다고 하셨지요?

엘리다 그랬었죠. 우리는 늘 링스트란드를 만나는 게 기뻐요.

링스트란드 고맙습니다. 오늘이 특별히 좋은 날이라고 들어서요…….

엘리다 오늘이 특별한 날이라고 들었다고요?

링스트란드 네. 그래서 부인께 드리려고 이걸 가지고 왔어요. (그는 정중하게 인사하고 그녀에게 꽃다발을 내민다)

엘리다 (미소를 지으며) 하지만 링스트란드, 안홀름 선생님에게 그 아름다운 꽃을 직접 드리는 게 더 좋지 않아요? 누구보다 이분에게 경의를 표해야 하거든요.

링스트란드 (의아스러운 듯 두 사람을 번갈아 쳐다보며) 아, 실례했습니다. 하지만 전 이 신사분을 전혀 모르겠는데요. 전 단지 생신 때문에 왔어요.

엘리다 생신이라고요! 뭐가 잘못 알고 있는 게 분명해요. 우리 집엔 아무도 생일을 맞지 않았어요.

링스트란드 (의미 있는 듯한 미소를 지으며) 아, 다 알고 있어요. 하지만 그게 그렇게 비밀이었는지는 몰랐습니다.

엘리다 그런데 뭘 알고 있죠?

링스트란드 부인, 부인의 생신이라는 거 말이에요.

엘리다 내 생일이라고요?

안홀름 (미심쩍은 듯 엘리다를 바라보며) 오늘? 아닌데요. 확실히 아녜요.

엘리다 (링스트란드에게) 왜 그렇게 생각했죠?

링스트란드 힐데 양이 그렇다고 했어요. 저는 오늘 아침 일찍 여기 잠시 들렀어요. 왜 이렇게 아름답게 꾸미는지 물어보았죠. 꽃을 갖다놓고 깃발을 깃대에 높이 올리고 해서 말이에요.

엘리다 그런데요?

링스트란드 그런데 힐데 양이 '오늘이 어머니의 생신날'이라고 말했어요.

엘리다 어머니의? 오, 알겠어요.

안홀름 아! (그와 엘리다는 의미 있는 시선을 주고받는다) 자, 봔겔 부인, 이 청년이 모든 걸 알고 있는 것 같으니…….

엘리다 (링스트란드에게) 그래요. 알고 있다니…….

링스트란드 (다시 꽃다발을 그녀에게 내밀면서) 수없이 행복한 날이 다시 돌아오기를 기원합니다.

엘리다 (꽃을 받으면서) 정말 고마워요. (엘리다와 안홀름, 그리고 링스트란드가 정자에 앉아 있다) 안홀름 선생님, 내 생일에 대한 이 모든 것은 극비로 계획됐어요.

안홀름 그러니 모르죠. 우리 같은 외부인들에겐 알리지도 않으시고요.

엘리다 (탁자에 꽃을 놓으며) 그래요. 외부인들에겐 안 알렸어요.

링스트란드 절대로 아무에게도 입 밖에 내지 않겠어요.

엘리다 오, 그런 말이 아니었어요. 그런데 건강은 어때요? 한결 나아 보이는군요.

링스트란드 네, 눈에 띄게 좋아지고 있는 것 같아요. 그리고 내년에 남쪽으로 갈 수 있다면······.
엘리다 가실 작정이군요. 그래서 우리 애들이 나에게 말했군요.
링스트란드 네. 베르겐에는 저를 돌봐줄 후원자이자 친구가 있거든요. 내년에는 제가 그리 갈 수 있도록 도와주겠다고 그 친구가 약속했어요.
엘리다 그 친구는 어떻게 만났어요?
링스트란드 아주 큰 행운이었어요. 언젠가 그의 배를 타고 바다에 나갔었어요.
엘리다 그랬군요. 그래서 그때 바다를 좋아하게 됐군요?
링스트란드 아니, 꼭 그렇지는 않아요. 어머니가 돌아가신 뒤에 아버지는 제가 집에만 틀어박혀 있는 걸 원치 않으셨어요. 그래서 저를 바다로 보내신 거예요. 바다에 나갔다가 귀향하는 도중에 우리는 영국 해협에서 난파 당했어요. 그리고 그게 저에겐 행운이었던 거죠.
안홀름 어떻게?
링스트란드 제가 다쳤기 때문이에요. 여기 가슴을 말이지요. 구조되기까지 얼음물 속에 너무 오랫동안 있어서 그래요. 그래서 전 바다를 포기하고 말았어요. 맞아요. 그게 정말로 큰 행운이었어요.
안홀름 진짜 그렇게 생각해요?
링스트란드 그럼요. 제 상처는 그렇게 위험하지 않았거든요. 그리고 이젠 제가 늘 원했던 조각가가 될 수 있기 때문이죠. 생각해 보세요. 아름다운 흙을 가지고 일한다는 것을 말이에요. 손가락으로 흙을 부드럽게 만지면서 모양을 만든다는 걸 생각해 보세요.
엘리다 그러면 모델은 어떤 것으로 하죠? 인어들인가요? 아니면 옛날 해적들인가요?
링스트란드 아니에요. 그런 게 아니에요. 모델을 고르게 된다면 아주 큰 모델을 선택하려고 해요. 그룹으로 말이에요.
엘리다 오! 그러면 그 그룹은 뭘까요?
링스트란드 그건 저 자신이 경험한 것이 될 거예요.
안홀름 그래요. 그게 언제나 가장 좋지요.
엘리다 그런데 그게 뭐죠?
링스트란드 글쎄요. 제 생각으로는 젊은 부인이 어떨까 싶어요. 선원의 아내 같은 모델 말이에요. 잠자리에 누워 있으면서도 이상하게 불안해하는 선원의 아내 말입니다. 그녀는 꿈을 꾸고 있어요. 전 사람들이 그걸 알 수 있도록 조각할 수 있을 거예요.

안홀름 그 밖에 다른 것은 없나요?

링스트란드 있어요. 또 다른 모델도 있어요. 그건 아마 형태가 더 명확할 거예요. 그녀의 남편이지요. 선원의 아내는 남편이 없는 동안 부도덕한 생활을 했어요. 그런데 그 남편은 바다에 빠져 죽었죠.

안홀름 오, 그건……?

엘리다 남편이 물에 빠져 죽었다고요?

링스트란드 네, 항해 중에 물에 빠졌어요. 그런데 이상한 것은 그가 집으로 돌아온 거예요. 그것도 한밤중에 말입니다. 그는 침대 옆에 서서 아내를 보고 있는 겁니다. 흠뻑 젖은 상태로, 물에 빠진 사람들이 바다에서 끌어 올려졌을 때의 그런 모습으로 거기에 서 있는 거예요.

엘리다 (의자에 등을 기대면서) 참 이상한 착상이군요. (눈을 감으면서) 그래요. 그걸 아주 생생하게 볼 수 있군요.

안홀름 그렇지만 젊은이, 도대체 어떻게……? 당신은 직접 경험한 것이 될 거라고 말하지 않았나요?

링스트란드 저는 그걸 경험했어요. 그런 식으로 말이에요.

안홀름 그렇게 죽은 사람을 알고 있다는 건가요?

링스트란드 참, 제가 실제로 그런 사람을 알고 있다는 게 아니라 현실 생활에서 말이에요. 하지만 어느 쪽이든…….

엘리다 (간절히 듣고 싶어하며 흥분해서) 알고 있는 것을 죄다 말해봐요. 모두 듣고 싶어요.

안홀름 (미소를 지으면서) 그래요. 부인은 재미가 있겠군요. 그 이야기 속에 바다 맛이 나는 것 무엇이나 말이오.

엘리다 링스트란드, 나에게 그걸 말해줘요.

링스트란드 우리 배가 귀항할 예정이었지요. 핼리팩스라는 곳에서 말이에요. 그런데 우리는 선원 한 사람을 병원에 두고 떠나야 했어요. 그래서 우리는 그 사람 대신 한 미국인을 고용했어요. 그런데 이 새로운 선원은……

엘리다 미국인?

링스트란드 네. 어느 날 그는 선장에게서 오래된 신문 한 뭉치를 빌려왔어요. 그는 늘 그 신문들을 열심히 읽었어요. 그는 노르웨이 말을 배우고 싶다고 했어요.

엘리다 계속해요.

링스트란드 그런데 어느 날 저녁, 우리는 거친 날씨를 만나서 모든 선원들이 갑판에서 대비해야만 했어요. 그 선원과 저를 제외하고는 모두 말이에요. 그는 발목을 삐어서 걸을 수 없었고 저는 건강이 좋지 않았거든요. 그래서 저는 침대에 누워 있었고, 그는 오래된 신문을 읽으면서 앞 갑판 밑 선원실에 앉아 있었어요.

엘리다 그런데?

링스트란드 그때 그가 앉아 있는 곳에서 갑자기 신음 소리 같은 것이 들렸어요. 바라보니 그의 얼굴이 백지장처럼 하얗게 변해 있더군요. 그리고 그는 신문지를 꽉 비틀어서 갈기갈기 찢어버리는 거예요. 한마디 말도 없이 그렇게 했어요.

엘리다 그가 아무 말도 안 했어요? 전혀 말을 안 했나요?

링스트란드 그때는 아무 말도 안 했어요. 그런데 조금 있다가 그는 혼잣말하듯이 말했어요. '결혼을 해? 다른 사람과…… 내가 없는 사이에!'

엘리다 (작은 소리로 자신에게 말하듯, 눈을 감고서) 그렇게 말했어요?

링스트란드 네. 그런데 짐작도 못할 거예요. 그는 완벽하게 훌륭한 노르웨이 말로 그 말을 했어요. 그는 외국어에 아주 훌륭한 재능을 지니고 있었던 게 틀림없어요.

엘리다 그리고 그다음엔 어떻게 됐나요?

링스트란드 그런데 지금부터가 이상한 말이에요. 난 살아 있는 동안에는 그 말을 잊을 수 없을 거예요. 그는 말을 계속 했어요. 아주 조용히 말이에요. '하지만 그녀는 내 여자야. 그리고 언제나 그럴 거야. 내가 물에 빠져 죽어 혼이 되어 그녀를 데려가기 위해 바다의 심연에서 오게 된다 하더라도 그녀는 나와 함께 있게 될 거야!'

엘리다 (떨리는 손으로 컵에 물을 부으면서) 오, 오늘 날씨가 왜 이렇게 덥지!

링스트란드 그리고 그가 너무나 단호하게 그 말을 해서 저는 그가 정말로

바다에서 온 여인 371

그렇게 할 수 있을지도 모른다고 생각했어요.
엘리다 알고 있어요? 그가 어떻게 됐는지 말이에요.
링스트란드 오, 봔겔 부인. 그는 분명히 죽었어요.
엘리다 (빠르게) 왜 그렇게 생각하죠?
링스트란드 그 뒤 우리는 영국 해협에서 파선되었거든요. 저는 선장과 다섯 명의 선원과 함께 긴 보트를 타고 떠났으나 항해사는 작은 보트를 탔어요. 그 미국인과 또 다른 한 사람이 함께 탔죠.
엘리다 그 뒤로는 그들에 대해서 무슨 말을 들은 적이 없어요?
링스트란드 전혀 못 들었어요. 제 친구가 요전에 그렇게 편지를 써보냈더군요. 그래서 그 그룹을 모델로 하려고 하는 거예요. 저는 그 선원의 부도덕한 아내를 아주 생생하게 볼 수 있어요. 그리고 익사했지만 바다에서 집으로 돌아오는 보복자도요. 저는 아주 명확히 그들 둘 다 볼 수 있어요.
엘리다 나도 그래요. (일어서며) 들어가요. 아니, 남편에게 가요. 여기는 더워서 숨이 막혀요! (정자에서 나온다)
링스트란드 가봐야겠습니다. 전 부인의 생신을 축하하기 위해 들렀을 뿐이에요.
엘리다 가봐야 한다면, (손을 내밀면서) 잘 가요. 그리고 꽃 고마워요.

링스트란드가 인사하고 쪽문을 통하여 왼쪽으로 나간다.

안홀름 (일어서서 엘리다에게 다가가면서) 봔겔 부인, 당황하셨죠?
엘리다 네, 조금은 그랬어요. 하지만······.
안홀름 하지만 마음속으로는 그걸 각오하고 있었겠죠?
엘리다 (놀라서 그를 바라보며) 각오라고요?
안홀름 난 그렇게 생각했어요.
엘리다 남자가 돌아올 걸 각오했냐고요? 그처럼 돌아올 걸 말이에요?
안홀름 도대체 뭐요? 그건 조각가의 엉뚱한 허풍이 아니었던가요?
엘리다 안홀름 선생님, 그건 아마 아주 엉뚱한 얘기는 아닐 거예요.
안홀름 말도 안 되는 소리. 죽은 사람에 대한 얘기 때문에 부인이 그렇게 당황했다는 건가요? 내 이야긴······.

엘리다 무슨 말씀인데…….

안홀름 아! 나는 부인이 장님처럼 아무것도 모르고 이 집에 살고 있다고 생각했어요. 그리고 정말로 부인을 기분 나쁘게 한 것은 일 년에 한 번 있는 기념일이 부인 모르게 비밀리에 진행되고, 남편과 애들이 부인이 관여 못하는 추억을 간직한다는 걸 알았기 때문이라고 생각했어요.

엘리다 아니에요. 그건 중요하지 않아요. 나는 남편을 독점할 권리가 없어요.

안홀름 난 부인이 그럴 권리가 있다고 생각할 수밖에 없어요.

엘리다 그래요. 하지만 실제로는 그렇지 않아요. 그게 바로 중요한 거예요. 나는 나 자신의 생활이 있어요. 그들이 간섭 못하는 생활 말이에요.

안홀름 부인이? 부인은 남편을 진실로 사랑하지 않는다고 말하려는 겁니까?

엘리다 사랑해요. 사랑하고말고요. 나는 그를 완벽하게 사랑하게 됐어요. 그러나 이건 소름이 끼치는 일이에요. 설명할 수도 없고 전혀 상상할 수도 없어요.

안홀름 이제는 나를 믿고 아까 그 얘기를 모두 해주세요. 해주시지 않겠어요?

엘리다 말할 수 없어요. 어쨌든 지금은 못 해요. 나중에는 혹시 모르지만요.

볼레타가 베란다로 나와서 정원으로 내려온다.

볼레타 아버지가 진찰실에서 나오세요. 우리 모두 정원으로 갈까요?

엘리다 그래, 가자.

봔겔이 옷을 바꿔 입고 힐데와 함께 집 뒤에서부터 왼쪽으로 나온다.

봔겔 다녀왔소. 이젠 다 끝났소. 시원한 것 좀 마셨으면 좋겠군.

엘리다 잠깐 기다리세요. (정자로 가서 꽃다발을 가져온다)

힐데 야, 아주 아름다운 꽃이네요. 어디서 났어요?

엘리다 힐데야, 링스트란드가 나에게 주었단다.

힐데 (놀라며) 링스트란드가요?

볼레타 (불안해서) 링스트란드가 또 왔었어요?

엘리다 (미소를 지으며) 그래 이걸 가지고 왔었다. 나에게 오늘 같은 기쁜 날이 수없이 돌아오기를 기원한다면서 말이다.

볼레타 (힐데를 바라보며) 아!

힐데 (중얼거린다) 바보!

봔겔 (아주 난처해하면서 엘리다에게) 흠, 그렇소? 그런데 여보, 그 이유를 좀 …….

엘리다 (말을 막으며) 애들아, 이리 와. 이 꽃을 다른 꽃들과 함께 물속에 넣어두자. (베란다로 올라간다)

볼레타 (힐데에게 작은 소리로) 봐! 어느 누구보다 가장 마음이 좋잖아?

힐데 (화가 난 듯 조그맣게) 웃기지 마! 아버지 비위를 맞추려고 그럴 뿐이야.

봔겔 (베란다로 올라가서 엘리다의 손을 꽉 쥔다) 고맙소. 여보, 진심으로 고맙게 생각하오.

엘리다 (꽃들을 정돈하며) 그런데 나도 함께 참여하면 안 되나요? 어머니의 생일에 말이에요.

안홀름 흠.

안홀름, 봔겔과 엘리다가 있는 곳으로 올라간다. 볼레타와 힐데는 정원에 그대로 남아 있다.

제2막

　도시 뒤편 나무들이 우거진 정상에 전망대가 있고 조금 뒤쪽에는 무선표지(無線標識)와 풍향계가 있다. 이정표 구실을 하는 무선표지 주위에는 앞쪽에서처럼 큰 돌들이 앉기 좋게 좌석처럼 놓여 있다. 뒤쪽 훨씬 아래에는 피오르의 바깥 부분이 보이는데 섬들이 널려 있고 육지가 삐죽 나와 있다. 넓은 바다는 보이지 않는다. 때는 여름밤 땅거미가 질 무렵이다. 하늘에는 붉은 금빛 아지랑이가 저 멀리 보이는 산봉우리까지 퍼져 있다. 뒤편 아래쪽에서 희미한 노랫소리가 들린다.

　도시에서 올라온 젊은이들과 신사숙녀들이 친밀하게 대화를 나누며 오른쪽으로부터 짝을 지어 올라와 무선표지를 지나서 왼쪽으로 간다. 잠시 뒤 발레스테드가 외지의 관광객들을 안내하며 들어온다. 그는 그들의 외투와 가방을 메고 있다.

발레스테드 　(지팡이로 위를 가리키며) 보세요, 여러분. 저 위에 또 다른 언덕이 있습니다. 우리는 곧 저기도 올라갈 겁니다. 지금은 아래로 가고요.

　그는 프랑스어로 계속 말한다. 그리고 오른쪽으로 일행을 데리고 가버린다. 힐데가 오른쪽 비탈을 빠른 걸음으로 올라온다. 걸음을 멈추고 뒤를 돌아본다. 조금 뒤 볼레타와 같이 올라온다.

볼레타 　힐데야, 왜 링스트란드를 놓아두고 달아나니?
힐데 　언덕을 저렇게 천천히 올라오는 걸 참을 수 없어서 그래. 저 봐! 기어올라오잖아!
볼레타 　그렇지만 그 사람은 아프잖아.

힐데 아주 심각한 거야?

볼레타 물론이야.

힐데 그 사람이 오늘 오후 아버지에게 진찰을 받으러 왔었어. 결과가 어떤지 알고 싶어.

볼레타 아버지가 그러시는데 양쪽 폐에 반점들이 있다는구나. 오래 살지 못할 거래.

힐데 그래? 나도 그렇게 생각했어.

볼레타 그런데 말이야, 제발 그에겐 아무 얘기도 하지 마.

힐데 내가 할 것 같아? (목소리를 낮추며) 저 봐! 지금 한스가 용케도 기어 올라왔어. 한스 맞아. 언니는 그를 바라보기만 해야 돼. 알았지? 그리고 그가 한스라는 걸 알고 있기만 해야 돼.

볼레타 (속삭이는 말로) 얌전히 굴어! 농담하는 게 아냐!

링스트란드가 손에 우산을 들고 오른쪽에서 온다.

링스트란드 아가씨들, 죄송합니다. 보조를 맞출 수 없어서요.

힐데 그래서 지금 우산을 들고 오셨어요?

링스트란드 아가씨의 어머니 거예요. 그분 말씀이, 내가 이걸 지팡이로 사용하면 좋을 거래요. 내게 우산이 없는 걸 보고 주셨어요.

볼레타 그분들 아직도 저 아래 계세요? 아버지와 다른 사람들 말이에요.

링스트란드 네. 아가씨 아버지께서는 잠깐 레스토랑으로 가셨고요. 다른 사람들은 음악을 들으며 밖에 앉아 있어요. 그런데 아가씨들 어머니 말씀으로는 곧 이곳으로 올라오실 거래요.

힐데 (서서 그를 바라보며) 링스트란드 씨, 피곤해 보여요.

링스트란드 그래요. 좀 피곤한 것 같아요. 잠깐 앉아야 할까 봐요. (그는 오른쪽 앞에 있는 돌에 앉는다)

힐데 (그 앞에 서서) 조금 있다가 음악당에서 무도회가 있는 거 알고 있죠?

링스트란드 네, 들었어요.

힐데 춤추실 거죠?

볼레타 (들꽃을 따면서) 힐데야, 링스트란드 씨 숨 좀 돌리게 해드려!

링스트란드 그래요. 힐데 양, 난 춤추는 걸 좋아해요. 춤출 수만 있다면 말이에요.

힐데 아, 알겠어요. 춤을 배우지 않았군요?

링스트란드 실제로는 배우지 않았어요. 하지만 내가 말한 뜻은 그게 아니에요. 가슴 때문에 춤을 출 수 없다는 거예요.

힐데 아, 링스트란드 씨가 말한 가슴의 상처를 말하는 거군요?

링스트란드 네, 맞아요.

힐데 그런 상처를 입어 아주 속상하죠?

링스트란드 아뇨. 정말로 그렇지 않아요. (웃으면서) 모든 사람이 나에게 친절하고 다정하며 우호적인 것은 바로 이 병 때문이라고 생각하거든요.

힐데 물론 그건 그렇게 심한 건 아니죠?

링스트란드 네, 심하지 않아요. 아가씨 아버지께서도 심하다고 생각하시는 것 같지 않았어요.

힐데 링스트란드 씨가 외국에 가면 곧 나아질 거예요.

링스트란드 그래요, 나아져야죠.

볼레타 (꽃들을 꺾어와서) 봐요, 링스트란드 씨. 단춧구멍에다 하나 꽂아요.

링스트란드 뽄겔 양, 정말 고마워요. 아가씨는 참 친절하시군요.

힐데 (오른쪽을 내려다보며) 사람들이 길을 따라 올라오고 있어요.

볼레타 (역시 내려다보며) 그들이 도는 곳을 알았으면 좋겠는데. 아냐, 그들은 길을 잘못 들 거야.

링스트란드 (일어서며) 내가 도는 데로 뛰어내려가서 소리를 질러 알리겠어요.

힐데 아주 크게 소리쳐야 할 거예요.

볼레타 아니에요. 그럴 필요 없어요. 지치기만 할 거예요.

링스트란드 내려가는 길은 쉬워요. (그가 오른쪽으로 간다)

힐데 내리막길이야. 그래, (그를 계속 지켜보며) 그가 뛰기도 하는데! 다시 올라와야 하는 건 생각지 않은 거야!

볼레타 불쌍한 사람!

힐데 링스트란드 씨가 언니에게 청혼하면 받아들일 거야?

볼레타 너 미쳤구나!

힐데 물론 내 말은 그가 병이 없고 곧 죽지 않을 거라면 말이야. 그렇다면 그의 청혼을 승낙할 거야?

볼레타 내 생각엔 네가 그렇게 하는 게 좋을 것 같다.

힐데 어쩜, 내가 어떻게 그런 일을! 그는 콩 한쪽도 없어. 자기 자신도 먹여 살리지 못할 거야.

볼레타 그렇다면 왜 넌 언제나 그에게 그렇게 관심을 두니?

힐데 아, 단지 그의 병 때문이야.

볼레타 난 네가 그를 그렇게 가엾게 여기는 걸 눈치채지 못했어.

힐데 난 가엾게 여기지 않아. 그저 재미있을 뿐이야.

볼레타 뭐라고?

힐데 그를 관찰해 보면 그는 자기 병이 심각하지 않다고 생각해. 외국에 나갈 거고 예술가가 될 거래. 정말 그렇게 믿고 있어. 그리고 그는 어리석게도 그걸 행복해하고 있어. 하지만 그런 일은 절대로 일어나지 않을 거야, 절대로. 그는 그렇게 오래 살지 못할 테니 말이야. 나에겐 그런 생각이 아주 흥미롭거든.

볼레타 흥미롭다고!

힐데 응. 난 그게 흥미로워. 분명히 인정해.

볼레타 힐데, 너는 정말 무서운 아이구나!

힐데 내가 되고 싶은 게 바로 그거야. 순전히 보복심리 같은 거야. (아래를 내려다보며) 아, 역시! 안홀름 선생님은 그렇게 등산을 좋아하시지 않아! (돌아서면서) 그런데 말이야, 언니는 내가 점심 먹을 때 안홀름 선생님한테서 뭘 눈치챘는지 알아?

볼레타 뭔데?

힐데 상상해봐. 선생님은 대머리가 됐어. 바로 머리 꼭대기가 말이야.

볼레타 말도 안 되는 소리! 그렇지 않아.

힐데 대머리야. 게다가 주름살도 생겼어. 눈가에 말이야. 큰일 날 뻔했어, 언니! 선생님이 언니의 가정교사로 있을 때 언니가 선생님을 사랑했다고 생각해봐!

볼레타 (웃으면서) 맞아. 그런 일이 있었다니 생각조차 못하겠다. 선생님은 그때 볼레타가 흉한 이름이라고 했어. 그래서 울었던 기억이 나는구나.

힐데 정말 그랬어? (다시 아래를 내려다보며) 언니, 저길 봐. '인어'가 지금 선생님과 걸어오고 있어. 아버지와 오는 게 아니고 말이야. 계속 지껄여대고 있어. 저 사람들 둘 다 약간 돌아버린 거 아냐?

볼레타 창피한 걸 알아라! 네가 어떻게 어머니에 대해 그렇게 말할 수 있니? 우린 이제 막 어머니와 잘 지내기 시작했는데 말이야.

힐데 언니는 지금 상상하고 있는 거야. 아냐, 우리는 절대 저 여자와 함께 지낼 수 없을 거야. 저 여자는 우리와 같은 사람이 아니고 우리는 저 여자와 같은 사람이 아냐. 아버지가 왜 저 여자를 우리 가정에 끌어들였는지는 아무도 몰라. 어느 날 저 여자가 미쳐서 헛소리를 한대도 나는 조금도 놀라지 않을 거야.

볼레타 미쳐? 넌 어떻게 그런 말을 할 수 있니?

힐데 글쎄, 놀라지 않을 거야. 저 여자의 어머니가 미쳤었어. 미쳐서 죽었어. 나는 그 사실을 알고 있어.

볼레타 맙소사! 큰일이야. 너 도대체 쓸데없는 간섭을 안 하는 일이 없구나. 이젠 그런 얘기 하지 마. 아버지를 위해서 말이야. 제발 착하게 굴어. 힐데, 내 말 듣고 있니?

뽠겔, 엘리다, 안홀름, 그리고 링스트란드가 오른쪽에서 올라온다.

엘리다 (뒤를 가리키며) 저렇게 밖으로 뻗어 있어요.
안홀름 네. 물론 그래야 되겠죠.
엘리다 저기가 바다 쪽이에요.
볼레타 (안홀름에게) 여기가 꽤 높다고 생각하지 않으세요?
안홀름 대단한데! 장관이야!
뽠겔 그래요. 전에는 여기까지 올라와본 적이 없었죠?
안홀름 네, 없어요. 예전에 난 누가 여기까지 올라올 수 있을까 생각하곤 했죠. 길이 없었거든요.
뽠겔 공원도 없었어요. 지난 몇 년 사이에 다 생겼어요.
볼레타 까마귀집이 있는 언덕에서 보면 경치가 더 좋아요. 저 위에서 보면 말이에요.

봔겔 여보, 우리 저기 올라가볼까?

엘리다 (오른쪽 돌에 앉으면서) 가고 싶지 않아요. 다들 올라가 보세요. 난 여기 앉아서 기다릴게요.

봔겔 그러면 나도 당신과 여기 남겠소. 애들이 안홀름 선생님을 모시고 갈 수 있을 거요.

볼레타 선생님, 우리와 함께 가요.

안홀름 응, 좋지. 저기에도 올라가는 길이 있나?

볼레타 네. 넓고 좋은 길이 있어요.

힐데 두 사람이 팔짱을 끼고 아주 편안히 걸을 수 있으리만큼 넓어요.

안홀름 (농담으로) 힐데 양, 정말? (볼레타에게) 그러면 우리 가볼까?

볼레타 (웃음을 참으며) 네, 좋아요.

그들은 팔짱을 끼고 왼쪽으로 나간다.

힐데 (링스트란드에게) 우리도 가요.

링스트란드 팔짱을 끼고?

힐데 왜, 안 되나요? 난 괜찮아요.

링스트란드 (즐겁게 웃으며 힐데의 팔을 잡고) 이거 정말 행복한데요!

힐데 행복하다고요?

링스트란드 그래요. 우리가 꼭 약혼한 것 같아요.

힐데 링스트란드 씨, 전에도 숙녀와 팔짱을 끼고 걸어본 적이 있으신가 보죠?

그들이 왼쪽으로 나간다.

봔겔 (무선표지 옆에 서서) 여보, 이젠 우리 두 사람만 남았소.

엘리다 네, 이리 와서 내 옆에 앉으세요.

봔겔 (앉으면서) 여긴 아주 조용하고 평화롭군. 이제 우리 얘기나 좀 해볼까?

엘리다 무슨 얘기 말이에요?

반겔 당신에 대한 얘기 말이오. 그리고 우리에 대한 얘기도. 일이 이런 식으로 나갈 수 없다는 걸 알고 있소.

엘리다 무슨 하실 말씀이 있으시군요?

반겔 여보, 완전한 믿음 말이오. 그리고 우리가 지금까지 누려온 것과 같이 함께할 알맞은 생활을 말하는 거요.

엘리다 할 수만 있다면요. 하지만 그건 전혀 불가능해요.

반겔 나는 이해한다고 생각하오. 그래요, 때때로 당신은 어떤 일에서 일부러 멀어지려고 했소. 난 이해하오.

엘리다 (격렬하게) 당신은 이해 못해요. 그런 말씀 하지 마세요. 당신은 이해할 수 없어요.

반겔 하지만 나는 이해하오. 여보, 당신은 천성이 훌륭하고 아주 성실해요.

엘리다 네. 그렇다고 생각해요.

반겔 당신이 어떤 관계에서든지 진실로 행복해지려면 그건 완전한 관계여야 하오.

엘리다 (그를 뚫어지게 쳐다보며) 네? 그런데요?

반겔 당신이 두 번째 아내라는 걸 의미하는 게 아니었소.

엘리다 왜 그럼 지금 그렇게 생각하죠?

반겔 가끔 그런 생각이 내 머리를 스치곤 하오. 하지만 오늘은 확실히 알았소. 애들이 지켜온 그들 어머니의 생일 말이오. 당신은 나를 공범자로 간주했소. 물론 남자란 자신의 추억을 지울 수는 없소. 적어도 나는 그래요. 나는 그러지 못해요.

엘리다 알아요. 난 그걸 아주 잘 알고 있어요.

반겔 그렇지만 당신이 틀렸어요. 당신에게는 애들의 어머니가 아직까지 살아 있는 것처럼 느껴질 거요. 보이지는 않지만 우리와 함께 아직까지 여기 있는 것 같을 거요. 당신은 내 마음이 당신과 그녀로 나누어져 있다고 느끼고 있소. 그런 생각이 당신에게 충격을 안겨주고, 당신은 우리의 관계에 어떤 부도덕한 것이 있을 거라고 느끼는 거요. 그 때문에 당신은 더 이상 나의 아내로서 나와 함께 살 수 없거나, 아니면 살려고 하지를 않는 거요.

엘리다 (일어서며) 그걸 아셨어요? 그렇게 명확히 그 모든 걸 보셨어요?

반겔 그래요. 난 오늘 마침내 그걸 절실히 느꼈소. 완벽하게.

엘리다 완벽이라고요? 아니에요. 그렇게 생각하지 마세요.

봔겔 (일어서며) 여보, 그 뒤에 뭔가 더 있다는 것도 나는 잘 알고 있소.

엘리다 (걱정스럽게) 그것까지 알고 있어요?

봔겔 그래요. 당신이 이 지방을 견딜 수 없도록 싫어하게 된 이유가 있소. 당신은 산들이 당신을 가두고 억누른다 생각하고 있소. 여기엔 당신에게 필요한 충분한 빛이 없는 거요. 우리의 지평선은 너무 좁아요. 여기 공기는 당신에겐 너무 희박하고 느슨하오.

엘리다 네. 당신 말씀은 정확해요. 밤이나 낮이나, 여름이나 겨울이나 나는 참기 어려운 바다에 대한 그리움 때문에 미칠 것 같아요.

봔겔 여보, 그건 알고 있소. (그녀의 머리 위에 손을 얹으며) 그래서 가엾게도 앓고 있는 당신을 당신 고향으로 다시 돌아가도록 할 거요.

엘리다 무슨 뜻이에요?

봔겔 아주 간단한 얘기요. 우린 떠날 거요.

엘리다 떠나요?

봔겔 그래요. 넓은 바다가 있는 곳으로, 당신이 당신 마음에 드는 고향을 찾을 수 있는 어느 곳으로 떠날 거요.

엘리다 오, 여보. 그런 생각은 하지 마세요. 불가능해요. 여기 말고는 세상 어디에서도 당신은 행복하지 않아요.

봔겔 그건 걱정 말아요. 내가 여기서 행복할 수 있다고 생각하오? 당신 없이?

엘리다 하지만 난 여기 있잖아요! 그리고 남아 있을 거예요. 당신 곁에 내가 있잖아요.

봔겔 내 곁에 있다고, 엘리다?

엘리다 이런 얘기는 다 그만둬요. 당신이 목적한 모든 삶이 여기 있어요. 당신이 갈망하고 있는 모든 것, 당신의 평생 업적이 여기에 있어요.

봔겔 내가 말하지 않았소. 그건 걱정하지 마요. 우리는 여길 떠날 거요. 어딘가 다른 곳으로. 여보, 이젠 완전히 결정된 거요.

엘리다 하지만 그게 무슨 도움이 될 거라고 생각하세요?

봔겔 당신이 건강을 회복할 테고 마음의 안정을 되찾게 될 거요.

엘리다 그게 난 의심스러워요. 당신은 어때요? 당신 자신도 생각해 보세요. 그렇게 해서 뭘 얻을 수 있죠?

방겔 엘리다, 나는 당신을 다시 얻게 되는 거요.

엘리다 여보, 그렇게 안 될 거예요. 절대 안 될 거예요. 생각만 해도 무서워요. 가슴이 터질 것 같아요.

방겔 알아둬야 할 게 있소. 당신이 이런 생각을 계속하면 당신을 위해서 떠나는 것 말고는 다른 해답이 없소. 그리고 그건 빠를수록 좋아. 이제 결정된 거요. 내 말 듣고 있소?

엘리다 아뇨. 아무것도 몰라요. 차라리 모든 걸 사실 그대로 당신에게 얘기하는 게 나을 것 같군요.

방겔 그래요. 말해봐요.

엘리다 나는 당신이 나 때문에 비참해지도록 내버려둘 수 없어요. 특히 그게 우리에게 아무 이득도 주지 못할 때는 말이에요.

방겔 당신은 나에게 모든 걸 말하겠다고 하지 않았소? 사실대로 말이오.

엘리다 할 수 있는 대로 다 말하겠어요. 내가 알고 있다고 느끼는 모든 걸 말이에요. 이리 와서 내 옆에 앉으세요. (그들은 하나의 돌 위에 앉는다)

방겔 말해봐요.

엘리다 그날 거기서 당신은 아주 솔직하게 첫 번째 결혼에 대해서 나에게 말했어요. 당신이 내게 청혼하던 그날 말이에요. 그 결혼 생활은 정말 행복했다고 당신은 말했어요.

방겔 그랬소?

엘리다 네, 확실히 그랬어요. 무슨 다른 이유가 있어서 내가 지금 이 말을 하는 건 아니에요. 단지 나는 당신이 나에게 솔직했던 것처럼 나도 당신에게 솔직했다는 것을 말하고 싶었을 뿐이에요. 나는 당신에게 아주 솔직히 내가 한때 다른 사람을 사랑했었다고 말했어요. 그리고 보기에 따라서는 우리가 약혼을 했다고도 말할 수 있다고 했어요.

방겔 보기에 따라서라고?

엘리다 그래요. 그런 종류의 것이었어요. 그렇지만 그건 그리 오래 지속되지 못했어요. 그는 가버렸어요. 그리고 얼마 뒤 나는 그를 단념했어요. 나는 그 모든 걸 당신에게 말했어요.

방겔 그런데 여보, 왜 지금 그 얘길 끄집어내는 거지? 그건 전혀 상관이 없소. 나는 그 사람이 누구였는지 당신에게 한 번도 물어본 적이 없소.
엘리다 그래요. 물어본 적이 없죠. 당신은 늘 나에게 신중했으니까요.
봔겔 (웃으면서) 그런데 공교롭게도 그 사람 이름을 알아맞히기가 그리 어렵지 않을 것 같소.
엘리다 그 사람 이름이라고요?
봔겔 저기 스콜드비켄에 있는 사람들 가운데서 고를 수 있소. 고르라고 한다면 정말 단 한 사람뿐이지.
엘리다 안홀름이라고 생각하시는 거죠?
봔겔 아니오?
엘리다 절대 그렇지 않아요.
봔겔 아니라고? 그렇다면 짐작 못 하겠는데…….
엘리다 큰 미국 배가 수리를 하기 위해 스콜드비켄에 왔던 그 가을 생각나죠?
봔겔 분명하게 기억하오. 어느 날 아침 선장이 그의 선실에서 살해된 채로 발견되었지. 내가 검사해야 했소.
엘리다 그래요, 당신이 검사했어요.
봔겔 그 선장은 항해사에게 살해당했소.
엘리다 그렇지 않아요. 증명이 되지 않았어요.
봔겔 거기에 대해선 별로 의심이 없었소. 아니면 왜 그 항해사가 물에 빠져 자살을 했겠소?
엘리다 그는 자살하지 않았어요. 그는 배에서 몰래 빠져나가 북쪽으로 간 거예요.
봔겔 (놀라서) 당신이 그걸 어떻게 알지?
엘리다 그 2등 항해사가 바로 내가 약혼한 그 사람이었어요.
봔겔 (벌떡 일어서며) 뭐라고? 하지만 그건 불가능해!
엘리다 사실이에요. 틀림없어요.
봔겔 하지만 엘리다, 당신이 어떻게 그런 일을 할 수 있었단 말이오? 어떻게 당신이 그런 사람을 받아들일 수 있었소? 전혀 낯선 사람을 말이오. 그 사람 이름이 뭐였지?
엘리다 그때 그는 자기를 프리맨이라고 했어요. 그 뒤에 온 편지에는 자기 이름을 알프레드 존스톤이라고 써보냈고요.

봔겔 어디 출신이었소?

엘리다 핀마크라고 하더군요. 하지만 핀란드에서 태어났어요. 그의 아버지와 함께요.

봔겔 그러면 그는 핀란드 사람이었나?

엘리다 네. 그렇게들 불렀어요.

봔겔 그 밖에 그에 대해서 아는 게 더 없소?

엘리다 아주 어렸을 때 바다로 나갔다는 것만 알아요. 그리고 오랫동안 항해를 했다는 것도요.

봔겔 그리고?

엘리다 없어요. 우리는 그런 것은 얘기하지 않았어요.

봔겔 그럼 무슨 얘기를 했소?

엘리다 거의 바다에 대한 얘기였어요.

봔겔 바다?

엘리다 폭풍우와 조용한 바다에 대한 얘기였어요. 깜깜한 밤, 그리고 햇볕에 반짝이는 바다에 대한 얘기를 했어요. 하지만 주로 고래와 돌고래 이야기였고, 한낮에 따뜻한 햇빛을 쬐며 바위 위에 누워 있는 바다표범에 대한 얘기를 했어요. 또 갈매기와 도둑갈매기, 그리고 다른 모든 바다새들에 대해서도 얘기했어요. 당신은 이상하다고 생각하겠지만, 그런 이야기를 할 때의 그는 바다의 새나 짐승들과 공통된 점을 지니고 있는 것처럼 보였어요.

봔겔 당신은?

엘리다 그래요, 나도 그런 것 같았어요.

봔겔 알겠소. 그래서 약혼하게 된 거요?

엘리다 네. 그는 약혼을 해야 한다고 말했어요.

봔겔 해야 한다고? 당신 자신의 뜻이 아니라?

엘리다 그와 함께 있을 때는 그럴 생각이 없었어요. 나중에 생각해 보니 그게 믿을 수 없는 것처럼 보였던 거예요.

봔겔 그와 자주 함께 있었소?

엘리다 아니, 그렇게 자주 만나진 않았어요. 어느 날 그가 등대를 보러 왔고 우리는 그때 만났어요. 그 뒤 한두 번 더 만났지요. 그때 선장 살해 사건이 일어났던 거예요. 그래서 그는 떠나야 했고요.

방겔 계속 해봐요.

엘리다 이른 아침이었어요. 해가 뜨기 전이었는데 그에게서 쪽지를 받았어요. 나에게 브라트해머로 나오라는 거예요. 아시겠지만 그곳은 스콜드비켄과 등대 사이의 쑥 나온 육지예요.

방겔 알고 있소.

엘리다 빨리 나와야 한다고 쓰여 있었어요. 나에게 얘기하고 싶은 게 있다고요.

방겔 그래서 갔소?

엘리다 네. 나가지 않을 수 없었어요. 그는 자기가 선장을 칼로 찔러 죽였다고 말했어요.

방겔 정말 그렇게 말했소? 그걸 솔직히 인정했소?

엘리다 네. 그렇지만 그는 옳고 당연한 일을 했을 뿐이라고 말했어요.

방겔 옳고 당연한 일이라고? 왜 그를 죽인 거요?

엘리다 그건 말하려 하지 않았어요. 내가 아는 게 좋지 않다고 했어요.

방겔 그래서 당신은 그의 말을 믿었소?

엘리다 믿을 수 없다는 생각조차 할 겨를이 없었어요. 어쨌든 그는 달아나야 했어요. 작별하려는 순간…… 당신은 그가 한 짓을 상상도 못할 거예요.

방겔 뭐지? 말해봐요.

엘리다 그는 주머니에서 열쇠고리를 꺼내고 늘 끼고 있던 반지를 손가락에서 뺐어요. 그리고 내가 끼고 있던 작은 반지를 뺀 다음 두 개의 반지를 열쇠고리에 끼웠어요. 그는 우리가 바다와 결혼해야 한다고 말했어요.

방겔 결혼이라고?

엘리다 네. 그렇게 말하고는 있는 힘을 다해 멀리 바다로 두 개의 반지가 달린 열쇠고리를 던졌어요.

방겔 하지만 엘리다, 당신도 동의했소?

엘리다 네. 그때는 그게 옳다고 생각했어요. 그리고 그는 달아나버렸어요.

방겔 그가 가버린 뒤에는?

엘리다 나는 곧 제정신으로 돌아왔어요. 모든 것이 얼마나 미친 짓이고 얼마나 우스꽝스런 짓이었던가를 알았어요.

봔겔 당신은 편지 애기도 했는데, 그 뒤에도 그의 소식을 들은 적이 있소?

엘리다 네, 들었어요. 처음엔 아르칸젤에서 보낸 몇 줄의 편지를 받았어요. 미국으로 간다는 내용과 내가 편지를 보낼 수 있는 곳의 주소가 쓰여 있었죠.

봔겔 그래서 당신은 답장을 썼소?

엘리다 네, 곧 했어요. 물론 나는 우리 사이의 모든 것은 끝내야 한다고 썼어요. 더 이상 나를 생각하지 말라는 말도요.

봔겔 그래도 그는 다시 편지를 했소?

엘리다 네, 또 편지를 보내왔어요.

봔겔 그의 편지 내용은 당신 편지에 대한 답변이었나?

엘리다 그런 말은 한마디도 없었어요. 나는 그 사람과는 끊어질 수 없는 것 같았어요. 그는 내가 자기를 기다려야 한다고 아주 단정적으로 말했어요. 자기가 나를 맞을 준비가 되면 내가 곧 자기한테 와야 한다고 했어요.

봔겔 당신을 놓아주려 하지 않았군?

엘리다 네. 그래서 나는 다시 편지를 썼어요. 전에 썼던 내용을 짧게 줄여서 말이에요. 전보다 더 강력한 의미를 담았어요.

봔겔 그런데도 포기를 안 했소?

엘리다 안 했어요. 전처럼 냉정하게 편지를 써 보냈어요. 그러나 그와 관계를 끊겠다는 내 편지 내용에 대한 언급은 한마디도 하지 않았어요. 나는 그게 소용이 없음을 알고 다시는 그에게 편지하지 않았죠.

봔겔 그 뒤 그에게서 더 이상 아무 소식이 없었소?

엘리다 그 사람한테서 세 통의 편지를 더 받았어요. 한 번은 캘리포니아에서, 또 한 번은 중국에서, 마지막 편지는 오스트레일리아에서 왔어요. 거기에는 그가 금광으로 갈 거라는 내용이 적혀 있었어요. 그런데 그 뒤로는 아무 소식도 못 들었어요.

봔겔 그 사람은 당신에게 이상한 힘을 미치게 했던 게로군.

엘리다 네, 그래요. 그는 무서워요!

봔겔 그렇지만 이제 다시는 그 사람을 생각하지 말아요. 언제고 말이오. 엘리다, 내게 그러겠다고 약속해요. 그리고 이제 우리는 당신 마음속의 그 생각들을 떨쳐버릴 수 있도록 해야겠소. 우선 신선한 공기가 필요해요. 여기 피오르보다 더 신선한 공기 말이오. 생기 있고 신선한 바다 공기, 그게 어떻소?

엘리다 아, 그런 말씀 마세요. 생각도 하지 마세요. 그건 나에게 소용없을 거예요! 확실히 도움이 안 돼요. 나는 그 일을 떨쳐버릴 수 없을 거예요. 다른 곳으로 가도 말이에요.

봔겔 뭐라고? 엘리다, 그게 무슨 뜻이오?

엘리다 이 무서운 일 말이에요. 그가 내 마음에 미치는 설명하기 어려운 이 힘 말이에요.

봔겔 하지만 당신은 이미 그걸 떨쳐버린 거요. 오래전에, 당신이 그 사람과 관계를 끊었을 때 말이오. 그것은 오래전에 다 끝나버린 거요.

엘리다 (벌떡 일어서며) 아니에요. 끝나지 않았어요.

봔겔 끝나지 않았다고?

엘리다 네, 여보. 끝나지 않았어요. 더욱 두려운 것은, 그것이 앞으로도 끝나지 않을 것 같아서…… 내가 살아 있는 한 말이에요.

봔겔 (목멘 소리로) 당신, 진심으로 그 낯선 사람을 잊을 수 없다는 거요?

엘리다 나는 그 사람을 잊었어요. 그렇지만 그때 그가 다시 온 것 같았어요.

봔겔 그게 언제였소?

엘리다 3년쯤 전이었어요. 어쩌면 약간 더 됐을지도 모르겠네요. 내가 어린애를 기다리고 있을 때였어요.

봔겔 아, 바로 그때? 그래요. 엘리다, 이제 모든 걸 알 것 같소.

엘리다 틀렸어요, 여보. 이 세상 어느 누구도 나에게 일어난 이 일을 이해할 수는 없어요.

봔겔 (마음 아픈 듯이 엘리다를 쳐다보며) 당신은 지난 3년 동안 다른 사람을 사랑하고 있었군. 나는 전혀 사랑하지 않고, 다른 사람을 사랑하다니!

엘리다 아, 잘못 아신 거예요. 나는 당신 말고는 어느 누구도 사랑하지 않아요.

봔겔 (낮은 목소리로) 그렇다면 왜 이제 와서 당신은 내 아내로서 나와 함께 살기를 원치 않는 거요?

엘리다 그건 두려움 때문이에요. 그 낯선 사람에 대한 두려움 말이에요.

봔겔 두려움이라고?

엘리다 네, 두려워요. 너무나 두려워요. 그건 바다에서 올 거라는 생각이 들어요. 여보, 이제 당신에게 말할 테니……

젊은 사람들이 왼쪽에서 나와서 인사하고 오른쪽으로 간다. 그들과 함께 안홀름, 볼레타, 힐데, 그리고 링스트란드가 온다.

볼레타 (지나가면서) 어머! 아직까지 여기 계셨어요?

엘리다 그래. 여기는 아주 아름답고 시원하구나.

안홀름 우리는 춤추러 내려가는 중입니다.

봔겔 좋군요. 우리도 곧 내려갈게요.

힐데 그럼 있다 봐요.

엘리다 링스트란드, 잠깐만……

링스트란드가 기다린다. 안홀름, 볼레타, 힐데는 오른쪽으로 나간다.

엘리다 (링스트란드에게) 당신도 춤추려고요?

링스트란드 아니에요, 봔겔 부인. 전 추지 않는 게 낫겠어요.

엘리다 그래요, 조심해야 해요. 가슴 말이에요. 아직 좋지 않아요.

링스트란드 네, 아주 좋지 않아요.

엘리다 (약간 주저하면서) 배를 탄 지 얼마나 오래됐나요?

링스트란드 제가 다치던 그때 말인가요?

엘리다 그래요. 오늘 아침에 얘기하던 그 항해 말이에요.

링스트란드 아, 약…… 가만있자. 네, 약 3년 전이에요.

엘리다 3년……

링스트란드 아니면 조금 더 됐을 거예요. 우리는 2월에 미국을 떠나서 3월에 재난을 당했어요. 봄 강풍을 만났던 거예요.

엘리다 (봔겔을 보며) 그때가 바로 그때였어요.

방겔 그렇지만 엘리다…….

엘리다 링스트란드, 먼저 가봐요. 하지만 춤을 추진 마요.

링스트란드 추지 않을 거예요. 그냥 구경만 할 거예요. (오른쪽으로 나간다)

방겔 여보, 왜 그 항해에 대해서 물어보지 않았소?

엘리다 존스톤이 그 배에 있었어요. 확실해요.

방겔 왜 그렇게 생각하지?

엘리다 (대답은 하지 않고) 그 항해 중에 그는 내가 자기가 없는 동안 다른 사람과 결혼한 것을 알았던 거예요. 그리고 그게 나를 덮친 것은 바로 그때였어요.

방겔 지금 그 두려움 말이오?

엘리다 네. 갑자기 그가 보여요. 저기에 서 있어요. 바로 내 앞에요. 아니, 좀 옆으로. 그는 나를 보지 않아요. 그냥 저기 서 있을 뿐이에요.

방겔 어떻게 생겼소?

엘리다 내가 마지막으로 그를 보았던 그대로예요.

방겔 10년 전 말이오?

엘리다 네, 브라트해머에서요. 지금 아주 명확히 보이는 것은 그의 넥타이 핀이에요. 그 안에 박힌 값비싼 진주가 보여요. 죽은 고기의 눈알처럼 나를 노려보는 것 같아요.

방겔 맙소사! 당신은 생각보다 큰 병에 걸렸소. 엘리다, 당신이 알고 있는 것보다 중병이오.

엘리다 네, 그래요. 날 좀 도와주세요. 나에게 다가오는 것 같아요. 점점 더 가까이 말이에요.

방겔 당신은 3년 내내 이런 것에 골몰하고 있었던 거요. 남몰래 이처럼 고통을 받으며 말이오. 나에게 이야기도 하지 않고…….

엘리다 난 이야기할 수 없었어요. 지금에야 말하지 않으면 안 됐어요. 당신을 위해서 말이에요. 내가 이 모든 것을 전에 말했더라면 말 못할 일도 당신에게 해야 했을 거예요.

방겔 말 못할 일이라니?

엘리다 아니에요. 묻지 마세요. 한 가지 다른 일이에요. 그게 전부예요. 여보, 죽은 어린아이 눈에 대한 미스터리는 어떻게 풀죠?

뱅겔 엘리다, 그건 분명 당신의 상상일 뿐이오. 그 아이의 눈은 완전히 정상이었소. 다른 아이들의 눈처럼 말이오.

엘리다 아니, 그렇지 않았어요. 당신도 그걸 보셨잖아요. 그 아이의 눈은 바깥을 따라서 색깔이 변했어요. 저 피오르가 고요하고 햇빛이 비칠 때는 그 아이의 눈도 그랬어요. 하지만 저 피오르에 폭풍우가 칠 때는…… 아, 당신은 못 봤지만 나는 그것을 봤어요.

뱅겔 (그녀를 달래듯) 응, 그럴 수도 있지. 하지만 그게 사실이라 하더라도 그게 어떻단 말이오?

엘리다 (부드럽게 가까이 다가가면서) 난 전에도 그런 눈을 본 적이 있어요.

뱅겔 어디서?

엘리다 브라트해머에서요. 10년 전에 말이에요.

뱅겔 (뒷걸음질하면서) 그게 무슨 뜻이오?

엘리다 (낮은 목소리로 떨면서) 그 아이의 눈은 그 사람의 눈을 닮았어요.

뱅겔 (무의식적으로 소리를 지르며) 엘리다!

엘리다 (절망적으로 자기 머리를 손으로 때리며) 내가 왜 당신의 아내로서 당신과 함께 살 수 없는지, 당신과 함께 살 엄두를 내지 못하는지 이젠 아시겠죠? (갑자기 돌아서서 오른쪽 비탈길로 뛰어내려간다)

뱅겔 (그녀를 따라 뛰어가면서 소리를 지른다) 여보! 여보! 가엾고 불쌍한 엘리다!

제3막

의사 뽠겔의 집 정원의 외진 구석. 그곳은 축축한 습지로 오래된 큰 나무들이 무성하다. 오른쪽으로는 컴컴한 연못의 가장자리가 보인다. 정원과 도로 사이에 말뚝 울타리가 낮게 쳐져 있고, 그 뒤쪽으로 피오르가 보인다. 아주 멀리 피오르 너머로 산마루와 산봉우리가 있다. 때는 늦은 오후, 거의 저녁때가 다 된 시각이다.

볼레타가 왼쪽 바위 위에 앉아서 바느질을 하고 있다. 옆에는 몇 권의 책과 반짇고리가 놓여 있다. 힐데와 링스트란드는 낚시도구를 갖고 연못 가장자리에 서 있다.

힐데 (링스트란드에게 몸짓을 하며) 움직이지 말아요. 큰 게 보여요!
링스트란드 (쳐다보면서) 어디요?
힐데 (가리키면서) 안 보여요? 바로 저 아래 말이에요. 어머나! 또 한 마리가 보여요. (나무들 사이를 보면서) 에이, 두 분 때문에 놀라 달아나겠어요!
볼레타 (위를 올려다보며) 누구니?
힐데 언니의 가정교사야.
볼레타 내 가정교사라고?
힐데 응. 내 선생님은 아니거든.
안홀름 (오른쪽 나무 사이로 걸어오면서) 연못에 아직도 고기가 있나?
힐데 네. 아주 오래된 잉어가 있어요.
안홀름 오, 그 늙은 잉어들이 아직도 살아 있어?
힐데 네. 그것들은 노련해요. 그렇지만 우리가 그중 몇 마리를 꼭 잡고 말 거예요.
안홀름 피오르에 나가서 시도해 보는 게 더 좋을 텐데.

링스트란드 아니에요. 연못이 더 신비스러워요.
힐데 그래요. 여기가 훨씬 더 매력적이에요. 바다에 갔다오셨어요?
안홀름 그래. 수영은 잘 못하지만.
힐데 배영할 수 있어요?
안홀름 못 해.
힐데 난 할 수 있어요. (링스트란드에게) 다른 쪽에 가서 해봐요.

그들은 연못을 돌아서 오른쪽으로 간다.

안홀름 (볼레타에게 가서) 볼레타, 혼자 계속 그렇게 앉아 있나?
볼레타 네, 전 늘 그래요.
안홀름 어머니는 정원에 안 계시고?
볼레타 네. 아마 아버지와 함께 산책 나가셨을 거예요.
안홀름 어머니는 오늘 오후에 뭘 하셨지?
볼레타 잘 몰라요. 깜박 잊고 물어보지 못했어요.
안홀름 저 책들은 뭐지?
볼레타 하나는 식물학 책이고, 하나는 지리 책이에요.
안홀름 그런 책 잘 읽나?
볼레타 네, 시간 있을 때는요. 하지만 집안을 먼저 돌봐야 해요.
안홀름 어머니가, 아니 새어머니가 집안일을 도와주지 않나?
볼레타 그건 제가 할 일이거든요. 저는 아버지가 혼자 계시던 2년 동안 집안을 돌봐야 했어요. 그리고 그 뒤로도 계속 제가 해왔어요.
안홀름 그래도 전처럼 여전히 책 읽는 건 좋아하지?
볼레타 네. 제가 구할 수 있는 진지한 책들은 모두 읽어요. 세상에 대해서 좀 더 많이 알고 싶거든요. 우리는 세상 돌아가는 일에서 완전히 차단되어 있어요. 거의 완전히 말이에요.
안홀름 하지만 볼레타, 그런 말은 하는 게 아냐.
볼레타 하지만 사실이에요. 우리는 저기 연못의 잉어와 같은 생활을 하고 있는 것 같아요. 그 잉어들 아주 가까이에는 피오르가 있어요. 많은 고기들이 그곳을 자유스럽게 들락거리며 헤엄쳐 다니죠. 그렇지만 이 길들여진 불쌍한 잉어들은 아무것도 모르고 있어요. 피오르의 고기들과 어울릴 수도 없고요.

안홀름 피오르에 있는 고기들이 거기 산다고 해서 형편이 아주 좋다고는 생각되지 않아.

볼레타 제겐 그 고기들이 아주 사정이 나쁜 것 같지는 않아요.

안홀름 게다가 볼레타가 세상과 완전히 차단되어 있다고 말할 수는 없어. 어쨌든 여름에는 말이야. 요즈음 이곳은 제법 사교계의 모임장소가 되고 있거든. 많은 사람이 들락거리는 합류점이 되고 있어.

볼레타 (미소를 지으면서) 네, 그건 선생님이 오가면서 우리를 놀리시는 것에 지나지 않아요.

안홀름 내가? 놀린다고? 왜 그렇게 생각하지?

볼레타 사교계의 모임장소라든가 합류점이라는 얘기 말이에요. 그건 단지 선생님이 여기 사람들이 하는 이야기를 들으신 것에 불과해요. 그들은 언제나 그런 식으로 말하거든요.

안홀름 그래. 그건 인정하지.

볼레타 그건 사실이 아니에요. 1년 내내 여기서 사는 우리에겐 말이에요. 외부의 많은 사람이 이곳을 자정의 태양을 보기 위해 지나간다고 가정해 보세요. 그렇지만 그게 우리에게 무슨 이득이 되겠어요? 우리는 그들을 따라갈 수 없어요. 우리에겐 분명 자정의 태양은 없는 거예요. 그렇죠, 우리는 단지 우리의 잉어 연못 안에서 생활을 해야만 하거든요.

안홀름 (볼레타 옆에 앉으며) 볼레타, 말해봐. 무슨 특별한 게 없니? 내 말은 볼레타가 여기 집에서 하고 싶은 것 말이야.

볼레타 네, 있을 거예요.

안홀름 그게 뭐지? 특별히 희망하는 게?

볼레타 집을 떠나고 싶은 거예요.

안홀름 어떤 것보다도 더?

볼레타 네. 그리고 좀 더 배우고 싶어요. 정말 모든 것을 알았으면 좋겠어요.

안홀름 내가 볼레타를 가르칠 때 너희 아버지는 가끔 볼레타를 대학에 진학시켜야 한다고 말씀하셨는데……

볼레타 그랬어요. 불쌍한 아버지는 많은 말씀을 해주셨어요. 하지만 정작 중요한 부분에 이르면 그만 풀이 꺾여 버리고 말아요.

안홀름 아냐. 그 말이 맞을까봐 두려운 거지? 아버지는 안 그러셔. 그런데 그런 것에 대해 아버지한테 말씀드려본 적 있어? 아주 진지하게 말이야.

볼레타 아니, 없어요.

안홀름 볼레타, 말씀드려봐. 너무 늦기 전에. 왜 하지 않지?

볼레타 그건 제게 진정한 용기가 없어서일 거예요. 분명히 아버지를 닮은 거예요.

안홀름 흠. 자신에게 좀 부당하지 않은가?

볼레타 아니에요. 게다가 불행하게도 아버지는 저에 관한 것이나 저의 미래에 대해 생각하실 시간이 없으세요. 그리고 의향도 없으시고요. 아버지는 도와주실 수 있다 하더라도 그것을 귀찮아하세요. 아버지는 새어머니에게 완전히 빠지셨어요.

안홀름 빠져? 어떻게?

볼레타 제 말뜻은 아버지와 새어머니가…… (말을 중단한다) 그런데 선생님은 아버지와 어머니가 그분들만의 세상에서 살고 계신 걸 모르세요?

안홀름 볼레타가 이곳에서 빠져나가려고 하는 더 큰 이유가 바로 그거였구나.

볼레타 네. 하지만 저는 그렇게 할 권리가 없다는 걸 느껴요. 아버지를 버려서는 안 되거든요.

안홀름 그렇지만 볼레타, 어느 땐가는, 어떤 경우든 아버지를 떠나야 할 게 아냐? 내 생각엔 빠를수록 좋을 것 같은데.

볼레타 그래요. 다른 길은 없다고 생각해요. 저도 깊이 생각해 봐야 해요. 그런 자리를 찾아야만 해요. 아버지가 돌아가시게 되면 난 의지할 사람이 없을 거예요. 하지만 아버지가 불쌍해요. 아버지 곁을 떠난다는 생각을 하면 두려워요.

안홀름 두렵다고?

볼레타 네. 아버지 때문이에요.

안홀름 그렇지만 이거 큰일이군. 새어머니가 있잖아. 어머니가 아버지와 함께 있을 텐데.

볼레타 네. 하지만 새어머니는 돌아가신 어머니가 아주 잘해내셨던 일들을 해낼 수가 없어요. 새어머니는 모르는 일이 아주 많거든요. 아마 알려고도 하지 않을 거예요. 아니면 관심이 없던가…… 전 그 둘 중 어느 쪽인지 잘 모르겠어요.

안홀름 무슨 뜻인지 알 것 같군.

볼레타 아버지가 불쌍해요. 어떤 의미에서 아버지는 아주 허약하세요. 선생님은 아마 아셨을 거예요. 아버지에겐 시간을 메우실 일이 많지 않아요. 그래서 어머니는 아버지를 전혀 도우실 수 없는 거예요. 그에 대한 책임은 아버지 자신에게 있지만요.

안홀름 왜 그렇게 생각하지?

볼레타 아버지는 자기 주위에서 늘 즐거운 표정만을 보고 싶어하세요. 아버지 말씀에 따르면요, 집안에는 햇빛과 행복이 있어야 한대요. 저는 아버지가 어머니에게 결국은 아무런 도움도 안 될 약을 가끔 드리는 것이 겁이 나요.

안홀름 정말 그렇게 생각해?

볼레타 네, 그렇게 생각할 수밖에 없어요. 가끔 어머니가 아주 이상해서 그래요. (강렬하게) 제가 집에 머물러 있어야 하는 것도 다 그런 이유 때문이죠. 그게 아버지에게는 정말 아무런 소용이 안 되니 말이에요. 게다가 저는 저 자신에게도 어떤 의무가 있다고 생각해요.

안홀름 볼레타, 우리 이 문제에 대해서 좀 더 얘기해 봐야 되겠어.

볼레타 이야기한들 무슨 소용이 있겠어요? 저는 어차피 여기 머물러 있어야 할 몸인걸요.

안홀름 절대 그렇지 않아. 그건 모두 볼레타에게 달려 있는 거야.

볼레타 (진지하게) 그렇게 생각하세요?

안홀름 그럼. 내 말을 믿어. 모든 것은 볼레타 마음에 달렸어.

볼레타 그렇다면 아버지한테 저에 대해서 잘 좀 얘기해 주세요.

안홀름 물론이지. 하지만 볼레타, 우선 우리가 아주 솔직하고 허심탄회한 대화를 나눠야겠어. (왼쪽을 내다보다가) 쉬, 그만 얘기해. 나중에 하지.

엘리다가 왼쪽에서 들어온다. 그녀는 모자를 쓰지 않고 머리와 어깨에 큰 숄을 두르고 있다.

엘리다 (불안한 기분으로) 아, 여기가 재미있네. 아주 아름답고.
안홀름 (일어서면서) 산책 갔다 왔나요?
엘리다 네. 그이와 오랫동안 재미있게 산책했어요. 이젠 배를 타러 갈 참이에요.
볼레타 앉으세요.
엘리다 괜찮아, 앉고 싶지 않구나.
볼레타 (자리를 옮기면서) 자리가 넉넉해요.
엘리다 (왔다 갔다 하면서) 아냐, 앉을 수 없어. 정말 앉을 수가 없구나.
안홀름 산책이 부인에게 아주 좋았던 모양이군요. 아주 상쾌한 것 같아요.
엘리다 네. 정말 기분이 좋아요. 즐겁고요. 그리고 안전해요. (왼쪽을 내다보며) 저기 들어오고 있는 큰 배는 무슨 배지?
볼레타 (일어나서 바라보며) 영국 배일 거예요.
안홀름 저 배가 정박하고 있던데. 보통 여기서 기항하나?
볼레타 반 시간 동안만요. 그러고 나서는 피오르 위로 올라가요.
엘리다 그리고 내일 다시 항해를 위해 넓은 바다로, 바다 건너 멀리, 배와 함께 간다는 걸 상상해 보세요. 그렇게 할 수 있다면…… 그렇게만 할 수 있다면!
안홀름 봔겔 부인, 오랫동안 항해해 보신 적 있나요?
엘리다 아뇨, 없었어요. 여기 피오르에서 배를 조금 타보았을 뿐이에요.
볼레타 (한숨을 쉬며) 아니에요. 우리는 메마른 대지에서 참고 견뎌야 해요.
안홀름 그건 우리의 자연적인 요소지.
엘리다 아니, 나는 그렇게 생각하지 않아요.
안홀름 마른 대지가 요소가 아니라고요?
엘리다 네, 절대 그렇다고 생각지 않아요. 사람들이 애초에 바다 위나 아니면 바닷속에서 살기를 택했더라면 우리는 현재와 아주 다른 완벽한 삶에 이르렀을 거예요. 더 나은, 더 행복한 위치에 말이에요.
안홀름 정말 그렇다고 생각해요?
엘리다 네, 왜 안 그렇겠어요. 나는 가끔 남편에게 그것에 대해 얘기했어요.

안홀름 그분은 뭐라고 하시던가요?

엘리다 내가 옳을지도 모른다고 하세요.

안홀름 (농담으로) 그걸 누가 알겠어요? 그렇지만 이미 이루어진 건 이루어진 거예요. 우리는 단 한 번 길을 잘못 들어선 거예요. 그래서 바다동물이 아닌 육지동물이 되어버린 겁니다. 아무리 생각을 해도 이젠 너무 늦어서 바로 세워놓을 수 없어요.

엘리다 네, 그건 사실이에요. 불행하게도 말이에요. 나는 인류도 그것을 알고 있다고 생각해요. 그런데 그것이 남모를 후회와 슬픔으로 나를 괴롭혀요. 내 말을 믿으세요. 그게 바로 온 인류가 불행해진 가장 근본적인 이유예요. 그건 확실해요.

안홀름 그렇지만 봔겔 부인, 나는 인류가 그렇게 비참하다고는 생각지 않습니다. 오히려 대부분의 사람들이 즐겁고 행복한 생활을 하고 있다고 말하고 싶어요. 신중하고도 자연발생적인 기쁨으로 가득 찬 생활을 하고 있다고 말이에요.

엘리다 그렇지 않아요. 우리의 기쁨은 길고도 밝은 여름날에 얻는 기쁨과 같은 거예요. 거기에는 앞으로 다가올 어둠이 들어 있어요. 그리고 그 어둠이 온 인류의 기쁨을 덮어 버려요. 떠다니는 구름이 피오르를 그 그림자로 뒤덮어 버리는 것과 같죠. 그것은 아주 푸르게, 그리고 빛을 내고 있다가 다음엔……

볼레타 자, 그렇게 슬픈 생각은 그만하세요. 조금 전에는 아주 밝고 즐거워 하셨잖아요?

엘리다 그래, 그랬었지. 난 정말 너무 어리석구나. (불안하게 주위를 돌아보다가) 네 아버지께서 오셨으면 좋겠다. 틀림없이 약속을 했는데 아직 안 오시는구나. 잊으신 모양이야. (안홀름을 바라보며) 선생님, 그이를 찾아보시지 않겠어요?

안홀름 네, 그러지요.

엘리다 그 사람이 지금은 보이지 않거든요. 빨리 오라고 좀 해주세요.

안홀름 그 사람이 보이지 않다니요?

엘리다 아, 선생님은 모르세요. 나는 자주 그 사람이 나와 함께 있지 않으면 그가 어떻게 생겼는지 기억 못해요. 그래서 나는 그를 아주 잃어버린 것처럼 느낀답니다. 그리고 그 때문에 나는 매우 당황하게 되거든요. 빨리 서둘러 주세요. (연못을 향해 걸어간다)

볼레타 (안홀름에게) 같이 갈까요? 선생님은 어딘지 모르실 거예요.

안홀름 걱정하지 마. 찾을 수 있어.

볼레타 (목소리를 갑자기 낮추며) 하지만 전 걱정이 되는군요. 아버지가 배를 타셨을까봐 두려워요.

안홀름 두려워?

볼레타 아버지는 대개 배에 아는 사람이 타고 있는지 보러 가세요. 그다음엔 술집에……

안홀름 아, 그럼 함께 가지. (볼레타와 함께 왼쪽으로 나간다)

엘리다는 잠깐 연못을 응시하며 서 있다. 가끔 띄엄띄엄 혼잣말을 한다. 정원 울타리 너머 보도에는 여행복 차림의 낯선 사람이 왼쪽에서 온다. 그는 텁수룩한 붉은 머리와 수염을 기르고 있다. 머리에는 스코틀랜드 모자를 쓰고 어깨에는 끈 달린 가방을 메고 있다.

낯선 사람 (울타리를 따라 천천히 걸으며 정원을 들여다본다. 그러다가 엘리다를 발견하고 걸음을 멈추고는 유심히 바라보다가 부드럽게 말을 건다) 잘 있었소, 엘리다?

엘리다 (돌아서며 소리친다) 아, 여보! 마침내 오셨군요.

낯선 사람 그렇소, 마침내!

엘리다 (공포에 질린 놀란 표정으로 그를 바라보며) 당신은 누구시죠? 누굴 찾고 있나요?

낯선 사람 내가 누군지 모르겠소?

엘리다 (뒤로 물러서며) 글쎄요? 어떻게 감히 나에게 그런 말을 하죠? 당신이 찾고 있는 사람이 누군데……?

낯선 사람 난 당신을 찾고 있소.

엘리다 아! (그녀는 잠깐 그를 바라보다가 비틀거리며 뒤로 물러선다. 그러고는 질식할 듯한 소리를 지른다) 당신의 눈! 당신의 눈!

낯선 사람 엘리다, 이제야 날 알아보는군. 난 당신인 줄 단번에 알았다오.

엘리다 당신 눈! 그렇게 나를 보지 말아요. 사람을 부를 거예요.

낯선 사람 조용히, 조용히 해요! 무서워하지 말아요. 당신을 해치려는 게 아니오.

엘리다 (손으로 자기 눈을 가리며) 그런 눈으로 날 보지 말랬잖아요!

낯선 사람 (팔을 울타리에 기대며) 영국 배를 타고 왔소.

엘리다 (겁에 질린 표정으로 바라보면서) 나에게 뭘 원하죠?

낯선 사람 난 당신한테 약속했소. 될 수 있는 대로 빨리 돌아올 거라고 말이오.

엘리다 가세요. 다신 오지 마세요. 절대로, 절대로 이곳으로 돌아오지 마세요. 나는 당신에게 편지로 얘기했어요. 우리 사이의 모든 것은 끝나야 한다고요. 영원히 말이에요. 그거 알고 있죠?

낯선 사람 (그 말에는 대답하지 않고 침착하게) 엘리다, 난 오래전에 당신에게 오고 싶었소. 그렇지만 할 수 없었소. 이제야 겨우 올 수 있었소. 엘리다, 그래서 이렇게 왔소.

엘리다 나에게 뭘 원하세요? 뭘 생각하고 있는 거예요? 여기엔 왜 왔나요?

낯선 사람 그건 당신이 알고 있지 않소? 난 당신을 데리러 왔소.

엘리다 (공포에 싸여 뒷걸음질하면서) 나를 데려간다고? 당신이 하려는 게 그건가요?

낯선 사람 그렇소.

엘리다 하지만 당신은 내가 결혼한 것을 아시잖아요?

낯선 사람 알고 있소.

엘리다 그런데도 왔어요? 나를 데려가려고?

낯선 사람 그렇소.

엘리다 (자기 머리를 손으로 꽉 감싸며) 아, 이건 소름끼치는 일이야.

낯선 사람 가고 싶지 않소?

엘리다 (사납게) 그렇게 나를 보지 말아요!

낯선 사람 당신에게 물어보고 있는 거요. 가고 싶지 않소?

엘리다 아뇨, 아뇨, 아뇨 절대 가고 싶지 않아요. 가고 싶지 않아요. 갈 수도 없고 가고 싶지도 않아요. (낮은 목소리로) 나는 감히 갈 용기도 없어요.

낯선 사람 (울타리를 넘어 정원 안으로 들어와서) 좋아요, 엘리다. 그렇지만 내가 가기 전에 한 가지만 얘기해 둘 게 있소.

엘리다 (도망치려고 하나 할 수 없다. 공포에 질려서 온몸이 마비된 채 서 있다. 연못 옆의 나무뿌리에 의지하고 서 있다) 내게 손대지 말아요. 가까이 오지 말아요. 거기 그대로 서 있어요. 이봐요, 내게 손대지 말아요!

낯선 사람 (엘리다에게 조심스럽게 몇 발짝 다가서면서) 엘리다! 나를 두려워할 것 없어요.

엘리다 (두 손으로 자기 눈을 가리면서) 그렇게 날 쳐다보지 말아요.

낯선 사람 두려워하지 말아요.

의사 봔겔이 왼쪽에서 정원으로 온다.

봔겔 (나무 사이에 서서) 기다리게 해서 미안하오.

엘리다 (그에게 달려가면서 그의 팔에 꽉 매달려서 소리를 지른다) 오, 여보, 살려 주세요! 제발 살려 주세요.

봔겔 엘리다, 왜 그래요?

엘리다 여보, 살려 주세요. 저 사람이 안 보여요? 저기 서 있잖아요.

봔겔 (그를 바라보며) 저 사람은? (그에게 다가간다) 당신은 누구요? 이 정원엔 왜 오셨소?

낯선 사람 (고개를 끄덕이며 엘리다를 가리킨다) 난 저 여자와 얘기를 하고 싶어요.

봔겔 오, 그래요? 그럼 당신이었소? (엘리다에게) 사람들이 내게 낯선 사람이 당신을 찾는다고 집에 가보라고 하더군.

낯선 사람 네, 그게 나였소.

봔겔 내 아내에게 뭘 원하시오? (돌아서며) 엘리다, 이 사람을 아오?

엘리다 (낮은 목소리로 손을 비틀면서) 그를 아느냐고요? 네, 알아요.

봔겔 (빠르게) 그럼?

엘리다 오, 여보. 이 사람이 그 사람이에요. 이 사람이 바로 내가 얘기한 그 남자예요.

봔겔 뭐라고? 당신 말은…… (돌아서며) 당신이 존스톤이오?

낯선 사람 글쎄. 나를 존스톤이라고 부를 수도 있겠죠. 상관없어요. 그렇지만 내가 나를 그렇게 부르지는 않아요.

봔겔 아니라고요?

낯선 사람 더 이상은 그렇게 안 불러요. 안 부르죠.

봔겔 당신이 내 아내에게 뭘 원할 수 있단 말이오. 등대지기의 딸은 오래전에 결혼했다는 것을 당신은 확실히 알아야 해요. 그리고 그녀가 결혼한 남자도 알아야 하고요.

낯선 사람 난 3년이 넘는 세월 동안 그걸 알고 있었어요.

엘리다 (흥분해서) 어떻게 알았어요?

낯선 사람 내가 당신에게 오기 위해 귀항하고 있을 때 오래된 신문을 우연히 보게 됐지. 그 신문은 이 지방에서 발행된 것이었소. 거기 당신이 결혼한 얘기가 나왔더군.

엘리다 (자기 앞을 똑바로 바라보면서) 나의 결혼…… 그래서요?

낯선 사람 나는 그걸 믿을 수 없었소. 왜냐하면 우리가 반지를 연결했을 때, 그것 역시 결혼이었기 때문이었소.

엘리다 (두 손으로 얼굴을 감싸며) 아!

봔겔 당신이 어떻게 감히…….

낯선 사람 잊어버렸소?

엘리다 (그가 쳐다보는 걸 의식하고 소리 지른다) 그렇게 서서 나를 보지 말아요!

봔겔 (그들 사이에 서서) 나와 얘기해요. 내 아내와 하지 말고. 자, 당신이 그렇게 둔한 사람이 아니라면 이미 상황을 알고 있으면서 도대체 왜 내 아내를 찾아온 거요? 용건이 뭐요?

낯선 사람 난 엘리다에게 약속했어요. 될 수 있는 대로 빨리 돌아오겠다고 말입니다.

봔겔 부디 저 사람을 엘리다라고 부르지 말아요.

낯선 사람 그리고 엘리다는 내가 올 때까지 기다리겠다고 굳게 약속했소.

봔겔 당신은 내 아내를 세례명으로 부르도록 해요. 여기서는 그런 허물없는 표현은 쓰지 않습니다.

낯선 사람 알겠소. 하지만 내가 저 여자에 대해 첫 번째 권리를 가지고 있으니…….

뷘겔 당신이? 그렇지만…….

엘리다 (뷘겔 뒤에 움츠리면서) 아, 저 사람은 나를 그냥 내버려두지 않을 거예요.

뷘겔 이 사람이 당신 소유라는 거요?

낯선 사람 저 여자가 두 개의 반지에 대해서 얘기한 적이 없나요? 엘리다의 반지와 내 반지 말입니다.

뷘겔 했소. 하지만 그게 어떻단 말이오? 저 사람은 이미 오래전에 끝냈어요. 당신은 저 사람의 편지를 받았을 테니 그것을 아주 잘 알고 있을 거 아닙니까.

낯선 사람 엘리다와 나는 우리 반지들의 연결이 결혼이라는 데에 합의를 했소.

엘리다 그렇지만 나는 그걸 기꺼이 승낙한 게 아니었어요. 다시는 당신 말을 듣고 싶지 않아요. 나를 그렇게 쳐다보지 말아요. 나는 그걸 승낙하려고 했던 게 아니에요. 듣고 있나요?

뷘겔 당신이 여기 와서 그렇게 어린애 같은 어리석은 짓을 근거로 권리를 주장할 수 있다고 생각한다면, 당신은 제정신이 아닌 게 틀림없소.

낯선 사람 그건 사실이오. 나는 권리가 없어요. 당신 말대로라면 말입니다.

뷘겔 그러면 어떻게 할 거요? 당신은 저 사람이 싫다고 하는데도 폭력으로 나에게서 저 사람을 빼앗아갈 수 있다고 생각하는 건 아니겠죠!

낯선 사람 하지만 그게 무슨 소용이 있겠소. 엘리다가 나와 함께 가기를 원한다면 그녀의 자유의지로 가야 해요.

엘리다 (깜짝 놀라 소리 지른다) 내 자유의지라고요?

뷘겔 당신 정말…….

엘리다 (혼잣말로) 내 자유의지는…….

뷘겔 당신은 제정신이 아닌 게 분명해. 꺼져버려! 당신에겐 더 이상 할 말이 없소!

낯선 사람 (시계를 들여다보며) 다시 배를 타야 할 시간이 얼마 남지 않았소. (가까이 오며) 자, 엘리다…… 나는 내가 해야 할 일을 했소. (더 가까이 오며) 나는 당신에게 한 약속을 지켰소.

엘리다 (뒤로 물러나면서 애원한다) 오, 나를 그냥 내버려둬요.

낯선 사람 내일 저녁까지 잘 생각해 보기 바라오.

봔겔 생각할 것도 없어. 그러니 없어져요!

낯선 사람 (여전히 엘리다에게) 배를 타고 피오르 위로 올라가오. 하지만 내일 밤에 다시 올 거요. 와서 당신을 다시 보게 될 거요. 여기서 나를 기다리시오. 당신하고만 이 문제를 해결하는 게 낫겠소. 알겠소?

엘리다 (낮은 목소리로 떨면서) 오, 여보, 들으셨죠?

봔겔 이젠 진정해요. 그를 막을 방법이 있을 거요.

낯선 사람 엘리다, 잘 있어요. 내일 밤에 봅시다.

엘리다 (애원하며) 안 돼요, 안 돼. 내일 밤에 오지 말아요. 두 번 다시 여기 오지 말아요.

낯선 사람 그리고 그때까지 당신이 나와 함께 바다로 가고 싶다고 생각되면……

엘리다 그렇게 날 보지 말아요!

낯선 사람 난 단지 그 말을 하고 싶을 뿐이오. 당신이 원하면 출발할 준비를 해요.

봔겔 여보, 집으로 올라가요.

엘리다 못 가요. 날 도와주세요. 여보, 살려 줘요.

낯선 사람 이걸 기억해요. 당신이 내일 나와 함께 안 가면 모든 게 끝날 거요.

엘리다 (떨면서 그를 쳐다보며) 모든 게 끝나요? 영원히?

낯선 사람 (고개를 끄덕이며) 엘리다, 그때는 아무것도 그것을 바꿀 수 없을 거요. 나는 이 지방에 다시는 돌아오지 않아요. 나는 죽은 것이나 마찬가지일 테고, 영원히 당신에게는 잃어버린 사람이 되고 말 거요.

엘리다 (숨을 멈추고) 아!

낯선 사람 그러니 결정하기 전에 잘 생각해요. 안녕. (그는 울타리를 다시 넘는다. 그러고는 멈춰서서 말한다) 그래요, 엘리다. 내일 밤에 떠날 준비를 해요. 그때가 바로 내가 당신을 데리러 올 때니까 말이오. (그는 조용히 여유 있게 길을 따라서 오른쪽으로 사라진다)

엘리다 (잠깐 그가 가는 걸 쳐다보다가) 나 자신의 자유의지라고 그가 말했어요. 아시죠? 내가 내 자유의지로 그와 함께 가야 한다고 그가 말했어요.

뵁겔 조용히, 이제 조용히 해요. 그는 갔소. 당신은 다시는 그 녀석을 안 볼 거요.

엘리다 어떻게 그렇게 말할 수 있어요? 내일 저녁에 또 그가 올 텐데요?

뵁겔 올 테면 오라지. 무슨 일이 있어도 당신은 그를 볼 필요가 없을 거요.

엘리다 (머리를 흔들며) 오, 여보! 당신이 그를 막을 수 있다고는 믿지 마세요.

뵁겔 그건 모두 나에게 맡겨요.

엘리다 (그의 말은 듣지 않고 깊은 생각에 잠겼다가) 그가 내일 저녁 언제쯤 여기에 올까……? 그리고 언제 배를 타고 바다를 건너 항해를 할까……?

뵁겔 그때엔…….

엘리다 그가 정말 절대로 되돌아오지 않을까요?

뵁겔 여보, 오지 않아. 확신할 수 있소. 이제 그가 여기에서 뭘 할 수 있겠소? 당신 입으로 그와는 더 이상 아무 관계가 없다는 걸 말했는데 말이오? 모든 게 끝났소.

엘리다 (혼잣말로) 내일, 그러고 나면 절대로…….

뵁겔 그 뒤에 다시 여기에 올 결심을 한다면…….

엘리다 (진지하게) 그렇다면요?

뵁겔 그러면 우리가 그를 처리할 수 있소.

엘리다 어떻게 그렇게 확신하죠?

뵁겔 정말 할 수 있소. 당신을 그에게서 자유롭게 할 방법이 없다면 그땐 그가 선장을 살해한 책임을 져야 하오.

엘리다 (격렬하게) 안 돼요, 안 돼! 당신은 그렇게 할 수 없어요. 우리는 선장의 살해에 대해서는 아무것도 몰라요. 전혀 아무것도요.

뵁겔 아무것도 모른다고? 그가 실제로 당신에게 고백했는데도?

엘리다 그렇지 않아요. 우리는 그것에 대해 아무것도 몰라요. 당신이 어떤 말을 하든 난 그걸 부인할 거예요. 그는 갇혀 있어서는 안 돼요. 그는 저 넓은 바다에 속한 사람이에요. 저기 저 밤에 속해 있는 사람이라고요!

뵁겔 (그녀를 쳐다보며 천천히) 오, 엘리다.

엘리다 (다정하게 그에게 매달리며) 오, 여보. 그 사람에게서 나를 구해 주세요.

봔겔 (그녀에게서 벗어나며 부드럽게) 가요. 나와 함께 갑시다.

링스트란드와 힐데가 낚시도구를 들고 연못가 오른쪽에서 나온다.

링스트란드 (바삐 엘리다에게로 가면서) 오, 봔겔 부인. 부인에게 말씀드릴 특별한 것이 있는데요.
엘리다 그게 뭐죠?
링스트란드 그런 일이 있다니! 우린 그 미국인을 보았어요.
봔겔 미국인?
힐데 네, 저도 그를 보았어요.
링스트란드 그가 정원 뒤를 돌아서 갔어요. 지금은 큰 영국 배를 탔어요.
봔겔 그런데 링스트란드, 그를 어떻게 알지?
링스트란드 언젠가 그와 함께 항해를 한 적이 있어요. 분명히 그는 익사했었는데…… 그런데 지금 여기서 보니 틀림없이 그였어요.
봔겔 그에 대해 더 아는 게 있나?
링스트란드 없어요. 그렇지만 그는 분명히 그의 부정한 아내에게 복수하러 돌아온 거예요.
봔겔 그게 무슨 뜻이지?
힐데 링스트란드 씨는요, 그를 석상의 모델로 쓰고 싶어해요.
봔겔 도대체 무슨 얘기를 하고 있는 거지?
엘리다 내가 나중에 모두 설명해 드릴게요.

안홀름과 볼레타가 정원 울타리 밖 길을 따라 왼쪽에서 온다.

볼레타 (정원에다 대고 소리를 지른다) 이리 와서 보세요! 영국 배가 막 피오르 위로 올라가고 있어요. (큰 배가 멀리서 천천히 미끄러져간다)
링스트란드 (대문 옆에서 힐데에게) 그는 오늘 저녁 분명히 그 여자를 찾아낼 거예요.
힐데 (고개를 끄덕이면서) 부정한 아내, 그럴 거예요.
링스트란드 그런 일이 있을 수 있다니…… 한밤중에!

힐데 오, 전 흥분되는군요!
엘리다 (배를 바라보며) 내일…….
봔겔 하지만 다시 오지 않을 거요.
엘리다 (부드러운 목소리로 떨면서) 오, 여보. 나 자신에게서 나를 구해 주세요.
봔겔 (그녀를 근심스럽게 바라보며) 엘리다, 내 생각엔…… 내 것을 좀 붙잡아요.
엘리다 네…… 그 끄는 힘…….
봔겔 끄는 힘?
엘리다 그 사람은 바다와 같아요.

 엘리다는 천천히 그리고 생각에 잠겨서 정원을 가로질러 왼쪽으로 나간다. 봔겔은 그녀를 유심히 지켜보며 그녀 옆에서 걱정스러운 듯이 걸어간다.

제4막

의사 반겔의 정원실. 왼쪽과 오른쪽에 창문이 하나씩 있고 두 창문 사이 뒤쪽으로는 베란다로 통하는 프랑스식 창문이 열려 있다. 정원의 일부분이 아래에 보인다. 왼쪽에는 소파가 하나 있고 앞에 탁자가 놓여 있다. 오른쪽에는 피아노가 한 대 있고 그 뒤로 식물들을 올려놓는 큰 진열대가 있다. 마루 가운데에는 둥근 탁자가 있고 그 주위로 의자들이 놓여 있다. 탁자 위에는 덩굴장미가 꽃이 핀 채 놓여 있고 방 여기저기 다른 꽃들이 놓여 있다. 때는 아침이다.

볼레타는 방 왼쪽 탁자 옆 소파에 앉아 수를 놓고 있다. 링스트란드는 그 탁자 끝의 의자에 앉아 있다. 발레스테드는 정원에 앉아 그림을 그리고 힐데는 그 옆에 서서 구경한다.

링스트란드 (탁자에 팔꿈치를 대고 한동안 조용히 앉아 있다가 볼레타가 수를 놓고 있는 것을 바라본다) 반겔 양, 그처럼 테두리를 수놓기는 아주 어렵지 않나요?
볼레타 사실은 그렇지 않아요. 수를 세는 것을 잊지만 않으면요.
링스트란드 수를 세다니요? 수를 세어야 하나요?
볼레타 네. 바늘 수 말이에요. 이렇게요.
링스트란드 네, 그렇군요. 생각조차 못했어요. 정말 그건 예술에 가까운데요. 직접 디자인하는 겁니까?
볼레타 네. 모방할 것이 있으면 말이에요.
링스트란드 모방할 게 없으면 하지 않고요?
볼레타 네.
링스트란드 그럼 결국 예술은 아니군요.
볼레타 그렇죠. 그저 솜씨 같은 거예요.

링스트란드 하지만 나는 아가씨가 예술을 배울 수 있을 거라는 생각이 드는데요.

볼레타 아무런 재주가 없는데도요?

링스트란드 그렇더라도…… 아가씨가 진짜 예술가와 늘 함께 있을 수 있다면 말입니다.

볼레타 그러면 내가 그에게서 배울 수 있다고 생각하세요?

링스트란드 일반적 의미로 정확히 배운다는 뜻이 아니라 점차적으로 알게 된다는 거예요. 어떤 기적 같은 거죠.

볼레타 그거 멋진 일이군요.

링스트란드 (잠시 뒤에) 생각해 본 적이 있어요? 다른 게 아니고 결혼에 대해서 말입니다.

볼레타 (그를 힐끗 쳐다보며) 결혼에 대해서…… 아뇨.

링스트란드 난 해보았습니다.

볼레타 정말이세요?

링스트란드 네. 나는 가끔 그런 것들에 대해 생각하곤 해요. 특히 결혼에 대해서 말이에요. 그리고 그런 문제를 다룬 책들을 아주 많이 읽었죠. 나는 결혼이 거의 기적 같은 일이라고 생각해요. 여자는 결혼으로 말미암아 차츰 모습이 변해서 그녀의 남편을 닮게 되는 거죠.

볼레타 남편의 관심을 나누어 갖는다는 뜻인가요?

링스트란드 네, 맞아요.

볼레타 아, 하지만 남편의 능력은요? 남편의 기술과 재주 말이에요.

링스트란드 아, 네. 그것도 마찬가지일 겁니다.

볼레타 그러면 남편이 읽거나 또는 생각해낸 모든 것이 그런 식으로 아내에게 옮겨갈 수 있다고 생각하세요?

링스트란드 네, 난 그렇게 생각해요. 아주 조금씩 조금씩…… 기적과 같아요. 하지만 그것은 진실한 결혼 생활에서만 일어날 수 있는 일이죠. 애정이 있고 진실로 행복한 결혼 생활을 통해서만 말입니다.

볼레타 그러면 남편이 자기 아내에게서 그런 식으로 영향을 받는다고 생각해 본 적은 없나요? 아내처럼 말이에요.

링스트란드 남편이요? 그렇지 않아요. 나는 그렇게 생각해 본 적은 없어요.

볼레타 어째서 남자는 여자와 다른가요?

링스트란드 다르죠. 남자는 자기 일이 있기 때문이에요. 그것이 남자에겐 아주 확고한 안정감을 주거든요. 남자는 자기 소명을 지니고 있어요.

볼레타 모든 남자가 다?

링스트란드 글쎄, 아니, 난 주로 예술가들을 말한 겁니다.

볼레타 예술가가 결혼하는 것이 옳다고 생각하세요?

링스트란드 그렇다고 생각해요. 그가 정말로 사랑하는 사람을 찾을 수 있다면 말이에요.

볼레타 하지만 나는 예술가란 자신의 예술만을 위해서 살아야 한다고 생각해요.

링스트란드 물론 그래야죠. 하지만 그는 예술을 위해서 아주 잘 살면서도 결혼할 수 있어요.

볼레타 하지만 그 여자에 대해선 어떻게 생각하시죠?

링스트란드 그 여자라니요? 누구 말입니까?

볼레타 예술가 남자와 결혼하는 여자 말이에요. 그 여자는 무엇 때문에 살아야 하죠?

링스트란드 여자도 남편의 예술을 위해 살아야죠. 나는 그것이 여자를 진정으로 행복하게 한다고 생각해요.

볼레타 난 믿지 못하겠어요.

링스트란드 그래요? 뵌겔 양, 내 말을 믿어요. 여자가 남자의 아내가 되어서 얻는 것은 실제로 명예나 영광 같은 것은 아닙니다. 아내는 남편이 창조할 수 있도록 도와주는 거죠. 남편 일의 부담을 덜어줄 수 있어요. 남편과 함께 있으면서 그를 돌보고 남편의 생활을 아주 편하게 해줌으로써 말이에요. 그것이 여자에게 커다란 기쁨을 가져다준다고 나는 생각해요.

볼레타 오, 링스트란드 씨는 자신이 얼마나 이기적인가를 깨닫지 못하고 있군요!

링스트란드 내가 이기적이라고요? 오! 뵌겔 양이 나를 조금이라도 더 잘 알았다면…… (볼레타에게 가까이 몸을 구부리며) 뵌겔 양, 내가 가버리면…… 얼마 안 있다가 말입니다.

볼레타 (동정어린 눈으로 바라보며) 뭐든 너무 슬프게 생각하지는 마세요.

링스트란드 나는 그렇게 많이 슬퍼하지 않아요. 진심입니다.

볼레타 그럼 무슨 뜻이죠?

링스트란드 그러니까, 난 한 달쯤 있다가 사라질 거요. 먼저 집으로 갔다가 그 뒤에 남쪽으로 갈 겁니다.

볼레타 아, 네. 그러세요?

링스트란드 뵌겔 양, 가끔 나를 생각해 주겠어요?

볼레타 물론 생각하죠.

링스트란드 (즐겁게) 약속합니까?

볼레타 네, 약속해요.

링스트란드 뵌겔 양 명예를 걸고요?

볼레타 명예를 걸고 약속해요. (기분을 바꾸어서) 하지만 이 모든 게 무슨 소용이 있겠어요? 그건 아무 소용이 없어요.

링스트란드 왜 그렇게 말하죠? 뵌겔 양이 나를 생각한다는 게 나에겐 얼마나 기쁜 일인데요.

볼레타 그게 전부예요?

링스트란드 난 사실 그걸 더 깊이 생각해 본 적이 없어서……

볼레타 나도 해보지 않았어요. 거기엔 많은 난관이 있거든요. 실제로 모든 게 다 난관이 되는 것 같아요.

링스트란드 이런저런 기적이 쉽게 일어날지도 몰라요. 한 번의 행운이라든가 또는 그 어떤 다른 일이…… 나는 내가 행운아라고 확신하고 있거든요.

볼레타 (진지하게) 네…… 당신은 그걸 믿으시나 보죠?

링스트란드 난 진심으로 그걸 믿어요. 그리고 한두 해 안에 내가 유명한 조각가가 되어 많은 돈을 갖게 되고 병도 완전히 나을 거고요. 돌아올 때에는……

볼레타 네, 물론이에요. 우리도 당신이 그렇게 되길 바라고 있어요.

링스트란드 그걸 믿어도 되나요? 특히 볼레타 양이 약속을 지켜 내가 남쪽에 가 있는 동안 친절하게도 나를 생각해 준다는 것 말이오. 그리고 나를 생각해 주겠다고 약속도 했고요.

볼레타 네, 알고 있어요. (머리를 흔들면서) 그렇지만 그건 어떤 도움도 되지 않을 거예요.

링스트란드 볼레타 양, 절대 그렇지 않아요. 적어도 그 때문에 나는 훨씬 더 쉽고 빠르게 내 일을 잘 처리하게 될 거요.

볼레타 그렇게 생각하세요?

링스트란드 네, 분명히 그래요. 그리고 볼레타 양도 이런 구석진 곳에서 어느 의미로는 내가 창조하는 것을 도와주고 있다고 생각한다면 제법 기운이 날 겁니다.

볼레타 (그를 바라보며) 하지만 링스트란드 씨는요?

링스트란드 나 말입니까?

볼레타 (정원을 본다) 쉿, 다른 얘기해요. 교감선생님이 오세요.

안홀름이 왼쪽 정원에 나타난다. 그는 걸음을 멈추고 발레스테드, 그리고 힐데와 얘기한다.

링스트란드 볼레타 양, 옛날 가정교사로 있었던 분을 좋아하세요?

볼레타 그분을 좋아하느냐고요?

링스트란드 네, 그를 무척 좋아하느냐고요.

볼레타 아, 네, 좋아해요. 그분은 내가 언제나 의논할 수 있는 그런 친구예요. 그리고 그분은 할 수만 있다면 기꺼이 나를 도와주세요.

링스트란드 그분이 결혼하지 않은 게 이상하지 않아요?

볼레타 그게 이상하게 느껴져요?

링스트란드 네, 그가 아주 부자라고 들었거든요.

볼레타 네, 그럴 거예요. 그렇지만 그분을 남편으로 맞으려는 사람을 찾기가 그렇게 쉬운 일이라곤 생각되지 않아요.

링스트란드 왜요?

볼레타 글쎄, 그분 말씀에 따르면요, 그분이 알고 있는 여자들은 거의 모두가 그분의 제자들이래요.

링스트란드 그게 무슨 상관이 있습니까?

볼레타 어머, 링스트란드 씨가 여자라면 가정교사였던 사람과 결혼하겠어요?

링스트란드 소녀들이 자기 가정교사를 사랑할 수 있다고 생각지 않아요?

볼레타 그 소녀가 실제로 성인이 되면 사랑할 수 없어요.
링스트란드 아니, 그럴 수가!
볼레타 (그에게 주의를 준다) 쉿! 조심해요.

발레스테드가 자기 도구를 챙겨들고서는 힐데의 도움을 받으며 정원을 거쳐서 오른쪽으로 나간다. 안홀름이 베란다를 가로질러서 안으로 들어온다.

안홀름 안녕, 볼레타. 안녕 미스터……. (그는 화가 나서 쳐다보며 일어나 인사하는 링스트란드에게 냉정하게 고개를 끄덕인다)
볼레타 (일어나 안홀름에게 가면서) 선생님, 안녕하세요?
안홀름 여기 있는 사람들, 오늘 별일 없었겠지?
볼레타 네, 다들 안녕하세요.
안홀름 새어머니는 수영하러 내려가셨나?
볼레타 아니에요. 방에 올라가 계세요.
안홀름 편찮으신가?
볼레타 모르겠어요. 문을 잠그고 계세요.
안홀름 오, 정말?
링스트란드 뷘겔 부인은 어제 그 미국인 때문에 매우 당황하신 것 같았습니다.
안홀름 어땠는데요?
링스트란드 내가 정원 앞에서 그를 보았다고 부인께 말씀드렸거든요.
안홀름 아, 그랬어요?
볼레타 (안홀름에게) 선생님과 아버지는 어젯밤 아주 늦게까지 함께 계셨죠?
안홀름 응. 좀 늦도록 있었지. 아주 중요한 일로 의논해야 해서 말이야.
볼레타 아버지께 제 얘기 하셨나요?
안홀름 볼레타, 못했어. 아버지는 다른 일 때문에 근심하고 계셨어.
볼레타 (한숨을 쉬며) 네, 아버지는 늘 그러세요.
안홀름 (의미 있게 바라보며) 그렇지만 이따가 그 얘길 할 거야. 아버진 지금 어디 계시지? 나가셨나?
볼레타 네. 진찰실에 계실 거예요. 가서 모셔올까요?

안홀름 아냐, 됐어. 내가 가보지.
볼레타 (왼쪽을 향하여 귀를 기울이며) 선생님, 잠깐 기다리세요. 계단에서 아버지 발소리가 들려요. 위층에서 새어머니를 돌보셨나봐요.

의사 뽠겔이 왼쪽 문으로 들어온다.

뽠겔 (안홀름에게 손을 내밀며) 아, 선생님, 벌써 오셨군요. 마침 잘 오셨어요. 선생님과 여러 가지로 의논하고 싶은 것이 있어요.
볼레타 (링스트란드에게) 정원에 있는 힐데한테 가볼까요?
링스트란드 네, 좋아요.

볼레타는 함께 정원으로 내려갔다가 나무들 사이로 나온다.

안홀름 (그들이 가는 것을 바라보다가 뽠겔에게로 돌아서며) 저 젊은 사람에 대해서 뭐 좀 알고 계세요?
뽠겔 아니, 전혀요.
안홀름 저 청년이 처녀들에게 좀 치근대는 것 같지 않아요?
뽠겔 그래요? 난 전혀 몰랐는데요.
안홀름 그런 것을 감시해야 돼요.
뽠겔 그래요. 선생님이 옳을지도 모르죠. 그렇지만 불쌍한 녀석이 뭘 할 수 있겠어요? 애들은 저희 일에만 신경을 써요. 말을 들으려 하지 않아요. 내 말도 안 듣고 아내 말도 들으려 하지 않죠.
안홀름 부인 말도 듣지 않나요?
뽠겔 네. 나는 정말 집사람이 그런 일에 전념하는 걸 기대할 순 없어요. 그 사람은 그걸 감당하지 못해요. (말을 중단했다가) 그렇지만 우리 애긴 그게 아니에요. 내가 말씀드린 것에 대해 더 생각해보셨나요?
안홀름 어제저녁 헤어진 뒤로 아무 생각도 못했습니다.
뽠겔 그러면 어떻게 해야 하죠?
안홀름 박사님, 당신은 의사시니 저보다 훨씬 더 잘 아실 것 같은데요.
뽠겔 아, 그렇지만 의사란 자기가 진실로 사랑하는 환자에 대해서는 올바른 판단을 내리기가 얼마나 힘든지 선생님은 모르십니다. 게다가 이건 평범한 병이 아니에요. 일반 의사나 일반적인 의술에 적용되는 경우가 아니니까요.

안홀름 부인은 오늘 좀 어떠세요?

봔겔 내가 방금 올라가 보았어요. 지금은 아주 평온한 것 같아요. 하지만 그 사람 마음 깊숙한 곳에는 내가 쉽게 헤아릴 수 없는 것이 자리잡고 있어요. 보이지 않는 어떤 것 말이오. 그것이 그 사람 마음을 갑자기 변하게 하고 불안하게 만들고 들뜨게 하고 있어요.

안홀름 그건 부인의 과잉반응적 마음 상태에서는 당연한 겁니다.

봔겔 그렇지 않아요. 그건 그 사람 마음속에서 생긴 거요. 문제는 그 사람이 뱃사람 집안 태생이라는 거요.

안홀름 박사님. 그게 무슨 뜻이죠?

봔겔 선생님은 넓은 바닷가에 사는 사람들이 우리와 동떨어진 다른 종족처럼 느껴진 적이 없나요? 바다는 거의 그들 생활의 한 부분이오. 큰 파도가 있고. 그래요, 그 생각을 했어야 해요. 그 사람을 거기서 이리로 데려온 것은 정말 그 사람에 대한 범죄행위였던 겁니다.

안홀름 정말 그렇게 생각하세요?

봔겔 점점 그렇게 믿어져요. 하지만 처음부터 그걸 알았어야 했던 겁니다. 실은 그때도 그걸 알았어요. 그렇지만 난 그걸 받아들이려 하지 않은 거죠. 내 생각만 했던 거요. 그건 용서할 수 없는 나의 이기적인 생각이었어요.

안홀름 음, 모든 남자들은 그런 상황에 처하게 되면 약간은 이기적이 되죠. 나는 박사님에게서는 그런 죄악을 느껴본 적이 없어요.

봔겔 (불안하게 방 안을 왔다 갔다 하며) 그건 사실이오. 그리고 그 뒤로도 더욱 그렇게 지냈고요. 나는 그 사람보다 훨씬 나이가 많아요. 나는 아내에게 아버지 같았을 겁니다. 내가 그녀를 지배했음에 틀림없어요. 나는 그녀의 마음을 갈고 닦고 향상하기 위해 할 수 있는 일이라면 모든 것을 했을 겁니다. 하지만 나는 정말 아무것도 한 게 없는 것 같소. 나는 근심 걱정을 받아들이지 않았어요. 그녀를 있는 그대로 좋아했기 때문이죠. 그래서 그녀의 상황은 더욱 악화된 겁니다. 솔직히 나는 어떻게 할지를 몰랐어요. (목소리를 갑자기 낮추서) 그래서 자포자기한 심정으로 선생님께 편지하여 이리 오시게 한 겁니다.

안홀름 (놀란 표정으로) 뭐라고요? 그래서 편지하셨다고요?

봔겔 네. 하지만 아무에게도 말하지 말아요.

안홀름 하지만 도대체 무엇을……? 박사님, 내가 무슨 도움이 될 수 있다고 생각하셨는지 모르겠군요.

봔겔 그렇지만 꼭 선생님이었어야 했어요. 내 방법이 틀렸는지도 모르지만 나는 집사람이 선생님을 사랑한 적이 있고, 아직도 남몰래 선생님을 좋아하고 있다고 생각했어요. 그래서 그녀가 선생님을 다시 만나서 지난 이야기를 주고받으면 혹시 도움이 되지 않을까 생각했던 겁니다.

안홀름 그러면 편지에 쓰신, 나를 보고 싶어한다는 사람이 부인이었단 말입니까?

봔겔 네. 그 밖에 누가 있겠습니까.

안홀름 (빠르게) 아닙니다. 잘하셨어요. 내가 오해했던 것뿐입니다.

봔겔 당연히 오해했을 거요. 조금 전에 말했듯이 내 방법이 완전히 틀렸어요.

안홀름 그리고 이기적이고요!

봔겔 나는 속죄할 것이 많았어요. 그 사람의 마음을 조금이라도 자유롭게 해주기 위해서는 어떤 행동이라도 소홀히 할 수 없다고 느꼈으리만큼 말입니다.

안홀름 그 낯선 사람이 부인에게 영향을 주는 그 힘을 과연 어떻게 설명해야 된다고 생각하시나요?

봔겔 아, 선생님. 설명할 수 없는 부분이 있을지도 몰라요.

안홀름 그 자체로 설명될 수 없는 것이 있단 말인가요? 완전히 설명될 수 없는 것이 말이오.

봔겔 어쨌든 현재 우리의 지식으로는 그래요.

안홀름 그런 것이 있다고 믿으세요?

봔겔 믿는 것도 믿지 않는 것도 아닙니다. 단지 모를 뿐이오. 그래서 그냥 내버려두고 있는 거지요.

안홀름 하지만 한 가지만 말해 주세요. 부인이 말하는 이상하게 기분 나쁜 어린아이의 눈에 대해서 말입니다.

봔겔 (격렬하게) 난 그 말을 한마디도 믿지 않아요. 그건 믿을 수 없어요.

순전히 그 사람의 상상일 뿐 다른 아무것도 아니란 말입니다.

안홀름 어제 그 남자를 만났을 때 그의 눈을 주의 깊게 보았나요?

뵌겔 네.

안홀름 비슷한 점을 발견하지 못하셨습니까?

뵌겔 (피하듯이) 글쎄요, 허참! 어떻게 말해야 하죠? 그때는 밝지 않았어요. 그리고 전에 집사람이 이미 비슷하다고 여러 번 말했었죠. 그래서 객관적으로 공정하게 그를 볼 수 없었을 거요.

안홀름 네, 알겠습니다. 하지만 그때 분명 달라진 점이 있었어요. 그 낯선 사람이 집으로 올 것 같은 생각이 들자 불안과 두려움이 부인을 덮친 거죠.

뵌겔 하지만 그것은 다른 걸 겁니다. 엊그제부터 아내가 그렇게 상상했거나 확신했을지도 모르죠. 그건 갑자기 떠오른 건 아니었어요. 그녀가 지금 주장하는 것처럼 갑자기 무의식적으로 떠오른 게 아니란 거죠. 아내가 링스트란드라는 청년으로부터 존스톤, 아니 프리맨…… 뭐가 됐든 상관없어요. 그 프리맨이란 사람이 3년 전 3월에 고향으로 갔다는 말을 들었을 때 집사람은 자신의 정신적 불안이 그때부터 시작됐다고 분명히 확신하고 있었던 거요.

안홀름 그런데 그게 아닌가요?

뵌겔 전혀 그렇지 않아요. 그런 징후는 오래전부터 알 수 있었어요. 그녀는 아주 우연히 3년 전 3월에 심한 병에 걸렸던 것뿐이오.

안홀름 그러면…….

뵌겔 그러나 그 상황이, 그때 그녀의 상태가 그 이유를 설명해 줄 수도 있어요.

안홀름 두 방향으로 그걸 이해해도 좋겠군요?

뵌겔 (손을 비틀면서) 하지만 그녀를 도와줄 수가 없어요! 어떤 충고를 해야 할지도 모르겠어요. 어디로 떠나야 할지도 모르고요.

안홀름 이사 가시려는 건가요? 부인이 편안한 마음으로 살 수 있는 곳으로 말입니다.

뵌겔 난 그런 제안을 했지요. 우리가 스콜드비켄으로 이사 가야 한다고요. 그렇지만 그녀는 응하지 않았어요.

안홀름 그래요?

뵌겔 네. 아내는 그게 도움이 될 거라고 믿질 않아요. 어쩌면 그녀가 옳을지도 모르죠.

안홀름 음…… 그렇게 생각하세요?

뵌겔 그래요. 그리고 또 다른 방법도 있어요. 내가 그것을 해낼 수 있을지는 잘 모르지만 말입니다. 하지만 그렇게 외딴곳으로 이사 가면 애들에게는 정말 좋지 않을 거라는 생각이 들어요. 무엇보다 그 애들은 언젠가 결혼할 기회가 있는 곳에서 살아야 하니까 말이오.

안홀름 결혼? 벌써 그걸 생각하세요?

뵌겔 네. 난 그것도 고려해야 해요. 그렇지만 한편으로는 불쌍한 저 사람이 얼마나 고통을 받을까 생각하면…… 선생님, 난 정말 이러지도 저러지도 못하는 처지에 놓여 있다는 생각이 들어요.

안홀름 볼레타 문제는 그렇게 걱정하실 필요가 없을 것 같군요. (잠시 말을 중단한다) 애들은 어디 있을까요? (그는 열린 창문으로 가서 밖을 내다본다)

뵌겔 (피아노 옆으로 가서) 우리 세 식구를 위해서라면 나는 어떤 희생도 기꺼이 치르겠어요. 내가 어떻게 해야 하는지 알기만 한다면…….

엘리다가 왼쪽 문으로 들어온다.

엘리다 (빠른 어조로 뵌겔에게) 오늘 아침엔 안 나가실 모양이죠?

뵌겔 나가고 싶지 않소. 당신과 집에 있겠소. (다가오는 안홀름을 가리키며) 선생님한테 인사도 안 드렸잖소?

엘리다 (돌아서며) 아, 선생님. 못 봤어요. (그에게 손을 내밀며) 안녕하세요?

안홀름 뵌겔 부인, 안녕하십니까? 오늘은 수영하러 가시지 않았군요?

엘리다 네, 오늘은 전혀 불가능해요. 잠깐 앉으시지 않고요.

안홀름 괜찮습니다. (뵌겔에게 눈짓하며) 정원에 있는 애들에게 가보기로 약속을 했어요.

엘리다 그 애들을 찾을 수 있을까요? 어디에 있는지 모르겠어요.

뵌겔 아마 연못 근처에 있을 겁니다.

안홀름 찾을 수 있겠죠. (고개를 끄덕이며 베란다를 가로질러 정원을 통하여 오른쪽

으로 나간다)

엘리다 여보, 몇 시예요?

봔겔 (시계를 보며) 11시 조금 지났소.

엘리다 11시가 지났다고요? 오늘 밤 11시에서 11시 반 사이에 여기에 배가 올 거예요. 아, 그 일만 모두 끝난다면……

봔겔 (그녀에게 다가가며) 엘리다, 당신에게 묻고 싶은 게 있소.

엘리다 뭔데요?

봔겔 그저께 밤 전망대 위에서 당신은 지난 3년 동안 가끔, 아주 명확히 당신의 눈앞에서 그 녀석을 보았다고 말했소.

엘리다 네, 그랬어요. 내 말을 믿으세요.

봔겔 그가 어떻게 보였소?

엘리다 그가 어떻게 보였냐니요?

봔겔 당신이 그를 보았을 때 그가 어떤 모습이었나 말이오.

엘리다 여보, 당신은 그가 어떻게 생겼는지 직접 보셨잖아요.

봔겔 당신이 상상한 그 사람처럼 보였소?

엘리다 네, 그랬어요.

봔겔 어제저녁에 본 모습이 실제의 그의 모습과 똑같았소?

엘리다 네, 똑같았어요.

봔겔 그렇다면 당신이 금방 그를 알아보지 못한 건 어떻게 된 거요?

엘리다 (놀란 표정으로) 내가 못 알아봤어요?

봔겔 그래. 나중에 당신이 직접 그렇게 말했잖소. 그 낯선 사람이 누구였는지 처음엔 몰랐다고 말이오.

엘리다 (감동되어) 정말 그래요. 여보, 내가 그를 금방 알아보지 못한 게 이상스럽지 않아요?

봔겔 당신 말로는 그의 눈을 보고 알았다고 했소.

엘리다 아, 그래요. 그의 눈…… 그의 눈을 보고 알았어요.

봔겔 그런데 전망대에서는 그 사람이 늘 10년 전에 헤어질 때 모습 그대로 당신에게 나타난다고 말했소.

엘리다 내가 그렇게 말했어요?

봔겔 그럼.

엘리다 글쎄요. 그 사람이 지금과 아주 똑같이 보였던 것 같아요.

봔겔 아니오. 그저께 저녁에 집에 오면서 당신은 그의 모습을 아주 다르게 말했소. 10년 전 그는 면도를 깨끗이 했고, 옷도 아주 다르게 입었다고 말이오. 그리고 진주 넥타이핀을 하고 있었다고 했소. 그런데 어제 그 사람은 그런 것이 없었소.

엘리다 그래요. 없었어요.

봔겔 (그녀를 유심히 관찰하면서) 자, 엘리다, 생각해 봐요. 당신이 그 사람과 브라트해머에서 함께 서 있었을 때 그 사람이 어떻게 생겼었는지. 기억이 안 날 수도 있어요.

엘리다 (잠깐 눈을 감고 생각에 잠긴다) 정확하게 생각이 나지 않아요. 이상하지 않아요? 오늘은 전혀 그 사람을 기억할 수 없어요.

봔겔 조금도 이상할 게 없소. 이젠 당신이 새로운, 그리고 실제 인물의 그를 보게 되었고 그것이 옛날의 그를 몰아내어 더 이상 볼 수 없는 거요.

엘리다 여보, 그렇게 생각하세요?

봔겔 그렇소. 그리고 그것이 당신의 모든 신경과민적인 상상도 몰아낸 거요. 당신이 실체를 본 것은 아주 좋은 일이오.

엘리다 좋다고요? 그걸 좋은 일이라고 할 수 있어요?

봔겔 그래요. 이 일은 당신을 치료할 수 있는 기회가 될 수도 있소.

엘리다 (소파에 앉으면서) 여보, 이리 와서 내 옆에 앉으세요. 내 생각을 말씀드려야겠어요.

봔겔 말해봐요, 엘리다. (그는 탁자 옆 의자에 앉는다)

엘리다 당신과 내가 만난 것은 우리 두 사람에겐 정말 큰 불행이었어요.

봔겔 무슨 말을 하고 있는 거요?

엘리다 아, 그래요. 그럴 수밖에 없었어요. 그건 불행해질 수밖에 없는 것이었어요. 우리가 만나게 된 것을 보면 그럴 수밖에 없었어요.

봔겔 거기에 무슨 문제가 있었다는 거요?

엘리다 여보, 들어보세요. 우리 자신을 속이면서 살아가는 건 좋지 않아요. 또 서로를 속이는 것도 말이에요.

봔겔 그렇지만 우리가? 우리가 서로 속인다는 거요?

엘리다 네, 그래요. 그게 아니면…… 어쨌든 우리는 진실을 인정하지 않고 있어요. 그 진실이란 솔직히 말해서 당신이 그곳에 와서 나를 샀다는 거예요.

봔겔 샀다고! 샀다고 말했소?

엘리다 나도 당신처럼 나빴어요. 그 거래에 동의하고 당신에게 나 자신을 팔았거든요.

봔겔 (고통스럽게 바라보며) 엘리다, 어떻게 감히 그런 말을 할 수 있소?

엘리다 하지만 달리 어떻게 표현하겠어요? 당신은 더 이상 당신의 빈집을 유지시켜나갈 수 없었어요. 그래서 새 아내를 구하고 있었어요.

봔겔 애들에게는 새어머니를……

엘리다 그래요. 그것도 물건을 고르듯 말이에요. 당신은 내가 그 자리에 적합한지 어떤지 전혀 고려해 보지도 않고 한두 번 나를 만나 말을 건네보았을 뿐인데 나에게 반해서…….

봔겔 이것 참! 마음대로 말해봐요.

엘리다 나는 그곳에 사는 동안 아무한테도 도움받을 길이 없어 당황해하고 있었고 완전히 혼자였어요. 그때 당신이 나의 남은 생애를 먹여 살리겠다고 제안해 왔으니 내가 응한 것은 너무나 당연한 일이었지요.

봔겔 엘리다, 확실히 그때 나는 그걸 당신을 먹여 살리겠다는 의미로 생각하진 않았소. 내가 가지고 있는 것을 당신이 나와 그리고 애들과 공유하겠는지 솔직하게 물어봤을 뿐이오.

엘리다 네, 그러셨어요. 그렇더라도 나는 응하지 말았어야 했어요. 어떤 일이 있더라도 나 자신을 팔지 말았어야 했어요. 힘든 노동, 찢어지는 가난이 나았을 거예요. 그게 나 자신의 선택이었고 나 자신의 자유의지였다면 말이에요.

봔겔 (일어서며) 그렇다면 5년, 아니 6년이지, 우리가 함께 생활했던 그 세월이 당신에겐 전혀 의미가 없었다는 거요?

엘리다 여보, 그렇게 생각하지 말아요. 누구에게도 당신이 나에게 베풀어준 그 이상을 바랄 수는 없을 거예요. 그렇지만 문제는 내가 나 자신의 자유의지로 당신과 함께 살게 된 게 아니었다는 거예요.

봔겔 (그녀를 바라보며) 당신의 자유의사가 아니었다고?

엘리다 네. 내가 당신과 함께 떠나온 것은 내 자유의사가 아니었어요.

봔겔 (낮은 목소리로) 아, 그 말은 어제부터 듣던 말이오.

엘리다 그 말에 모든 게 들어 있어요. 그것이 내 생활에 새로운 빛을 비춰주었어요. 이제 나는 그걸 명확히 알겠어요.

뵁겔 뭘 알았다는 거요?

엘리다 우리가 함께한 생활은 진실한 결혼 생활이 아니라는 것을 말이에요.

뵁겔 (비통하게) 당신이 옳아요. 우리가 지금 하고 있는 생활은 진정한 결혼 생활이 아니오.

엘리다 전에도 아니었어요. 절대 아니었어요. 처음부터 그랬어요. (앞을 똑바로 보면서) 다른 생활이었다면 그건 진정한 결혼 생활이었을 거예요.

뵁겔 무슨 뜻이오? 다른 생활이라니?

엘리다 나의 생활 말이에요. 그 사람과 함께하는 생활 말이에요.

뵁겔 (놀란 듯 그녀를 쳐다보며) 나는 전혀 당신을 이해하지 못하겠소.

엘리다 오, 여보. 서로 속이지 않기로 해요. 아니, 우리 자신을 속이지 말아요.

뵁겔 물론 속이지 않소. 그런데 무엇 때문에 그런 말을 하는 거요?

엘리다 당신도 아시잖아요? 자유의사로 한 약속은 결혼과 마찬가지로 의무가 있다는 사실을 우리가 피할 수 없다는 걸 말이에요.

뵁겔 도대체 뭘 원하는 거요?

엘리다 (일어서면서 격렬하게) 여보! 내가 나갈 수 있도록 허락해 주세요.

뵁겔 여보, 엘리다!

엘리다 진실한 결혼 생활을 할 수 있게 해주세요. 그건 다른 어떤 방식으로도 해결될 수 없을 거예요. 당신과 내가 함께 생활하게 된 방식으로는 안 될 거예요.

뵁겔 (고통을 참으며) 우리 사이에 그토록 넓은 간격이 있는 거요?

엘리다 당연하죠. 그렇지 않을 수 없었어요.

뵁겔 (그녀를 슬픈 눈으로 바라보며) 우리가 함께 있었던 기간 내내 나는 진실로 당신을 차지했던 게 아니었구려. 당신은 내 사람이 아니었던 거요.

엘리다 여보, 내가 당신을 사랑할 수만 있다면 얼마나 기쁘겠어요? 하지만 그런 일은 절대로 일어날 수 없다고 나는 확신해요.

뵁겔 그렇다면 이혼하자는 거요? 공식적이고 법적인 이혼 말이오? 당신이 원하는 게 그거요?

엘리다 여보, 당신은 나를 전혀 몰라요. 나는 그런 형식 따위는 신경 쓰지 않아요. 그런 건 나에게 아무 문제가 안 되죠. 내가 원하는 것은 당신과 내가 우리의 자유의사로 서로를 해방시켜야 한다는 거예요.

뱐겔 (천천히 고개를 끄덕이면서 비통하게) 우리의 합의를 깨자는 거군. 알겠소.

엘리다 (진지하게) 맞아요. 우리의 합의를 깨는 거예요.

뱐겔 하지만 그다음엔? 다음엔 어떻게 될지 생각해 보았소? 우리 두 사람 모두에게 말이오. 우리의 생활이 뭐가 되겠소? 내 생활과 당신의 생활이 말이오.

엘리다 그런 건 생각하지 말아요. 미래는 아주 잘 풀려나갈 거예요. 여보, 중요한 건 내가 당신에게 빌고 애원하는 대로 당신이 해야 하는 거예요. 그냥 나를 자유스럽게 놓아주세요. 나에게 완전한 자유를 돌려주세요.

뱐겔 엘리다, 당신은 나에게 무서운 요구를 하는군. 적어도 내가 결정하기 전에 생각할 수 있는 시간을 좀 주구려. 좀 더 자세히 얘기해 봅시다. 그리고 지금 당신이 하고 있는 일이 어떤 것인지를 곰곰이 생각해 볼 기회를 가져봐요.

엘리다 그럴 시간이 없어요. 나는 바로 오늘 자유를 얻어야 해요.

뱐겔 왜 하필 오늘이지?

엘리다 오늘 밤에 그 사람이 오니까요.

뱐겔 (놀란 표정으로) 온다고? 그가? 그 낯선 사람이 이 문제와 무슨 관계가 있소?

엘리다 그를 만날 때 난 완전히 자유롭고 싶어요.

뱐겔 그건 뭘 뜻하는 거요?

엘리다 내가 다른 남자의 아내라는 평계를 대고 싶지 않아요. 나에겐 선택권이 없다는 평계를 대고 싶지 않단 말이에요. 선택 권한이 없을 때는 어떤 결단도 있을 수 없으니까요.

뱐겔 엘리다, 선택이라고 했소? 선택? 이런 일에 선택을 해?

엘리다 네, 나는 선택해야 해요. 그것이 무엇이든 선택해야만 해요. 그를 혼자 가게 하든가 아니면 그와 함께 내가 갈 수 있어야 해요.

뱐겔 당신은 지금 자신이 무슨 말을 하고 있는지 알기나 하오? 그와 함께 가? 당신의 전 생애를 그 사람 손에 맡긴다는 거요?

엘리다　난 나의 전 생애를 당신 손에 맡기지 않았었나요? 서슴지 않고 말이에요.

봔겔　아마 그렇게 했겠지. 하지만 그 사람은 전혀 낯선 사람이오. 당신이 거의 아무것도 모르는 사람이란 말이요!

엘리다　어쩌면 당신에 대해서는 더 몰랐을지도 모르죠. 그래도 나는 당신과 함께 왔어요.

봔겔　아니야. 당신은 당신이 하려고 하는 생활이 어떤 건지 조금은 알고 있었소. 하지만 지금은? 생각해 봐요, 지금 알고 있는 게 뭐지? 완전히 아는 게 없지 않소? 당신은 그가 누군지, 뭘 하는 사람인지도 모르고 있어요.

엘리다　(똑바로 앞을 바라보며) 그건 사실이에요. 그건 무서운 거예요.

봔겔　그렇소. 그건 무서운 거요.

엘리다　그 때문에 나는 그걸 해야 한다고 느끼고 있는 거예요.

봔겔　(그녀를 바라보며) 그것이 당신에게 무서운 것이기 때문에 해야 한다고?

엘리다　네, 바로 그거예요.

봔겔　(가까이 가며) 여보, 말해봐요. 도대체 당신은 무서운 것이라는 걸 무슨 뜻으로 얘기하고 있는 거요?

엘리다　(생각하다가) 무서운 것이란…… 그건 나를 두렵게 하고…… 그러나 나를 매혹시키는 그 어떤 거예요.

봔겔　매혹시킨다고?

엘리다　무엇보다 나를 매혹시키는 것이라고 난 생각해요.

봔겔　(천천히) 당신은 바다와 같군.

엘리다　그것 역시 무서워요.

봔겔　당신 안에도 무서운 어떤 것이 있소. 나를 두렵게도 하고 매혹시키기도 하니…….

엘리다　그렇게 느끼세요?

봔겔　그 모든 것에도 나는 진짜 당신을 몰랐소. 전혀 몰랐소. 이제야 그걸 알기 시작했소.

엘리다　당신은 나를 자유롭게 풀어주셔야 해요. 당신과 나를 묶고 있는 모든 속박으로부터 말이에요. 나는 당신이 생각했던 그런 여자가 아니에요. 이제 그걸 아셨죠? 이제 우리는 친구로서 헤어질 수 있어요. 우리의 자유의지로 말이에요.

뵌겔 (슬프게) 우리가 헤어지는 게 가장 좋은 방법일지도 모르겠군. 그러나 설령 그렇더라도 나는 그렇게 할 수 없소. 나에게 당신은 그 무서운 것과 같소. 당신은 그와 똑같은 강력한 매력을 지니고 있단 말이오.

엘리다 내가요?

뵌겔 오늘을 현명하게 보내도록 해봅시다. 조용히, 그리고 지각 있게 행동하도록 노력합시다. 나는 오늘 당신을 절대 보내지 못하겠소. 나에겐 그럴 만한 권리가 있소. 당신을 위해서 말이오. 나는 당신을 보호할 권리와 의무가 있단 말이오.

엘리다 보호? 무엇으로부터 나를 보호하죠? 밖에는 나를 위협하는 폭력이 없는데 말이에요. 여보, 무서운 건 더 깊은 곳에 있어요. 무서운 매력은 내 마음속에 있어요. 그런데 그것에 맞서서 무슨 일을 어떻게 할 수 있겠어요.

뵌겔 내가 당신을 도와줄 수 있고 그것과 싸울 용기를 당신에게 줄 수 있소.

엘리다 그래요. 내가 그것과 싸우기를 원한다면……

뵌겔 그러고 싶지 않다는 거요?

엘리다 아, 그건 나도 잘 모르겠어요.

뵌겔 오늘 밤에는 모든 게 해결될 거요, 엘리다.

엘리다 (말을 가로막으며) 그래요. 생각해 보세요! 내 삶의 전환점이에요. 가까이 오고 있어요!

뵌겔 그리고 내일은…….

엘리다 네, 내일은 아마 나의 진실된 운명을 거절해 버릴지도 모르죠!

뵌겔 당신의 진실된……?

엘리다 자유의 전 생애가 지나갔어요. 나에게는 말이에요. 아마 그에게도 그럴지 모르죠.

뵌겔 (그녀의 손목을 잡고 조용히) 엘리다, 그 낯선 사람을 사랑하오?

엘리다 그를 사랑하냐고요? 오, 내가 어떻게 말할 수 있겠어요. 나는 오직

바다에서 온 여인 425

그 사람이 나에게 무서운 존재라는 것, 그리고…….

봔겔 그리고?

엘리다 그리고 내가 그에게 종속되어 있다고 느껴진다는 것만을 알고 있어요.

봔겔 (고개를 수그리며) 이제 조금 알 것 같소.

엘리다 당신이 막는다고 한들 무슨 소용이 있겠어요? 당신이 나에게 무슨 충고를 할 수 있겠어요?

봔겔 (슬프게 그녀를 바라보며) 내일은 그 사람이 가버릴 거요. 위험은 없어질 거요. 그러면 내가 당신이 가는 걸 허락하겠소. 우리의 합의를 깨고 말이오.

엘리다 오, 여보! 내일은 너무 늦어요.

봔겔 (정원을 바라보며) 아이들! 적어도 애들에겐 이런 꼴을 보이지 맙시다. 가능한 한 말이오.

안홀름, 볼레타, 힐데, 그리고 링스트란드가 정원에서 온다. 링스트란드는 떠나려고 왼쪽으로 가버린다. 다른 사람들은 방 안으로 들어온다.

안홀름 우린 계획을 세웠어요. 그건…….

힐데 우리는 오늘 밤 피오르에 가려고 해요. 그리고…….

볼레타 안 돼. 얘기하지 마!

봔겔 우리도 계획을 짜고 있었소.

안홀름 그래요?

봔겔 저 사람은 내일 스콜드비켄에 갈 거요. 잠깐 말이오.

볼레타 가신다고요?

안홀름 봔겔 부인, 그거 참 좋은 생각입니다.

봔겔 그녀는 집에 가고 싶어해요, 바다로.

힐데 (엘리다에게 달려가며) 어머니, 가시려고요? 우리를 두고?

엘리다 (놀라며) 힐데야, 무슨 일이니?

힐데 (몸을 가누며) 아무것도 아니에요. (돌아서 가면서) 가시고 싶으면 가세요.

볼레타 (걱정스럽게) 아버지, 아버지도 가세요? 스콜드비켄에 말이에요. 가실 거라는 거 알아요.

뽠겔 아니다. 정말 가지 않아. 가끔 거기에 갈지는 모르지.

볼레타 물론 우리에게 다시 돌아오실 거죠?

뽠겔 그럼.

볼레타 가끔 오시겠죠?

뽠겔 애야, 어쩔 수 없구나. (그는 방을 가로질러간다)

안홀름 (귀엣말로) 볼레타, 우리 나중에 얘기하지. (그는 뽠겔에게로 가서 문 옆에서 조용히 얘기를 나눈다)

엘리다 (볼레타에게 조용히) 힐데에게 무슨 일이 있었니? 아주 당황한 것 같아서 말이다.

볼레타 힐데가 언제나 열망하고 있는 게 무엇인지 모르셨어요?

엘리다 열망?

볼레타 어머니가 우리 집에 오신 뒤로 계속요.

엘리다 아니…… 뭐지?

볼레타 어머니한테서 애정어린 말을 단 한 마디만이라도 듣는 거예요.

엘리다 아! 여기에서 나에게 의무가 있다면…….

　엘리다는 움직이지 않고 정면을 응시하면서 자기의 머리를 양손으로 꼭 감싸쥔다. 그녀는 생각에 골몰하며 고통스러워하는 것 같다. 뽠겔과 안홀름은 여전히 작은 소리로 말을 주고받으며 앞으로 나온다. 볼레타는 오른쪽 옆방으로 가서 안을 들여다본다. 그러고는 문을 열어놓는다.

볼레타 아버지, 점심은 탁자 위에 있어요. 드시고 싶으시면 드세요.

뽠겔 (억지로 웃음을 지어 보이며) 그래? 그거 아주 좋구나. 선생님, 가십시다. 우리 들어가서 '바다에서 온 여인'에게 이별주 한 잔 건네야 하지 않겠소?

　그들은 오른쪽 문을 통하여 나간다.

제5막

의사 뽠겔의 정원 한구석, 잉어 연못 옆. 여름의 황혼 빛이 내린다.

안홀름, 볼레타, 링스트란드, 그리고 힐데는 배를 타고 물가를 따라 왼쪽으로부터 헤쳐나간다.

힐데 보세요. 여기 물가는 쉽게 뛰어내릴 수 있겠어요.
안홀름 안 돼요, 안 돼. 뛰어내리지 말아요.
링스트란드 힐데 양, 난 못 뛰어내리겠는데요.
힐데 선생님은 어떠세요? 선생님도 뛰어내리지 못하세요?
안홀름 나도 하지 않는 편이 낫겠어.
볼레타 수영장 밑에서 내려줘.

그들은 오른쪽으로 노를 저어 나간다. 같은 시각에 발레스테드가 악보와 프랑스식 나팔을 들고 오른쪽 보도에 나타난다. 그는 배를 타고 있는 사람들에게 인사하고는 말을 건넨다. 그들의 말소리는 점점 더 멀리서 들려온다.

발레스테드 뭐라고? 응, 물론이지. 그건 영국 배를 위한 거야. 올해 그 배가 여기에 오는 건 마지막이야. 그런데 너무 늦지 마. 음악을 듣고 싶으면 말이야. (소리를 지른다) 뭐라고? (목소리를 높이며) 뭐라고 하는지 못 알아듣겠어!

엘리다가 머리에 숄을 쓰고 왼쪽에서 방 안으로 들어오고 뒤따라서 의사 뽠겔이 들어온다.

봔겔 하지만 여보, 아직 시간이 많이 남아 있소.

엘리다 아니에요. 급해요. 그가 어느 순간에 여기 나타날지 몰라요.

발레스테드 (울타리 밖에서) 의사 선생님, 안녕하세요? 봔겔 부인, 안녕하세요?

봔겔 (그를 보며) 아, 발레스테드. 오늘 저녁에도 관악대 연주가 있어요?

발레스테드 네, 있어요. 매년 이맘때가 되면 온갖 축제가 많거든요. 오늘 밤엔 영국 배를 위해서 연주하죠.

엘리다 영국 배? 그 배가 벌써 왔나요?

발레스테드 아직 오지는 않았어요. 하지만 섬에서 곧 모습을 나타내겠죠. 눈 깜짝할 사이에 도착할 겁니다.

엘리다 네, 그렇군요.

봔겔 (엘리다에게) 그 배는 올해 마지막으로 오는 거요. 오늘 밤이 지나면 다시 오지 않아요.

발레스테드 그렇습니다. 선생님, 섭섭하시죠? 바로 그 때문에 내가 아까 말한 대로 그 배를 위해 뭔가를 하고 싶은 겁니다. 아, 그렇군요. 즐거운 여름날도 끝나가고 있어요. 시의 한 구절처럼 '곧 얼음이 길을 막을' 테고요.

엘리다 '얼음이 길을 막는다?' 그렇군요.

발레스테드 우울한 생각이 들어요. 우리는 모두 지난 몇 달 동안 여름 햇살을 받으며 모래에서 노는 어린아이들처럼 즐거웠어요. 서글펐던 지난 세월로 되돌아간다고 생각하니 괴롭군요. 어쨌든 처음엔 다 그렇죠. 그러나 사람들은 환경에 적응하게 되지요. 그래요. 사람들은 분명히 환경에 적응할 수 있어요. (인사를 하고 왼쪽으로 나간다)

엘리다 (피오르를 내다보며) 오, 기다리는 게 지겨워! 결단의 시간을 앞둔 몇 분이 이렇게 참기 힘들다니!

봔겔 아직도 당신은 직접 그 사람에게 얘기하려는 거요?

엘리다 내가 그 사람에게 말해야 해요. 나 자신의 자유의사로 선택할 거예요.

봔겔 당신에겐 선택권이 없소. 내가 그걸 허락하지 않을 거요.

엘리다 아무도 나의 선택을 막을 수 없어요. 당신도, 그 누구도 말이에요.

당신은 내가 그 사람과 함께 가는 것을 막을 수 있어요. 그게 내가 선택한 것이라 하더라도 말이에요. 당신은 나의 의사와는 달리 억지로 나를 여기에 붙들어둘 수도 있어요. 그래요, 당신은 그렇게 할 수 있어요. 그렇지만 내 마음속의 선택을 막을 수는 없어요. 당신이 아닌 그 사람을 선택하려는 내 마음을 막을 순 없단 말이에요.

반겔 막지 못하지. 그래, 당신이 옳아요. 나는 그걸 막을 수 없소.

엘리다 나를 막을 수 있는 건 아무것도 없어요. 이 집에서 나를 붙잡아둘 만한 것은 아무것도 없어요. 여보, 나는 당신 집에서 뿌리를 내리지 못했어요. 아이들도 나에게 속해 있질 않아요. 그 애들은 마음을 주지 않아요. 한 번도 그런 적이 없었어요. 내가 떠날 때에도 말이에요. 오늘 밤 그 사람과 함께 가든 내일 스콜드비켄으로 가든 나는 넘겨줄 열쇠조차도 가지고 있지 않고 부탁이나 명령도 할 게 없어요. 나는 당신 집에서는 완전히 뿌리를 내리지 못했어요. 처음부터 나는 이곳에서는 완전히 이방인이었어요.

반겔 하지만 그건 당신이 그렇게 되고 싶어했던 것이오.

엘리다 천만에요. 나는 이쪽에도 저쪽에도 기댈 곳이 없었어요. 나는 내가 여기 왔을 때 있었던 대로 모든 것을 움직이지 않고 그대로 놓아두었어요. 그걸 원한 사람은 다른 사람이 아니라 당신이었죠.

반겔 나는 그것이 당신에게 가장 좋을 거라고 생각했소.

엘리다 그래요. 알고 있어요. 그래서 이제 우리는 그 대가를 치러야 해요. 그 보복을 받고 있는 거예요. 지금 여기엔 나를 붙들고 나를 도와주고 나에게 힘을 줄 만한 것은 아무것도 없으니 말이에요. 나에겐 우리의 가장 소중한 재산이어야 할, 우리를 연결해 줄 끈이 하나도 없어요.

반겔 여보, 알겠소. 내일부터 당장 당신이 다시 자유를 누리고 당신 자신의 삶을 영위할 수 있도록 하겠소.

엘리다 당신은 그걸 나 자신의 삶이라고 하시는 거예요? 천만에요. 나 자신의 삶, 나의 진실한 삶은 내가 당신을 만났을 때 이미 길을 잃은 거예요. (고통과 흥분으로 손을 비틀면서) 오늘 저녁에, 반 시간 정도만 있으면 내가 버렸던 사람이 여기 올 거예요. 그 사람이 나에게 했던 것처럼 나도 약속을 충실히 지켰어야 했던 사람이 말이에요. 그리고 이제 그 사람은 내가 진실된 삶을 누릴 수 있는 단 한 번의 마지막 기회를 제안하려고 오는 거예요. 그 삶은 나를 겁나게 하지만 나를 매혹시키기도 해요. 그건 내 자유 의사로는 거부할 수 없는 삶이에요.

봔겔 그렇지만 바로 그 때문에 당신은 당신 스스로 선택하고 당신을 위해 행동하는 당신의 남편을 필요로 한 게 아니겠소?

엘리다 네 그래요, 여보. 내가 당신에게 매달림으로써 나를 놀라게 하고 매혹시키는 것들을 모두 떨쳐버릴 수 있다면 얼마나 행복하고 평화로울까요. 내가 그렇게 느낄 수 있는 때가 영원히 지났다고는 생각하지 마세요. 그렇지만 난 그렇게 할 수 없어요. 절대로 그렇게 할 수 없어요.

봔겔 엘리다, 잠깐만 함께 걸읍시다.

엘리다 안 돼요. 그 사람이 여기서 자기를 기다려야 한다고 했어요.

봔겔 자, 가요. 아직 시간이 많이 남았소.

엘리다 정말 그렇게 생각하세요?

봔겔 그럼, 충분해.

엘리다 그러면 잠깐만……

그들은 오른쪽으로 나간다. 그때 안홀름과 볼레타가 연못 위쪽에서 나타난다.

볼레타 (그들이 지나가는 것을 보고) 저기 봐요.

안홀름 (귓속말로) 쉿, 내버려둬요.

볼레타 요 며칠 동안 아버지와 어머니 사이에 무슨 일이 있었는지 아세요?

안홀름 뭐 이상한 눈치라도 챘나?

볼레타 물론이에요.

안홀름 어떤 점이 이상했지?

볼레타 네. 여러 가지로…… 모르셨어요?

안홀름 글쎄, 잘 모르겠는데……

볼레타 선생님은 틀림없이 알고 계실 거예요. 단지 인정하지 않으려는 것뿐이에요.

안홀름 난 새어머니가 잠깐 여행하는 게 좋을 거라고 생각해.

볼레타 그렇게 생각하세요?

안홀름 응, 그분이 이따금씩 여행하면 모든 사람에게 좋을 거야.

볼레타 내일 새어머니가 스콜드비켄에 있는 친정으로 가면 절대 우리에겐 돌아오지 않을 거예요.

안홀름 볼레타, 어떻게 그런 말을 할 수 있지?

볼레타 틀림없어요. 두고 보세요. 어머니는 돌아오지 않을 거예요. 어쨌든 힐데와 내가 여기에 있는 한 말이에요.

안홀름 힐데도?

볼레타 글쎄요. 힐데는 별로 문제가 없을지도 모르죠. 그 애는 아직 어리니까요. 그리고 그 애는 마음속으로는 어머니를 좋아하고 있는 게 분명해요. 그렇지만 나는 달라요. 어머니는 나보다 나이도 별로 많지 않거든요.

안홀름 볼레타, 얼마 안 있어 볼레타는 집을 떠나게 될지 몰라.

볼레타 (진지하게) 그렇게 생각하세요? 그 문제를 아버지와 의논해 보셨어요?

안홀름 응. 얘기해 봤어.

볼레타 뭐라고 하셨어요?

안홀름 그때 아버지는 마음이 좀 복잡하셨어.

볼레타 봐요! 내가 선생님한테 뭐라고 했어요?

안홀름 그렇지만 이건 충분히 알았어. 볼레타는 아버지에게서 아무 도움도 기대하지 않는 게 좋다는 걸.

볼레타 기대하지 말라니요?

안홀름 아버지는 자신이 처한 상황을 나에게 분명히 말씀하셨어. 그리고 그날 모든 일이 아주 불가능하다고 생각하는 것 같았어.

볼레타 (나무라듯이) 그러고도 선생님은 거기에 서서 나를 놀릴 용기가 있으세요?

안홀름 나는 절대 볼레타를 놀린 게 아냐. 볼레타가 여기를 떠나건 떠나지 않건 그건 전적으로 볼레타 자신에게 달린 거야.

볼레타 나 자신에게 달려 있는 게 뭐라고 생각하세요?

안홀름 볼레타가 세상에 나가서 정말로 원하는 것을 모두 배우느냐 못 배우느냐 하는 문제도 볼레타에게 달려 있고, 집에 있으면서 그동안 갈망하던 모든 것에 참여하는 문제라든가 더 즐거운 환경 속에서 생활을 하느냐 못하느냐 하는 것도 다 볼레타의 마음에 달려 있다는 말이지. 볼레타, 어때?

볼레타 (손을 꽉 쥐며) 그렇지만 선생님, 그건 가능하지가 않아요. 아버지가 도울 수 없다든가 도와주려 하지 않으신다면 내가 의지할 사람은 이 세상에 아무도 없어요.

안홀름 볼레타의 옛날 가정교사의 도움을 받을 수는 없을까?

볼레타 선생님의 도움이라고요? 선생님이 정말……?

안홀름 내가 볼레타를 도와주면 안 될까? 그래, 아주 기꺼이 말과 행동으로. 볼레타는 그걸 믿어도 돼. 받아들이지 않겠어? 응? 찬성하지?

볼레타 찬성하냐고요? 집을 나가서 세상을 구경하고 정말로 가치 있는 일을 배우는 것을 찬성하냐고요? 내가 지금까지 전혀 불가능한 것으로 여겨왔던 모든 경이로운 것들을 배우는 걸……

안홀름 그 모든 것을 이제 정말로 할 수 있는 거야. 볼레타가 원하기만 하면 말이야.

볼레타 선생님은 내가 그런 믿을 수 없는 기쁨을 성취할 수 있도록 도와주실 거고요? 하지만…… 안 돼요. 내가 어떻게 그 많은 도움을 다른 사람에게서 받을 수 있겠어요?

안홀름 볼레타, 볼레타는 나한테서는 그걸 받아들여도 돼. 나한테서는 무엇이든지 받아들일 수 있을 거야.

볼레타 (그의 손을 꽉 잡으면서) 그래요. 나도 사실은 그럴 수 있다고 생각해요. 나는 그게 어떨지 잘 몰라요. 하지만 (감정에 끌려) 아, 기쁘고 행복해서 울고도 싶고 웃고도 싶어요. 나는 정말 무엇보다 진짜 인생을 누리려고 해요. 하는 일 없이 시간만 보내는 내 삶이 두렵게 느껴지기 시작했거든요.

안홀름 그건 두려워할 필요가 없어. 이제 볼레타를 여기에 붙들어둘 어떤 속박이라도 있다면 나에게 솔직히 말해봐.

볼레타 속박이라고요? 아니에요. 없어요.

안홀름 아주 조그마한 것도?

볼레타 네. 전혀 없어요. 하지만 아버지와 힐데가……

안홀름 그렇지만 볼레타는 머잖아 아버지를 떠나야 할 거야. 그리고 어느 땐가는 힐데도 자신의 인생을 살기를 원할 테고. 그건 단지 시간 문제일 뿐이야. 그것 말고 여기에서 볼레타를 붙잡는 건 아무것도 없어? 어떤 구속도 없는 거야?

볼레타 그래요, 없어요. 아무것도 없어요. 걱정할 거 없어요. 난 내가 원할 때 집을 떠날 수 있어요.

안홀름 볼레타, 그렇다면 나와 함께 가는 거야.

볼레타 (손뼉을 치며) 오, 좋아요. 생각만 해도 멋있어요!

안홀름 나를 완전히 믿고 있지?

볼레타 네, 믿어요.

안홀름 그리고 볼레타 자신과 모든 미래를 정말 나에게 맡길 수 있지? 그렇지?

볼레타 물론이에요. 내가 왜 그렇게 생각하지 않겠어요. 의심하지 마세요. 선생님은 옛날부터 내 선생님이시잖아요.

안홀름 단지 그것 때문만이 아냐. 난 오랫동안 볼레타와 관계가 없었어. 나와 볼레타는 자유의사가 있고, 볼레타를 붙잡을 만한 인연이 없기 때문에 볼레타가 앞으로의 인생을 위해 나와 결합하는 걸 원하는지를 묻고 있는 거야.

볼레타 (두려움에 뒤로 물러서며) 뭐라고요?

안홀름 볼레타 인생을 위해서 말이야. 내 아내가 될 수 있어?

볼레타 (혼잣말하듯이) 안 돼요, 안 돼. 나는 그럴 수 없어요. 전혀 불가능해요.

안홀름 그게 정말 전혀 불가능할까?

볼레타 선생님 말씀은 진심이 아니죠? (그를 바라보며) 선생님은 내내 그걸 생각하셨어요? 나에게 그 많은 것을 해줄 것을 제안하셨을 때 말이에요.

안홀름 볼레타, 잠깐만 내 얘길 들어봐. 내가 볼레타를 놀라게 한 것 같군.

볼레타 그래요. 그런 생각을 선생님이 하셨으니까 말이에요.

안홀름 이해할 수 있어. 볼레타가 모르는 사실이었으니까. 아니, 알 수도 없었겠지. 내가 여기에 여행을 오게 된 것은 다 볼레타 때문이었다는 걸 말이야.

볼레타 나 때문에 여기에 오셨다고요?

안홀름 응, 그랬어. 지난봄에 난 너희 아버지로부터 편지 한 통을 받았어. 그 편지를 읽고 나는 나에 대한 볼레타의 추억이 친분 이상의 것이라고 믿게 된 거야.

볼레타 아버지가 어떻게 그런 편지를 할 수 있었죠?

안홀름 아버지의 편지 내용은 전혀 그런 뜻이 아니었어. 그렇지만 그동안에 나는 나를 기다리는 처녀가 여기 있다고 생각하게 됐지. 아냐, 볼레타, 다 들어봐. 그리고 나 같은 사람이 더 이상 젊은 시절로 돌아갈 수 없는 나이가 됐으니 그런 생각은…… 환상이라고 해도…… 나에게 엄청난 감동을 준 거야. 나는 볼레타에게 정말로 감사의 애정을 느끼기 시작했어. 그래서 나는 다시 볼레타를 만나서 내가 볼레타에게 느낀 것을 말해야 되겠다고 생각했던 거야.

볼레타 그렇지만 지금은 그게 아니라는 것을 아셨잖아요? 모두가 오해라는 것을 말이에요!

안홀름 볼레타, 그건 별문제가 안 돼. 내가 마음속에 지닌 볼레타의 모습은 내가 그때 생각한 것에 의해 더 뚜렷해지거든. 물론 볼레타는 이해 못할 거라고 생각해. 그렇지만 그건 사실이야.

볼레타 나는 이런 일이 생길 수 있으리라고는 결코 상상도 못했어요.

안홀름 그렇지만 이제 볼레타가 알았으니…… 볼레타, 어때? 결심할 수 있겠지? 내 아내가 되겠다고 말이야.

볼레타 그렇지만 선생님, 그건 불가능해요. 선생님은 내 가정교사였어요. 그래서 나는 선생님을 달리 생각할 수 없어요.

안홀름 그럼 어쩔 수 없지. 그러나 볼레타 생각이 그렇다 하더라도 상황은 여전히 똑같아.

볼레타 무슨 뜻이죠?

안홀름 방금 내가 말한 대로 볼레타가 사회에 나갈 수 있도록 도와주겠어. 그러면 볼레타는 원하던 것을 배울 수 있고, 볼레타 자신의 인생을 살 수 있게 될 거야. 안전하게 말이야. 그리고 나는 지금부터 볼레타가 아무런 걱정 없이 안정된 생활을 할 수 있도록 보살펴 주겠어. 그러면 볼레타는 나를 늘 충실하고 좋은 친구로 여기게 될 거야. 그걸 믿어줘.

볼레타 그렇지만 선생님, 지금은 그 모든 게 거의 불가능해요.

안홀름　그것도 불가능해?

볼레타　그래요. 선생님은 그걸 분명히 알고 계시잖아요? 선생님은 이제까지 내 이야기를 모두 다 들어서 아시잖아요? 내가 선생님으로부터 그 많은 것을 받을 수 없다는 걸 선생님이 더 잘 알고 계실 거예요. 어떤 것도 받아들일 수 없다는 걸 말이에요. 이대로는 안 돼요.

안홀름　그렇다면 집에 있으면서 인생을 그냥 보내려고?

볼레타　아, 그걸 생각하면 참을 수 없어요.

안홀름　볼레타는 바깥세상에서 볼 수 있고 얻을 수 있는 모든 희망을 포기할 건가? 볼레타가 갈망한 그 모든 것을 할 수 있는 기회를? 인생이 볼레타를 위해 그렇게 많은 것들을 언제까지나 간직할 수 있다고 생각해? 그래서 그걸 거부하는 것인가? 볼레타, 생각해봐.

볼레타　아, 선생님. 선생님 말씀이 옳아요.

안홀름　그리고 아버지가 이곳을 떠난다면 볼레타는 이 세상에서 아무에게도 도움받을 수 없는 혼자 몸이 될지도 몰라. 그래서 결국 다른 남자와 결혼해야 될지도 모르고. 혹시 그 사람이 볼레타가 좋아할 수 없는 사람일지도 모르지.

볼레타　네, 알아요. 선생님 말씀이 모두 옳아요. 그렇지만 아직은…….

안홀름　(빠르게) 그래서?

볼레타　(그를 바라보며 분명치 않게) 아마 결국은 가능하게 될지도 모르죠.

안홀름　볼레타, 뭐가?

볼레타　선생님의 제안을 내가 혹시 동의할지도 모른다는 거예요.

안홀름　가능성이 있다는 말인가? 적어도 내가 친구로서 볼레타를 도울 수 있는 기쁨을 나에게 줄 수 있다는 뜻이야?

볼레타　하지만 난 그렇겐 할 수 없을 거예요. 지금은 그게 전혀 불가능해요. 아니에요, 선생님. 선생님한테 가겠어요.

안홀름　볼레타? 내게 오겠다고?

볼레타　네, 선생님과 함께 가고 싶은 생각이 들어요.

안홀름　볼레타가 내 아내가 되겠다는 거야?

볼레타　네, 선생님이 아직도 그럴 생각이 있으시면, 나를 원하시면 말이에요.

안홀름 내가 생각이 있다면! (그녀의 손을 잡으며) 볼레타, 고마워. 난 볼레타가 나에게 말하고 망설인 것 때문에 실망하진 않았어. 지금 나를 사랑하지 않더라도 나를 볼레타 사람으로 만들 수 있을 거야. 볼레타, 볼레타에게 정말 좋은 사람이 되겠어.

볼레타 난 세상 구경도 하면서 많은 사람 속에서 삶을 누릴 수 있겠죠? 선생님이 그렇게 약속하신 거 맞죠?

안홀름 그래, 약속 꼭 지킬게.

볼레타 그리고 선생님은 내가 원하는 것들을 모두 배울 수 있게 해주실 테죠?

안홀름 난 볼레타의 선생이 되겠어. 지금까지 해왔던 대로 말이야. 우리가 함께 지냈던 마지막 그해를 생각해봐.

볼레타 (깊게 생각한 다음 조용히) 기뻐요. 내가 자유롭게 세상에 나갈 수 있다는 것이요. 그리고 미래에 대해서 걱정하지 않아도 되고요. 돈에 대해서도 더 이상 걱정할 필요가 없게 되었고요.

안홀름 그렇지. 그런 것에는 신경을 쓰지 않아도 돼. 볼레타, 그건 아주 멋있는 일이지?

볼레타 네, 정말 그래요.

안홀름 (그녀를 껴안으며) 우리가 얼마나 행복하고 안락한 삶을 살게 될지 알게 될 거야. 그리고 우리가 얼마나 서로 만족스럽게 생각하는지도 말이야.

볼레타 네, 그런 생각이 드는군요. 난 정말 우리가 그럴 거라고 믿어요. (그녀는 오른쪽을 내다보다가 얼른 허리를 편다) 이런 얘기 그만해야겠네요.

안홀름 볼레타, 무슨 일이지?

볼레타 저 불쌍한 사람…… (손으로 가리키며) 저기 보세요.

안홀름 아버지신가?

볼레타 아니, 젊은 조각가예요. 저기 힐데와 함께 걸어내려오고 있어요.

안홀름 아, 링스트란드. 왜? 그에게 무슨 일이 생겼나?

볼레타 글쎄, 그가 얼마나 허약한지 아시죠?

안홀름 응, 알아. 그게 단지 상상이 아니라면 말이야.

볼레타 하지만 그건 사실이에요. 그는 오래 살지 못할 거예요. 그것이 아마 그에게는 가장 좋은 일이겠지만 말이에요.

안홀름 볼레타, 가장 좋은 일이라고? 왜?
볼레타 글쎄요. 그의 재능으로는 절대로 많은 것을 이룰 수 없을 게 분명하니 말이에요. 그들이 오기 전에 가요.
안홀름 그러지. 나도 그러고 싶군.

힐데와 링스트란드가 연못 옆에서 나온다.

힐데 이봐요. 너무들 위대하셔서 우리를 기다릴 수 없다는 거예요?
안홀름 볼레타와 함께 있고 싶어서 그래.

안홀름과 볼레타가 왼쪽으로 나간다.

링스트란드 (살짝 미소를 지으며) 요즘은 여기 있는 사람들이 모두 쌍을 이루어 늘 둘씩 다니는 게 재미있죠?
힐데 (그들이 가는 걸 지켜보며) 선생님이 언니를 사랑하는 게 분명해요.
링스트란드 그래요? 왜 그렇게 생각하죠?
힐데 글쎄요. 그건 확실해요. 잘 살펴보면 말이에요.
링스트란드 하지만 볼레타 양은 그를 원치 않아요. 나는 그걸 느낄 수 있어요.
힐데 그래요. 언니는 그 선생님이 늙어 보인다고 생각해요. 더구나 언니는 선생님이 대머리가 되어가고 있다고 생각하거든요.
링스트란드 내 말은 그것만을 뜻하는 게 아녜요. 어쨌든 언니는 그분을 원치 않아요.
힐데 어떻게 알죠?
링스트란드 글쎄요. 볼레타 양은 마음에 두기로 약속한 사람이 따로 있어요.
힐데 단지 마음에 두기만 해요?
링스트란드 그 사람이 없는 동안에는 그래요.
힐데 그러면 언니가 마음에 두기로 한 사람은 링스트란드 씨군요?
링스트란드 그럴 수도 있죠.
힐데 언니가 약속했어요?

링스트란드 그래요. 얼마나 멋있습니까! 나를 생각하기로 약속했어요. 그렇지만 힐데 양, 이 사실을 알고 있다고 해서 언니에게 말해서는 안 돼요.

힐데 얘기하지 않겠어요. 나는 무덤만큼이나 침묵을 지키거든요.

링스트란드 볼레타 양이 정말 고마웠어요.

힐데 그러면 링스트란드 씨가 다시 여기 오게 되면 약혼할 거예요? 언니와 결혼하려고 해요?

링스트란드 아뇨. 그것은 전혀 좋은 생각이 아닐 거예요. 1, 2년 동안에는 그런 것은 생각도 못해요. 내 상황이 좋아질 때면 볼레타 양은 너무 늙어 있을 겁니다.

힐데 그래도 링스트란드 씨는 언니가 계속 생각해 주길 바라나요?

링스트란드 그래요. 그건 예술가인 나에게 많은 도움이 될 거요. 그리고 의무감을 느낄 필요가 없으니 언니에겐 쉬운 일이에요. 언니가 고마워요.

힐데 그래서 링스트란드 씨를 생각해주는 언니가 있음으로써 걸작을 만드는 데 훨씬 더 도움이 될 거라고 생각하시는군요?

링스트란드 네, 그렇게 생각해요. 어때요? 세상 어디엔가에서 조용히 누군가를 생각하는 젊고 아름다운 여자가 있다는 걸 혼자만 은밀히 알고 있는 거, 그건 아마…… 글쎄요. 그걸 뭐라고 하는지 모르겠군요.

힐데 영감(靈感)을 말하는 건가요?

링스트란드 영감? 그래요. 맞아요. 영감이 내가 뜻한 것이었어요. 아니면 그것과 비슷한 거죠. (잠깐 그녀를 쳐다보며) 힐데 양, 참 영리하군요. 그래요. 내가 다시 여기에 올 때에는 힐데 양의 나이가 지금의 언니 나이쯤 될 테죠? 아마 힐데 양은 지금 언니와 아주 똑같을 겁니다. 아마 마음도 언니처럼 성숙해 있을 거고요. 힐데 양은 어쩌면 언니와 똑같이 되어 있을지도 모르겠군요.

힐데 그게 좋아요?

링스트란드 잘 모르겠어요. 그래요. 좋을 것 같아요. 그렇지만 올여름만은 힐데 양의 모습 그대로 있는 게 좋아요. 바로 지금 그대로 말입니다.

힐데 이대로가 제일 좋아요?

링스트란드 네. 난 그대로가 가장 좋아요.

힐데 흠! 자, 나에게 말해 보세요. 예술가로서 말이에요. 내가 언제나 이런 밝은 색깔의 여름옷을 입는 게 어울린다고 생각하세요?

링스트란드 네. 아주 잘 어울려요.

힐데 그렇다면 밝은 색깔이 나에게 어울린다고 생각하는 모양이죠?

링스트란드 네. 내 생각으로는 힐데 양은 그런 옷을 입으면 매력적으로 보여요.

힐데 만일 내가 검은색 옷을 입으면 어떻겠어요?

링스트란드 검은색 옷?

힐데 네. 모두 검은 것을 입으면 말이에요. 그게 나에게 어울린다고 생각하세요?

링스트란드 글쎄요. 검정색은 엄밀히 말해서 여름에는 어울리지 않아요. 그렇지만 여름만 아니면 검은색 옷도 아주 예쁘게 보일 겁니다. 특히 힐데 양 몸매에는 말이에요.

힐데 (허공을 보며) 검정색 옷을 입고 장식도 검은색, 장갑도 검은색, 그리고 어깨 너머로는 긴 검정 베일을 늘어뜨리면……

링스트란드 힐데 양이 그렇게 옷을 입으면 나는 화가가 되고 싶을 거예요. 슬퍼하고 있는 아름다운 젊은 미망인의 모습을 그릴 수 있게 말입니다.

힐데 아니면 자기 약혼자의 죽음을 애도하는 처녀로 말이죠?

링스트란드 그래요. 그게 더 좋겠군요. 그렇지만 그런 옷을 입고 싶다는 건 아니겠죠?

힐데 네. 하지만 그런 영감이 들어서요.

링스트란드 영감이라고요?

힐데 네, 그건 영감에서 나온 생각이에요. (갑자기 왼쪽을 가리키며) 저길 봐요!

링스트란드 (보면서) 큰 영국 배군요. 바로 부두에 말입니다.

왕겔과 엘리다가 연못 옆에서 나온다.

왕겔 아니오, 엘리다. 분명히 당신이 틀렸소. (힐데와 링스트란드를 보며) 링스트란드, 배가 아직 오지 않았지?

링스트란드 큰 영국 배 말인가요?

뱐겔 그렇소.

링스트란드 (손으로 가리키며) 선생님, 저기 벌써 와 있는데요.

엘리다 아, 그럴 줄 알았어요.

뱐겔 벌써?

링스트란드 밤중에 도둑처럼 소리도 없이 말입니다.

뱐겔 힐데를 데리고 부두에 가보지 않을 건가? 서두르는 게 좋겠네. 힐데는 분명히 음악을 듣고 싶어할 거야.

링스트란드 네, 선생님. 우리도 막 가보려던 참이었어요.

뱐겔 우리는 좀 있다가 가겠네.

힐데 (링스트란드에게 귀엣말로) 또 한 쌍 나가요!

힐데와 링스트란드가 정원을 거쳐서 왼쪽으로 나가고 관악대의 연주소리가 멀리 피오르에서 들린다.

엘리다 그 사람이 왔어요. 그래요. 그가 여기에 왔어요. 나는 그걸 느낄 수 있어요.

뱐겔 엘리다, 당신은 안으로 들어가는 게 낫겠소. 내가 혼자 그를 만나겠소.

엘리다 안 돼요, 안 돼! 그럴 수 없다고 했잖아요. (큰 소리로) 오, 보세요! 여보, 그가 왔어요.

낯선 사람이 왼쪽에서 들어와서 울타리 밖 보도에서 멈춰선다.

낯선 사람 안녕하세요? 엘리다, 내가 돌아왔소.

엘리다 그가 저기 왔단 말이에요.

낯선 사람 떠날 준비가 되었소? 아니면?

뱐겔 준비가 안 됐다는 걸 당신도 알 수 있지 않소?

낯선 사람 나는 여행복이라든가 짐 따위를 말하고 있는 게 아니오. 엘리다가 항해하는 데 필요한 모든 것을 준비해 놓았소. 선실도 하나 준비해 두었죠. (엘리다에게) 난 당신에게 묻고 있소. 나와 함께 갈 준비가 되어 있소? 당신의 자유의사로 나와 함께 갈 준비 말이오.

엘리다 (애원하면서) 아, 내게 묻지 말아요. 그렇게 나를 유혹하지 말아요.

뱃고동 소리가 멀리서 들린다.

낯선 사람 저 소리는 승선하라는 첫 번째 신호요. 이제 당신의 대답을 듣고 싶소.
엘리다 (손을 비틀면서) 나는 결정할 수 없어요. 내 평생을 위해 결정할 수 없어요. 돌이킬 수 없을 거예요.
낯선 사람 시간이 없소. 반 시간만 지나면 너무 늦어요.
엘리다 (조심스럽게 그를 자세히 쳐다보며) 왜 나에게 그렇게 집착하는 거죠?
낯선 사람 우리는 하나요. 당신도 그렇게 느끼지 않소?
엘리다 맹세 때문인가요?
낯선 사람 맹세는 아무도 붙들지 못해요. 남자건 여자건 말이오. 내가 당신에게 그토록 집착하는 것은 나도 나 자신을 어쩔 수 없기 때문이오.
엘리다 (가볍게 몸을 떨면서) 왜 오래전에 오지 않았나요?
반겔 여보!
엘리다 (격렬하게) 나를 미지의 세계로 끌어들이는 이 유혹! 여기엔 바다와 같은 힘이 있어요!

낯선 사람이 울타리를 넘어온다.

엘리다 (반겔 뒤에서 몸을 움츠리며) 뭘 원하세요?
낯선 사람 나는 알 수 있소. 나는 당신의 목소리에서 그걸 들을 수 있어요. 결국 당신은 나를 선택할 거요.
반겔 (그에게 다가가며) 내 아내에게는 선택의 권리가 없소. 내가 저 사람을 위해 선택하고 보호하기 위해 여기에 있는 거요. 그래요, 보호하기 위해서요. 당신이 돌아가지 않는다면 어떻게 되는지 알고 있는 거요? 이 지방에서 떠나 다시는 오지 마시오.
엘리다 아, 여보. 안 돼요, 안 돼.
낯선 사람 나를 어쩌겠다는 거요?

뵌겔 나는 당신을 범인으로 체포하도록 할 거요. 당신이 배로 돌아가기 전에 말이오. 나는 스콜드비켄의 살인사건에 대해 모든 것을 알고 있소.

엘리다 오, 여보. 어떻게 하려고요?

낯선 사람 나는 그걸 이미 짐작하고 있었소. 그래서 (가슴 주머니에서 권총을 꺼내면서) 이걸 준비했어요.

엘리다 (뵌겔 앞으로 몸을 던지면서) 안 돼요! 안 돼요, 쏘지 말아요. 나를 대신 쏴요.

낯선 사람 두려워하지 말아요. 나는 당신들 아무도 쏘지 않아요. 이건 나 자신을 위해 준비한 거요. 자유인으로 살다가 죽기 위해서 말이오.

엘리다 (흥분하여 일어서며) 여보, 할 말이 있어요. 그리고 저 사람도 들었으면 해요. 당신이 나를 여기에 붙들어둘 수 있다는 걸 알아요. 당신은 힘도 있고 권리도 있어요. 분명히 당신은 그것을 사용할 거예요. 그렇지만 내겐 내 마음이 있고, 내 생각과 꿈과 희망이 있어요. 당신은 그것들을 붙들진 못해요. 그것들은 내가 원했지만 당신이 가로막은 미지의 세계를 향해서 날아가려고 열망할 거예요.

뵌겔 (슬픔에 잠겨서 조용히) 여보, 알았소. 당신은 점점 나에게서 빠져나가려고 하는구려. 끝도 없고 다다를 수 없는 당신의 열망은 결국 당신의 마음을 어둠 속으로 끌어가고 말 거요.

엘리다 네, 네. 나도 그걸 느껴요. 내 머리 위로 나는 검고 소리 없는 날개들처럼 말이에요.

뵌겔 그건 끝이 없을 거요. 당신을 구할 수 있는 방법은 없구려. 나로서는 도저히 어떻게 할 수 없소. 그래서 말인데…… 지금 여기에서 우리의 약속을 취소하겠소. 당신은 자유롭게 당신의 길을 선택할 수 있소. 완전히 자유롭게……

엘리다 (아무 말 없이 잠시 동안 그를 응시하면서) 그게 사실이에요? 당신이 말씀하신 게 사실이에요? 정말 진심으로 그러시는 거예요?

뵌겔 그렇소. 가슴이 찢어지는 것만 같소.

엘리다 그렇지만 할 수 있겠어요? 그렇게 할 수 있어요?

뵌겔 그래, 할 수 있소. 당신을 너무도 사랑하기 때문에 할 수 있는 거요.

엘리다 (가볍게 몸을 떨면서) 내가 당신에게 그토록 중요했나요?

봔겔 우리의 결혼 생활은 끝났소.

엘리다 (손을 꼭 쥐며) 나는 그걸 몰랐어요!

봔겔 당신은 어디든 갈 수 있소. 이제 당신은 나에게서 완전히 자유요. 당신은 다시 참된 길을 찾을 수 있게 됐소. 당신의 선택이 자유로우니까 말이오.

엘리다 (자기 머리를 양손으로 감싸고 봔겔을 응시하면서) 자유롭고 그리고 완전한 책임감으로! 아 모든 게 변했구나!

배의 고동 소리가 다시 울린다.

낯선 사람 엘리다, 들려요? 마지막 신호요. 나와 함께 갑시다.

엘리다 (그를 향하여 여유로운 얼굴로 단호하게 말한다) 나는 당신과 절대 함께 갈 수 없어요.

낯선 사람 가지 않겠다고?

엘리다 (봔겔에게 붙어서) 오, 여보. 난 절대 당신을 떠나지 않겠어요.

봔겔 여보, 엘리다!

낯선 사람 이제 모든 게 끝난 거요?

엘리다 네, 영원히.

낯선 사람 내 의지보다 더 강한 게 있었군.

엘리다 당신의 의지는 더 이상 나에게 힘을 발휘하지 못해요. 내게 있어서 당신은 바다에서 왔다가 다시 돌아갈 죽은 사람에 지나지 않아요. 당신은 더 이상 나에게 공포를 주지 못해요. 아무 매력도 없어요.

낯선 사람 안녕히. (울타리를 뛰어넘는다) 이제부터 당신은 내가 무사히 극복했던 파선에 불과하오. (왼쪽으로 나간다)

봔겔 (잠시 그녀를 바라보며) 엘리다, 당신의 마음은 바다와 같소. 물이 밀려왔다가 빠져나가는 바다 말이오. 왜 마음이 변했소?

엘리다 모르세요? 변화는 모든 일이 올바른 이치로 돌아가는 대로 내가 자유롭게 선택할 수 있을 때 일어났어요.

봔겔 그러면 미지의 세계는? 그것은 이제 당신에게 매력이 없소?

엘리다 아무 매력도, 공포도 주지 않아요. 나는 그것에 맞설 수도 또 그 미지의 세계의 한 부분이 될 수도 있어요. 내가 원하기만 했으면 말이에요. 이제 나는 그걸 선택할 수 있을 거예요. 거부할 수도 있고요.

봔겔 이제 당신을 조금씩 이해할 수 있겠소. 당신은 분명하게 눈으로 보고 생각하고 판단을 내리는구려. 당신이 갈망하는 것, 바다에 대한 그리움, 그리고 그 낯선 사람이 당신에게 주었던 그 매력은 정말로 당신 마음속에서 새롭게 커가는 자유에 대한 충동을 설명해 준 것뿐이오. 그게 전부요.

엘리다 난 지금 무슨 말을 해야 할지 모르겠어요. 그렇지만 당신은 나에게 좋은 의사였어요. 당신은 나를 도울 수 있었던 단 한 가지 올바른 치료법을 사용할 용기를 가졌던 거예요.

봔겔 글쎄, 위기에는 의사에게 용기가 필요하오. 그런데 엘리다, 이제 내게 돌아오겠소?

엘리다 오, 여보. 당신은 믿음직한 남편이에요. 당신에게 돌아가겠어요. 이젠 돌아갈 수 있어요. 내 자유의사로, 나의 책임감으로 당신에게 가니까 말이에요.

봔겔 (부드러운 눈으로 그녀를 바라보며) 엘리다, 엘리다…… 오, 이제 우리가 서로를 위해 살 수 있다는 걸 생각하면…….

엘리다 우리의 목표를 가지고 말이에요. 당신과 나의 목표를 가지고요.

봔겔 그렇소. 정말 그래.

엘리다 그리고 우리 두 애들을 위해서요.

봔겔 당신 지금 우리 애들이라고 했소?

엘리다 아직 내 애들은 아니지만 그렇게 만들 거예요.

봔겔 우리 애들이라고! (기쁨에 겨워 빠른 동작으로 그녀의 손에다 입을 맞춘다) 아! 그 말을 들으니 얼마나 기쁘고 고마운지 모르겠소.

힐데, 발레스테드, 링스트란드, 안홀름, 그리고 볼레타가 왼쪽에서 정원으로 들어온다. 동시에 많은 젊은 시인과 여름 관광객들이 보도를 따라 지나간다.

힐데 (귀엣말로 링스트란드에게) 저것 봐요! 그녀와 아버지가 꼭 약혼한 한 쌍 같아요.

발레스테드 (엿듣고는) 작은 아가씨, 여름이거든요!

안홀름 (뽠겔과 엘리다를 번갈아보면서) 영국 배가 막 떠나는군요.

볼레타 (울타리로 가면서) 배를 구경하기에는 여기가 제일 좋아요.

링스트란드 올해의 마지막 배!

발레스테드 시인이 말한 대로 '곧 얼음이 길을 막을 것'이거든. 뽠겔 부인, 매우 섭섭하군요. 이제 얼마 동안은 부인을 못 뵙겠군요. 내일 스콜드비켄으로 떠나신다면서요?

뽠겔 아닙니다. 이제 떠나지 않아요. 오늘 저녁 저 사람과 내가 마음을 바꾸었어요.

안홀름 (번갈아보며) 아, 정말이세요?

볼레타 (앞으로 나오며) 아버지, 그게 사실이에요?

힐데 (엘리다에게 다가서며) 그럼 우리와 함께 계실 거예요?

엘리다 그래, 힐데야. 네가 나를 받아 주면 말이다.

힐데 (기뻐서 눈물을 흘리면서 웃으며) 제가 어머니를 받아 준다면요! 오, 물론이에요.

안홀름 (엘리다에게) 이거 아주 놀라운 일인데요?

엘리다 (진지하게 미소를 지으면서) 보신 대로예요, 안홀름 선생님. 선생님이 어제 말씀하신 것 기억하시죠? 사람이 한번 육지동물이 되면 다시 바다로 돌아갈 수도 없고 바다 생활을 할 수도 없다는 말씀 말이에요.

발레스테드 아, 그건 바로 나의 인어 아가씨 같군요.

엘리다 네, 그런 것 같아요.

벨레스테드 인어 아가씨가 죽어간다는 걸 빼면 말이에요. 인간들은 적응할 수 있거든요.

엘리다 그래요, 발레스테드 씨. 그들이 자유롭다면 적응할 수 있죠.

뽠겔 그리고 완전한 책임감만 있다면 말이오, 엘리다.

엘리다 (그에게 손을 내밀며 빠르게) 그래요. 그건 비밀이에요.

커다란 배가 피오르 너머로 조용히 미끄러져 나간다. 음악이 바닷가 가까이서 들려온다.

입센의 생애와 문학

입센의 생애와 문학

생애

　헨리크 입센(1828~1906)은 스무 살에 처녀작 《카틸리나 *Catilina*》를 쓰고 일흔한 살에 마지막 작품 《우리 죽은 사람이 눈뜰 때 *Naar vi dφde vaagner*》를 완성하여 51년에 이르는 세월 동안 총 26편의 희곡을 남겼다. 이 가운데 절반, 특히 입센의 가장 중요한 수작으로 꼽히는 12편이 27년간의 오랜 타향살이 가운데 완성되었으며, 또한 그가 극작가이기 이전에 시인이었다는 사실을 아는 이는 그리 많지 않다.
　입센은 노르웨이 수도 크리스티아니아(현재 오슬로)에서 남서쪽으로 약 100킬로미터 떨어진 항구 마을 시엔에서 부유한 선주(船主)의 둘째아들로 태어났다. 1881년에 쓴 미완성 자전적 단편에서 입센은 그가 소년이었을 때 창문에서 본 것이라고는 '건물뿐, 초록이라고는 하나도 없었다'라고 묘사했다. 특히 기억나는 것은 교회, 죄인의 목과 손목을 끼워넣는 형틀, 감옥, 정신병원이며, 온종일 여러 제재소에서 들리는 여인들의 흐느낌과 탄식, 비명이 천지를 뒤흔들었다고 했다.
　입센이 일곱 살 때 아버지가 파산하여 가세가 기울었고, 이후 입센은 30여 년 동안 불우한 생활을 하게 된다. 갑자기 가난과 불행의 나락으로 떨어진 입센의 가족은 시내의 넓고 화려한 집 대신에 벤스퇴프 근교의 초라한 집으로 이사해야 했고, 그 탓에 입센은 이른 나이부터 사회생활에 뛰어들어야 했다. 친숙했던 환경에서 멀어지고, 또 그에 따른 치욕감 때문에 일찍부터 내성적이던 입센은 백일몽과 책 읽기, 인형극 놀이에서 위안을 찾았다. 학교 교육도 제대로 받지 못했고, 그림에 재능을 보여 화가가 되려고도 했지만 결국 집안의 경제사정으로 더는 꿈을 키우지 못했다. 이 소년시절의 인상과 추억들이 후기 희곡들에 많이 배어 있는데, 시엔은 《청년 동맹 *De*

unges forbund》의 배경이 된 소도시이고, 벤스퇴프의 다락방은 《들오리 *Vildan den*》에서 등장한 얄마르의 다락으로 추측되며, 가족들이 종종 작품 인물의 모델로 등장한다.

입센의 일생은 '가정'(유년시절의 가정·고향·고국)으로부터 점점 분리·소외되어가는 모습을 분명하게 보여준다. 열다섯 살에 그는 해방감과 탈출의 감정을 가지고 시엔을 떠났으며, 20년 또는 더 이후에 외국에서 살기 위해 노르웨이를 떠났을 때도 똑같은 감정이 복받쳤다. 일흔에 이른 노인이 되어 노르웨이에 돌아온 즈음 친구에게, "여기 피오르까지 다 나의 고국인데……. 내 고향땅은 어디서 찾아야 할지?"라고 써보냈을 정도였다.

열여섯 살 때인 1844년 입센은 자립하기 위해 노르웨이 남부 해안의 작은 항구 마을 그림스타드로 혼자 떠나온다. 한 약국에서 숙식하며 수습원으로 일했는데, 이미 이때부터 시를 써서 신문 문예란에 수차례 작품이 실리기도 했다. 이 마을은 뒷날 《사회의 기둥 *Samfundets støtter*》의 배경이 되었다. 이곳에서 열여덟 살에 그가 살던 집의 하녀들 가운데 열 살이나 연상인 하녀에게서 사생아를 얻었고 14년간 아들을 부양하지만, 이 사건은 그의 일생에서 비교적 어두운 비밀 가운데 하나로 남아 있다.

입센은 일하면서 대학입시를 준비하는 한편 처녀작 《카틸리나》(1849)를 완성했다. 1848년 유럽 전역을 휩쓴 혁명에서 일부 영감을 얻었고, 일부는 시험과목으로 지정된 라틴어 교과서에서 영감을 얻은 작품이다. 입센은 이 작품을 쓰는 과정에서 시의 운율을 익히고 자연스럽게 희곡 작법의 기초를 닦았다. 입센이 친구 슐레루드의 도움으로 자비 출판한 이 작품은 초판 당시에는 거의 팔리지 않았고 평론의 대상조차 되지 못했으나, 1875년 재판이 발간되었을 때 서문에다가, 그가 다루려던 주제는 늘 '능력·포부, 의지·가능성의 불일치, 인류·개인의 비극이자 희극'으로 되돌아간다고 밝히자 상황은 달라졌다.

입센이 본격적으로 극작가의 길에 접어든 것은 1851년 베르겐에 건립된 '노르웨이 극장'의 전속작가로 초빙되었을 때부터다. 입센은 6년간의 약국 수습원 생활을 마감하고 1850년 4월 수도 크리스티아니아로 이사했다. 가는 도중 시엔에 들러 가족과 마지막 작별인사를 했다. 크리스티아니아에서의 18개월 동안은 상당히 검소하게 살았으며, 예비학교에서 공부했지만 8월에 치른 시험에서 전과목을 합격하지 못했고, 대수학과 그리스어와 라틴어 구두시험에서 낙방해 평생 대학입학자격을 취득하지 못했다. 여러 방법으로 대학생활에 참여했는데, 특히 〈사람 Andhrimner〉이라는 잡지에 기고하고 편집 일을 도왔다. 1850년 9월 26일 입센의 희곡이 처음으로 공연되었다. 역사극 《전사의 무덤 Kjaempehøjen》은 양식면에서 강한 민족주의를 드러낸 작품이었는데 성공을 거두지 못했고, 이후 해가 바뀌기 전까지 신문·잡지 등에 기고하며 근근이 생계비를 벌었다. 노르웨이 극장 창립 멤버이자 유명 바이올리니스트인 올레 불이 이런 입센의 식견과 재능을 알아보고 그에게 전속작가 자리를 제안하게 된 것이다. 화가와 의사 가운데서 진로를 고민하고 있던 입센의 운명이 판가름 나는 순간이었다. 노르웨이 극단측은 그에게 채용 조건으로, 극단창립기념일인 1월 2일에 상연할 수 있도록 매년 1편씩 새로운 희곡을 써 달라고 제안했다.

노르웨이의 문화는 1397년 칼마르 연합(1397년, 스웨덴 칼마르에서 체결된 덴마크, 노르웨이, 스웨덴 삼국 간의 동맹) 이래 오랫동안 덴마크에 종속되었다. 언어의 종속화도 심각하여 공식적인 자리에서는 자국어 대신 덴마크어를 사용해야 했을 정도였다. 이런 환경에서 노르웨이의 독자 예술, 특히 언어 예술은 설 자리가 없었다. 1850년에 이르기까지 노르웨이에는 노르웨이 연극, 노르웨이 극장이라 부를 만한 것이 전혀 없었다. 크리스티아니아에 상설 극장이 한 군데 있었지만, 배우는 모두 덴마크인이었으며, 대사 또한 덴마크어였다.

청년 입센이 살던 시기는 에이드스볼 헌법(1814년 에이드스볼 의회에서 제정된 노르웨이 최초의 헌법)이 제정되고 삼국 동맹의 굴레에서 벗어나 독립을 이룬 노르웨이가 독자적인 자국 문화를 구축하려던 이른바 국가적 낭만주의의 절정기였다.

스물세 살의 입센은 희망에 부풀어 베르겐 땅을 밟았다. 그러나 노르웨이 극장을 위한 그의 노력은 허사로 돌아갔다. 그는 희곡 제작에 거의 언제나 직접 참여했지만, 훌륭한 연출가가 되기에는 기질상 매우 내성적이었다. 당대의 사람들은 그를 조용하고 과묵하며 내성적인 청년으로, 특별히 호감을 주지 않는, 배우들을 나무라거나 잘못을 수정해 줄 때조차 매우 당황해 하는 사람으로 묘사했다. 그는 타인과 친해지는 것을 어려워하고 주저하며 홀로 걷는 것을 더 좋아하는 사람이었다. 그는 그 유별나고 볼품없는 초라한 외투를 입고 무대 뒤에서 '느릿느릿 걸어다닐 때'는 존경을 받았지만, 동료의식을 불러일으키지는 못했다. 나중에 입센은 이 극단에서의 생활을 '실패의 나날'이라고 묘사했다. 그렇지만 이 초년기의 경험은, 1852년 덴마크와 독일의 연극계를 견학하기 위한 여행까지 포함하여 나중에 그의 글을 풍요롭게 하는 데 커다란 영향을 끼쳤다. 이 기간 동안 145편 이상의 각기 다른 희곡들을 제작하는 데 참여했다. 1851~1857년 그 자신의 희곡 5편이 베르겐에서 공연되었지만 일부는 참혹하게 실패했으며, 뛰어난 성공을 거둔 것은 단 1편도 없었다. 1856년 베르겐에 사는 목사의 딸 수잔나 토레센과 약혼했지만 그로부터 2년이 지난 뒤에야 결혼할 수 있었다. 1859년 12월 23일 그들의 외아들 시구르가 태어났다.

입센은 1857년 9월 5년 만에 크리스티아니아로 돌아와, 수도에 개설된 크리스티아니아 노르웨이 극장에 예술 감독으로 취임했다. 그러나 이곳에서도 그는 연극에 무지한 주변 사람들과 끊임없는 갈등을 겪어야 했다. 재정적으로도 견실하지 못해 소극(笑劇)과 보드빌을 레퍼토리 안에 많이 넣어야 했고, 이런 실정은 야심적인 예술가가 활동할 여지를 별로 주지 못했다. 극장은 입센을 맞이한 지 6년 만인 1862년 결국 경영난으로 문을 닫았다.

베르겐 노르웨이 극장 시절 입센이 발표한 작품은 《성 요하네제(祭)의 전야》(1852), 《에스트로트의 잉겔 부인》(1855), 《솔하우그의 향연》(1856),

고도(古都) 베르겐 1851년 입센은 한자동맹 시대의 모습이 남아 있는 고도 베르겐으로 이사했다. 그는 그곳 '노르웨이 극장'의 전속작가 겸 무대감독으로 일했다. 덴마크와 독일 연극을 시찰하고 나서는 연출, 의상, 무대 미술에도 손을 뻗치게 되었다.

《울라프 릴리에크란스》(1856) 등 4편으로 낭만주의적 시극이면서도 산문극 성향이 짙게 배어 있는 작품들이었다. 베르겐에서의 생활은 힘겨웠지만, 이를 통해 입센은 가치 있는 두 가지 경험을 하게 된다. 하나는 셰익스피어 무대를 처음으로 접했다는 것, 다른 하나는 외젠 스크리브의 '잘 짜인 극'(pièce bien faite) 창작 기법을 배운 것이다. 이러한 경험은 이후 극작가 입센의 예술세계에 커다란 영향을 끼쳤다.

그 뒤 입센은 또 다른 극장인 크리스티아니아 극장의 문학고문이라

입센(1828~1906)

는 최저의 급료를 받는 임시직을 찾았다. 이러한 실망의 상태에 엎친 데 덮친 격으로 산더미 같은 부채, 불경기, 대중의 무관심, 적대감에 이르기까지 수없이 많은 좌절감이 그를 극단적인 절망으로 이끌었다.

입센이 크리스티아니아로 돌아와 처음으로 쓴 작품인 《헤르게트란의 전사(戰士) Haermaendene paa Helgeland》(1857)는 아이슬란드의 고대전승문학에서 소재를 가져온 것으로, 고대서사시의 운문을 과묵하면서 웅변적인 산문 희곡 언어로 재생하는 것을 목표로 했다. 베르겐 시절 경험을 통해 산문 대사의 시적 가능성에 처음 눈뜬 입센이 야심차게 도전한 기념비적인 작품이라고 할 수 있다. 그 뒤 《사랑의 희극 Kjaerlighedens komedie》(1862), 《왕위를 노리는 자들 Kongsemnerne》(1863) 같은 걸작 희곡을 연달아 썼다.

입센은 세 번에 걸친 신청 끝에 1863년 외유비(外遊費)를 지급받자 가능한 대로 채무의 일부를 갚고, 1864년 4월 고국을 떠나 이탈리아로 갔다. 입센 자신도 이것이 이후 27년에 걸친 긴 방랑생활의 시작이 되리라는 것을 알지 못했다. 그 27년간 그는 주로 로마·드레스덴·뮌헨에 있었으며, 그동안 단 2번(1874, 1885), 잠시 노르웨이를 방문했다.

그 뒤 몇 년간 그는 비약적인 활약을 보였다. 서사시로 구성했다가 나중에

운문극으로 바꾸어 쓴 《브랑 Brand》(1866 초연)이 1865년 여름 로마 근교에서 완성되어 이듬해 코펜하겐에서 출판되었는데, 이 작품은 스칸디나비아에서 즉시 예술적·상업적으로 성공했다. 이후 그는 우아한 새 옷을 입고, 수염을 새로운 스타일로 깎고, 새삼 위엄 있는 태도를 취하고, 필체마저도 담담해짐으로써 로마의 친구들을 놀라게 했다. 《브랑》에 이어 《페르 귄트 Peer Gynt》(1867)가 나왔는데, 어떤 의미에서 이 2편의 희곡은 그가 느낀 노르웨이인의 편협한 생활과 자

입센의 〈헤르게트란의 전사〉 제4막
고든 크레이그가 그린 스케치(연출도 고든 크레이그). 런던, 임페리얼 극장, 1903. 파리, 아스날 도서관.

기만족적인 성격에 방향을 맞춘 문제작이다.

1870년대 중반부터 입센의 작품세계는 전면적인 변화를 보였다. 입센은 기존의 낭만주의 연극을 버리고, 근대 사실주의 연극으로 통하는 새로운 길로 진출했다. 그리고 머지않아 세계 연극계의 가장 큰 별로 인정받게 된다. 이 시기 이후로 입센은 운문극 형식을 버리고 오직 산문극 창작에만 매진하지만, 그렇다고 아예 시와 결별한 것은 아니었다. 입센은 어떤 시에서 이렇게 썼다.

'살아간다는 건
영혼에 숨은 트롤과 싸우는 일.
시를 짓는다는 건
나 자신을 심판하는 일.'

트롤은 노르웨이 민간 설화에 등장하는 초자연적 생물로 자연에 내재한 악마적인 힘, 또는 인간의 영혼 속에 숨은 사악한 힘을 상징한다. 입센의 빼어난 시극 《페르 귄트》의 주인공은 '영혼에 숨은 트롤'과 싸우며 지방 곳곳을 돌아다니는데, 작가 입센은 이 트롤에게 인간의 사악한 성질을 대변하는 '자만심'과 '비겁함'이라는 속성을 부여했다.

입센은 청년시절 민족주의에 크게 경도되어 정치운동이나 노동운동 전면에 나서기도 했다. 그러나 정부의 탄압이 심해지자 금세 모든 일

〈페르 귄트〉 삽화

노르웨이 민화와 전설을 바탕으로 한 희곡 〈페르 귄트〉(1867년 간행)에 실린 삽화. 동네 건달이었던 페르(왼쪽 가운데)가, 요괴들이 사는 트롤 왕국으로 공주(페르의 뒤)를 데리고 가서 왕관 쓴 트롤 왕(오른편 안쪽)을 만나는 장면. 시사적 풍자가 가득한 반(反)낭만주의 작품.

에서 손을 뗐다. 슐레스비히홀슈타인 전쟁이 발발했을 때는 누구보다 열렬하게 덴마크를 구하자며 목소리를 높였으나, 많은 노르웨이 젊은이들이 의용군에 입대할 때 정작 입센은 전쟁을 피해 고국을 떠났다. 이러한 사건들에 따른 죄책감은 평생 그를 따라다녔다. 앞에서 인용한 시는 입센이 자기 영혼에 숨은 '비겁함'이라는 트롤을 직시하며 내뱉는 고통스러운 신음이다. 결국 이후 입센의 모든 희곡은 이러한 트롤과의 싸움의 산물이라고 할 수 있었다.

그는 '과거'라는 트롤과도 계속해서 싸워야 했다. 입센에게 '과거'는 고통스러운 기억일 뿐이었다. 가세가 기운 뒤 극도의 가난 속에서 겪었던 소외와 차별은 언제나 쓰라린 기억으로 남아 있었다. 그림스타드 약국에서 일하던

시절 열 살이나 연상이던 하녀와의 사이에서 낳은 사생아는 평생 지울 수 없는 무겁고 어두운 짐이었다. 베르겐에서의 실패를 뒤로하고 크리스티아니아로 돌아온 1860년대는 유년시절에 버금가는 암울한 시기였다. 아내를 얻고 한 아이의 아버지가 되었지만, 《헤르게트란의 전사》를 제외하고는 발표하는 작품마다 쓰디쓴 실패를 맛보아야 했다. 급기야 극장마저 문을 닫았고, 실업에 따른 극심한 생활고에 몰린 입센은 신경증에 걸려 밤마다 술에 취해 자살까지 생각했다. 마음을 다잡고 쓴 《사랑의 희극》은 발표하자마자 미풍양속을 해친다는 비난에 직면해야 했다.

로마에서 쓴 《브랑》과 《페르 귄트》 덕분에 높은 명성과 안정된 생활을 얻을 수 있었다. 그러나 1872년 노르웨이 건국 1천 년 기념절에 쓴 다음과 같은 시를 보면, 노르웨이가 여전히 그의 '영혼에 숨은 트롤'로 남아 있었음을 분명히 알 수 있다.

내 동포여, 효과 좋고 쓴 약을
아낌없이 내게 베푸는 이들이여.
나는 그 때문에 죽음의 고통을 맛보았지만, 다시 마음을 다잡고
이제는 두려움 없이 이 세상과 싸우려 한다.

내 동포여, 유랑의 지팡이와
슬픔의 행랑을 내게 주는 이들이여,
내 여행을 위해 공포의 날개 달린 샌들을 내게 선물한 이들이여,
지금 내 넓은 세상에서 너희에게 인사를 보낸다!

입센은 4년간 머문 로마를 떠나 드레스덴으로 갔다. 그곳에서 《시집 Digte》(1871)을 출판하는 한편, 산문극 집필에도 몰두하여 《청년 동맹》(1869)과 《황제와 갈릴리인 Kejser og Galilaeer》(1873)을 완성한다. 1896년 초연된 《황제와 갈릴리인》은 배교자 줄리안의 일생에 바탕을 둔 극으로 이교와 그리스도교 사이에서 갈등을 겪으면서, 정열과 영혼 사이의 틈을 이어줄 수 있는 '제3지대'라는 개념을 제안한다. 이 작품은 일반적으로 입센의 극 가운데 가장 빈약한 것 중 하나로 간주되나 그 자신은 가장 큰 업적으로 간

주했다. 입센은 기회가 생겨 덴마크를 방문할 때도 노르웨이에는 발을 들여
놓지 않았다. 다시 고국 땅을 밟은 것은 고국을 떠난 지 10년 만인 1874년
의 일이었다. 그러나 다시 찾은 노르웨이의 현실은 과거와 조금도 다를 바가
없었고, 이에 입센은 환멸을 느끼며 서둘러 고국을 떠나고 말았다. 입센은
이 시기에 시와 결별한다.

그 뒤 입센은 1875년 뮌헨으로 이사하지만 1878년 늦가을 로마로 돌아와
1879~1880년 잠시 뮌헨에 체류한 것을 제외하면 1885년까지 로마에서 살았
다. 1885~1891년에는 다시 뮌헨에서 지냈다. 작품 활동에서 더욱 매진하
여, 《사회의 기둥 Samfundets Stφtter》(1877), 《인형의 집 Et Dukkehjem》
(1879), 《유령 Gengangere》(1881), 《민중의 적 En Folkefiende》(1882) 같
은 걸작을 발표하여 세계적인 극작가의 명성을 쌓아갔다.

《사회의 기둥》은 시(詩)의 시대를 마감하고, 일반적으로 알려져 있듯이
사회풍자로 나아간 첫 작품이다. 바로 이 희곡으로 그는 독일에서 널리 명성
을 얻었고, 초판이 출판된 뒤 2개월 만인 1878년 2월에 다른 세 가지 언어
로 번역되어 베를린의 5개 극장에서 상연되었다. 뒤이어 출판된 《인형의 집》
은 떠들썩한 세평(世評)을 불러일으킨 작품이었다. 이 작품에서 입센은 고
의는 아니지만 어떻게 남편이 아내의 지적·경제적 예속을 가져오는지를 관
찰함으로써 개인의 자유 및 표현상실이 그의 신조처럼 사회의 인습 때문임
을 폭로한다. 1889년 런던에서 공연된 《인형의 집》은 '입센주의'를 둘러싼
격론의 시발점이었고, 1890년대 문학논쟁의 중요한 핵심이 되었다.

《유령》은 작가의 말에 따르면 앞의 두 작품보다 더 '극단적'인 작품이다.
앞의 두 작품은 이 작품을 위한 소개 또는 준비단계에 지나지 않는다. 이 작
품은 베를린의 자유무대(1889), 파리의 자유극장(1887), 런던의 독립극장
(1891)과 같은 유럽 '독립극장'의 창설과 연결되어 개막극으로 선택되었다.
이 희곡은 과거로부터 내려오면서 살아 있는 사람들을 죽이는 도덕적인 질
병의 상징으로 선천적인 성병의 문제를 이용한다. 1891년 런던 언론계 대부
분의 신랄한 비평에 비한다면 온건한 편이나, 노르웨이 대중과 비평가들이
이 극에 가한 적대적인 반응은 입센이 다음에 쓴 3편의 희곡 《민중의 적》·
《들오리》(1884)·《로스메르 저택 Rosmersholm》(1886)에 영감을 주었다고 볼
수 있다. 이 작품 모두 용감히 진리를 말하는 사람들, 말하지 못하는 사람

들, 또는 말하기를 두려워하는 사람들의 다양한 운명을 다루고 있다.

《바다에서 온 여인 Fruen fra havet》(1888)에 이어 《헤다 가블레르 Hedda Gabler》(1890)를 완성한 입센은 어느덧 긴 타지 생활에 지쳐 있었다.

1891년 노르웨이로 돌아가기 전 입센은 해마다 여름이면 집에서 멀리 떨어져 지내는 습관이 있었다. 보통 즐겨 찾았던 곳은 티롤의 고센사스(현재의 콜레 이사르코)였다. 1889년 그곳에서 뮌헨 출신의 젊은 헬레네 라프를 만나게 되는데, 그녀가 입센의 집에 자주 드나들자 그의 부인과 에밀리 바르다흐가 질투어린 짜증을 보이게 되었다. 에밀리는 열일곱 살 된 빈의 소녀로, 입센은 나중에 그녀를 그의 '9월의 생에 비친 5월의 태양'이라고 묘사했다. 더 젊고 친절한 여인들과의 이런 관계가 입센에게 무슨 의미가 있는지에 대해 정확히 정의내리기 어렵지만, 그의 가장 위대한 희곡 가운데 하나인 《헤다 가블레르》·《건축가 솔네스 Bygmester Solness》에 그 흔적을 남겼다.

노르웨이에서 입센과 가장 가까이 지낸 사람은 그의 친구 힐드루 안데르센의 딸인 듯하다. 그녀는 피아니스트가 되기 위해 공부하고 있었고, 입센이 그의 문학 계획을 가장 자유롭게 토론할 수 있었던 사람으로 보인다. 1892년 10월 11일 입센의 아들은 베르글리오트 비에른손과 결혼했다. 그녀는 당대의 또 다른 노르웨이의 위대한 사실주의 시인·극작가인 비에른스티에르네 비에른손의 딸이었다. 이 작가에 대한 입센의 태도는 거의 40년 동안 찬사·질투·경멸·애정이 뒤섞인 것이었고, 두 젊은이가 결혼할 때 입센은 병을 핑계로 결혼식에 참석하지 않았다.

만년의 극은 《바다에서 온 여인》부터 작품의 중심점이 점차 뚜렷하게 이행되어 간다. 《헤다 가블레르》·《건축가 솔네스》·《꼬마 아이욜프 Lille Eyolf》(1894)·《요한 가브리엘 보르크만 John Gabriel Borkman》(1896) 등은 특히 사회적·도덕적 문제의식이 강한 희곡에서 벗어나 보다 심리적·환상적·상징적 희곡으로 발전해 가는 과정을 보여준다. 작가가 '극적 에필로그'라고 부제를 붙인 《우리 죽은 사람이 눈뜰 때》(1899)는 루베크라는 인물에다 가차 없는 최종적인 자기분석을 덧붙인 극으로, 이로써 입센의 창작활동은 끝나게 된다. 1900년 뇌내출혈로 쓰러지고, 1년 뒤 또 한 번의 발작으로 손을 쓸 수 없을 만큼 위독한 상태에 있다가 1906년 크리스티아니아에서 죽었다. 노르웨이 정부는 국장을 치러 그 공훈을 기렸다.

입센은 아주 세심한 예술가였다. 만년에는 보통 2년에 희곡 1편씩을 집필했고, 초고를 반복하여 수정하면서 최종 형태에 이르는 식으로 작업했다. 이 초고들은 아직도 많이 남아 있는데, 작품들의 창작과정을 흥미진진하게 말해 줄 뿐만 아니라 극작의 본질이 독특한 방법으로 해명되었다고 볼 수 있다.

27년간의 타국 생활 동안 입센이 쓴 작품들은 《황제와 갈릴리인》을 제외하면, 모두가 노르웨이를 배경으로 노르웨이인의 삶을 그린 것들이다. 입센은 노르웨이를 등짐으로써 노르웨이와 자신의 과거를 보다 객관적으로 바라볼 수 있었다. 그리하여 그는 타국 생활의 고독 속에서 노르웨이를 향한 비판의 칼끝을 점차 자신의 '영혼에 숨은 트롤'에게로 돌려 안으로 파고들어 가면서, 과거나 역사가 결코 죽어 있는 것이 아님을 시인의 언어로 아이러니하고 힘차게 그려냈다. 그것은 또한 '자기'에서 출발해 '보편'에 이르는 길이기도 했다.

입센의 작품이 북유럽어권에 속해 있었음에도 유럽 전역에서 사랑을 받고 노르웨이나 북유럽보다 오히려 서유럽에서 커다란 반향을 일으킨 것은 입센이 노르웨이를 그리면서도 자기 '나라'보다 자기 '시대'에 민감한 자의식을 갖고 있었기 때문이다. 생전에 입센은 조지 버나드 쇼가 말한 '입센주의'(당대 도덕성에 대한 극형식의 비판)의 효시라는 예우를 받았지만(어떤 진영에서는 비난받았음), 무엇보다도 근대 사실주의 산문극의 창시자로 인정받았다. 그러나 그의 작품이 또 다른 평가를 받게 된 것은 최근의 일이다. 탁월한 기법의 구사력, 심리학적 통찰력, 상징주의, 극적 산문이 지닌 음울한 시성 등을 비평계는 주목하게 되었다. 만년의 극들은 논란의 여지가 더 많았는데, 현실과 환상의 본질을 파헤치고 개인과 사회 안에서 무엇이 참이고 무엇이 거짓인가를 탐구하면서 산문극 일반의 발전·육성에 지대한 공헌을 했다.

입센의 작품세계는 낭만주의에서 자연주의로, 그리고 다시 상징주의로 변모해 갔다. 이러한 변모는 그가 시대의 유행에 순응했기 때문이 아니라, 그가 말하려는 바가 시대의 흐름과는 상관없이 그러한 형식적 변모를 요구한 탓이라고 보는 것이 옳다. 또한 입센의 작품은 종종 그 모호성으로 독자나 관객을 혼란스럽게 하기도 하는데, 인간의 본질과 모순적인 존재 조건에 대한 작가의 심오한 통찰에서 비롯된 이러한 미학적 중층성이야말로 입센 희곡의 위대성을 증명하는 본질적인 요소라고 할 수 있다.

《인형의 집》

입센의 《인형의 집》은 근대연극사에서 획기적인 작품으로 꼽힌다. 그의 극 가운데서 이론의 여지없이 대성공을 거둔 첫 작품이며 대표작이라 할 수 있다. 입센은 그 구성과 표현에서 사실주의 작가로서의 이상을 유감없이 발휘했다. 특히 여성을 수동적이며 굴종적인 인물이 아닌 하나의 자주적이며 독립된 인격체로 인정한다는 주제로 당시 사회에 큰 충격을 주었으며, 오늘날까지도 이어지는 사회문제를 제기하고 있다.

노라는 세 아이의 어머니이며, 은행장 취임을 앞둔 남편 헬메르에게서 듬뿍 사랑을 받으며 행복한 나날을 보냈다. 그러나 그녀에게는 비밀이 하나 있다. 신혼 무렵 아직 직장이 없었던 남편의 병 치료를 위해, 남편 모르게 아버지의 서명을 위조해서 고리대금업자 크로그스타에게 돈을 빌렸던 것이다. 그러나 법률지식에 무지했던 그녀는 아버지가 세상을 떠난 사흘 뒤의 날짜로 차용증서에 서명하는 실수를 한다. 그런데 크로그스타는 헬메르와 같은 은행에서 근무했고, 헬메르는 은행장 취임과 동시에 그를 해고하려 한다. 이에 크로그스타는 자신이 직장을 잃는다면 서명위조 건을 폭로하고 남편까지 은행장에서 물러나게 해버리겠다고 노라를 협박한다.

마침내 그 일을 알게 된 헬메르는 자기의 사회적 체면이 손상된 것만 걱정할 뿐, 노라의 곤경 따위는 아랑곳없이 그녀에게 폭언을 퍼붓는다. 그러나 다행히 크로그스타가 사모하는 미망인인, 노라의 친구 린데 부인의 도움으로 일은 좋게 마무리된다. 그러자 헬메르는 갑자기 태도를 바꿔 다시 노라에게 따뜻하게 대한다. 그러나 노라는 남편이 위선적이며 비겁한 인간이라는 것, 그리고 지금까지 자기는 그저 남편의 작은 종달새나 인형에 불과했다는 것을 비로소 깨닫는다. 그녀는 아내이기 이전에 주체적인 인격을 가진 한 인간임을 자각하면서 가족을 버리고 집을 나간다.

《인형의 집》여주인공 노라의 모델이 된 사람은 두 명이다. 한 명은 노르웨이 출신의 젊은 여류문필가 라우라 키에라이고, 다른 한 명은 노르웨이의 시인 헨리크 베르겔란의 여동생 카밀라 콜레트이다. 콜레트는 노르웨이 최초의 근대소설로 평가받는 《군장(郡長)의 딸들》을 쓴 여류작가이며, 노르웨이 최초의 '신여성' 중 한 명으로서 여성문제에 관해 입센에게 큰 영향을 끼쳤다. 그러나 그 영향은 객관적이고 간접적인 것으로, 직접적인 영향을 미친 라우라 키에라에는 미치지 못하는 듯하다.

입센과 라우라의 첫 만남은 라우라가 입센의 극시 《브랑》에 감동하여 《브랑의 딸들》이라는 소설을 써서 출판한 뒤 그 일부를 입센에게 헌정한 1869년으로 거슬러 올라간다. 라우라는 1871년 여름에 드레스덴에서 두 달간 머물렀고, 두 사람은 이때 자주 만남을 가졌다. 입센은 그녀를 "나의 종달새"라고 부르면서 더 많은 작품을 쓰도록 격려했다. 그 뒤 그녀는 덴마크인 고교 교사 키에라와 결혼했다.

1878년 초, 라우라가 수잔나 부인을 통해 입센에게 원고 추천을 부탁해 왔다. 입센은 거절했다. 작품이 재미없기도 했지만, 함께 보내 온 편지 내용에 놀랐기 때문이다. 남편에게 말할 수 없는 사정이 생겨 돈이 필요해져서 그 작품을 팔아 꼭 돈을 마련해야 한다는 내용이었다.

입센은 거절의 편지에 이렇게 썼다.

'부인께서 보내 주신 원고 《땅끝》을 출판업자 헤겔에게 추천할 수는 없습니다. ……부인께서 쓰신 소설은 사실성, 진실성, 현실성이 결여되어 있습니다. ……피치 못할 사정으로 이 작품을 써야만 했다고 하셨지요. 전 이해할 수 없습니다. 남편이 버젓이 살아 있는 가정에서 아내인 당신이 이토록 절박하게 돈을 마련해야 할 이유가 있단 말인가요? 부인의 고백이 사실이라면 이는 참으로 놀라운 일입니다. 부인께 그런 일이 일어나다니, 도무지 이해가 가지 않습니다. 제게 무언가를 숨기고 있지는 않으십니까? 편지를 몇 번이나 다시 읽으면서 그런 인상을 받았습니다. ……남편분이 모든 사실을 알고 있으시리라고는 생각지 않습니다. 그러니 남편분께 꼭 모든 걸 털어놓으십시오. 부군께서는 당신을 괴롭히고 있는 괴로움과 고민거리를 받아주실 겁니다. ……솔직히 말씀드린다면 헤겔은 아무리 제가 추천한다 하더라도 당신의 원고를 출판하지 않을 것입니다. ……모든 고민을 부군께 털어놓으세요. 남편분이야말로 그 고민을 받아줄 유일한 사람입니다.'

라우라에게 답장을 보내고 한 달여 뒤 출판업자 헤겔에게 보낸 편지에서 입센은 이렇게 썼다.

'……현대적인 작품을 써 보고자 신작 희곡의 구상을 시작했습니다. 전작처럼 4막극으로 쓸 예정입니다. 그렇지만 언제 집필을 마치게 될지는 모르

《인형의 집》(1879, 초판 발행)

겠습니다.'

그리고 헤겔에게 보낸 8월 2일자 편지에는, 라우라의 남편에게서 그녀가 정신병원에 입원했다는 소식을 들었는데 이에 대해 좀 더 자세한 사정을 알고 싶다고 썼다.

입센은 머지않아 자초지종을 듣게 된다. 라우라는 입센에게 추천을 거절당하자 절망하여 원고를 불태워 버렸다고 한다. 빚을 갚지 못하게 된 그녀는 가짜어음을 발행했다가 발각되어 남편에게 죄인 취급을 당하고 신경증에 걸려 정신병원에 입원하게 되었다는 것이다.

티롤 남부의 고센사스에서 여름을 보내고 로마로 되돌아온 입센은 10월 19일 노트에 다음과 같이 썼다.

〈현대 비극을 위한 비망록〉

'두 종류의 도덕규범이 있다. 두 종류의 양심이 있다. 하나는 남성의 것이고, 하나는 전혀 다른 여성의 것이다. 그들은 서로 융합하지 않는다. 그러나 실생활에서 여성은 여성의 기준이 아닌, 남성의 기준으로 재판받는다.

이 작품 후반부에서 부인은 자연스러운 감정과 권위에 대한 믿음 사이에서 갈팡질팡하며 심한 혼란에 빠져든다.

여성은 현대사회에서 독립된 인격체가 될 수 없다. 이 사회는 완전히 남성적이어서, 남성이 만든 규범으로 남성의 입장에서 여성의 행동을 판단한다.

작품 속 여인은 문서를 위조하고 이를 자랑스러워한다. 그것은 남편에 대한 사랑에서 나온, 남편을 구하기 위한 행동이었다. 하지만 남편은 상식에 기대어 그녀를 비판하고, 법률의 잣대와 남성의 눈으로 정황을 판단한다.

도덕적 갈등. 권위에 대한 믿음이 흔들리면서 그녀는 아내이자 여성으로서 지켜야 할 도덕 및 자녀양육의 의무에 대한 확신을 잃는다. (……) 모든 것을 혼자서 짊어지고 갈 수밖에 없다. 파국은 무자비하고 돌이킬 수 없다. 절망, 저항, 그리고 파멸.'

현재 남아 있는 자료를 보면, 《인형의 집》을 실제로 쓰기 시작한 것은 1879년 5월 2일로 추정되며 8월 3일에 탈고, 수정 및 완성을 마친 것은 9월 2일이었다.

로마를 떠나기 바로 전날인 7월 4일, 입센 작품을 영국에 소개한 문학평론가 에드먼드 고스에게 보낸 편지에서 그는 이렇게 썼다.

'……9월부터 가족들과 함께 로마에서 지내며 신작 희곡 집필에 몰두했습니다. 작품은 10월에 출판될 예정입니다. 현대의 결혼 문제를 두루 다룬 진지

연극 〈인형의 집〉
여성해방을 주장하는 문제극 작가로서 입센이 세계적 명성을 얻게 된 작품. 그 과격함 때문에 보수파의 심한 비난을 받았다. 주인공 노라는 마지막 장에서 자기는 '아내 인형'일 뿐이었으며, 부부관계는 돈을 바탕으로 성립된 '소꿉장난'에 지나지 않았다는 사실을 깨닫는다. 1970년, 오슬로 국립극장에서.

한 가정극입니다……'

《인형의 집》은 극작기법상의 놀라운 진보를 보여준다. 시종일관 동일 배경 아래 극이 진행되는 것은 전작 《사회의 기둥》과 같지만, 기존의 군집극적 구성과 다르게 극에 반드시 필요한 소수의 배역만이 등장한다. 또한 몸짓 언어를 적극 활용하여 표현의 간결성을 살렸다. 《사회의 기둥》의 대사는 장황하고 다분히 설명적이었으나, 《인형의 집》에서는 몸짓 언어를 활용함으로써 대사의 암시성을 더했다. 몸짓, 동작, 대사를 효율적으로 결합함으로써 한 장면 안에 더 많은 것을 담아낼 수 있게 된 것이다. 인물 묘사도 한층 발전했다. 노라의 대사는 인물의 심리적 모순을 매우 사실적이고 실감 있게 전달한다.

한편 《인형의 집》은 인물관계나 극 구조가 다소 단순하다는 지적을 피할 수 없다. 외젠 스크리브의 '잘 짜인 극' 기법의 영향이 짙게 남아 있는 것도 사실이다. 그럼에도 이 작품에는 입센의 기존 작품들과는 완전히 다른 입센 특유의 리얼리즘적 특성이 나타나고 있다.

《인형의 집》은 1879년 12월 4일에 출판되었다. 결혼이나 가정에서의 남편과 아내의 지위는 결코 신성불가침의 영역도, 고정불변한 것도 아니라고 주장하는 이 작품은 당시 사회에 엄청난 파장을 몰고 왔다. 당시의 사회적 도덕관념으로서는 용납되지 않았던 것이다. 이 작품은 여러 나라에서 상연이 금지되거나, 상연되더라도 결말 부분이 수정되었다. 연극이나 예술에 관심이 없는 사람들 사이에서도 세 아이를 버려두고 집을 나간 노라의 행위를 둘러싸고 격렬한 논쟁이 벌어졌다. 이른바 여성해방론자들과 일부 문학관계자들은 환영했지만, 대부분의 사람들은 작가 입센이 결혼과 가정의 신성함을 파괴했다고 격렬한 비난을 퍼부었다.

비록 이 작품이 시대적 상황 탓에 주로 '여성권리' 문제를 다룬 사회극으로 간주된 것은 사실이지만, 입센이 이 작품에서 전하는 보다 깊은 메시지는 자신의 참된 정체성을 깨닫고 그에 따라 살아갈 때 타자성에 매몰되지 않는 진정 살아 있는 삶이 가능하다는 것이다. 입센은 철저하게 인생의 허위를 파헤쳐서 진실을 희구했고, 그것을 위해서라면 어떠한 비난도 두려워하지 않았다. 따라서 《인형의 집》은 입센의 다른 어떤 작품보다도 인생의 한 단면이 적나라하게 묘사된, 인간 삶의 진지한 모색이 담겨 있는 작품으로 해석되어야 한다.

《인형의 집》은 출판과 거의 동시에 덴마크 왕립극장에서 초연되었다. 이듬해 봄에는 스칸디나비아, 독일, 오스트리아에서 잇달아 공연되었고, 영국, 프랑스, 미국 공연 등으로 이어졌다. 함축적인 대사와 단순한 구성으로 사실주의 연극사에 한 획을 그은 이 작품은 입센에게 세계적인 극작가의 명성을 안겨주었다.

《유령》

1881년 6월 말, 입센은 가족을 데리고 이탈리아 소렌토로 가서, 14년 전 《페르 귄트》의 최종 원고를 완성한 추억이 있는 트라몬타노 호텔에서 머물며 신작 집필에 온 힘을 쏟았다. 타는 듯한 더위에도 집필은 순조롭게 진행되어 10월 중순에는 제1막이 완성되었다. 그는 그것을 헤겔에게 보냈다. 나머지 부분을 탈고하여 완성한 것은 11월 초순이었다. 이것이 3막 가정극 《유령》이다.

존경받는 시종무관 알빙의 미망인인 헬레네 알빙은 남편의 영지에서 홀로 살아가면서 남편의 뜻을 따라 자선사업을 벌여왔다. 그녀의 아들 오스왈드는 어머니가 세운 고아원의 개원을 축하하러 파리에서 돌아온다. 극은 목수 엥스트란드와 그의 딸 레지네 사이의 대화로 시작한다. 엥스트란드는 레지네에게 딸로서의 도리를 다하라고 하면서, 알빙 집안 하녀 일을 그만두고 선원들을 위한 '선원의 집'의 여종업원이 되라고 설득한다. 그는 이 일로 돈을 모으려 한다. 그러나 레지네는 이를 거절하고 보다 고상한 삶을 원한다. 알빙 집안의 오랜 친구인 만데르스 목사가 도착하여 고아원의 봉헌식을 올린다. 목사와 새로운 도덕률에 대해 토론을 벌이던 오스왈드가 식당으로 간 뒤 거기서 레지네를 유혹하는 말소리가 들려오자, 알빙 부인은 과거의 유령이 나타나서 자신을 괴롭히고 있음을 알아차린다.

2막에서 알빙 부인은 레지네가 자기 남편이 하녀와의 관계에서 낳은 딸이라는 사실과 남편이 훌륭하다는 평판은 그녀의 선행 때문에 덤으로 얻어진 것이라는 사실을 설명한다. 2막의 마지막에 목수 엥스트란드의 부주의로 불이 나서 고아원이 타버리고 만다.

3막에서 아들 오스왈드는 또 다른 유령인 그의 아버지로부터 성병을 물려받았음을 고백한다. 알빙 부인은 그의 병이 심해져 광기가 나타난다면 그에게 독약을 주겠다고 약속한다. 극의 마지막에 오스왈드의 마음은 마지막 발작에 의해 무너져 버리고, 알빙 부인은 약속한 대로 약을 주어 죽게 할지 아니면 희망이 없는 불치병자로 그냥 살게 할지 고심한다. 그녀가 결심하려는 순간 막이 내린다.

입센은 완성 원고를 보낸 뒤 11월 23일자로 헤겔에게 이렇게 썼다.

'친애하는 헤겔 씨! 말씀하신 대로, 각 극장 지배인에게 보낼 책에 첨부할 편지를 보냅니다. 그중 똑같은 편지를 몇몇 개인에게도 보냅니다.

(……) 저는 벌써 새로운 4막 희곡 구상(《민중의 적》)을 시작했습니다. 이전에 구상했다가 《유령》에게 순서를 양보하고 중단했지만, 내게 딱 달라붙어 내 머릿속을 점령하던 것입니다. 아마 《유령》은 사회 일각에서 꽤 큰 소란을 불러일으킬 것입니다. 하지만 어쩔 수 없습니다. 그게 아니라면, 그것을 쓸 필요도 없었던 셈이니까요. ……'

이 예감은 적중했다. 《유령》은 1881년 12월 13일 출판되기가 무섭게, 북유럽 전역에서 거센 비난 공세를 받았다. 입센은 집필에 들어가기 전 헤겔에게 보낸 편지에서 이 희곡이 《인형의 집》과는 관계가 없음을 강조했었다. 그러나 이 작품은 《인형의 집》의 주제를 보다 심층적으로 파고든 것이라고 할 수 있었다. 입센은 사랑 없는 결혼과 인습이라는 유령이 알빙 부인의 운명을 어떻게 망쳐 가는지를 명확히 보여줌으로써 사랑과 결혼에 대한 보다 강렬한 문제적 시각을 드러냈다. 그러나 대중은 이 작품의 진정한 의도를 이해하지 못하고 작품 속 사건이 지나치게 비현실적이라고 비난했다. 《유령》은 결혼제도, 아버지에 대한 존경의 의무와 같은 전통적인 사회관습을 공격할 뿐 아니라 자유연애를 옹호하고, 때에 따라서는 근친상간마저 정당화하려는 의도를 드러낸다. 입센의 가장 열렬한 지지자들조차 입센의 이러한 사상에 반발하고 인상을 찌푸렸다.

그러나 게오르그 브라네스나 브라네스의 친구이자 작가 소프스 스칸도르프 등은 입센을 지지했다. 스칸도르프에게 보낸 감사 편지에서 입센은 다음과 같이 썼다.

'친절한 편지 매우 감사합니다. 지금까지 답장을 쓸 여유가 없었던 점을 용서하십시오. 보내주신 편지는 제 신작이 고국에 잘못 알려져 온갖 어리석은 비평을 받았을 때, 반가운 크리스마스 축하 인사처럼 도착했습니다. 저도 그런 난리가 벌어질 것은 이미 각오했었습니다. 우리 스칸디나비아의 비평가들 몇몇은 다른 재능은 없을지 몰라도, 자신들이 판단하려는 책의 저자를 완전히 오해하고 잘못된 해석을 내리는 재능만큼은 틀림없이 갖추고 있더군요. 그러나 그것이 진정 오해에만 그치는 문제일까요? 이러한 와전이나 곡해의 대부분은, 그들이 어떤 일을 하는지 잘 아는 문필가들이 이미 대중에게 전달한 건 아니던가요? 전 아무래도 그런 생각이 듭니다. 그들은 희곡의 등장인물 중 누군가가 말한 의견에 대해 제게 책임을 묻습니다. 그렇지만 이 희곡에는 작가의 책임이 될 만한 의견이나 발언이 어디를 봐도 전혀 없습니다. 그렇게 되지 않도록 세심하게 주의를 기울였기 때문이죠. 작품 구조나 기법면에서 보더라도, 대사에 작가 개인의 목소리가 섞여들 여지는 전혀 없습니다. 제 의도는 독자들이 제 작품을 통해 마치 현실의 경험처럼 생생한 인상을 받게 하는 것이었습니다. 대사 안에 작가 개인의 의견을 끼워 넣는 일만큼 그런 인상을 효과적으로 방해하는 것은 없지 않겠습니까? ……저의 작품들 가운데 작가가 이렇게까지 완벽하게 외부인의 위치에 있었던 작품은 없습니다. ……'

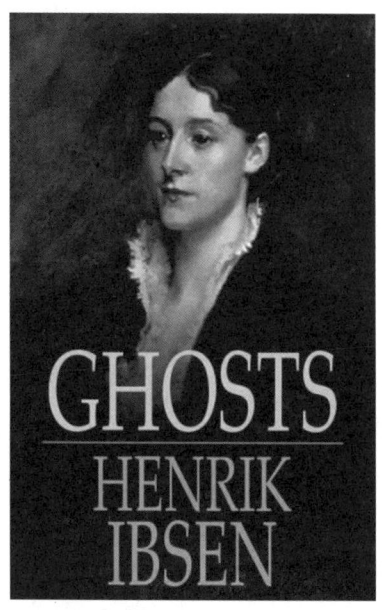

《유령》(1881, 초판 발행)

노르웨이에서 이 작품을 옹호한 사람은 입센의 친구이자 작가인 비에른손과 크리스티아니아 대학의 쇼트 교수뿐이었다. 쇼트 교수는 자신의 평론에서 이 작품을 고대 그리스 비극에 빗대면서 '무지한 비평의 흙먼지가 가라앉으면—금방 그렇게 되리라고 생각하지만—입센의 이 작품은 그 순수하고 대담한 구도로, 우리의 극문학 역사에서 가장 고귀한 시도일 뿐만 아니라 가장 훌륭한 예술작품으로 인정받게 될 것이다'라고 씀으로써, 《유령》을 경향적 작품으로 보는 대중의 의견에 맞섰다.

《유령》은 입센이 환경과 유전이 인간의 운명을 결정짓는 두 가지 요소라고 한 에밀 졸라의 영향을 받아 당대의 과학적 지식을 동원해서 쓴 대표적인 자연주의 작품이다. 제목에서 시사하듯이 《유령》에서 다루어지는 것은 과거로부터의 각종 유령들에 따라 현재의 삶을 통제하게 만드는 사회적 관습, 관행, 도덕관에 대한 통렬한 비판이다. 극이 시작되기 전부터 존재했던 감춰진 남녀 간의 관계들, 사회적 관습에 의한 금기사항들, 은밀한 두려움과 공포가 작품의 전체적 분위기를 압도한다. 우연적인 사건이 많이 나오기는 하지만, 《유령》에서 보여준 입센의 극작기교는 사회관습이 만들어 놓은 도덕적 허구성과 위선을 공격하는 데 있어 매우 뛰어나다. 특히 입센의 산문적 대사와 평범한 일상 뒤에 담겨 있는 현실에 대한 비판과 아이러니는 시적인 배경과 어우러져 이 작품에 명작으로서의 생명력을 주고 있다.

《유령》은 소포클레스의 《오이디푸스 왕》과 자주 비교된다. 《오이디푸스 왕》의 경우, '과거'를 밝히는 것이 극의 원동력으로 작용한다면 《유령》은 과거를 은폐하려는 알빙 부인의 시도에 초점을 맞춘다. 급진적 사고와 인습적 사고가 묘하게 섞여 있는 부인의 모호하고 비겁한 태도의 위험성을 전달하는 것이 이 작품의 목적이다.

형식적으로는 삼일치 법칙(고전주의 연극의 기본 규칙으로서, 아리스토텔레스 《시학》에서 비롯되었다. 극중 사건의 시간은 하루를 넘어서는 안 되고, 극의 줄거리는 일관되어야 하며, 극의 모든 행위는 동일 장소에서 행해져야 한다는 시간, 구성, 장소의 통일을 이른다)을 그대로 따르면서 입센은 관념적 언어를 배제한 채 하나의 정황을 통해 드라마를 극점으로 몰아간다. 문밖엔 빛나는 빙하와 봉우리가 있고, 내부엔 죽음의 방이 있다. 솟아오르는 아침 해를 등지고 누운 채 햇빛을 갈구하며 신음하는 젊은 병자 오스왈드는 비뚤어진 그녀의 '과거'가 낳은 희생양이라고 할 수 있다.

북유럽 및 독일의 극장들은 논란에 휘말릴 것을 우려하여 《유령》 공연을 거절했고, 그리하여 초연은 1882년 5월, 미국 시카고의 극장에서 이루어졌다. 스웨덴의 젊은 배우이자 연출가인 아우구스트 린드베리가 입센에게서 상연 허가를 받고 스칸디나비아에서 극단을 조직하여 헬싱키를 시작으로 전 북유럽

입센 작 〈유령〉 뭉크의 스케치. 바젤 국립미술관 소장.

을 순회 공연한 것은 1883년 가을에 접어들고서였다.

입센은 이렇게 자신의 작품이 사회적 물의를 빚고 있는 상황에서도 오히려 전의를 불태웠다. 1882년 3월 헤겔에게 보낸 편지에서 입센은 이렇게 말하고 있다.

'지금 새 작품(《민중의 적》)을 준비 중입니다. ……《유령》에 대해서 말하자면, 고국의 선량한 시민들은 머지않아 이 작품의 진정한 의미를 자연스럽게 받아들이게 될 것입니다. 반면 이 작품에 침을 뱉은 멍청한 자들은 언젠가 미래의 문학사(文學史)가 내리치는 철퇴에 머리를 얻어맞을 것입니다. 제 책은 미래를 품고 있으니까요.'

입센의 예상은 머지않아 사실로 증명되었다. 《유령》 발표 이후 10년이 채 지나지 않아서 프랑스와 독일에서 근대 극운동이 시작되었을 때, 그곳 연극인들이 가장 먼저 무대에 올린 작품이 바로 이 《유령》이었다. 《유령》은 당시 수많은 젊은 극작가들에게 기법적인 면에서나 이론적인 면에서 새로운 영감의 원천이 되었으며, 희곡의 외연을 넓히는 데 크게 이바지한 작품으로 평가받게 되었다.

《민중의 적》

입센의 《민중의 적》은 그 전에 쓰인 《인형의 집》, 《유령》과 함께 3부작처럼 읽을 수 있는 작품이다. 19세기 끝무렵 유럽의 연극계는 다가올 20세기 현대연극의 새로운 경지를 개척해 나가기 위하여 소극장 운동을 펼쳤다. 파리에서는 자유극장, 베를린에서는 자유무대, 런던에서는 독립극장을 창단했다. 그들은 모두 이 《민중의 적》을 창단 공연 또는 초창기 레퍼토리로 삼았다.

왜 그랬을까? 한참 뒤에 이 작품의 가치를 발견한 아서 밀러는 자신의 시대에도 입센이 유효하다는 걸 보여주기 위해 각색했다. 아서 밀러는 입센에게 존재하는 힘의 원천을 '확고한 신념'으로 보았다. 입센의 확고한 신념은 《인형의 집》, 《유령》, 《민중의 적》을 함께 살펴볼 때 분명해진다.

《인형의 집》에서 노라는 인간의 권리를 찾아 현실의 삶을 버린다. 남편의 집을 떠남으로서 아내에 대한 모든 의무마저 풀어드리겠다면서 노라는 남편에게 결혼반지를 주며 자신의 반지도 돌려달라고 한다. 경이로운 기적, 즉 두 사람이 완전히 달라지기 전까지 두 사람은 결코 '타인 이상의 사람'이 될 수 없다고 선언하며 노라는 집을 떠난다. 노라가 닫아버린 문소리가 무대에 크게 울려 퍼지며 막이 내린다.

노라가 닫고 떠난 커다란 문소리에 화들짝 놀란 사람들은 뒤에 자신들에게 되돌아올 비난을 입센에게 퍼부었다. 이에 입센은 《유령》으로 그들의 반응에 응답했다. 노라처럼 문을 박차고 떠나지 못한 알빙 부인은 경직된 도덕률에 갇혀서 자신의 일생마저 희생하고 만다. 남편의 집으로부터 벗어나고자 벌인 30년에 걸친 계획이 수포로 돌아가는 순간 알빙 부인에게 남은 것은 철저한 파멸뿐이다. 노라처럼 마땅히 남편의 집을 박차고 나왔어야 할 여자가 주변의 비난을 두려워하여 그곳으로 되돌아갔을 때 어떠한 불행이 기다리고 있을 수 있는지를 보여준 이 작품을 보고 평론가들은 거센 비난을 퍼부었다. 그 비난에 입센은 '다수는 항상 옳지 않다'면서 《민중의 적》을 내놓는다.

《민중의 적》에서 입센은 상충하는 가치에 대하여 관심을 보인다. 아서 밀러가 지적한 바대로 입센은 '정치적 소수를 보호해야 하는 민주주의의 신념이 위기의 순간에서도 지켜질 수 있는가'를 묻고 있다. 진실에 대한 신념이 대중에 의하여 악마처럼 보이는 때에 그 신념은 보류되어져야 하는가를 묻고 있다. 《민중의 적》의 주제가 우리에게도 생생한 것은 작품의 중심 주제가 오늘날의 우리의 당면과제와 흡사하기 때문이다.

《민중의 적》의 매력은 작품의 주제나 사상에서만 풍겨 나오진 않는다. 구성, 즉 작품의 짜임새를 독립적으로 보더라도 입센의 대단함은 서양 희곡작가 가운데 체호프를 불러들여야 견줄 만할 정도이다. 입센에 매료된 사람 가운데 버나드 쇼가 있다. 버나드 쇼는 입센에게서 받은 감명과 감동으로 입센의 전통이 영어권으로 이어지는 길을 닦아 놓는다. 버나드 쇼는 1913년, 《입센주의의 본질 Quintessence of Ibsenism》을 썼으며, 노벨상으로 받은 상금을 입센 작품의 번역기금으로 사용했다고 한다. 영미권의 희곡작가들은 버나드 쇼의 영향을 받았고 그 후배들이 영미의 연극계뿐 아니라 할리우드 영화계에까지 진출하여 영화의 구조에 입센의 영향을 반영하고 있다.

《민중의 적》은 아래와 같은 줄거리를 이룬다. 노르웨이의 한 작은 마을 의사 토마스 스토크만은 온천을 개발하여 지역발전에 도움을 주려고 한다. 그러나 온천수가 오염된 사실을 발견하자 개발 계획을 수정하도록 만들려 한다. 한편 온천 개발에 이미 막대한 투자를 한 지역주민들은 박사의 발견이 미칠 경제적 파장을 고려하여 박사의 말을 듣지 않으려 한다. 특히 개발의 수정계획을 반대하는 주민들을 대표하는 시장이 박사의 친형이어서 두 주장은 격렬히 대립한다.

온천개발위원회의 위원장이자 시장인 피터 스토크만은 권력을 앞세워 올바른 시민이자 과학자로서 권리와 의무를 말하는 토마스 스토크만 박사를 설득하여 오염의 실상을 번복하라고 다그친다. 오염의 실상을 알리려는 스토크만 박사의 주장은 급진적 사회주의 성향으로 간주되는 언론사 간부들의 지지를 받기도 한다. 그러나 온천개발과 관련된 인물들의 이기심이 표출되고 이들의 이해관계가 얽히면서 스토크만 박사의 양심적 주장은 다수에게 피해를 입히는 악마적 요소로 비쳐진다. 투자 이득과 개발 이익을 얻으려는 유지들과 이를 담보로 정치적 권력을 유지하려는 정치인들은 대중을 동원하여 스토크만 박사를 '민중의 적'으로 낙인찍는다.

이 작품의 가장 중요한 매력은 앞에서도 말한 바대로 위와 같은 이야기를 전개해 나가는 구성에 있다. 입센의 구성을 만드는 솜씨는 아주 탁월하여 훌륭한 교과서적이라 할 수 있다.

《들오리》

반세기에 걸친 작품 활동 기간 동안 입센은 끊임없이 자기 갱신을 추구했다. 그는 극작가로서의 입지를 굳게 한 《브랑》, 《페르 귄트》 이후 운문극 형식을 벗어나 산문극 성격의 사회극 집필에 몰두했고, 마찬가지로 《청년 동맹》에서 《민중의 적》에 이르는 일련의 사회극을 발표한 뒤 다시 새로운 작품 세계를 모색했다.

부지런한 입센은 《민중의 적》을 발표하고 채 두 달도 지나지 않은 시점에 벌써 다음 작품을 구상했다. 《들오리》가 그것이었다. 1883년 1월 11일, 헤겔에게 보낸 편지에서 입센은 이렇게 썼다.

'현대 생활에 관한 새로운 작품을 계획하고 있습니다. 4막극 형식으로, 늦어도 두 달 이내에 집필을 마칠 수 있을 것 같습니다. 이탈리아의 공기와 이곳에서의 유쾌한 생활이 창작욕을 북돋아줍니다. 독일보다 이곳에서 글이 훨씬 더 잘 써지는 것 같습니다.'

입센이 실제로 《들오리》를 쓰기 시작한 것은 1884년 4월 20일로 추정된다. 6월 30일, 입센은 노르웨이로 귀국하는 아내와 아들 시구르와 헤어져 홀로 티롤 남부의 고센사스로 이사했다. 그곳에서 네 달간 머물며 최종 원고를 완성했다. 9월 2일, 입센은 편지와 함께 완성본을 헤겔에게 보냈다.

'신작 《들오리》 원고를 함께 보냅니다. 지난 네 달간 집필에 매달린 작품과 막상 헤어지려니 아쉬움이 남습니다. 이 작품의 등장인물들은 모두 많은 결점을 지니고 있지만, 오랫동안 매일같이 보다 보니 이젠 사랑스럽게 느껴집니다. 부디 그들이 넓은 세상에서 착하고 친절한 친구들을 만나기를. 분명 연기할 만한 가치가 있는 배역들이긴 하지만, 이 인물들을 연구하고 연기하는 일은 쉽지 않을 것입니다. ……어떤 의미에서, 이 신작은 제 작품들 가운데 독특한 위치를 차지합니다. 지금까지 써 온 것들과는 다른 방식으로 쓰

였다고 할 수 있습니다.'

《들오리》는 초판 8천 부가 금방 동나, 한 달도 되지 않아 재판을 찍었지만, 재판이 다 팔리는 데까지는 무려 30년이 걸렸다고 한다. 입센의 새 작품에 대한 사람들의 기대감과 달리 실제 작품을 읽은 독자들의 반응은 그리 좋지 않았음을 알 수 있는 대목이다. 입센의 기대와는 달리 비평가들은 이 작품을 잘 이해하지 못했다. 입센의 작품을 가장 잘 이해했던 평론가 게오르그 브라네스조차 처음 읽었을 때는 그저 음침하고 공허한 인상만을 받았을 뿐이었다. 그는 그 작품을 읽고서 친구에게 "입센의 인간 경시 경향이 더 심해졌다"고 말했다고 한다.

《들오리》(1884, 초판 발행)

그래도 이 작품의 진가를 알아본 비평가가 아예 없던 것은 아니었다. 게오르그의 동생 에드발 브라네스는 이 작품에 대해 '배우를 교육하고 관객을 정신적으로 해방시키는 작품'이라고 평가했다. 형 게오르그도 나중에는 의견을 바꾸어, 이 작품을 입센의 걸작 중 하나로 인정했다. 1891년 파리 자유극장에서 이 무대를 관람한 독일의 시인이자 《말테의 수기》의 저자인 릴케는 이 작품을 시(詩)로 간주했다.

전작 《민중의 적》으로 허위에 기초한 사회악을 고발했던 입센은 《들오리》에서는 한 가정의 이야기를 통해 평범한 인간이 '진실'을 얼마만큼 견딜 수 있는지를 검증했다. 게으르고 감상적이며 이기적인 사진사 얄마르 엑달은 결코 실현될 수 없을 발명에 몰두한다. 그의 아내 지나는 예전에 하녀로 일할 때 주인인 거상 베를레에게 범해진 뒤 강제로 얄마르와 결혼해야 했다. 그럼에도 그녀는 불행한 자신의 운명에 굴하지 않고 남편을 뒷바라지하고 집안일을 도맡아하는 평범하면서도 억척스러운 여인이다. 얄마르의 아버지인 퇴직 군인 엑달 노인은 베를레와 동업했다가 영문을 알 수 없는 사기를 당해 혼자 죄를 뒤집어쓴 과거가 있다. 얄마르의 딸 헤드비는 눈병을 앓는

〈들오리〉 공연장면

열네 살짜리 소녀다. 엑달 영감이 베를레에게서 얻어온 상처 입은 들오리 한 마리가 그녀의 유일한 친구이다. 이런 가정에 불쑥 끼어든 사람이 자칭 '진실의 사도'인 베를레의 아들 그레거스이다. 그는 얄마르의 결혼에 대한 진실을 폭로함으로써 이 가족을 베를레의 총에 맞은 불쌍한 들오리 같은 상태에서 구원하고자 한다. 그러나 진실을 알려주어도 무능하고 연약한 얄마르는 그것에 대처할 능력이 없다. 그레거스의 비유에 자극받은 얄마르는 엑달 영감이 데려와 키우는 들오리를 죽이고 싶다고 말한다. 이에 헤드비는 아버지의 사랑을 되찾기 위해 총으로 들오리를 쏘아 죽이려다 자기를 쏘고 만다. 설령 거짓 위에 쌓아올려진 것이었다 해도 14년 동안 엑달 가족은 평온했었다. '진실의 사도'라 자부하던 그레거스는 자신의 행동이 일으킨 뜻밖의 결과로부터 교훈을 얻는다. 평범한 사람에게서 허위를 앗아가는 것은 곧 행복을 앗아가는 것과 같다는 것.

입센은 이 비극적인 희극을 통해 자신의 모럴리스트적 일면에 날카로운 자기비판의 채찍을 가했다. 한 노트에서 입센은 해방은 외부에서 오는 것이 아니라 개인의 내면에서 얻어지는 것이라고 썼다. 이 작품의 상징적 존재인 들오리는 등장인물들에게 서로 다른 의미로 다가가는 다의적 대상이다.

이 작품에는 입센의 소년 시절 추억이 군데군데 녹아 있다. 들오리를 키우는 장소인 창고는 그가 유년시절 한때 살던 고향 시엔의 건물 다락방에서 온 것이며, 헤드비는 입센의 친여동생 이름이기도 하다.

《바다에서 온 여인》

1888년 발표된 5막극으로서 입센 후기 상징주의를 대표하는 작품이다. 《인형의 집》의 연장선상에 있으나 그 결말은 사뭇 다르며, 가정문제와 자유에 대해 충실한 해답을 제시한다. 신비적이고 상징적인 수법이 독특한 느낌을 준다.

노르웨이 작은 도시의 의사로서 두 자녀를 둔 뵌겔은 아내가 세상을 떠난 뒤 엘리다와 재혼한다. 그런데 엘리다는 오래전 선장을 살해하여 먼 바다로 몸을 피하게 된 존스톤과 사랑의 언약을 하고 반지를 묶어 바다에 던진 일이 있다. 오랜 시간이 흘러도 그가 돌아오지 않자 뵌겔과 결혼한 것이다. 엘리다는 언약을 깬 것에 대한 죄책감, 그리고 뵌겔의 두 딸과의 갈등으로 우울한 나날을 보낸다. 반지를 던진 바다에서 해수욕을 하는 것만이 그녀의 하나뿐인 즐거움이다.

어느 날, 멀리 떠나갔던 남자가 돌아온다. 그는 엘리다에게 함께 떠나자고 재촉한다. 그런데 뵌겔은 진정 원하는 길을 가라며 그녀를 굳이 붙잡지 않는다. 결국 엘리다는 남편의 깊은 사랑과 이해심에 감동하여, 남자의 요구를 물리치고 진정한 아내와 자애로운 어머니로 남기로 결심한다.

이 작품은 입센의 사상적 원숙미를 보여주며 한 개인의 도덕적 완성의 경지를 느낄 수 있다. 《인형의 집》과는 달리 엘리다와 뵌겔은 서로에 대한 존중과 이해로 가정을 지킨다. 나아가 책임 있는 자유, 그리고 서로 조화와 협력으로 더불어 살아감으로써 더욱 빛나는 영혼으로 탄생할 수 있음을 보여준다.

입센 연보

1828년　　3월 20일, 노르웨이의 남부 항구도시인 시엔(Skien)에서 부유한 선주의 둘째아들로 태어나다(형은 한 살 때 죽고, 세 동생 중 두 명은 나중에 미국으로 이주).

1835년(7세)　아버지의 낭비벽과 투자 실패로 파산, 입센 일가는 시내 중심지에 있던 넓고 화려한 집을 팔아치우고 교외 예르펜의 벤스퇴프 농장으로 이사함. 집안의 몰락 탓에 사회의 표리를 어린 마음으로 경험함으로써 고독벽을 갖게 된 입센은 가족과도 거의 말을 하지 않고 다락방에 틀어박혀 그림과 건축놀이와 인형극에 몰두함. 조그만 사립학교에 다니지만 성적도 신통치 않고 친구도 사귀지 못함.

1844년(16세)　예르펜의 교회에서 견진 성사를 받음. 가족은 다시 시엔 시내로 이사를 가지만 입센은 남쪽의 작은 항구도시 그림스타드에 가서 약국 수습원 생활을 함. 여동생 헤드비(네 살 아래)와 편지를 주고받음. 그곳에서 6년간이나 살았지만 마을 사람들과는 가까이 지내지 않았으며, 지방신문에 풍자시나 마을의 지체 높은 사람들을 야유한 만화를 투고하여 미움을 받음. 크리스티아니아(현재의 오슬로)의 의과대학에 들어갈 뜻을 품고 라틴어를 독학함. 같은 뜻을 품은 젊은 세관원 올레 슐레루드를 알게 됨.

1848년(20세)　파리의 2월혁명에 감격하여 슐레스비히홀슈타인의 귀속을 둘러싸고 독일과 전쟁을 하기에 이른 덴마크를 원조하도록 국왕에게 시(詩)를 바쳤으나 각하됨. 즉시 로마의 실패한 혁명가를 주인공으로 한 3막 운문극 《카틸리나》 창작에 몰두함.

1849년(21세)　처녀작 《카틸리나》를 완성함.

1850년(22세) 3월, 대학시험을 치르기 위해서 수도 크리스티아니아로 올라감. 그보다 앞서서 수도로 갔던 친구 슐레루드는 《카틸리나》를 출판, 상연을 교섭했으나 실패하자 실의에 빠진 입센을 위로하기 위해 자비로 간행(저자명은 브뤼니욜프 뱌르메). 그러나 겨우 32부가 팔렸을 뿐 비평의 대상에도 오르지 않음. 입센은 친구 슐레루드와 함께 하숙생활을 하며 헤르트베리 예비학교에 들어감. 돈이 없어 궁핍한 생활을 함. 예비학교에서 뒷날 노르웨이 문단에서 활약하게 되는 비에른손, 요나스리, 비네 등과 알게 됨. 특히 비에른손과는 평생 친교를 유지함. 비에른손의 권유로 의학공부를 단념하고 작가를 지망함. 5월, 단막극 《전사의 무덤》이 크리스티아니아 극장에 채택되어 9월에 상연. 그러나 생활은 더욱더 궁핍해지고 사상은 과격해짐.

1851년(23세) 보텐 한센, 비네 등과 함께 급진적인 주간지 〈사람〉을 창간함. 입센은 여기에 음악극 《노르만인》과 몇 편의 시를 발표함. 그러나 친구가 쓴 사회주의적 논문 때문에 판매금지를 당하여 9개월 만에 폐간됨. 입센도 체포될 뻔함. 생활은 점점 더 궁핍해짐. 11월, 세계적인 명성을 지닌 음악가 올레 불이 베르겐에 개관한 노르웨이 극장의 전속작가 겸 무대감독으로 입센을 초빙함. 그 뒤 12년 동안 무대감독과 전속작가 생활을 하면서 무대기교와 극작법을 연구한 것이 뒷날의 성공에 도움이 됨.

1852년(24세) 4월, 극단 배우들을 이끌고 코펜하겐과 독일에 연구 여행을 떠남. 이해에 극장 창립 1주년 기념으로 자기 작품인 《성 요하네전야》를 상연.

1855년(27세) 이 무렵 열일곱 살의 소녀 핸릭 홀스트와 짧은 연애를 함. 제4회 극장창립기념일에 《에스트로트의 잉겔 부인》을 상연. 연말 즈음에 수잔나 토레센과 알게 됨. 그녀는 베르겐의 목사의 전처(前妻)의 딸인데, 그 계모 막달레네는 여류작가로서 극장과도 관계를 맺고 있었고 입센의 좋은 충고자였다.

그들 가정에 드나들게 되어 사귀게 되었던 것. 〈유일한 사람에게〉 등의 시를 씀.

1856년(28세) 1월, 서정적인 사극 《솔하우그의 향연》을 상연하여 상당한 인기를 얻음. 이어서 《울라프 릴리에크란스》를 완성. 이 무렵부터 고대설화를 연구, 종전의 낭만적·서정적 작품을 버리고 확고한 특성을 지닌 의지적인 인물을 그리는 데 힘씀.

1857년(29세) 여름, 크리스티아니아에 있는 노르웨이 극장에 초빙되어 옮겨감. 노르웨이적인 국민극을 육성하기 위해 노력함. 이것은 노르웨이 극계를 주도하고 있는 크리스티아니아 극단이 덴마크를 숭배하는 경향에 대한 반발이었음. 그는 덴마크 문화와 결별해야 함을 주장하여 '노르웨이 협회'를 창립하고 비에른손을 회장에 앉히고 자신은 부회장이 됨. 고대설화 연구의 수확으로서 《헤르게트란의 전사》를 완성함. 그 난폭할 정도로 강력한 경향 때문에 극장으로부터 거절을 당하고 신구 양파 사이에서 논쟁이 일어남.

1858년(30세) 베르겐을 방문하여 수잔나 토레센과 결혼함. 그녀는 현명한 부인으로서 입센과 그의 작품세계에 많은 영향을 줌.

1859년(31세) 10월, 외아들인 시구르 태어남. 노르웨이 극단은 재정난에 봉착하고 입센도 병이 잦아 1, 2년간 대단히 불안정한 나날을 보내면서 자조적이고 회의적인 기분에 사로잡힘.

1860년(32세) 극장이 막다른 지경에 빠져 생활 곤란으로 고심한 끝에, 비에른손 등의 몇몇 문인들이 전에 외유비(外遊費)를 하사받은 전례에 따라 국왕에게 반년간의 외유 연구비를 하사해 달라는 청원을 냈으나 각하당함.

1862년(34세) 노르웨이 극장 파산. 국왕에게 두 번째 청원을 하지만 역시 받아들여지지 않음. 3월, 오슬로 대학으로부터 약간의 보조를 받아 중부 산악지방으로 설화 수집을 위한 여행을 떠남. 이 여행에서 뒷날의 《페르 귄트》의 소재 등을 얻음. 최초의 현대극 《사랑의 희극》을 완성하지만 상연할 길이 없어 신문에 발표함. 연애·결혼을 비웃는 한편 일상적인 시민 도덕과

	시인 정신과의 모순, 대립이 날카롭게 그려져 있기 때문에 신성한 시민생활을 모독한 것이라 하여 비난당함.
1863년(35세)	당시 노르웨이에 팽배했던 낭만주의의 영향을 강하게 받은 사극 《왕위를 노리는 자들》을 완성. 9월, 세 번째의 청원이 마침내 수락되어 약간의 외유비를 하사받음. 또한 비에른손의 도움으로 빚도 갚음.
1864년(36세)	4월, 가족과 함께 도망치듯이 노르웨이를 떠나, 이후 27년 동안의 외국생활이 시작됨. 덴마크, 독일을 거쳐 이탈리아에 들어가 주로 로마에 체류함. 남국의 밝은 태양 아래 다시 살아난 듯한 느낌을 받음. 그리스 비극을 연구하는 한편, 로마에 있던 스칸디나비아 협회에 출입하면서 북유럽 구국의 친선을 위해서 노력함.
1866년(38세)	로마 교외에서 교우도 피한 채, '전부가 아니면 무(無)'라는 신조로 이상을 위해서 헌신하다가 쓰러지는 목사 브랑을 주인공으로 한 대작 운문극 《브랑》을 완성함. 발표되자마자 작가의 명성이 크게 오르고, 노르웨이 국회는 연금을 지급하기로 결의하여 드디어 생활이 안정됨.
1867년(39세)	《브랑》을 뒤집은 듯한 시극 《페르 귄트》를 발표. 오늘날 이 작품은 작가의 천분(天分)이 가장 잘 나타난 명작이라고 평가되지만, 당시 노르웨이에서는 악의를 가지고 국민성을 과대하게 묘사한 것이라 하여 심한 악평을 들었음.
1868년(40세)	오랫동안 정이 든 이탈리아를 떠나 독일의 드레스덴으로 이주함. 아내의 여동생 마리도 와서 함께 살게 됨. 입센과의 사이에 애정이 싹텄으나 이를 안 아내 수잔나에게 쫓겨남. 이 마리의 모습은 《꼬마 아이욜프》에 묘사되어 있음.
1869년(41세)	처음으로 산문 현대극 《청년동맹》을 씀. 비에른손을 중심으로 한 고국의 민주적 정치운동의 표리를 묘사하여 근대 사실극의 발전을 가져오지만, 비에른손을 격분시켜 우정이 결렬됨. 덴마크의 급진적 비평가 브라네스와의 친교는 더욱 두터워짐. 이해에 스웨덴을 여행하고, 또한 노르웨이와 스웨덴을

	대표하여 이집트에 가서 수에즈 운하 개통 축전에 참석.
1871년(43세)	그간에 발표했던 시를 모아 시집 간행. 입센의 시는 작품 수는 적지만 〈빛을 두려워하여〉, 〈광부〉, 〈산 위에서〉, 〈바다제비〉 등은 작자의 심경을 노래한 주목할 만한 작품이다.
1873년(45세)	전후 10년간에 걸쳐 이교와 그리스도교 사이의 갈등을 그린 2부 역사극 《황제와 갈릴리인》을 발표. 이것은 작자가 자신의 대표작이라고 생각하는 작품임. 이어 사회의 허위와 부정을 파헤치는 사회극을 쓰기 시작함.
1874년(46세)	여름, 10년 만에 고국을 찾았으나 정이 가지 않아 2개월 만에 드레스덴으로 돌아옴. 11월, 아내의 여동생 마리 죽음.
1875년(47세)	아들 시구르의 취학을 위해서 뮌헨으로 이주. 이 무렵부터 여름에는 티롤의 고센사스 등지로 피서를 떠남.
1876년(48세)	《페르 귄트》가 발표된 지 9년 만에 그리그의 음악을 배경으로 음악극 형식으로 초연되어 대성공을 거둠.
1877년(49세)	《청년 동맹》에 이은 사회극 《사회의 기둥》을 발표함. 웁살라 대학으로부터 학위를 받고 스웨덴에 잠시 여행함. 아버지가 죽었으나 노르웨이에는 돌아가지 않음.
1878년(50세)	가을, 로마로 옮겨 그의 대표작이 되는 《인형의 집》 집필에 전념함.
1879년(51세)	《인형의 집》을 완성함. 연말에 코펜하겐 왕립극장에서 처음으로 상연함. 떠들썩한 세평(世評)을 불러일으켜 북유럽의 입센으로부터 일약 세계의 입센으로 부상함.
1881년(53세)	《인형의 집》이 결혼과 가정생활을 파괴한다는 비난에 응답하여 《유령》을 썼으나 그 내용의 충격성으로 더욱 심한 비난을 받음.
1882년(54세)	《민중의 적》 완성. 귀족적인 급진주의의 성향이 뚜렷한 작품. 《인형의 집》이 《어린 아내》로 개작되어 미국에서 공연됨. 《유령》이 미국 시카고에서 노르웨이어로 초연됨.
1884년(56세)	명작 《들오리》 완성. 지금까지 외부로 향해져 있던 눈이 내부로 향해져서 자기의 이상주의적인 진리 추구의 노력에 대

하여 회의적·자조적이 됨. 이후 상징적·신비적인 경향을 띤 작품으로 변함. 《인형의 집》이 런던에서 《나비 부수기 Breaking a Butterfly》로 개작되어 공연됨.

1886년(58세) 자기 관찰 희곡 《로스메르 저택》 완성. 이해에 로마에서 뮌헨으로 돌아감. 12월, 독일의 마이닝겐 극단에 의해 《유령》이 공연됨. 입센에게 기사작위가 수여됨.

1888년(60세) 60회 생일을 지방 곳곳에서 성대히 축하함. 《인형의 집》, 《유령》과 함께 여성해방 문제를 다룬 3부작이라 할 수 있는 《바다에서 온 여인》을 씀.

1889년(61세) 티롤의 고센사스를 방문, 그곳 시민과 피서객들로부터 입센 축하제(祝賀祭)를 받음. 또한 열일곱 살 빈의 처녀 에밀리 바르다흐를 만나 강렬하게 매력을 느낌. 그녀는 《건축가 솔네스》에 등장하는 새로운 여성 힐더의 모델이 됨.

1890년(62세) 대표작의 하나인 《헤다 가블레르》 완성. 《바다에서 온 여인》이 참으로 건전한 모랄(Morale)임에 대한 '변덕스러운 시인'의 반역.

1891년(63세) 7월, 고국으로 돌아와 성대한 환영을 받고 오랫동안 머물러 있는 동안에 마침내 자리를 잡게 됨.

1892년(64세) 자전적 작품인 《건축가 솔네스》를 발표함. 고국에 돌아온 뒤의 첫 작품으로 자신의 인생을 회고하며 총결산을 시도한 것임. 이해에 아들 시구르가 비에른손의 딸 베리글리오트와 결혼함.

1894년(66세) 이상한 매력을 느끼게 하는 만년의 주옥편(珠玉篇) 《꼬마 아이욜프》 완성.

1896년(68세) 일종의 초인의 비극을 그린 《요한 가브리엘 보르크만》 완성.

1898년(70세) 70회 생일을 성대하게 축하받은 뒤, 덴마크와 스웨덴을 여행하다가 건강을 해쳐 병석에 눕는 일이 잦게 됨.

1899년(71세) 9월, 노르웨이 국립극장이 지어져 그 전면에 입센과 비에른손의 동상이 세워짐. 연말에 신작 《우리 죽은 사람이 눈뜰 때》를 발표함. '희곡에 의한 에필로그'라는 부제대로 최후의 작품이 되었음. 젊은 날의 제임스 조이스가 극찬한 바 있는 이 작품에는 예순에 자신의 모든 일생을 회상한 만년의 비통한 심정이 그려져 있음. 그 뒤 입센은 전집을 엮었을 뿐 거의 산문 한 편 쓰지 않은 채 침묵을 지킴. 뇌내출혈로 쓰러졌다가 완전히 회복되지 않아 실어증에 가까운 상태가 됨.

1905년(77세) 노르웨이가 스웨덴과 분리하여 완전히 독립을 한 데 대해 축의를 표명함.

1906년(78세) 며칠간 인사불성 상태가 계속되다가 5월 23일 동맥경화증으로 세상을 떠남. 국장으로 장례식 거행됨.

소두영(蘇斗永)
경북 대구에서 태어나다. 서울대학교 언어학과 졸업. 조선일보 논설위원, 숙명여자대학교 불문과 교수 문과대학장 역임. 지은책《구조주의》《언어학원론》《구조주의 이해》등. 옮긴 책 뒤마《암굴왕》몽테스키외《페르시아인의 편지》《프랑스 수필선》등이 있다.

World Book 203
Henrik Ibsen
ET DUKKEHJEM/GENGANGERE
EN FOLKEFIENDE/VILDANDEN
인형의 집/유령/민중의 적/들오리
헨리크 입센/소두영 옮김
1판 1쇄 발행/1987. 7. 1
2판 1쇄 발행/2013. 1. 1
2판 4쇄 발행/2021. 3. 1
발행인 고정일
발행처 동서문화사
창업 1956. 12. 12. 등록 16-3799
서울 중구 마른내로 144(쌍림동)
☎ 546-0331~6 Fax. 545-0331
www.dongsuhbook.com

*

이 책은 저작권법(5015호) 부칙 제4조 회복저작물 이용권에 의해 중판발행합니다.
이 책의 한국어 문장권 의장권 편집권은 저작권 법에 의해 보호받으므로
무단전재 무단복제 무단표절 할 수 없습니다.
이 책의 법적문제는「하재홍법률사무소 jhha@naralaw.net」에서 전담합니다.
사업자등록번호 211-87-75330
ISBN 978-89-497-0800-3 04080
ISBN 978-89-497-0382-4 (세트)